权威·前沿·原创

皮书系列为
"十二五""十三五""十四五"时期国家重点出版物出版专项规划项目

BLUE BOOK

智库成果出版与传播平台

中国社会科学院创新工程学术出版资助项目

经济蓝皮书
BLUE BOOK OF CHINA'S ECONOMY

2024年中国经济形势
分析与预测

ANALYSIS AND FORECAST OF CHINA'S ECONOMIC SITUATION (2024)

顾　问／谢伏瞻　蔡　昉
主　编／王昌林
副主编／李雪松

社会科学文献出版社
SOCIAL SCIENCES ACADEMIC PRESS (CHINA)

图书在版编目(CIP)数据

2024年中国经济形势分析与预测/王昌林主编；李雪松副主编. -- 北京：社会科学文献出版社, 2023.12
（经济蓝皮书）
ISBN 978-7-5228-2966-1

Ⅰ.①2… Ⅱ.①王… ②李… Ⅲ.①中国经济-经济分析-2024②中国经济-经济预测-2024 Ⅳ.
①F123.2

中国国家版本馆CIP数据核字（2023）第225145号

经济蓝皮书
2024年中国经济形势分析与预测

顾　　问 / 谢伏瞻　蔡　昉
主　　编 / 王昌林
副 主 编 / 李雪松

出 版 人 / 冀祥德
组稿编辑 / 邓泳红
责任编辑 / 吴　敏
责任印制 / 王京美

出　　版 / 社会科学文献出版社·皮书出版分社（010）59367127
　　　　　　地址：北京市北三环中路甲29号院华龙大厦　邮编：100029
　　　　　　网址：http://www.ssap.com.cn
发　　行 / 社会科学文献出版社（010）59367028
印　　装 / 三河市东方印刷有限公司

规　　格 / 开　本：787mm×1092mm　1/16
　　　　　　印　张：27　字　数：402千字
版　　次 / 2023年12月第1版　2023年12月第1次印刷
书　　号 / ISBN 978-7-5228-2966-1
定　　价 / 128.00元

读者服务电话：4008918866

▲版权所有　翻印必究

经济蓝皮书编委会

顾　　问　谢伏瞻　蔡　昉
主　　编　王昌林
副 主 编　李雪松
撰 稿 人　（以文序排列）

王昌林	李雪松	冯　明	张慧慧	左鹏飞
李双双	张彬斌	汪红驹	娄　峰	罗朝阳
闫强明	张　斌（世经政所）	肖立晟	杨子荣
祝宝良	孙学工	杨志勇	张　斌（财基局）
袁一杰	付广军	张晓晶	曹　婧	张　平
杨耀武	何德旭	邹琳华	颜　燕	闫金强
姜雪梅	李世奇	朱平芳	张海鹏	全世文
杨　鑫	朱文博	史　丹	张航燕	张永生
王沐丹	王　蕾	刘玉红	张长春	杜　月
王　微	王　念	高凌云	臧成伟	都　阳
邓曲恒	王　琼			

编 辑 组　韩胜军　张　杰　闫强明

主要编撰者简介

王昌林 中国社会科学院副院长、党组成员,第十四届全国政协委员,兼任中国社会科学院大学博士生导师。1991年研究生毕业后到国家发改委工作,曾任国家发改委产业经济研究所所长、国家发改委宏观经济研究院院长。主要从事宏观经济和产业经济研究,在《求是》《人民日报》《经济日报》《光明日报》等报刊上发表文章100余篇,著有《新发展格局——国内大循环为主体 国内国际双循环相互促进》《我国重大技术发展战略与政策研究》等多部著作,多次获得国家发改委优秀成果奖励。

李雪松 中国社会科学院数量经济与技术经济研究所所长、研究员,中国社会科学院宏观经济研究智库主任,中国社会科学院大学教授、博士生导师。兼任中国数量经济学会会长、中国统计学会副会长。主要研究领域为宏观经济学、数量经济学、发展经济学等。著有《中国宏观经济模型及经济政策评价》等,主编《发展规划蓝皮书:中国五年规划发展报告》等。曾获孙冶方经济科学奖,入选国家高层次人才、全国文化名家暨"四个一批"人才,享受国务院政府特殊津贴。

摘 要

2023年，在复杂多变的外部环境下，我国经济运行总体回升向好。展望2024年，世界百年变局加速演进，"变乱难"交织叠加，全球经济"三高一低"态势仍将持续。我国处于疫情后经济恢复关键期、新旧动能转换关口期、外部环境深刻变化调适期的"新三期"叠加阶段。宏观调控政策要加大力度、转变思路、提高效能。积极的财政政策要加力提效，优化结构；稳健的货币政策要有力有效，畅通渠道；产业政策要固本兴新，包容审慎；科技政策要聚焦高水平自立自强，创新体制；社会政策要兜牢民生底线，就业优先。要着力扩内需、强产业、抓改革、防风险、惠民生，巩固经济回稳态势，促进新旧动能接续转换。预计2024年中国经济增长5%左右。建议重点抓好以下工作任务：一是着力实施扩大内需战略，增强国内经济循环牵引力；二是加快发展壮大新动能，建设现代化产业体系；三是持续推进改革开放，激发高质量发展动力；四是切实防范化解重点领域风险，筑牢安全底线；五是通盘推进高质量充分就业，更好保障和改善民生。

关键词： "新三期"叠加　扩内需　强产业　抓改革　防风险　惠民生

目 录

Ⅰ 总报告

B.1 2024年中国经济形势分析、预测及政策建议
.... 中国社会科学院宏观经济研究智库课题组 / 001
 一 2024年全球经济"三高一低"态势仍将持续 .... / 002
 二 中国经济处于"新三期"叠加阶段 .... / 004
 三 对2024年主要经济指标的预测 .... / 007
 四 2024年宏观经济政策取向 .... / 010
 五 2024年经济工作重点任务和重大举措建议 .... / 011

Ⅱ 宏观走势与政策展望

B.2 国际经济形势演变及其对中国经济的影响
.... 张 斌（世经政所） 肖立晟 杨子荣 / 017

B.3　2024年中国经济形势和政策建议

………………………………………………………… 祝宝良 / 030

B.4　2023年经济形势分析与2024年展望

………………………………………………………… 孙学工 / 044

Ⅲ　财政运行与税收分析

B.5　中国财政运行形势分析、展望及政策建议 ………… 杨志勇 / 058

B.6　2023年中国税收形势分析及2024年展望

………………………………… 张　斌（财基局）　袁一杰 / 080

B.7　2023年中国税收运行分析及2024年展望 ……… 付广军 / 099

Ⅳ　货币金融与资本市场

B.8　中国货币金融形势分析与风险防范 ……… 张晓晶　曹　婧 / 117

B.9　中国经济复苏与资产估值周期转变 ……… 张　平　杨耀武 / 135

B.10　中国房地产形势分析及政策建议

……………何德旭　邹琳华　颜　燕　闫金强　姜雪梅 / 153

B.11　2023年中国股票市场回顾与2024年展望

………………………………………… 李世奇　朱平芳 / 183

Ⅴ　产业经济与高质量发展

B.12　2023年中国农业经济形势分析与2024年展望

………………………… 张海鹏　全世文　杨　鑫　朱文博 / 205

目　录

B.13　2024年中国工业经济形势分析、展望与政策建议
　　　………………………………………… 史　丹　张航燕 / 224

B.14　中国绿色发展形势分析、展望与政策建议
　　　………………………………………… 张永生　王沐丹 / 243

B.15　国际能源市场形势分析、展望及政策建议
　　　………………………………………… 王　蕾　史　丹 / 262

B.16　中国服务业发展形势分析、展望及政策建议
　　　……………………………………………………… 刘玉红 / 289

Ⅵ　需求分析与就业收入

B.17　中国投资形势分析、展望与建议………… 张长春　杜　月 / 308

B.18　2023年中国消费市场形势分析与2024年展望
　　　………………………………………… 王　微　王　念 / 322

B.19　2023年中国外贸形势分析与2024年展望
　　　………………………………………… 高凌云　臧成伟 / 340

B.20　中国劳动力市场分析、展望与建议 ……………… 都　阳 / 355

B.21　中国收入分配形势分析、展望及政策建议
　　　………………………………………… 邓曲恒　王　琼 / 371

Abstract ………………………………………………………… / 390
Contents ………………………………………………………… / 392

皮书数据库阅读**使用指南**

总 报 告

B.1 2024年中国经济形势分析、预测及政策建议

中国社会科学院宏观经济研究智库课题组[*]

摘　要： 2023年，在复杂多变的外部环境下，我国经济运行总体回升向

---

[*] 课题组组长：王昌林，中国社会科学院副院长、党组成员、研究员，主要研究方向为宏观经济和产业经济等；副组长：李雪松，中国社会科学院数量经济与技术经济研究所所长、研究员，主要研究方向为宏观经济学、数量经济学、经济发展战略等；成员：冯明，中国社会科学院数量经济与技术经济研究所宏观政策与评价研究室主任、副研究员，主要研究方向为宏观经济、货币财税政策等；张慧慧，中国社会科学院数量经济与技术经济研究所大数据与经济模型研究室副主任、副研究员，主要研究方向为发展经济学、宏观经济学等；左鹏飞，中国社会科学院数量经济与技术经济研究所创新政策与评估研究室副主任、副研究员，主要研究方向为信息技术经济、互联网经济等；李双双，中国社会科学院数量经济与技术经济研究所宏观政策与评价研究室副主任、副研究员，主要研究方向为宏观经济、国际贸易等；张彬斌，中国社会科学院财经战略研究院副研究员，主要研究方向为发展经济学、劳动经济学等；汪红驹，中国社会科学院财经战略研究院经济发展战略研究室主任、研究员，主要研究方向为经济周期、宏观结构模型、货币金融政策等；娄峰，中国社会科学院数量经济与技术经济研究所经济预测分析研究室主任、研究员，主要研究方向为经济预测、政策模拟等；罗朝阳，中国社会科学院数量经济与技术经济研究所助理研究员，主要研究方向为宏观经济、金融周期、投入产出网络等；闫强明，中国社会科学院数量经济与技术经济研究所助理研究员，主要研究方向为宏观经济、国际贸易和产业链分析等。

好。展望2024年，世界百年变局加速演进，"变乱难"交织叠加，全球经济"三高一低"态势仍将持续。我国处于疫情后经济恢复关键期、新旧动能转换关口期、外部环境深刻变化调适期的"新三期"叠加阶段。宏观调控政策要加大力度、转变思路、提高效能。积极的财政政策要加力提效，优化结构；稳健的货币政策要有力有效，畅通渠道；产业政策要固本兴新，包容审慎；科技政策要聚焦高水平自立自强，创新体制；社会政策要兜牢民生底线，就业优先。要着力扩内需、强产业、抓改革、防风险、惠民生，巩固经济回稳态势，促进新旧动能接续转换。预计2024年中国经济增长5%左右。建议重点抓好以下工作任务：一是着力实施扩大内需战略，增强国内经济循环牵引力；二是加快发展壮大新动能，建设现代化产业体系；三是持续推进改革开放，激发高质量发展动力；四是切实防范化解重点领域风险，筑牢安全底线；五是通盘推进高质量充分就业，更好保障和改善民生。

关键词： "新三期"叠加 扩内需 强产业 抓改革 防风险 惠民生

一 2024年全球经济"三高一低"态势仍将持续

当前，世界百年变局加速演变，"变乱难"交织叠加，局部地缘政治冲突和动荡频发。全球经济"三高一低"态势仍将持续，国际宏观政策协调难度加大。总体而言，2024年我国仍将面临复杂多变的外部环境，已知变局深化，未知变数加大，但同时也存在一些有利因素。

（一）全球通胀高烧难退

全球通胀压力有所缓解，预计2024年将降至4.8%，但仍高于疫情前3.5%的平均水平。此轮通胀具有"逆全球化"特征，重要诱因之一在于全球供应链重构导致效率损失，虽然发达国家通过持续加息抑制需求，但全球通胀短期内难以重回疫情前的低位。

（二）美联储利率将保持高位

由于发达经济体通胀维持高位，利率难以在短期内显著调降。预测显示，美联储可能在2024年再加息两次，将利率提高到6%~6.25%。即使未来名义利率和通胀同时下行，实际利率也依然会处于相对高位，加上就业市场紧张、要求涨薪的罢工潮迭起，美国难免会出现工资—通胀上涨螺旋，货币政策转向较为谨慎。在美元高利率、强汇率的国际金融环境之下，我国可能持续面临维护人民币汇率基本稳定和防止资本大规模外流的压力。

（三）全球债务规模继续走高

截至2023年上半年，全球债务总额达到307万亿美元，创历史新高。由于利率保持高位，且经济增速放缓，经济增长将更多依赖财政扩张，全球债务将进一步抬升，债务占GDP比重将重回上升通道。除了发展中国家债务高企，包括美国、英国在内的发达国家债务在高利率和高赤字助推下也迅速扩张，很难在短期内下降，全球债务规模及杠杆率将持续上升。

（四）世界经济增速放缓

金融、债务、地缘风险积聚，世界经济增长动力不足、复苏态势不稳。尤其是一些发达经济体，需求端高利率、高通胀、高债务对消费和投资的约束不减，供给端企业破产、工人罢工、成本高企导致复苏难度增加，经济增长趋于放缓。预计2024年世界经济增速将放缓至2.9%，发达经济体降至1.4%，其中美国和日本分别降至1.5%和1.0%，欧盟在低基数基础上恢复至1.2%。

总体而言，国际环境更加复杂严峻给我国带来诸多挑战，但与此同时也存在一些有利的外部因素：一是以通用人工智能、数字经济、新能源为代表的新一轮科技革命和产业变革继续孕育重大突破，为我国产业转型升级提供了新机遇；二是世界经济尽管增速放缓，但呈现出较强的韧性，陷入衰退的可能性较低；三是随着美国加息进入尾声，国际金融市场受到的强干扰有所减弱。

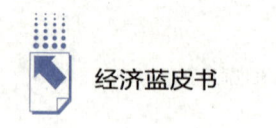

二 中国经济处于"新三期"叠加阶段

当前,我国经济处于"新三期"叠加阶段,经济运行呈现出若干新特征,"三重压力"的内涵发生了新变化。

(一)我国经济处于"新三期"叠加阶段

当前我国正处在疫情后经济恢复关键期、新旧动能转换关口期、外部环境深刻变化调适期的"新三期"叠加阶段,经济运行面临一些新的困难和挑战。

1. 疫情后经济恢复关键期

疫情对经济活动直接的、阵痛式的影响已大为减弱,但对经济社会发展的影响深远,对就业和居民收入造成严重冲击,对居民、企业、政府资产负债表产生重要影响,其修复需要一个过程。疫情也深刻改变了世界,数字经济加快发展和全球产业分工格局重构,逆全球化思潮进一步抬头,目前国际航班数量和出入境人数远未恢复到疫情前水平。

2. 新旧动能转换关口期

一方面,房地产、基建、出口等以往带动经济增长的传统引擎动力明显减弱。房地产市场供求关系发生了重大变化,商品房销售额从18万亿元的峰值断崖式下跌,造成高达约5万亿元的缺口,拖累宏观经济大盘。铁路、公路、机场等传统基建的发展空间减小,投资回报率下降。受世界经济增速放缓"总量效应"和美欧推行近岸友岸贸易"结构效应"双重作用影响,出口面临下行压力。另一方面,锂电池、光伏组件、新能源汽车等领域新动能虽快速成长,但规模占比尚小,战略性新兴产业增加值合计占GDP比重约为13%,对宏观经济大盘和就业的带动作用有限。在新旧动能转换关口期,经济增长动力容易陷入"青黄不接"的状态,稳增长压力加大。

3. 外部环境深刻变化调适期

面对外部环境的深刻变化,在以习近平同志为核心的党中央坚强领导下,我们保持战略定力，制定了一系列有针对性的战略、策略和改革措施，取得了积极成效。但外部环境的深刻变化也对我国经济发展带来较大冲击，对居民消费和企业投资预期造成较大影响，增加了经济发展的不确定性，需要一个调整和适应过程。在此过程中，我国需精准识变，科学应变，主动求变，加快推进改革开放创新步伐。

（二）"三重压力"发生新变化

当前，随着经济进入"新三期"叠加阶段，"三重压力"的内涵也发生了新变化，集中体现在以下几方面。

1. 外需收缩与内需不足相碰头

外需方面，随着国际政治格局深刻调整、世界经济增速放缓、全球产业链供应链重塑，我国出口增速面临下行压力。内需方面，一是居民消费持续承压。2023年以来，尽管接触型消费恢复较快，但大宗消费品增长趋缓，新的消费热点不足。同时，居民收入增长难以支撑消费较快扩张。二是投资增长后劲不足。房地产投资持续下降，基础设施投资和制造业投资增长放缓。受需求收缩、工业利润下降、地缘政治等因素影响，民间投资信心不足。

2. 订单转移与产能外迁相叠加

受国内外多重因素影响，一方面，订单向外转移现象有所加剧。在国际贸易环境不稳定性上升、全球供应链不确定性增加、国内成本压力加大等因素影响下，制造业尤其是纺织服装业的外贸订单加速向东南亚、印度等地区转移。另一方面，产能外迁压力不断加大。从劳动密集型产业来看，在成本、利润、资源等内因作用下，传统制造业低附加值环节外迁趋势有所显现；从中高端产业来看，受地缘政治局势动荡、各国引资竞争加剧等因素影响，投资者信心不足，避险情绪升温，出现部分中高端技术产业和外商投资产业外迁现象。

3. 地方政府债务风险与金融风险相交织

房地产、地方政府隐性债务、中小银行是当前我国经济中风险最为突出的三大领域，且三类风险相互交织。一是部分房企资金链紧张，"爆雷"风险上升。一些城市房价面临下行压力，已购房居民财富缩水，潜在购房者观望情绪浓厚。"保交楼"政策落实中存在主体缺位、相互推诿、资金不足的问题。房地产市场规模萎缩和房企账款拖欠问题叠加，拖累上下游相关产业，导致不少建筑工程公司和材料供应商发展陷入困境。二是地方政府特别是中西部地区区县基层财政收支矛盾凸显，"三保"压力加大，债务还本付息负担持续加重。房地产市场萎缩导致土地出让收入大幅下滑，地方政府债务风险腾挪空间收窄，部分城投公司债务违约概率上升。三是房地产开发贷占比大、集中度高的一些中小银行不良资产比重增加，风险上升。地方城投公司债务与中小银行资产负债表交织，导致地方政府债务风险与金融风险互溢。

（三）宏观调控政策面临新的"五难"

在"新三期"叠加背景下，一些传统政策措施的有效性降低，实施宏观调控政策面临以下五方面困难。

1. 扩投资、稳增长政策难度加大

发展阶段变化造成通过扩投资来稳增长的政策有效性下降。一是城镇化速度放缓，传统领域投资空间收窄。需求较大的地下管网、防灾减灾等公益项目虽具有社会效益但缺乏现金流。二是土地出让收入下降，地方政府债务压力加大，利息负担不断加重，而无力有效配合中央扩张性财政政策，使扩投资难以达到预期效果。三是房地产供求关系发生重大转变，房地产投资止跌回升难。四是市场预期不稳、信心不足，政府投资对民间投资的带动作用有限，乘数效应下降。

2. 增收入、扩消费政策难度加大

青年群体就业不足规模大、持续久，农民工及农村居民保障水平低，消费能力短期内提升难。中等收入群体面临住房、生育、教育、医疗等多重实际或潜在大额支出压力，消费潜力释放受到制约。相关领域带有公共品属性的服务品供给不足，政策支持力度有待加强。高端优质消费品和服务供给不足，汽车及住房相关的消费领域行政性限制较多。

3. 拓市场、稳外贸政策难度加大

全球经济增速趋缓背景下，全球贸易整体低速增长。美国等一些国家加

快推进产业链供应链"去中国化",加剧了我国出口面临的结构性压力。美欧在"新三样"上针对我国的贸易保护主义抬头,"新三样"出口的高增长态势未来可能出现回调。此外,印度、墨西哥、东盟抢订单,对我国出口也形成了一定的分流效应。

4. 宽货币、宽信用政策难度加大

当前货币政策呈现量"宽"价"紧"的状态,调控效果有待提升。一方面,货币数量相对较为宽松,M2增速大幅高于名义GDP增速。但货币向实体经济传导不通畅,数量宽松未能有效带动实体经济活动扩张。M1-M2剪刀差持续位于8个百分点以上,大量资金被用于"借新还旧"或转化为存款,难以有效转化为消费和投资,资金空转现象突出。另一方面,尽管名义利率有所下调,但通货膨胀尤其是生产者价格指数偏低,导致实际利率持续处于高位。企业部门扩张资产负债表、增加融资的意愿整体不高,居民部门积累储蓄、提前还贷的倾向仍然存在。

5. 稳就业、保民生政策难度加大

劳动力供求关系变化造成稳就业、保民生政策面临的困难增多。就业吸纳能力强的民营企业用工扩张预期谨慎。互联网、超市连锁企业的工作岗位收缩,部分劳动力密集型制造业外迁影响就业,机器和人工智能对中低技能劳动力持续替代。

需要特别指出的是,当前受国内外多重因素影响,企业和居民部门预期不稳和信心不足的情况仍然存在,这一方面造成民间投资增速放缓和居民消费增长乏力,另一方面也在很大程度上对宏观调控政策的实施效果形成制约。对此,需要将稳定预期和提振信心摆在更重要的位置,高度重视预期和信心因素在宏观政策传导中的关键作用。

三 对2024年主要经济指标的预测

尽管经济运行和宏观政策调控面临不少困难,但同时也应看到我国经济长期向好的基本面没有改变。

一是生产要素有支撑。目前我国劳动年龄人口仍接近9亿人，受过高等教育和职业教育的高素质人才累计超过2.4亿人。储蓄率超过40%，投资增长仍具有有力支撑。

二是市场需求有潜力。我国拥有14亿多人口及全球最庞大的中等收入群体，人均GDP已经超过1.2万美元，巨大的市场潜力将不断释放。

三是产业体系有韧性。我国是全球唯一拥有联合国产业分类中全部工业门类的国家，制造业增加值连续12年保持世界第一，新兴产业不断成长壮大。

四是创新创造有活力。2022年全国研发经费投入强度为2.58%，达到发达国家的平均水平。创新创业呈现蓬勃发展态势，涌现出一批高估值的独角兽企业。

五是宏观政策有空间。我国通胀率和财政赤字率都处于较低水平，政府负债率处在合理区间，外汇储备充足，积极财政政策和稳健货币政策有较大空间，宏观调控政策工具箱内的工具充足。

从短期变化来看，2023年第三季度以来我国经济运行持续向好，2024年经济增长的积极因素正在积累。居民端，提前还款现象有所缓解，消费态势回升向好；企业端，疫情带来的"疤痕效应"有望逐步消解，市场主体信心趋向进一步恢复；政策端，随着近期稳增长、促改革、扩开放、防风险政策的落地实施，对经济增长的带动效应将进一步显现。

基于以上判断，课题组对2024年全年主要经济指标的预测结果如下：在基准情形下，在经济运行的惯性作用下，实际GDP增速可能降至4.8%。如果加强宏观调控和政策支持，乐观情形下全年GDP增长速度有望达到5.2%。综合来看，预计2024年我国经济增长5%左右。在乐观情形下，工业增加值同比增长5.0%左右，固定资产投资同比增长4.5%左右，社会消费品零售总额同比增长6.5%左右，CPI同比上涨2.3%左右（见表1）。

表1 2023~2024年主要宏观经济指标情景预测

单位：%，亿元

主要指标	2023年 第一季度	第二季度	第三季度	第四季度	全年	基准情形 2024年 第一季度	第二季度	第三季度	第四季度	全年	乐观情形 2024年
GDP同比增速	4.5	6.3	4.9	5.2	5.2	4.4	4.1	5.4	5.1	4.8	5.2
工业增加值同比增速	4.3	4.5	4.4	5.4	4.6	4.3	4.6	4.9	4.5	4.5	5.0
固定资产投资同比增速	5.1	3.2	2.0	5.1	3.8	4.5	4.2	4.0	3.1	4.0	4.5
房地产开发投资同比增速	-5.8	-9.3	-11.2	4.6	-5.4	1.5	-0.8	-1.6	-4.0	-1.2	2.3
制造业投资同比增速	7.0	5.6	6.5	2.3	5.3	4.9	4.2	4.6	3.5	4.4	4.9
基建投资同比增速	10.8	9.8	6.1	5.2	7.9	8.8	7.9	6.8	5.5	7.5	7.9
社会消费品零售总额同比增速	5.8	10.8	4.2	10.5	7.8	7.2	4.6	10.1	8.0	7.6	6.5
出口金额同比增速（以美元计）	-1.9	-5.1	-5.7	1.4	-2.9	5.6	1.2	6.8	1.6	3.8	6.0
进口金额同比增速（以美元计）	-7.0	-6.7	-7.5	-2.3	-5.9	3.5	0.6	2.7	1.3	2.0	5.0
CPI同比上涨率	1.3	0.1	-0.1	1.1	0.6	1.3	2.0	2.2	2.5	2.0	2.3
PPI同比上涨率	-1.6	-4.5	-3.3	-1.4	-2.7	-1.0	0.5	1.1	1.4	0.5	1.4
社会融资规模	145409	70055	77853	52230	345547	139290	95060	81340	61430	377120	392060
M2同比增速	11.9	11.2	10.3	10.4	10.4	10.4	10.2	10.5	10.6	10.6	11.0

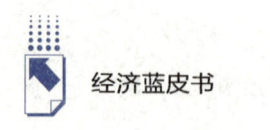

四 2024年宏观经济政策取向

（一）积极的财政政策要加力提效，优化结构

建议将2024年一般公共预算赤字率设定为3.8%左右，适度扩大一般债券规模，将地方政府专项债务新增发行额度稳定在3.8万亿元左右。增发1万亿元"民生国债"，专门用于生育、教育、医疗、养老等民生领域补短板、强弱项。同时，要优化财政支出结构，加大人力资本投资，加大科技攻关、绿色发展、乡村振兴等领域的投入，创新财政政策工具，充分发挥财政政策对转型升级的带动作用。

（二）稳健的货币政策要有力有效，畅通渠道

总量上，要保持广义货币量（M2）和社会融资规模增速与名义经济增速基本匹配。分两到三次下调法定存款准备金率合计0.5~0.75个百分点，并支持银行增加资本金，为扩大信贷和吸收坏账损失创造条件。价格上，要实行较大幅度降息，建议择机分次引导LPR利率下调50个基点左右，降低实体经济融资成本。结构上，要疏通货币政策传导渠道，优化信贷结构。加大对制造业、科技创新、绿色低碳、小微、"三农"等重点领域和薄弱环节的支持力度。

（三）产业政策要固本兴新，包容审慎

产业结构政策要坚持传统产业和新兴产业协同共进，既要保持劳动密集型产业稳定发展，防止过快过度外迁，也要顺势而为推进新兴产业发展，加快培育壮大新动能。产业组织政策要坚持大企业和中小企业培育并重，既要加强链主型大企业培育，也要更加注重支持专精特新中小企业发展。产业技术政策要围绕促进"四链"融合，加大稳链、补链、延链、强链力度，完善支持基础研究、应用研究、科技成果转移转化和初创企业、成长企业、独角兽企业发展的资金链与人才链。产业准入和监管政策要统筹发展和安全，既

要防止资本无序扩张、野蛮生长，也要积极营造包容试错环境，鼓励企业勇于探索创新。

（四）科技政策要聚焦高水平自立自强，创新体制

科技投入和研发政策方面，要加大基础研究投入，增加稳定性、持续性支持经费，建立新型举国体制，从以投物为主向以投人为主转变，塑造新质生产力，提高科技成果质量和有效供给能力。科技成果转化和技术创新政策方面，要强化企业的主体地位，加大研发经费抵扣力度，加强政府采购对自主创新的支持，强化国有企业、重大工程和重点项目对国产化首台套产品的应用，加强知识产权保护，大力促进创业投资。科技体制改革和创新体系建设方面，要适应科技创新从以引进、消化、吸收为主向自主创新转变的要求，深化科研院所、高校等体制机制改革，推进科技管理体制改革，切实解决投入重复、力量分散、定位不清等问题，完善国家科技创新体系，让创新主体各归其位。

（五）社会政策要兜牢民生底线，就业优先

把高校毕业生等青年群体的就业工作摆在更加突出的位置，财政、货币、产业等政策要充分体现促就业，分类细化落实就业优先政策，确保有劳动力的脱贫家庭有就业。加强新就业形态劳动者权益保障，稳妥推进养老保险全国统筹。强化低收入人口动态监测，做好分层分类精准有效社会救助，织密兜底保障安全网。推动优质医疗资源扩容下沉和区域均衡布局。完善生育支持政策体系，适时推进渐进式延迟法定退休年龄政策，积极应对人口老龄化少子化。

五　2024年经济工作重点任务和重大举措建议

（一）着力实施扩大内需战略，畅通壮大国内经济循环

一是切实稳定住房市场需求。实施中低收入群体安居工程，在人口净流入的大中城市，集中筹建一批保障性租赁住房，用于安置产业工人、国有企事

业单位新入职人员等中低收入群体。有序放开高端优质住房市场。二是研究实行春假和秋假制度。完善职工年假或调休制度，鼓励亲子出游。落实职工探亲假、婚假、育儿假等，享受与带薪休假同等补偿待遇。三是加快制定出台生育支持措施。围绕落实"二孩""三孩"生育政策及配套支持措施，以中低收入家庭为主要目标，进一步发挥中央财政的引领作用，通过发放生育补贴、育儿补贴以及托育券等多种方式，加大对育儿家庭的经济支持力度，遏制生育率过快下降。四是加快推进"十四五"规划102项重大工程建设。加强用地、资金等要素保障，持续推进国家水网重大工程、新型基础设施、城市更新改造等重大项目建设。五是组织实施"双转型"（数字化和绿色化转型）工程。设立数字化、绿色化改造专项资金，通过直接补助或贴息等方式，深入推进中小企业数字化转型和钢铁、有色金属、建材等行业清洁低碳化改造。

（二）加快发展壮大新动能，建设现代化产业体系

一是促进东部沿海产业向中西部地区梯度转移。在安徽、成渝地区双城经济圈、河南、湖北、陕西、云南、广西等中西部地区选择一些发展条件改善明显、发展潜力较大的地区，给予优惠政策，着力降低成本，积极推进东部沿海地区产业梯度转移，留住产业链关键环节。二是加快培育发展新支柱和新增长点。建立包容审慎的数字经济发展监管体制，明确设定相关投资审批时限，完善数据跨境流动机制，大力发展数字经济。加快关键核心技术创新应用，增强要素保障能力，加快将新一代信息技术、生物、节能环保和新能源、高端装备培育成为新的支柱产业。在通用人工智能、类脑智能、量子信息、基因技术、未来网络、深海空天开发、氢能与储能等前沿科技和产业变革领域，组织实施未来产业孵化与加速计划，谋划布局一批未来产业。三是强化创新能力建设。多渠道增加对基础研究的投入，开展中国特色现代大学制度和现代院所制度建设试点，扎实推进国家实验室建设。加快突破一批"卡脖子"技术。支持有条件的地方建设开放创新试验区，探索创新要素跨境自由有序流动体制机制，形成具有全球竞争力的开放创新生态，集聚全球创新资源，促进国际创新成果转化。

（三）持续推进改革开放，激发高质量发展动力

一是调整优化投资和消费比例关系，提高消费率。加快建立消费导向型宏观经济治理机制，建立激励地方促消费的长效机制，将中央预算内资金用于医疗、养老等基本公共服务支出的比重提升至30%，不断提高居民收入和保障水平，到2025年努力将消费率提升至60%左右。二是推动收入分配制度改革，扩大中等收入群体。提高劳动报酬在初次分配中的比重，多渠道增加居民财产性收入。参考国际经验，研究开征遗产税、离境资产税等，并将此税收收入专项用于低收入群体的养老、医疗保障等支出。完善法律法规和配套政策，大力发展慈善公益事业。三是建立适应新发展阶段的固定资产投资新模式，着力扩大有效投资。建立健全政府投资决策体制机制和重大项目第三方评估机制。对于中央预算内资金和专项债项目，要优先盘活存量，尽量利用好现有开发区和新区。在绿色低碳改造、养老服务等领域，加快建立政府资金引导、政策性金融支持、社会资本积极参与的投融资模式。四是以推进现代服务业开放和制度型开放为突破口，着力扩大高水平对外开放。推动现代服务业对外开放和对内放开，提高服务业发展水平。总结海南自由贸易港等地区发展经验，允许境外理工农医类高水平大学和职业院校开展独立办学、允许外商设立独资医疗康复机构等在更多地区试点。建设国家服务贸易创新发展示范区，打造数字贸易示范区。加快推进教育、科技、文化、卫生、体育等重点领域事业单位综合配套改革，推动公益性机构回归公益性、营利性机构走向市场，建立与不同性质组织运行相适应的人力资源管理制度。稳步扩大规则、规制、管理、标准等制度型开放，稳定国际投资者对中国开放包容营商环境的预期。加快推进市场准入负面清单改革落地，消除实际执行过程中仍然存在的各种隐性壁垒。五是坚持"两个毫不动摇"，优化经营主体结构。深化国有企业改革和战略性布局调整，充分发挥国有企业在涉及国家安全和经济命脉等领域的关键作用。启动《中华人民共和国民营经济保护法》立法进程，保持政策的连续性、稳定性，推动新一轮冤假错案纠正专项行动，切实保护民营企业合法权益。支持民营企业参与国家重大项目建设，开展民

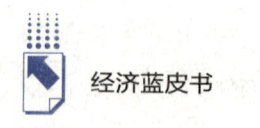

营企业应收债务清偿行动，建立白名单制度支持民营企业贷款，加强对民营经济的正面宣传和舆论引导，为民营经济发展添油助力。

（四）切实防范化解重点领域风险，筑牢安全底线

一是化解房地产市场风险。研究建立主办银行制度，由对该开发企业贷款最多的商业银行为主办银行，协调其他相关银行和金融机构，通过展期、新发贷款、处理资产偿还借款等途径，缓解房企流动性风险。把处置房地产风险与长租房建设有机结合起来，加大租赁住房贷款支持力度，支持长租房投资机构收购房企持有的待售商业物业和住宅项目，改造或续建为长租房，面向新市民和青年人供应。坚持分类施策，对资可抵债且仍在积极应对的出险房企，稳妥推进债务重组；对严重资不抵债且债务重组失败的开发企业，加快破产重整，防止资产转移。二是防范化解地方债务风险。落实"一揽子"化债方案，及时总结经验，形成可复制推广的做法，加大力度推出第二批化债措施。研究发行地方政府永久债（"永续债"）办法，较大规模解决地方债务问题。三是强化安全保障能力建设。健全粮食和重要农产品安全供给保障机制。加强能源资源安全能力建设，加大油气资源勘探开发和增储上产力度，持续完善多元的油气进口体系，稳步建设海外矿产资源供应基地。在四川、重庆等地推进战略性产业"备份基地"建设。

（五）推进高质量充分就业，更好保障和改善民生

一是促进重点群体就业。支持国有企业、事业单位扩大高校毕业生招聘规模，通过生活补贴、社保补助等方式引导高校毕业生到制造业、基层等就业。实施就业增加与税收优惠挂钩政策，对轻工纺织、电子信息产品加工等行业的劳动密集型企业给予支持。组织开展公共就业服务专项行动。支持大企业牵头、联合高校建设产教融合基地，提高职业培训能效。二是持续促进居民增收。鼓励有条件的地方合理提高最低工资标准。完善国有企业薪酬制度，提高事业单位绩效工资总量水平。健全公务员工资正常增长机制。提

高子女教育、婴幼儿照护、赡养老人个人所得税专项附加扣除标准。三是提高公共服务和社会保障水平。加强失能老年人等重点群体长期照护能力建设，深入实施普惠托育服务专项行动。优化学前教育和义务教育资源配置，缩小城乡、地区差距。加快国家医学中心和区域医疗中心建设。提高农村老年居民基本养老金水平，从目前的全国平均150元/月左右逐步提高到300元/月以上。探索个人、企业（平台）、政府三方筹资机制，建立健全灵活就业人员社会保障制度。持续做好低保和特困人员救助供养、临时救助等工作。

参考文献

蔡昉、李雪松、陆旸：《中国经济将回归怎样的常态》，《中共中央党校（国家行政学院）学报》2023年第1期。

冯明：《国民经济核算视角下中国居民消费率的因素分解研究——对"消费能力说"和"消费意愿说"的定量考察》，《数量经济技术经济研究》2023年第5期。

李雪松：《支撑我国经济高质量发展的有利条件仍然坚实》，《中国社会科学报》2023年7月31日。

李雪松主编《发展规划蓝皮书：中国五年规划发展报告（2022~2023）》，社会科学文献出版社，2023。

王昌林：《充分认识把握未来发展主动权》，《中国纪检监察》2023年第6期。

汪红驹、张馨羽：《化解"三重压力"，促进经济发展质量与增长速度共同提升》，《财贸经济》2023年第1期。

张彬斌、陆万军：《宏观环境和劳动力供给变化下就业新态势与应对措施》，《经济纵横》2023年第10期。

张慧慧：《科教兴国背景下高校研发对企业创新的促进作用及机制研究》，《社会科学》2023年第2期。

中国社会科学院宏观经济研究智库课题组：《加力提效扩大内需 持续增强内生

动力——2023年年中中国宏观经济形势分析》,《改革》2023年第7期。

中国社会科学院宏观经济研究智库课题组:《释放经济发展活力 巩固增长回升势头——2023年第一季度中国宏观经济形势分析》,《改革》2023年第4期。

中国社会科学院宏观经济研究智库课题组:《大力提振市场信心 推动经济整体好转——2023年中国经济形势分析与政策建议》,《中国经济学》2022年第4期。

左鹏飞、李雪松:《推动数字经济高质量发展》,《中国外汇》2023年第1期。

宏观走势与政策展望

B.2
国际经济形势演变及其对中国经济的影响

张 斌 肖立晟 杨子荣[*]

摘　要： 2023年全球经济增长放缓，通胀压力犹在，经济"硬着陆"风险和金融市场风险下降。预计2024年全球经济增速将进一步小幅放缓，全球贸易小幅回升，地区分化进一步加剧，整体风险偏向下行。我国对外经济活动面临的主要风险包括出口增速回升乏力、地缘政治冲突、产业链重构以及新的国际金融市场风险。应对未来的外部环境挑战，我国需要着力于三个方面，一是坚持扩大内需战略，二是保持人民币汇率宽幅区间波动，三是进一步扩大对外开放。

关键词： 经济增长　通胀　货币政策　金融风险

---

[*] 张斌，中国社会科学院世界经济与政治研究所副所长、研究员，主要研究方向为中国经济结构转型、中国宏观经济和金融市场波动、人民币汇率和外汇管理政策；肖立晟，中国社会科学院世界经济与政治研究所研究员，主要研究方向为国际金融与中国宏观经济；杨子荣，中国社会科学院世界经济与政治研究所副研究员，主要研究方向为国际金融和新结构金融学。

一　国际经济形势分析与展望

（一）经济在下行过程中表现出韧性

2023年全球经济呈现短期韧性。2022年以来，在新冠疫情、乌克兰危机、高通胀和央行加息等因素的冲击下，全球经济面临持续的下行压力。2022年，全球经济增速从2021年的6.3%下降至3.4%。2022年10月，IMF发布的《世界经济展望》指出，全球经济活动普遍放缓且比预期的更为严重，通胀处于几十年来的最高水平，多数地区的金融环境不断收紧，乌克兰危机影响扩大化，新冠疫情持续不退，对经济前景造成严重的影响，预计2023年全球经济增速将下滑至2.7%，这将是2001年以来除了国际金融危机和新冠疫情最严重阶段全球经济最疲弱的增长表现。2023年以来，新冠疫情的影响已基本消退，供应链扰动也恢复至疫情前水平，劳动力市场超预期走强，能源和食品价格从乌克兰危机引致的峰值大幅回落，全球经济"硬着陆"风险下降，全球银行业动荡迅速得到抑制。全球经济增长展现出了短期的韧性。

2024年全球经济增速将继续放缓。尽管2023年全球经济表现出短期的韧性，但全球经济增长动力趋于衰减。由于核心通胀表现出较强黏性，大多数国家的通胀预计要到2025年才能回到目标水平，2024年各国央行预计将维持紧缩立场。考虑到紧缩货币政策的时滞效应和累积效应，发达经济体经济面临越来越大的下行压力，美国和日本经济增速回落，欧洲经济停滞风险上升。部分新兴市场经济体同时面临着财政空间缩小、债务脆弱性和风险敞口上升等多重压力，经济基本面脆弱和对外依赖程度高的经济体可能爆发债务危机和经济危机。2024年全球经济增速将继续放缓，地区分化进一步加剧，整体风险仍然偏向下行，预计全球经济增速将下降至2.7%。如果地缘政治动荡加剧和极端气候频发导致大宗商品价格剧烈波动、欧美国家银行危机再起等多种风险同时显现，全球经济可能陷入衰退。

（二）全球供应链加速重构

新冠疫情导致全球供应链收缩。疫情从供给和需求两侧对全球供应链形成挤压。在需求层面，疫情导致全球经济下行，商品消费和跨境贸易减少。在供给层面，疫情防控期间，人员隔离、跨地区流动受限导致企业劳动力短缺、开工不足以及物流迟滞。此外，疫情期间，全球供应链的脆弱性暴露，各国对供应链韧性和安全性的需求提升，加速全球供应链分工格局重塑。

乌克兰危机加剧全球供应链分裂。乌克兰危机及由此引发的制裁举措导致物流中断和供给短缺，对粮食、原材料、能源等供应链和全球经济造成巨大冲击。一是乌克兰危机导致能源价格和运输成本大幅上升，能源供应链出现重大错乱和中断。二是全球能源贸易版图出现重大调整，欧洲坚定对俄罗斯能源脱钩。三是地缘经济割裂可能导致全球供应链分裂成若干个集团，对全球供应链产生长久冲击。

全球供应链从追求效率转向注重风险和安全管理。全球供应链正在加速呈现两大发展趋势。一是基于供应链风险考虑的多元化和集聚化。多元化可以分散风险，减少对单个经济体或少数国外供应商的依赖；集聚化可以通过产业链集群降低运输成本，缩短物流时间，提高物流调度效率。二是基于供应链安全考虑的本土化、区域化和联盟化。为确保供应链安全，增强自身竞争力，发达国家正试图进一步推动供应链本土化、区域化和联盟化。

（三）主要经济体货币政策分化，预计美联储利率将在较长时间维持高位

主要经济体为应对通货膨胀持续加息。为应对2022年以来的高通胀，主要经济体货币当局纷纷加息。截至2023年9月，发达经济体中，美国联邦基金目标利率上升至5.25%~5.5%，欧元区主要再融资利率上升至4.5%；新兴经济体中，巴西央行将隔夜利率从2020年8月的2%上调至2023年8月的13.25%，南非央行将回购利率从2020年的3.5%上调至2023年10月的8.25%，菲律宾央行将隔夜利率从2022年的2.5%上调至2023年10月的6.75%。日本

尽管面临通胀上行压力，仍选择坚持宽松货币政策。中国没有通胀压力，选择降息以进一步扩大内需。

主要发达经济体央行受制于通胀压力仍将保持名义利率高位。美联储为打压通胀预期继续释放出鹰派信号，对鸽派言论的发表将较为谨慎。根据美联储9月FOMC会议内容，美联储的高利率将维持较长时间（high for longer），第四季度可能再加息一次至5.5%~5.75%。预计美联储将保持高利率至2024年，欧央行在高通胀的约束下也很难因经济放缓而放松金融条件，持续的紧信用必然会成为约束经济增长的"地心引力"。持续高利率对经济增长的抑制作用开始显现，美国私人信贷出现收缩，失业率略有上升。若美国核心通胀能在2024年上半年超预期下降，美联储可能于2024年第三季度开启降息。2024年11月美国将进行总统大选，来自政府的压力也可能促使美联储对货币政策进行微调。如果发生重大金融风险事件，美联储降息的时间也可能提前。

（四）全球通胀整体下行，部分国家呈现通胀下行黏性

2023年以来，主要经济体通胀总体下行。1~9月，美国、欧元区、印度、印度尼西亚、泰国、越南CPI同比分别下行2.7个、4.4个、1.5个、3.0个、4.7个、1.2个百分点。在通胀整体下行的大背景下，出现明显的下行黏性，突出体现在以下两个方面。一是主要国家核心通胀下降较为缓慢。1~9月，美国、欧元区、韩国、加拿大、印度尼西亚核心CPI同比分别下降1.5个、0.8个、1.1个、2.1个、1.3个百分点。二是8月以来部分国家通胀出现明显反弹，如加拿大、韩国、印度、俄罗斯、巴西、土耳其等。日本2~8月核心CPI没有下降。多重因素导致全球通胀短期内难以回到疫情前水平。第一，随着主要经济体经济实际增速低于潜在增速，货币政策压力增大，经济主体将产生降息预期，不利于降低通胀预期。第二，紧张的就业市场带动工资增速居高，不利于通胀下行。美国汽车工人联合会大罢工体现了劳动者对工资增长较慢的不满，欧洲多个国家出现要求涨工资的罢工，工资上涨压力凸显。第三，地缘政治风险加剧，乌克兰危机、巴以冲突等地缘事件的升级可能导致不利的

供给冲击，推升通胀。2024年，全球各国通胀下行仍将呈现明显的周期不同步。印度尼西亚、越南、泰国、马来西亚等东南亚国家通胀可能将率先降至2%的水平，美国、韩国、加拿大、日本等通胀也有望降至3%以下，欧元区、俄罗斯、土耳其等的高通胀将持续更长时间。

（五）发达经济体就业与产出背离，新兴市场国家失业率居高位

2023年美国等部分发达经济体经济呈现超预期的韧性，劳动力市场普遍紧张，失业率处于历史低位。印度、南非、巴西、越南等新兴经济体失业率仍显著高于疫情前水平。当前全球许多国家面临低生育率和老龄化等人口问题，大部分发达国家的劳动年龄人口减少。随着2024年全球经济预期增速放缓，发达市场经济体和新兴经济体失业率将缓慢上升。国际劳工组织预测2024年全球平均失业率约为5.8%。未来就业市场的结构性矛盾值得关注，人才紧缺依然是劳动力市场面临的最迫切挑战之一，熟练工人的紧缺依然是企业增长面临的重要障碍，这些问题并不仅仅局限于某个地区。欧美就业与产出可能出现背离，经济下行速度加快，而劳动力短缺保持相对韧性，限制了货币政策的操作空间。

人工智能对劳动力的取代也同样值得关注。人工智能的推广和应用提高了生产过程中的自动化和智能化程度，减少了生产过程中所需劳动力。与之前的自动化和机器等技术的本质区别在于，人工智能可以自我学习、自我优化并具备一定决策能力。以前的自动化和机器的普及替代的是从事繁重体力劳动和重复性较高的低技能劳动力，但在ChatGPT等大语言模型技术出现后，人工智能可完成更为复杂的翻译、编程甚至艺术创作等工作，造成部分行业的中等技能劳动力更容易被替代。

（六）全球贸易预计触底反弹，不确定性仍强

2023年全球贸易低迷，2024年将有所改善。2023年10月WTO预测，2023年全球商品贸易增长0.8%，低于4月其预测的1.7%，2024年增长3.3%。从地区增长看，2023年下半年亚洲出口和进口将转为正增长，出口增速从

2023年的0.6%上升到2024年的5.1%，同期，进口增速从-0.4%上升到5.8%；欧洲出口将有所改善，增速从2023年的0.4%上升到2024年的2.2%，同期，进口从0.7%上升到1.6%；北美地区出口下降而进口改善；独联体国家进口和出口"双下降"。从产品趋势看，多种商品贸易量下降，尤其是钢铁、办公用品、电信设备、纺织品和服装等制成品的降幅明显，均超过10%。服务贸易方面，2023年上半年中国和德国服务业出口下降，美国、英国、印度、法国、新加坡、日本等国服务业出口增长。由于基数效应，2024年全球贸易增速将有所回升，但仍然低于历史水平，且面临较多的不确定性。

（七）全球收入分配不均进一步加剧

加息和通胀使得全球收入分配面临严峻挑战。在货币紧缩政策的高利率环境下，居民、企业的偿债能力面临挑战，居民实际收入降低，部分"僵尸企业"面临更高的破产风险。部分发达经济体受前期货币量化宽松和减税政策影响，当前工资水平虽然有所上涨，但考虑到较高的通货膨胀，中低收入群体的实际收入反而减少。与此同时，近年来资产价格显著上涨，让富人更富；而通胀高企，又会降低边际消费倾向更高的低收入群体的收入水平和消费能力，这将在一定程度上抑制总需求，造成收入与财富分配失衡加剧。由于货币政策存在时滞效应，货币紧缩政策的实际影响可能会在2023年底或2024年初逐步显现，长期居高不下的通货膨胀或将得到有效控制，劳动力市场紧张局面有所缓解，失业率会小幅上升。届时经济低迷导致的就业岗位和收入损失，对技能水平和受教育程度较低的劳动者与低收入群体会产生更大的负面影响，将进一步加剧经济体内部的收入分配不均等。

（八）全球债务形势呈现新变化

新冠疫情以来，全球债务在历史性大扩张后又进入快速去杠杆阶段。2020~2021年，为消除新冠疫情的影响，各国政府纷纷采用了扩张性财政和货币政策，全球债务规模出现了历史性大扩张，债务扩张幅度高达17%，甚至远高于2007~2009年全球金融危机期间（仅为11%）。全球总杠杆率（债务总额与GDP之比）一度于2021年第一季度飙升至362%的历史峰值。随后，各国逐步退出扩张性货币和财政政策，2022年有3/4的国家开始实施货币和财政紧缩政策。受此影响，全球总杠杆率开始快速下降。2023年第一季度，全球总杠杆率降至333%，较历史峰值减少了29个百分点。

分部门看，本轮全球债务去杠杆的主力是政府部门。2023年第一季度，全球政府部门的杠杆率较2021年第一季度的历史峰值下降了11个百分点至95%，政府部门杠杆率的下降与各国政府财政政策和货币政策正常化密切相关；同期，家庭部门和企业部门的杠杆率分别减少了5个和6个百分点至62%和96%。

分国家类型看，发达经济体较新兴市场和发展中经济体去杠杆力度更大。与2021年第一季度的历史高点相比，2023年第一季度发达经济体的总杠杆率减少了43个百分点，新兴市场和发展中经济体减少了5个百分点。其中，发达经济体方面，杠杆率降幅最大的是政府部门和金融部门，分别减少了17个和10个百分点。新兴市场和发展中经济体方面，杠杆率降幅最大的是金融部门和企业部门，分别减少了3个和2个百分点。

表1 2021年第一季度和2023年第一季度各部门的去杠杆力度对比

单位：%，个百分点

类型	部门类型	2021年第一季度（历史峰值）	2023年第一季度（现值）	历史峰值与现值之差
全球	所有部门	362	333	29
	家庭部门	67	62	5
	企业部门	102	96	6
	政府部门	106	95	11
	金融部门	87	79	8
发达经济体	所有部门	426	383	43
	家庭部门	78	71	7
	企业部门	101	92	9
	政府部门	131	114	17
	金融部门	116	106	10

续表

类型	部门类型	2021年第一季度（历史峰值）	2023年第一季度（现值）	历史峰值与现值之差
新兴市场和发展中经济体	所有部门	254	249	5
	家庭部门	47	47	0
	企业部门	105	103	2
	政府部门	64	65	−1
	金融部门	38	35	3

注：发达经济体包括澳大利亚、奥地利、比利时、塞浦路斯、加拿大、丹麦、爱沙尼亚、芬兰、法国、德国、希腊、爱尔兰、意大利、日本、拉脱维亚、立陶宛、卢森堡、马耳他、荷兰、新西兰、挪威、葡萄牙、斯洛伐克、斯洛文尼亚、西班牙、瑞典、瑞士、美国、英国。新兴市场和发展中经济体包括阿根廷、巴西、智利、中国内地、哥伦比亚、捷克、埃及、加纳、中国香港、匈牙利、印度、印度尼西亚、以色列、肯尼亚、黎巴嫩、马来西亚、墨西哥、尼日利亚、巴基斯坦、秘鲁、菲律宾、波兰、俄罗斯、沙特阿拉伯、新加坡、南非、韩国、泰国、土耳其、乌克兰、阿联酋、越南。

资料来源：IIF Global Debt Statistics，笔者整理。

在这一轮加杠杆和去杠杆过程中，发达经济体与新兴市场和发展中经济体总杠杆率变化的驱动因素有差异。2020年发达经济体杠杆率上升的主要原因是债务积累。发达经济体从2021年第二季度开始进入去杠杆阶段，前期杠杆率下降的主要原因是通货膨胀上行和经济复苏。2022年第二、三季度，随着各国退出扩张性货币和财政政策，总债务规模开始收缩并成为去杠杆的主要驱动因素。2022年第四季度，经济有所复苏，总债务规模重新开始扩张，对总杠杆率分别产生压低和推高作用。在综合作用下，总杠杆率继续呈下降趋势。

与发达经济体类似，新兴市场和发展中经济体2020年第一季度进入加杠杆阶段，起初主要是因为新冠疫情导致经济增长放缓，随后在扩张性货币和财政政策刺激下，债务规模大幅扩张，成为推动杠杆率攀升的主要因素。与此同时，经济复苏则起到了抑制杠杆率上升的作用。2021年第二季度，新兴市场和发展中经济体进入去杠杆阶段，经济持续复苏且债务积累速度开始放缓，导致总杠杆率一路走低。

二 对中国经济的影响

（一）中国出口结构明显变化，出口压力增加

出口结构发生明显变化。2023年1~8月汽车产品成为出口增量贡献的主力，其余产品出口均出现不同程度的下跌，传统出口优势产品增速乏力，机电、高科技、纺织品出口下降明显。机电产品出口下降3.0%，高科技产品出口下降14.6%，劳动密集型产品出口下滑，纺织业受冲击严重，玩具、家具、塑料、箱包等出口也出现不同程度的下滑。从出口地区看，中国内地对主要国家和地区出口下降，其中欧盟降10.5%、美国降17.4%、中国香港降8.9%、日本降8.6%、韩国降7.8%；对东盟、拉美和部分新兴市场国家出口下降相对缓和，对东盟出口累计降3.6%，对拉美出口降4.1%，对印度出口降1.5%，对RCEP国家出口降5.3%。从所有制类型看，出口结构呈趋势性调整。中国对俄罗斯增长63.2%、对非洲增长10.2%。国内私企出口能力提升，国企和外资出口下降，尤其是外资出口加速显著下降，2018年是这种结构性改变的起点，疫情期间该变化加速。出口中"内资升、外资降"的趋势凸显。2023年1~8月外商投资企业出口降15.6%、国有企业降5.2%、私营企业降1.5%、其他类型企业降9.7%。

出口压力增加。根据2023年10月IMF对全球和中国2023年和2024年的经济增长预测数据计算得到2023年和2024年中国外部经济增速分别为2.56%和2.60%。结合我国出口贸易变化的月度规律，使用跨月系数估计法预测，2023年出口约为34293.7亿美元，增速约为-4.7%，外部经济增长的出口弹性约为-1.8。要注意到的是，2021~2023年该弹性系数逐年下降，分别为5.1、2.4、-1.8，即中国出口贸易对外部经济增长的敏感度降低。乐观地看，如果2024年出口弹性能保持在2021~2023年的平均水平1.9，由于2023年增长疲软造成的低基数，2024年预计出口增速能达到5.0%；悲观地看，如果2024年全球经济增长显著不如2023年，尤其是中国出口较多的欧美国家经济增长不及预期，中国出口贸易的弹性系数可能维持在较

低水平，以2023年系数计算，2024年中国出口增速难以大幅改善，预计为-4.6%。

（二）中国吸收外资优势仍存，但压力凸显

外资吸收恢复到疫情前水平，重点吸收行业是制造业和科技行业，吸收地区的梯度变化较为明显。2022年中国实际利用外资金额1891.3亿美元，同比增长4.5%，增速接近疫情前水平，2018~2020年平均增速为3.1%。制造业和科技产业是中国FDI的主要驱动力，其中制造业占利用外资总额的26.3%，同比增长46.1%；科技产业占利用外资总额的36%，同比增长28.3%。从地区分布来看，进入中国的FDI呈从东部沿海省份向内陆中西部地区转移的趋势，中部地区吸收外资同比增长21.9%，西部地区吸收外资同比增长14.1%，高于全国平均水平。

从不利因素看，国际投资政策分化，欧美发达国家收紧投资政策，其供应链政策不利于中国吸引外资，而新兴市场国家政策总体放宽，在欧美政策压力下，中国制造业面临"两头挤压"格局。一方面，传统劳动密集型产业对国内成本敏感度逐渐上升，全球供应链从强调效率转向强调安全。劳动密集型、低附加值产业如纺织服装、家具、玩具、鞋类等的订单转移，一些企业为降低成本、规避关税、迎合市场以及配合欧美的"中国+1"供应链战略，把部分产能转移到墨西哥、东南亚、南亚、非洲等国家或地区。另一方面，欧美对中国高科技打压导致高端产业受挤压，尤其是欧美不断泛化国家安全概念，滥用出口管制措施，阻碍芯片等产品的正常国际贸易。美国采取"脱钩断链"战略，推动印度、墨西哥、东盟等构建平行供应链，富士康代工的相关产品已在印度、越南等国增设产品线。

从有利因素看，中国的市场容量、开放政策有利于吸引外资。中国超大市场规模的优势仍然不减，体现为制造业效率较高、市场规模较大等。中国扩大开放政策也有利于吸引外资，通过不断扩大外商直接投资目录开放，全面取消制造业领域外资准入，放开汽车股比限制，以积极的投资政策对冲欧

美消极政策的影响。此外，中国的产业结构升级也正在成为新的吸引外资的因素。

（三）全球供应链重构，挑战与机遇并存

全球供应链重构使我国面临"脱钩断链"的风险。中国经济高速发展与20世纪80年代以来的全球化红利密不可分。全球供应链朝向多元化、本土化和区域化方向重构，必然会对中国的世界工厂地位产生挑战。更为重要的是，美西方为维护自身的霸权与利益，滥用和泛化国家安全概念，推动供应链以"去中国化"为内核的"去风险化"，这对于我国在全球供应链中的位置以及外部发展环境形成极大约束。例如，美国的"友岸外包"战略试图改变由市场驱动的全球供应链布局。2022年8月，美国出台《芯片与科学法案》，禁止受资助企业在中国等特定国家扩建或新建拥有"先进技术"的工厂。

全球供应链重构也蕴含着重要的战略机遇。改革开放以来的很长一段时间里，我国主要以"低端嵌入"的方式融入全球价值链分工体系。但随着中国劳动力技能提升、资本积累以及技术进步，中国自身也存在产业链供应链升级的内在需求。面对美西方对我国的技术"围堵"，我国加快实施创新驱动发展战略。此外，部分已不具有比较优势的产业链供应链向外迁移，不仅能够为国内产业转型升级腾出资源和空间，而且意味着我国与他国和地区开放合作的范围在拓展，有利于扩大中国的国际合作范围与提升供应链层面的关联度。最为根本的是，中国必须发挥好本土市场规模优势和自身的要素禀赋优势，深化体制机制改革，高质量促进"双循环"。

（四）人民币汇率承压，薄弱环节风险暴露

根据历史经验，美联储加息期间，美元升值，美债利率上涨，人民币汇率将持续承压。预计2023年全年美元指数升值2.7%，人民币兑美元汇率贬值5.8%，人民币有效汇率指数也略有贬值。如果2024年中国经济基本面得到边际改善，与此同时美国经济增长放缓，中美经济周期的再次错位有可能缓解人民币贬值压力。自2022年3月加息以来，美国十年期国债实际利率由-0.5%

上行至2.4%，隐含通胀预期由2.9%降至2.4%。此轮美联储加息期间，长期美债收益率上行几乎全部由实际利率推动。在上升的增长预期、下降的通胀预期下，美股尤其是纳斯达克指数在此轮加息中受到的冲击不大。

值得注意的是，即便美国经济实现"软着陆"，快速上行的利率和美元本身也会触发风险，尤其是在利率敞口较大且杠杆较高的薄弱环节。2024年美国本土有7900亿美元企业债到期，其中大部分为垃圾债。在盈利预期转弱的情况下，风险溢价上升和资产价格下跌将形成负反馈，加剧美元流动性紧张，全球金融市场将再次震荡。预计美联储至少将高利率维持至2024年下半年，美元流动性紧张和本币贬值将加大其他经济体的美元债务压力。我国房地产、地方债务部门的部分主体也拥有相当数量的美元债务敞口，海外融资困难也将使得相关高风险主体的风险暴露更加迅速。

三 政策建议

（一）坚持扩大内需战略

预计全球经济2024年仍处于相对低迷状态，对我国的出口难以形成有力支撑。保持总供求平衡和国内经济景气程度更多地要依赖于扩大内需。扩大内需的着力点有两个方面。一是充分实施逆周期政策，我国无论是在货币政策还是财政政策方面，较其他国家都有更充裕的操作空间，且目前没有通货膨胀压力。更大力度的逆周期政策能有效扩大内需。二是推进结构改革，在完善社会福利保障制度、推进新市民在大城市工作安居、促进公平竞争和完善对高科技互联网企业公司的管制政策等方面的改革，有助于在长期内扩大内需。

（二）保持人民币宽幅区间波动

2016年以来，人民币兑美元汇率一直保持在6.3~7.3的宽幅区间波动。货币当局尽可能地减少了对人民币汇率的干预，人民币汇率顺应经济周期和市场供求力量变化，自发调整，很好地发挥了平衡资本流动的作用，也很好地起到了对宏观经济的自动稳定器作用。未来需要保持这种做法，既维持一定的波动空间，让市场自发调整，又避免过度的市场情绪带来的汇率过度调整。人民币汇率的波动空间可以根据国内外经济基本面变化做调整，甚至可以进一步扩大波动幅度，一旦调整，就应该向市场表明鲜明和坚决的态度，引导好市场预期。

（三）积极扩大对外开放和对外合作

中国对外开放正面临几十年来未有的严峻外部环境，这既是挑战，也是机遇。机遇在于中国如果以此为契机，进一步扩大对外开放，坚决捍卫全球自由贸易体系，坚决捍卫全球化，则将迎来新的发展机遇。在落实高水平对外开放政策中，通过将对外开放政策与国内的相关制度改革结合起来，中国经济发展潜力将会得到进一步释放。

参考文献

谢伏瞻主编《经济蓝皮书：2023年中国经济形势分析与预测》，社会科学文献出版社，2022。

熊婉婷、朱丹丹、肖立晟：《主权债务治理的国际规则研究》，中国社会科学出版社，2023。

邹静娴、张斌、董丰、魏薇：《信贷增长如何影响中国的收入和财富不平等》，《金融研究》2023年第1期。

IMF, "World Economic Outlook: Navigating Global Divergences," Washington, DC, October, 2023.

B.3
2024年中国经济形势和政策建议

祝宝良[*]

摘　要： 2023年，我国经济从快速恢复阶段转向常态化运行阶段，服务业生产持续增长，市场需求逐步恢复，就业保持基本平稳，在2023年低基数效应作用下，呈现出"前低、中高、后稳"的特征，全年经济增长略超5%，但2022~2023年两年平均增速仅为4%左右，与潜在增长率5.3%左右的水平相比仍存在较大缺口。展望2024年，疫情的"疤痕效应"和国际经济环境变化会继续影响经济恢复，市场主体预期不稳、信心不足，国内需求疲软，企业产能过剩，财政金融风险上升。要继续坚持以经济建设为中心，坚持稳中求进工作总基调，把稳增长放在突出地位，实施积极的财政政策和稳健的货币政策，不断深化改革、扩大开放，着力扩大内需，着力增强微观主体活力，着力稳定市场信心，保持经济运行在合理区间。

关键词： 有效需求　市场预期　GDP缺口

一　我国经济已从快速恢复阶段转向常态化运行阶段

2022年12月，我国疫情防控平稳转段，经济社会较快地进入了全面恢复和常态化运行阶段，叠加宏观政策靠前协同发力和2023年1月春节放

---

[*] 祝宝良，国家信息中心首席经济师、研究员，主要研究方向为数量经济、宏观经济。

假，2023 年 2~3 月，我国经济快速恢复，第一季度同比增长 4.5%，环比增长 2.3%。前期压抑的消费需求快速释放后，经济恢复步伐有所放缓，第二季度在上年同期低基数的情况下经济同比增长 6.3%，环比增长 0.5%，经济增长速度明显低于市场预期。第三季度，随着鼓励民营经济发展、稳定房地产市场、防范化解地方政府债务风险等一系列政策出台，我国经济呈现企稳回升势头，同比增长 4.9%，环比增长 1.3%。前三季度，我国 GDP 同比增长 5.2%。

（一）服务业恢复较快，工业增长低位平稳

在接触型、聚集型服务业快速恢复的带动下，2023 年前三季度，全国服务业生产指数同比增长 7.9%，同比提高 7.8 个百分点。第三产业增加值同比增长 6.0%，对经济增长的贡献率为 63.0%。批发和零售业，交通运输、仓储和邮政业，住宿和餐饮业等接触型、聚集型服务业增速明显回升；信息传输、软件和信息技术服务业，租赁和商务服务业发展较好。工业生产总体低位平稳，前三季度，工业增加值同比增长 3.9%，规模以上工业增加值同比增长 4.0%，较上年同期回升 0.1 个百分点。占工业增加值 70% 以上的传统产业增速显著放缓，纺织、家具制造、建材、医药等产业出现负增长。新兴产业增长较快，产业结构持续转型升级，规模以上装备制造业增加值同比增长 6.0%，增速高于全部规模以上工业增加值 2.0 个百分点；电气机械、汽车行业快速增长，电子工业专用设备制造、智能消费设备制造等新一代高端装备发展迅速，新能源汽车、光伏电池、汽车用锂离子动力电池、充电桩、太阳能工业用超白玻璃、多晶硅、单晶硅等新能源、新材料产品产量保持高速增长。

（二）消费需求恢复，房地产投资和出口增速回落

2023 年前三季度，社会消费品零售总额同比增长 6.8%，同比提高 6.1 个百分点，消费市场呈现恢复态势，但剔除基数效应，两年平均增长 3.8%，与经济增速和居民收入增速相比，消费仍然疲软。家电、家具、通信器材等消

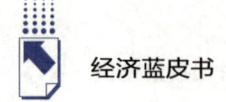

费增长缓慢，新能源汽车销售呈快速增加态势。饮食、交通出行、文化旅游等服务消费支出快速增长，接触型服务业消费快速复苏。前三季度，服务零售额同比增长18.9%。全国固定资产投资（不含农户）同比增长3.1%，比上年同期低2.7个百分点，两年平均增长4.5%。房地产开发投资下降是投资回落的主要原因，前三季度房地产投资在上年同期下降8%的基础上继续下降9.1%，扣除房地产开发投资后全国其他投资同比增长7.4%，增长较快。前三季度制造业投资增长6.2%，两年平均增长8.1%；基础设施投资增长6.2%，两年平均增长7.4%。民间投资同比下降0.6%，扣除房地产开发投资后增长9.1%，处于较高水平。高技术产业投资增势良好，医疗仪器设备及仪器仪表制造业、电子及通信设备制造业等高技术制造业投资同比增长11.3%，高技术服务业投资同比增长11.8%。尽管新能源汽车、锂电池、太阳能电池出口较快增长，成为外贸出口"新三样"，但受世界经济减速、海外市场需求收缩影响，前三季度我国出口（美元计价）同比下降5.7%，较上年同期放缓18.2个百分点；进口下降7.5%，较上年同期减缓12.1个百分点。货物贸易顺差同比收窄，居民跨境旅行需求有序恢复，服务贸易逆差持续扩大，货物和服务净出口对经济增长的拉动作用减弱。前三季度，货物和服务净出口向下拉动经济0.7个百分点。

（三）价格低位运行

2023年前三季度，全国居民消费价格上涨0.4%，比上年同期回落1.6个百分点。居民消费价格涨幅前高后低，1月，受春节效应等因素影响，居民消费价格同比上涨2.1%。2~6月，国际能源价格持续回落，国内消费市场供应充足，居民消费价格环比连续5个月下跌，同比涨幅也逐月回落。6~9月，受国际能源价格上行、暑期旅游出行需求增加等因素影响，居民消费价格环比上涨，但由于上年同期基数原因，同比涨幅延续收窄态势。食品价格前三季度上涨0.9%，同比回落1.1个百分点；生猪产能充足，猪肉价格平均下降6.8%。服务价格上涨1.0%，涨幅比上年同期扩大0.1个百分点。前三季度，能源价格同比下降3.4%，受能源价格下降影响，工业消费品价格同比下降0.9%。生产领域价格持续下跌，前三季度，全国工业品生产价格同比下降3.1%，而上年同期上涨5.9%。2022年6月至2023年7月工业品生产价格环比持续下跌。7月以来，随着国际能源价格回升，8~9月价格环比有所恢复，但我国工业产品总体上供过于求，国际大宗商品价格在波动中回落，我国存在通缩隐忧。

（四）就业形势有所好转，居民收入增长快于经济增长

2023年以来，随着经济日益恢复，就业形势有所好转。前三季度，全国城镇调查失业率平均值为5.3%，比上年同期下降0.3个百分点。其中，9月城镇调查失业率降至5.0%，为2023年以来单月最低值。由于接触型、聚集型服务业增速明显回升，市场用工需求增加，农民工就业形势不断改善。前三季度，城镇外来农业户籍劳动力失业率平均值为5.1%，比上年同期下降0.5个百分点。9月城镇外来农业户籍劳动力失业率为4.7%，为历史同期较低水平。2023年9月末，外出务工农村劳动力总量达18774万人，同比增加504万人。居民收入增长快于经济增长，前三季度，全国居民人均可支配收入实际增长5.9%。农村居民人均可支配收入实际增长7.3%，高于城镇居民2.6个百分点，城乡收入差距持续缩小。

二 我国经济运行面临的问题和挑战

当前，我国经济处于恢复阶段，一些经济指标呈现积极改善态势，但仍面临一些突出矛盾和问题，需引起高度关注，稳增长、增动力、强信心、防风险面临较大挑战。

（一）外部环境风险挑战仍然较多

2022年以来，为了应对数十年来处于高位的通胀，主要国家前所未有地收紧了货币政策，全球经济持续从新冠疫情、俄乌冲突等冲击中复苏，虽然增速放缓但并未停滞。按照国际货币基金组织2023年10月的预测，全球

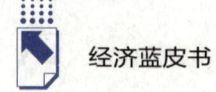

经济增速从 2022 年的 3.5% 放缓至 2023 年的 3%，世界平均消费价格增速从 2022 年的 9.2% 下降至 2023 年的 5.9%。展望 2024 年，全球经济将继续蹒跚向前，全球服务业几乎完全复苏，支持服务业进一步发展的需求增速开始趋缓。主要国家货币政策紧缩影响了房地产市场和制造业投资，一些经济体的破产企业数量正在增加。欧盟等一些严重依赖俄罗斯能源的经济体经历了能源价格大幅上涨和经济急剧放缓，面临进一步紧缩货币政策的压力。这些因素将导致世界经济增速放缓，预计 2024 年增长 2.9%，消费价格上涨 4.8%，在 2025 年之前多数国家的通胀难以回到目标水平。贸易壁垒增加，全球贸易增速难以超过全球经济增速。世界贸易组织预测，2024 年世界贸易量增长 3% 左右，高于 2023 年 0.8% 的水平。与此同时，美国对我国发展进行遏制围堵，主导启动"印太经济框架""芯片四方联盟"，联合一些国家限制对我国芯片和相关生产设备出口，推动产业链转出中国，阻碍我国产业链提升和科技创新步伐。我国面临着资本外流、产业外迁、出口转移的压力。中美博弈也会导致我国比较优势和竞争优势难以充分和有效地发挥，科技创新成本上升，产业链、供应链稳定受到威胁。

（二）国内有效需求不足

预计 2020~2023 年，我国经济平均增长 4.7% 左右，与潜在经济增速相比，存在较大的供求缺口，需求不足成为当前经济运行中面临的最主要问题。疫情的"疤痕效应"还会持续影响居民的收入和消费。房地产销售和开发投资持续下滑，新开工面积和土地购置面积大幅萎缩，一些企业的流动性风险和信用风险持续暴露，打破"销售弱—回款难—融资难—拿地意愿不足—新开工降速—房地产投资回落"的循环尚需时日。工业企业产能过剩、利润下降，近三年来的制造业投资高增速难以持续。地方财政困难，债务负担加重，基础设施建设受到地方财力的影响。

（三）市场主体预期较弱

需求不足，产能过剩，工业品价格负增长，实际利息负担加重，企业经营困难。美国等通过友岸外包、近岸外包、"小院高墙"等打压遏制我国，影响一些企业特别是外商投资企业的信心。

（四）财政金融风险有所加大

我国房地产形成了高杠杆高负债高周转的发展模式，土地出让金净额占财政收入的比重超过20%，部分城市甚至该占比超过一半。银行按揭贷款、开发贷占全部贷款的比重达23%，并通过房地产抵押等产生较大的金融放大效应，房地产风险是财政金融风险的最大隐患。2023年前三季度，土地出让金在2022年下降31.4%的基础上同比下降19.8%。由于基础设施和公共服务项目盈利能力差，现金流不足，在地方财力不足、债务还本付息压力加大的情况下，地方平台的隐性债务风险开始显现，一些平台公司过度依赖新融资偿债，一些平台公司债务不得不展期，债务风险开始向银行等金融机构传导。许多民营房地产企业出现信用风险，违约难以避免。中小银行在资产质量、资本充足水平、公司治理等方面面临突出问题，其风险暴露不仅影响金融稳定，还会给居民带来财富损失，影响社会稳定。

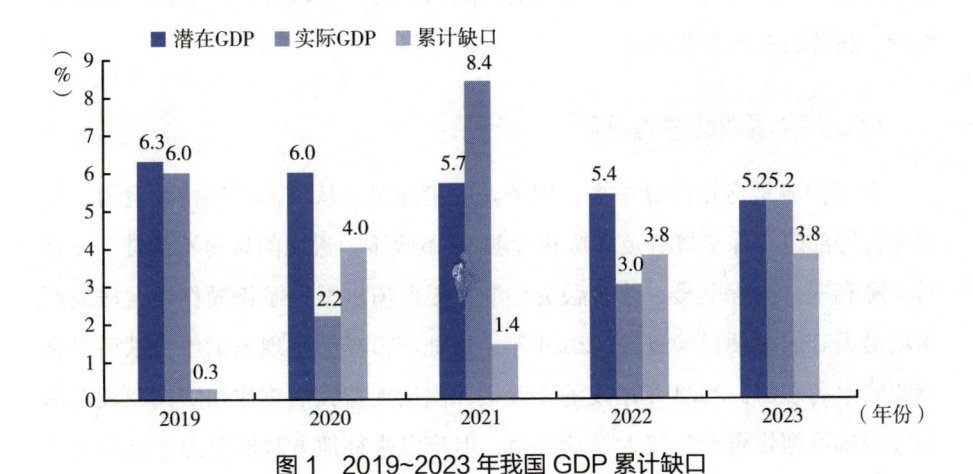

年份	潜在GDP	实际GDP	累计缺口
2019	6.3	6.0	0.3
2020	6.0	2.2	4.0
2021	5.7	8.4	1.4
2022	5.4	3.0	3.8
2023	5.2	5.2	3.8

图1　2019~2023年我国GDP累计缺口

注：经济潜在增长速度根据柯布—道格拉斯生产函数估计。

三 2024年我国经济走势判断和经济发展目标建议

我国经济长期向好的基本面没有变化，突出表现在产业链、供应链完整齐全；科技创新能力持续提升，产业结构不断升级，数字经济、绿色产业、高技术产业和装备制造业迅速发展，新经济增长动能不断增强。2023年5月以来，我国陆续出台了鼓励民营经济发展、扩大消费、优化房地产政策、化解地方政府债务、增发1万亿元国债支持灾后重建和防灾减灾等政策措施，这些政策叠加效应有利于2024年经济保持恢复增长。预计2024年，我国经济增长速度接近5%。

（一）消费增速回落

由于居民消费能力不足、消费意愿不强，经过2023年消费恢复特别是服务性消费快速反弹后，2024年，纺织、服装等部分实物性消费和服务性消费增速将有所放缓，全年社会消费品零售额预计增长5%左右，服务消费零售额增速降至6%左右。消费市场将呈现高档消费增长较好、中低档消费修复偏慢、服务消费回落的局面。

（二）投资增速略有回升

各部门各地区按照党中央、国务院决策部署，从供需两端持续发力，前期央行等部门的保交楼资金支持和金融16条政策，近期的认房不认贷、降首付、降利率，对保交楼、改善融资环境、提振需求发挥了积极作用，房地产市场最艰难的时期已经过去。2024年，房地产市场会呈现先销售止跌后投资降幅收窄的态势。2023年增发的1万亿元国债支持灾后重建和防灾减灾对水利等基础设施投资产生较大拉动作用，但难以弥补地方政府财力不足和债务约束对基建投资的拖累。2023年以来，虽然制造业的产能利用率逐季提高，但前三季度，我国工业企业产能利用率为74.8%，低于上年同期0.7个百分点，也大大低于78%左右的合意水平；企业盈利水平下降，1~9月，全国规模以上工业企业实现利润总额同比下降 9%。工业产能利用率较低，盈利水平不高，科技创新能力总体不足，关键零部件和关键技术存在"卡脖子"问题，制造业企业总体投资能力和意愿下降。预计 2024 年城镇固定资产投资增长 4% 左右。

（三）出口有所好转，净出口对经济拉动作用加大，成为2024年经济的亮点

部分外资企业产能向海外转移，跨国公司调整企业国际产业链、供应链布局，美加墨、日韩、东盟等区域对我国部分产业形成替代，我国出口面临一定的压力。但 2024 年，世界贸易量将有所回升，我国产品出口将增加。强大的产业基础和供应能力也有利于稳定我国的竞争优势。在 2023 年我国低出口基数效应下，2024 年我国出口量增速有望与世界贸易量增速持平。随着经济增长，我国进口相应也会有所增加，但由于内需不足，国际大宗商品价格基本稳定，进口增速不会太快恢复。与此同时，2023 年居民跨境旅行需求快速恢复，2024 年服务进口增速将减缓，服务贸易逆差收窄。综合考虑服务和商品进出口情况，2024 年净出口对我国经济增长的贡献作用会有所改善。

（四）通胀温和上升

从全球经济发展看，主要经济体的通货膨胀是成本推动、需求拉动、结构性通胀的混合型通货膨胀，难以通过紧缩政策予以快速治理，全球通胀仍会维持一段时间。但美联储急剧加息，主要国家的货币政策转向紧缩，有利于稳定全球通胀预期，我国的输入性通胀压力不大。从国内看，我国服务消费恢复较快，服务价格上升。但我国货币政策仍处于常态化，基本管住了物价上涨的货币基础。总供给大于总需求的态势尚未改变，不会出现工资物价联动的局面。此外，2023 年消费品价格翘尾对 2024 年的影响很小，工业品翘尾仍为负值，我国通胀基本温和。居民消费价格和工业品出厂价格上涨幅度均在 1% 左右。

（五）就业基本稳定

继续强化就业优先政策，大力援企稳岗，保持就业形势总体稳定，预计2024年城镇新增就业1200万人，全年城镇调查失业率均值为5.5%左右。

（六）建议把2024年经济增长目标设定在5%左右

确定2024年经济增长目标，需要综合考虑国内外经济环境变化和现实情况。经济增长、就业、物价、国际收支平衡是宏观经济的四大调控目标，四大目标之间相互联系、相互影响，起主导和决定作用的是经济增长指标，其是宏观经济政策决策的基础，决定了就业、物价和国际收支平衡指标，其他相关考核指标的确定大都依据经济增长目标，如能源强度、二氧化碳排放强度、科技投入等指标。实现5%左右的经济增长目标是有可能的。首先，经济增长率主要是由潜在经济增长率决定。潜在经济增长率是指一国（或地区）在各种资源得到最优和充分配置条件下所能达到的最大值。尽管新冠疫情影响了我国的潜在经济增长率，但我国物质技术基础雄厚、产业体系完备、人力资源丰富、创业创新活跃。国内经济研究机构普遍认为，2024年，我国潜在经济增长率为5%左右。其次，过去四年，我国实际经济和潜在经济之间出现了较大的缺口，通过宏观政策调整和社会预期引导，把过剩的储蓄转化为有效投资和消费，可以提升实际经济增长速度，部分缩小潜在经济与实际经济之间的缺口。最后，我国物价上涨压力很小，财政和货币政策操作空间较大，通过继续实施积极的财政政策和稳健的货币政策也可以提高经济增长速度。设定5%的经济增长目标也是现实需要。任何国家在确定本国经济增长目标时，最重要的因素就是就业目标。经济增长和就业之间有较强的相关关系，根据我国近几年的产业结构和劳动生产率，平均来看，我国经济每增长1个百分点，带动城镇新增就业约250万人。2024年，我国高校毕业生将近1200万人，城镇需要就业的劳动力规模达到2000万人以上，考虑到退休人员数量并维持5.5%左右的失业率，则至少需要新增城镇就业1200万人以上，也需要经济增长5%左右。同时，设定5%左右的经济增长目标，要求我们必须坚持以经济建设为中心，加快改革开放。这有利于调动各方积极性，提振市场信心，为到2035年基本实现社会主义现代化、2020~2035年年均经济增速达到4.7%夯实基础。

四 多措并举推动经济持续向好

做好2024年经济工作，实现5%左右的经济增长目标，需要坚持稳中求进工作总基调，实施积极的财政政策和稳健的货币政策，把稳需求与深化供给侧结构性改革结合起来，加快创新驱动发展，增强微观市场主体活力。

（一）积极的财政政策要加力增效

继续实施积极的财政政策，2024年财政赤字率可从2023年的3.8%左右扩大至4%左右，适度扩大地方政府专项债规模。我国税收收入占GDP的比重从2018年的17.4%降至2023年的15%左右，低于主要国家的平均水平，要优化减税降费政策，保持税率的基本稳定。要加大财政支出力度和中央财政对地方政府的转移支付力度，用于地方政府保就业、保民生、保基层政府运转。适度增加中央政府事权，优化支出结构，保障和改善民生，完善养老、医疗保障和社会救助体系，加快保障性租赁住房建设。通过财政贴息等办法支持基础设施、技改、关键核心技术攻关、新能源转型和绿色发展等，发挥好财政资金"四两拨千斤"的作用。

（二）稳健的货币政策要精准有力

保持货币供应量和社会融资规模增速与名义经济增速基本匹配，保持流动性合理充裕，加大对实体经济的信贷支持力度，助力实现扩投资、带就业、促消费综合效应，稳定宏观经济大盘。持续深化利率市场化改革，发挥贷款市场报价利率改革效能，进一步推动金融机构降低实际贷款利率、降低企业综合融资和个人消费信贷成本。加强预期管理，增强人民币汇率弹性，保持人民币汇率在合理均衡水平上的基本稳定。结构性货币政策工具要持续支持

"三农"、小微企业发展，突出金融支持重点领域，运用好碳减排支持工具和支持煤炭清洁高效利用、科技创新、普惠养老、交通物流、设备更新改造等专项再贷款。强化对经济转型升级和重大项目的金融支持，引导更多资金投向先进制造业、战略性新兴产业，更好服务关键核心技术攻关企业和"专精特新"企业；支持基础设施和重大项目建设，用好用足政策性开发性金融工具，稳步扩大REITs试点范围，促进盘活存量资产。

（三）扩大有效需求，推动房地产市场平稳发展

松绑一些大城市汽车限购的措施，增加教育、医疗中高端服务供给，满足多层次的消费需求，使消费潜力能够充分释放出来。完善养老、医疗等社会保障制度，提高60岁以上农民的养老保障水平，减轻育幼家庭负担。打造新型基础设施网络体系，推进一批重要农业、水利、交通、能源等基础设施建设项目，维护粮食、资源、能源安全。围绕补短板、强弱项，加快推进关键核心技术攻关项目投资，支持制造业技术改造投资，加大重点行业节能降碳项目投资。确保房地产市场平稳发展，扎实做好保交楼、保民生、保稳定各项工作；切实支持房地产行业合理融资需求，有效防范化解优质头部企业的金融风险，采用主办银行+银团贷款组合措施，提供充足流动性，对问题较为严重的头部房企，可按照行政接管、专业托管、司法保护、银团贷款、封闭运转原则，通过追加授信、贷款展期、利息减免、债转股、股票增发等途径提供融资支持；大多数城市要严控新增供地，对由此减少的土地出让金净额，由中央财政转移支付或地方专项债提供支持。陷入困境企业的未开发或待开发土地，可通过司法拍卖、合作开发等形式进行盘活。土地供给过多、存量土地去化周期过长的地方，地方政府或中央政府可通过发行特别国债的办法收购。中央层面可设立国家住房收储机构，运用国家信用、市场发债筹措资金支持刚性，收购部分房地产用于廉租房、租赁房，解决新市民、青年人等住房问题。积极拓展国际市场，发挥驻外经商机构的作用，做好贸易促进工作，支持外贸企业赴境外参展、对接洽谈，加强对境外采购商的招商招展。指导企业用足用好出口信用保险政策，增强接单信心。发挥各类金融机

构的作用，进一步加大对外贸企业特别是中小微外贸企业的信贷支持力度。加强外贸运行监测预测预警，密切跟踪研判形势，及时了解、推动解决企业遇到的困难问题，为企业发展营造更加良好的环境。

（四）推动产业结构升级，拓展新增长领域

要健全新型举国体制，强化国家战略科技力量，以国家战略需求为导向，集中力量进行科技攻关，加快实施一批具有战略性全局性前瞻性的国家重大科技项目，增强自主创新能力；持续把加强产业转型升级和创新能力建设的举措落实落细，完善资金信贷、土地、用能、人力资源等要素支撑保障体系，持续发挥政策效力；围绕保产业链供应链稳定推动制造业发展，深入实施产业基础再造工程，支持产业链主导企业投资关键产品和零部件；坚持智能制造主攻方向，推动实施重大技术改造升级工程，加大工业互联网平台和制造业转型升级急需的装备、软件等领域投资；聚焦集成电路、电子元器件、高档数控机床等，加大设备投资和研发投入。通过加强技术突破、标准引领、示范推广，不断提升传统制造业绿色技术装备产品供给水平，培育新的产业增长点，促进传统制造业绿色低碳发展。加强制造业质量和品牌建设推进工作。

（五）激发微观主体活力

企业活力源于有效市场与有为政府的合理分工和有效配合，凡是市场能自主调节的就让市场来调节，凡是企业能干的就让企业干。政府严格依法行政，切实履行好应尽职责。2023年7月，《中共中央 国务院关于促进民营经济发展壮大的意见》发布，从总体要求、持续优化民营经济发展环境、加大对民营经济政策支持力度、强化民营经济发展法治保障、促进民营经济人士健康成长等八方面提出了31条举措，要切实予以贯彻落实。对于民营企业和企业家来说，政策的稳定性、营商环境的公平性、产权保护是最主要的三个因素，要用可信的承诺、可靠的结果让企业家放心、安心。要研究制定民营企业法，依法保护民营企业合法权益，发展民营经济。

（六）通过改革化解财政金融风险

要推动劳动力、土地、资本、技术、数据等要素的市场化改革，优化资源配置，为提高全要素生产率、推动高质量发展创造条件，通过经济增长化解财政金融风险。深化户籍制度改革，畅通劳动力和人才社会性流动渠道，深化农村土地制度改革，促进城乡要素双向流动，推动城市圈发展。深化金融体制改革，疏通金融和实体经济的传导机制，建立住宅金融机构，参与房地产行业兼并重组和保障房建设工作。深化财税体制改革，硬化预算约束，建立市场化、法治化的债务违约处置机制，稳妥化解隐性债务存量，着力加强风险源头管控，坚决遏制隐性债务增量。

附表　主要宏观经济指标预测

指标	2022年 绝对值（亿元）	2022年 增速（%）	2023年 绝对值（亿元）	2023年 增速（%）	2024年预测 绝对值（亿元）	2024年预测 增速（%）
GDP	1210207	3.0	1263000	5.2	1341300	5.0
第一产业	88345	4.1	91600	4.0	96000	3.5
第二产业	483164	3.8	493500	4.0	523110	5.0
第三产业	638698	2.3	677900	6.0	722190	5.0
规模以上工业增加值		3.6		4.0		5.0
城镇固定资产投资	572138	5.1	589300	3.0	612900	4.0
房地产投资	133000	-10.0	121030	-9.0	120000	-1.0
社会消费品零售总额	439733	-0.2	474030	7.8	497750	5.0
出口（美元）	35936	7.0	34140	-5.0	35850	5.0
进口（美元）	27160	1.1	25260	-7.0	26520	5.0
居民消费价格指数		2.0		0.5		1.5
工业生产者价格指数		4.1		-3.0		1.0

参考文献

张军扩：《当前中国经济形势及前景展望》，《中国经济报告》2022 年第 4 期。

祝宝良：《2023 年中国经济走势和经济政策》，《中国经济报告》2023 年第 1 期。

祝宝良：《新冠肺炎疫情冲击下中国经济走势展望》，《清华经济评论》2020 年第 4 期。

祝宝良：《"十四五"时期我国经济发展和政策建议》，《经济智库》2020 年第 8 期。

祝宝良：《从全要素生产率变化看构建新发展格局》，载林毅夫等《新发展格局 怎么看 怎么办》，河北教育出版社、黑龙江教育出版社，2021。

B.4
2023年经济形势分析与2024年展望

孙学工[*]

摘　要： 2023年以来我国经济在均衡中持续恢复，服务业和消费成为经济在供需两侧主要的带动因素，通胀低位稳定，失业率稳步下降，国际收支保持盈余。高质量发展取得新进展，供给结构、投资结构、需求结构、能源结构、分配结构均有积极变化。但受国内外多种因素的影响，经济恢复仍然是一个波浪式发展、曲折式前进的过程，经济运行还面临不少挑战，主要表现为当前产出水平仍低于潜在产出水平、需求不足仍很突出、市场微观主体经营困难仍然较大、一些领域风险持续累积并开始暴露、经济运行的起伏较大等。各类周期性、结构性和体制性问题仍然影响经济恢复进程，包括新冠疫情的"疤痕效应"、世界经济减速外需不振、一些重要行业和商品处于长短周期低部市场低迷、国际经济技术合作环境恶化影响预期、一些体制性制约因素仍存影响增长潜力发挥等。但中国经济回升向好的大势不改，预计2023年全年经济增长5.3%，2024年增长5%左右。人口因素、生产率因素和债务风险因素增加了中长期经济增长的不确定性，但我国有基础有条件应对这些挑战，经济发展前景仍然光明。当前我国正处于经济恢复和奠定中长期增长基础的关键时期，要更加重视短期调控与结构调整、体制改革的协同与结合，进一步改善市场预期，增强经济恢复的内生动力，大力夯实发展基础，蓄力结构优化提升，着力化解风险隐患。

---

[*] 孙学工，中国宏观经济研究院决策咨询部主任、研究员，主要研究方向为中国宏观经济、财政金融、国际经济。

关键词： 经济结构　服务业　消费

2023年以来，在以习近平同志为核心的党中央坚强领导下，各地区各部门坚决贯彻落实中央经济工作会议精神和党中央、国务院各项决策部署，坚持稳中求进工作总基调，完整、准确、全面贯彻新发展理念，加快构建新发展格局，精准有力实施宏观调控，全力做好稳增长、稳就业、防风险工作，国民经济持续恢复，高质量发展取得新进展。

一　国民经济在均衡中持续恢复

2023年以来我国经济持续恢复，前三季度GDP增长5.2%，明显高于上年同期3%的增速。供需两端均呈现新格局。从供给端看，服务业明显提速成为经济主要拉动因素，前三季度服务业增加值增长6.0%，比上年同期提高3.7个百分点，服务业增加值占国内生产总值的比重为55.1%，比上年同期上升1.4个百分点；对经济增长贡献率达到63%，比上年同期提高21个百分点。工业和农业保持平稳增长态势，前三季度工业增加值和农业增加值累计分别增长3.9%和4%，分别比上年同期提高0.2个百分点和降低0.2个百分点。从需求端看，消费需求特别是接触式服务消费需求明显恢复，成为需求主要拉动因素，前三季度，最终消费对经济增长的贡献率达到83.2%，比上年同期提高41.3个百分点，其中社会消费品零售总额增长6.8%，比上年同期提高6.1个百分点，服务零售额同比增长达18.9%。投资和出口需求有所回落，前三季度，固定资产投资完成额增长3.1%，比上年同期降低2.8个百分点，但扣除价格因素影响，同比增长6.0%，增速比上年同期加快2.5个百分点，其对经济增长的拉动比上年同期提高0.94个百分点。以美元计出口额下降5.7%，比上年同期下降17.3个百分点，净出口对经济增长的贡献率比上年同期下降1.81个百分点。在持续恢复的同时，我国保持了宏观经济的均衡和稳定，通胀低位稳定，前三季度累计CPI和核心CPI分别为0.4%和0.7%；失业率稳

步下降，9月城镇调查失业率降至5%，比上年同期下降0.5个百分点，城镇新增就业人数1022万人，快于时序进度；进出口继续保持顺差，前三季度累计为6304亿美元，与上年同期基本持平，9月末外汇储备保持在3.1万亿美元以上。

二 经济结构和发展质量优化提升

在经济持续恢复的同时，经济新旧动能转换加快，经济结构不断优化，高质量发展取得新进展。供给结构继续向高端绿色化方向发展。目前规模以上装备制造业和高技术制造业增加值占规模以上工业增加值的比重分别达到32.9%和15.3%。前三季度，装备制造业增加值同比增长6.0%，高于全部规上工业平均水平2.0个百分点，对全部规上工业增长贡献率达46.8%，其中电气机械和汽车行业增加值同比分别增长14.1%和11.4%，电子工业专用设备制造、飞机制造、智能消费设备制造等新一代高端装备和信息技术行业增加值同比分别增长27.4%、16.6%、10.2%。主要新能源、新材料产品产量保持高速增长，新能源汽车产量同比增长26.7%，光伏电池、汽车用锂离子动力电池、充电桩等产量分别增长63.2%、39.9%、34.2%。投资结构高端化发展显著，在总体投资减速的同时，高技术产业投资继续保持高速增长势头，前三季度，高技术产业投资同比增长11.4%，比全部固定资产投资高8.3个百分点。高技术制造业投资同比增长11.3%，比制造业投资高5.1个百分点。其中，医疗仪器设备及仪器仪表制造业投资增长17.0%，电子及通信设备制造业投资增长12.8%。高技术服务业投资同比增长11.8%，比服务业投资高11.1个百分点。其中，科技成果转化服务业投资增长38.8%，电子商务服务业投资增长25.3%。能源结构进一步向绿色低碳方向迈进，目前全国水电、风电、光伏发电等可再生能源装机已历史性地超过全国煤电装机，在向实现"双碳"目标上前进了重要一步。需求结构中内需特别是消费需求主导特征更加显著，前三季度内需贡献率达到113%，有力弥补了外需的下降。消费结构持续升级，服务消费快速增长、占比上升。前三季度居民人均服务性消费支出同比增长14.2%，占居民人均消费支出的46.1%，比上年同期明显提升了2个百分点。交通、住宿、餐饮、文化娱乐、体育等服务消费火爆，9月，全国餐饮收入同比增长13.8%，全国城市轨道交通客运量同比增长40%，全国电影票房同比增长122.5%，前三季度服务零售额增速快于同期商品零售额13.4个百分点。网上消费持续高增长，前三季度全国网上商品和服务零售额同比增长11.6%，比全部消费品零售总额增速高4.8个百分点，占社会消费品零售总额的比重为31.63%，比上年同期提高1.7个百分点。收入分配结构进一步优化，前三季度居民人均可支配收入实际增长5.9%，高于同期GDP增速。

三 经济恢复仍是一个波浪式发展、曲折式前进的过程

2023年以来经济恢复取得了积极进展，但受国内外多种因素的影响，当前和今后一段时期经济恢复仍然是一个波浪式发展、曲折式前进的过程，经济运行还面临不少挑战，主要表现在以下几个方面。一是当前产出水平仍低于潜在产出水平，据估算2023年GDP仍将低于潜在趋势水平约6%，市场总体处于供过于求状态，导致价格总体低迷，消费者价格指数明显低于2%~3%的合意水平，生产者价格指数仍处在负增长区间。产能利用率处于近年来的低点，第三季度工业产能利用率为75.6%，虽高于第二季度，但仅和上年同期持平，且明显低于2021年同期。二是需求不足仍很突出。居民消费意愿不足，根据央行城镇储户调查结果，愿意更多消费的储户占比为24.5%，低于2019年末28%的水平；愿意更多储蓄的储户占比为58%，明显高于2019年末45.7%的水平。居民消费倾向尚未恢复至疫情前水平，前三季度居民消费倾向为66%，低于2019年末70%的水平。居民对大额消费支出更趋谨慎，大件消费品销售不旺，增速低于整体。前三季度累计，限额以上家用电器、通信器材、家具、建筑及装潢材料、汽车零售额分别增长-0.6%、3.9%、3.1%、-7.9%、4.6%，均低于4.9%的整体增速。投资需求中房地产投资持续下降，1~9月下降9.1%，降幅比上年同期进一步扩大。三是市场微观主体经营困难仍然较大。2023年以来，企业经济效益虽有一定程度改善，但受价格等因素

拖累，仍处于较为困难阶段。前三季度，全国规模以上工业企业营业收入增速为0，利润同比下降9.0%。四是一些领域风险持续累积并开始暴露。当前房地产市场正经历短期和趋势性调整叠加的关键时期，原有发展模式累积的大量风险正在集中暴露，恒大的债务处置尚未完成，而2023年以来越来越多的头部房地产企业"爆雷"，出现融资困难和存量债券价格暴跌、收益率陡升等问题，如近期万科的两只美元债券到期收益率一度分别飙升至43.95%、60.65%。若房地产企业的债务风险得不到及时有效的控制而持续蔓延发酵，将提升发生系统性金融风险的可能性。地方政府债务特别是隐性债务近年来加速膨胀，城投公司有息债务规模预计在60万元左右，与GDP之比从2013年的6.7%增加到50%以上，偿付压力越来越大，城投借新还旧的比例从2014年的14.9%上升到2022年的76.5%。近年来，城投公司出现偿付困难的案例越来越多，被迫进行债务重组的情况屡屡出现，由此可能导致城投债务的无序违约，有财政风险向金融风险传递的可能。五是经济运行的起伏较大，影响形成稳定预期。第一季度我国经济快速反弹恢复，增速超出市场预期。但进入第二季度，主要经济指标的环比和两年平均同比增速均放缓，产能利用率和物价水平也进一步走低，经济恢复势头较第一季度减弱，经济增速低于市场预期。第三季度特别是8月以来主要经济指标出现了全面的边际改善迹象，经济增速明显高于市场预期。从不受基数影响的GDP季度环比折年率增速来看，前三季度分别增长9.5%、2.0%和5.3%，波动幅度远大于疫情前水平。

四 周期性、结构性和体制性问题影响经济恢复进程

总体来看，各类周期性、结构性和体制性问题仍然影响着经济恢复进程，包括：一是新冠疫情的"疤痕效应"。新冠疫情防控进入新阶段，疫情对经济的直接影响基本消退，但其后续影响仍然存在，企业、政府和家庭的资产负债情况恶化、杠杆率上升，家庭和企业的消费与投资更趋谨慎，政府特别是地方政府在隐性债务负担加重和财政收入增长放缓的影响下支出扩张难度加

大。以居民部门为例，我国居民部门杠杆率由2019年末的56.1%上升至2023年上半年的63.5%，提高了7.4个百分点，债务余额扩大了约23.3万亿元。由于收入增长放缓、居民杠杆率上升，目前居民债务余额和还本付息与可支配收入之比明显上升，一些研究表明，中国城市居民的房地产债务与家庭收入之比达到137.9%，高于美国的90%，也高于英国、法国、德国的130%。同时，城市居民家庭平均每年还本付息支出与可支配收入之比达到15%，高于美国的7.8%、欧洲的8%~9%，表明至少部分家庭由于收入需用于偿还债务而无力保持或扩大消费。二是2023年世界经济减速，外需不振。2023年以来我国外贸形势好于周边国家和地区，但仍明显弱于上年，对工业生产和GDP的拖累加大。2023年以来工业企业出口交货值始终处于负增长区间，1~9月为-4.8%。由于工业产品出口交货值占工业企业营业收入的比重达到11.1%，最高的ICT行业占43.2%，其影响不可小觑。同时，出口对内需也有重要的影响，估算显示出口金额每下降1个百分点，固定资产投资完成额就会下降0.05个百分点。由于外贸相关领域就业1.8亿人，占就业总量的近1/4，出口减速回落会对就业形成明显冲击，进而影响居民收入和消费。估算出口金额每下降1个百分点，社会消费品零售总额就会下降0.02个百分点。三是一些重要行业和商品处于长短周期低部市场低迷。信息通信产品类受疫情期间出现需求高峰和缺乏重大技术突破等因素的影响，当前全球市场需求不旺，如目前我国智能手机出货量和笔记本电脑销售量均仅为峰值的1/3左右。信息通信产品销售疲软加之一些产业外迁因素，拖累高技术产业工业，其增速罕见地低于全部工业，前三季度高技术产业增加值仅增长1.9%，比全部规上工业增速低2.1个百分点。平台经济在经历流量红利高增长后进入低增长期，2023年上半年阿里、京东营业收入分别增长8%和4.6%，较之前的两位数高速增长态势明显放缓。房地产市场也在人口负增长、企业债务负担重、疫情、经济放缓等多种因素影响下陷入低迷，预计2023年商品房销售面积将低于13亿平方米，较峰值18亿平方米的水平明显下降。受人口、汽车消费政策、新能源汽车与燃油汽车转换等因素的影响，汽车销量在2017年达到峰值2887万辆以后，一直呈下降态势。四是国际经济技术合作环境恶化影响预期。美国加大对我国打压遏制力度，纠集少数国家不断出台"脱钩断链"措施，以"去风险化"为名加快构建所谓"去中国化"的安全供应链，这种情况影响到包括外资在内的一些企业的预期，1~7月外商直接投资下降9.8%。同时产业外迁情况增多，据美国商会的调查，美国在华投资企业中约1/3正在迁出，1/3有迁出意向但因难以找到合适迁入地而暂未迁出。五是一些体制性制约因素仍存影响增长潜力发挥。监管法制化程度低，监管政策随意性强，挫伤企业投资积极性，前三季度民间投资累计下降0.6%，占固定资产投资的比重比上年同期下降4个百分点。国有和民营经济相互促进的机制不健全，尽职免责等原则未落实。在能耗、产能、高端消费等领域行政性限制仍较多，影响投资和消费潜能释放。如有新能源汽车企业反映，由于核定产能较低，尽管有国外订单在手却不能开足马力组织生产出口。

五 中国经济向好大势不改

2023年前三季度中国经济增长5.2%，为实现全年目标奠定了坚实的基础，近期又出台了增发1万亿元国债、提前下达地方政府专项债等积极财政措施，加之上年第四季度基数较低，第四季度经济增速有望在第三季度基础上进一步回升，预计可达5.5%左右，全年经济增速有望达到5.3%左右。展望2024年经济增长前景，从积极方面看，随着经济恢复进程持续推进，"经济增长—收入增加—消费投资扩大—经济增长"的正循环不断加强，经济将向潜在增长水平趋近。同时我国宏观政策空间充裕，有能力继续保持对经济增长的必要支持力度。我国中央政府杠杆率是主要经济体中最低的，2022年末仅为21.4%，同时国有资产存量巨大，2022年全国国有企业和金融企业国有资本权益122.3万亿元，积极财政政策还有较大的操作空间。我国宏观经济无重大失衡，特别是通胀水平低位稳定，利率水平特别是实际利率水平还处于正区间，银行存款准备金率还在较高水平，因而传统货币政策工具还有较大的操作空间。但与此同时，也要看到2024年还有不少困难与挑战，从内部看，消费倾向能否回归常态从而进一步释放消费潜力、为推动2023年经济增长发挥重要作用的服务消费在补偿性增长后是否可持续、制造业投资连续高增长后是否面临产能过剩风险、基建投资在加强防范地方政府债务风险的背景下是否能维持较高增速、房地产市场能否见底回升减少对经济增长的拖累等都需要进一步观察。从外部看，2024年的外部环境较2023年没有明显改善，国际货币基金组织预测2024年世界经济增长2.9%，比2023年下降0.1个百分点。其中美国经济减速更为明显，将由2023年的2.1%下降至2024年的1.5%，美国经济在高利率与低增长的背景下有可能出现新的风险进而冲击世界经济。同时，2024年美国和一些西方国家的去风险方针将进一步进入实质性实施推进阶段，产业链供应链安全成为各经济体最优先考虑的事项，产业链供应链重构加快，将对我国相关产业特别是新能源等优势产业产生更大的影响，我国作为世界工厂的地位进一步受到冲击。美国继续推行"小院高墙"政策，不断扩大对我国前沿技术领域的禁运和投资限制范围，对我国新动能的培育壮大也将持续产生不利影响。2024年地缘政治形势同样动荡不安，俄乌冲突尚无结束迹象，巴以冲突又陡然升级且可能持续较长时间，同时2024年美国将举行大选，其内部矛盾进一步升温，因而2024年可能面临更为动荡的世界和周边地缘政治形势，既影响初级产品市场，也对投资者、消费者的信心产生不利影响。综合来看，2024年是充满希望与挑战加剧并存的一年，经济恢复自主动能增强，政策支持力度不减，但外部环境依然动荡、高基数效应拖累增长，预计2024年投资消费增速小幅回落，而出口有所反弹，经济增长5%左右。

相较于短期增长前景，当前国内外都更为关心中国经济的中长期增长前景。中国经济中长期增长前景不仅关系到中国基本现代化目标的实现，也会影响中美竞争态势的演进。从经济发展规律看，高增长经济体在经历一个时期的高增长后，均有均值回归、增速下降的倾向，中国经济自2010年开始增速换挡后，也呈现持续下降态势，受多种因素影响加之疫情的冲击，目前尚未形成新的稳定的增长中枢。近年来，一些新因素出现使中长期中国经济增长前景面临新的挑战与不确定性。首先，人口总量提早达峰并开始下降，人口老龄化程度进一步加深。2022年中国人口出现负增长，65岁以上人口占比达到14.9%，与日本1994年的水平相当，日本当时人均GDP已经达到4万多美元，而中国人均GDP仅为1.2万美元左右，与日本相比中国面临着未富先老的更加困难的局面。人口数量和年龄结构与经济的关系复杂，但总体来看人口减少和人口老龄化在需求端不利于需求扩张，在供给端不利于劳动力和资本供给增加，供需两方作用的结果将使经济进一步减速。其次，生产率持续减速。由于劳动力和资本要素增速减缓是较为确定的因素，生产率成为决定经济未来走势的主要因素。中国全要素生产率在2014年达到峰值后持续回落，2022年底较峰值水平下降约6.2%。2019年后中美博弈加剧，美国对华战略的核心是科技竞争，全力遏制我国的科技进步，这有可能进一步冲击我国的生产率增长，从而加剧经济减速趋势。最后，中国过去支撑高增长形成的一些风险累积至较高程度并开始暴露，如房地产市场和地方债务问题等，需要认真应对，但我国也具备解决这些问题和挑战的基础和条件，经济中长期增长前景仍然光明。从人口因素看，我国在人口数量降低的同时，人口素质明显提升。我国受过高等教育人口达到2.4亿人，占总人口的17.0%，2022年，大学毕业生人数已经超过1000万，2023年将达到1158万人。2019年中国R&D研究人员总量211万人年，居世界第一，高于美国的156万人年、日本的68万人年。2021年中美印三国新授予博士学位人数分别为7.2万人、5.2万人和2.4万人。预计2025年中国STEM学科的博士毕业生将达美国的两倍。[①]尽管我国人口总量和劳动年龄人口规模有所下降，但由于人均受教育水平的提高，我国人力资本存量仍将持续增加。从生产率因素看，我国创新驱动力越来越强，2022年我国R&D经费投入总量突破3万亿元，迈上新台阶。R&D经费投入强度（与国内生产总值之比）达到2.54%，高于欧盟水平，接近OECD国家水平。在科技进步牵引下，我国在5G、电动汽车、动力电池、人工智能等新赛道新动能方面居于领先地位。这些新科技在经济中不断扩散、扩大应用，有可能逆转生产率下降趋势。从债务风险因素看，经过重大风险攻坚战，我国总体风险呈收敛态势。房地产、地方债务等领域的风

---

① 《美媒：中国培养STEM博士多于美国 2025年将达美国两倍》，中国新闻网，2021年8月11日。

险正在积极处置化解中。为适应房地产市场供需形势的重大变化，房地产市场政策已经做了很多调整，政策效应将逐步显现。针对不同地区的地方债务情况，制订实施了一揽子化债方案。在近期结束的全国金融工作会议上，对防范金融风险又做了进一步部署，总体看房地产和地方债务风险对整体经济和金融稳定的影响在可控范围内。此外，无论从中国经济的发展阶段还是从中国经济高质量发展积累的进展看，中国经济的基本面良好，有能力有基础保持回升向好趋势。我国产业体系完备，产业现代化水平不断提高，产业链韧性强，抗风险、抗打击能力强，在动荡不断加剧的国际形势下是一个稳定可靠的供应源。我国内需增长也有广阔空间。在投资方面，我国还处于城市化进程中，人均资本存量还仅为发达国家的20%~30%，投资还有很大的增长空间。如2020年我国城市建成区路网密度为7.07公里/公里^2，明显低于发达国家15~30公里/公里^{2}的水平。目前我国各类符合市域（郊）铁路功能定位和技术标准的线路仅1100公里左右，而美国2018年都市圈市域（郊）铁路达到12722公里。在消费方面，我国拥有世界上规模最大的中等收入群体且持续扩大，其消费力构成了中国超大规模市场优势的基础，目前我国汽车、家用电器、手机等家庭耐用消费品销售量居世界首位，但人均拥有量与发达国家相比还有差距，相关消费仍有巨大增长空间。同时居民消费结构加快向发展型、享受型和品质型升级，将带动服务化、品质化和多样化消费需求加快增长。

六　政策建议

当前我国正处于疫情后经济恢复和奠定中长期增长基础的关键时期，要更加重视短期调控与结构调整、体制改革的协同与结合，进一步改善市场预期，增强经济恢复的内生动力，大力夯实发展基础，蓄力结构优化提升，着力化解风险隐患，主要政策和措施如下。

一是进一步改善宏观政策环境。继续加大逆周期调节力度，积极财政政策持续加力增效，优化政府债务结构，提高中央政府债务在政府债务中的占比，建议在常规国债的基础上连续数年增发1万亿元长期建设国债，为重大基础设施建设提供稳定连续的长期资金来源，也为市场主体增添信心。进一步完善货币政策框架，提高价格稳定目标的对称性，建议价格调控指标表述为低于但接近3%，为货币政策实施提供更大空间，根据形势需要，适时推出降息降准等政策，保障市场流动性充裕，进一步降低融资成本，加大对创新、绿色、普惠的支持力度。考虑服务业在国民经济中的占比不断提高且日益成为经济增长主要带动力的情况，在继续支持制造业中长期贷款的基础上，研究支持第三产业重点行业的信贷政策。

二是加快释放消费潜力。扩大公共消费，我国2022年公共消费占GDP的16%，分别较全球平均、高收入国家、OECD国家和欧元区低1.2个、2.6个、2.5个、6.3个百分点，同时也低于巴西、俄罗斯等国，还有较大扩张空间。加快常住人口平等享有公共服务进程，结合房地产新模式转型，在人口流入较多地区加快保障性、租赁性住房建设，扩大保障性住房人口覆盖面。进一步提高医保、失业等社会保障待遇，在疫情后尤其要重视完善医保体系，切实提升医保对身患重大疾病、流行性疾病人员的保障水平，改革报销方式，打通门诊和住院，同时考虑护理费用，设立统一的起付线，继续完善异地结算特别是门诊费用的异地结算问题，提高异地结算的便利度。这些措施有利于进一步增强消费信心，扩大消费。针对高端消费，转用要素价格、税收等经济手段调节，释放高端消费潜力。适应消费升级趋势，完善消费类基础设施，优化假期设置切实落实带薪休假制度，为文化旅游健康消费创造更好的条件。

三是优化投资与融资结构。更加科学合理地确定地方公共性投资的范围和规模，债务负担较重地区适度缩小过于超前的基础设施建设规模，集中资源于与民生直接相关的医疗、卫生、教育、体育、环境、市政等领域。中央财政在跨区域重大基础设施建设、提升安全水平、重要民生领域等方面承担更大责任，减轻地方政府财政压力。进一步盘活存量资源，据估算，目前国内基础设施领域可盘活的存量资产总量超100万亿元，如果能将其利用好，将会成为基础设施投资的重要资金来源，并且不会提高杠杆水平。要支持基础设施公募REITs加快发行上市，支持民营企业债转股、股权交易、并购重组，募集和收回的资金可继续投入重点领域基础设施建设。进一步加大对产业和民间投资的支持力度，适当扩大设备更新改造专项再贷款支持的产业范围。进一步完善创业投资融资环境，明确创业投资融资的监管要求，扩大创业投资资金供给，更好地支持高技术和前沿技术领域的投资。

四是稳定外需外贸外资。继续提升人民币汇率弹性，提高对汇率波动的容忍度，更好发挥其国际收支稳定器作用。更好发挥跨境电商和海外购物平台的作用，在提供外网访问等方面为电商提供便利，做好应对美国调整小额电商免关税政策冲击的预案。吸引外资，除负面清单措施外，进一步完善对数据、竞争、采购等的监管政策，提高外资监管政策体系的透明度、稳定性和可预期性。对涉及产业链关键环节关键领域的外资，加大优惠力度，必要时可提供补贴。进一步摸清产业外迁情况，区分不同情况采取有针对性的措施，防止全产业链式产业迁出。对国内相关法律适用范围做出更多说明和澄清，消除美国"抹黑"我国国家安全措施和高技术产品安全性的消极影响，进一步促进中外企业家交流。

五是进一步为产业发展创造更大空间。继续大力支持科技创新，扎实解决"卡脖子"问题，巩固在光伏新能源汽车领域的优势，加快生成式人工智能等的发展。加快传统产业优化升级，取消一些行业的产能总量规模限制、产能置换等行政性限制政策，由投资者自负投资经济性责任，加快产业数字化改造和与数字经济的融合，主要通过强化区域性污染物和二氧化碳排放限制引导产业向绿色低碳化发展。进一步完善市场主体退出机制，提高衰退产业和破产企业退出效率，有效提升存量资源的利用效率。扩大服务业准入，完善服务业监管机制，当前我国服务业在体量和发展速度上都超过第二产业，是当前经济增长的主要拉动因素，扩大内需与供给侧结构性改革相结合，把服务业作为重点，加快补齐服务业供给不足的短板，有力提升服务业满足需求的能力。

六是加快处置城投和房地产企业债务风险。2022年以来城投和房地产

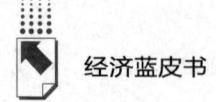

企业的债务问题屡屡被曝光，成为影响市场情绪的重要因素，房地产市场复苏较慢与购房者和金融机构对房地产企业缺乏信心有一定的关系。要继续改善房地产企业融资环境，满足其正常股权和债权融资需求，防止"一刀切"式地缩减房地产企业融资。在保交楼的基础上，对头部房地产企业的债务处置应加大力度，对全国性房地产企业的债务风险加强组织协调，在坚持市场化法治化的前提下，尽快制定处置方案，不适应新发展形势、没有发展前景的房企要尽快退出，有发展前景但遇到暂时困难的房企要加快充实资本，可考虑为其提供必要的流动性支持，防止久拖不决而放大风险、延缓房地产市场的恢复。为加快处置，建议可由金融机构和相关方建立房企重组基金，央行和财政给予一定支持。在土地出让收入减少为难逆转趋势的情况下，对城投债务应加快实施系统性解决方案，并加强对各地化债工作的指导，在加快城投市场化转型的基础上，进一步厘清债务性质，分类施策，通过政府再融资债券、商业化债务重组、业务重组等方式防止无序违约。鼓励商业银行市场化债转股机构积极参与城投债务化解工作，央行给予低成本资金和适当的流动性支持。

七是进一步激发微观活力。激发微观主体活力是增强经济恢复内生动力的关键。切实将让干部敢为、地方敢闯、企业敢干、群众敢首创的"四敢"和让国企敢干、民企敢闯、外企敢投的"三敢"落到实处。要进一步完善营商环境和监管体系，提高监管的法治化水平，减少监管政策的随意性，利用"信用沙盒"等包容审慎监管方式，为新型业态发展提供更宽松的环境和更大空间。同时加强社会信用体系建设，培育诚信文化，运用大数据等新型监管手段维护消费者合法权益。当前形势下，要把企业家和科研人员两个群体作为激发微观活力的重点。进一步提高企业家的社会地位，倡导企业家精神，尊重企业家市场决策的中心地位。进一步发挥和调动科研人员的创新积极性，切实推进事业单位人员绩效工资改革，充分体现科研人员的人力资本价值，主要依靠市场显著提高科技人员收入水平。

参考文献

赵同录:《前三季度我国经济运行持续恢复向好》,国家统计局网站,2023年10月26日。

江源:《前三季度工业经济企稳向好》,国家统计局网站,2023年10月19日。

李锁强:《服务业持续恢复向好 新兴服务业增势良好》,国家统计局网站,2023年10月19日。

孙学工:《发挥投资关键作用 力争实现全年经济发展最好结果》,《债券》2022年第9期。

财政运行与税收分析

B.5 中国财政运行形势分析、展望及政策建议

杨志勇*

摘　要： 2023年财政收入恢复性增长，但收支仍然紧平衡。2023年4月以来一般公共预算收入增速逐步下滑，8月开始收入规模低于上年同期，政府性基金收入下滑速度放缓，但收入压力依然较大。受多重因素影响，2024年财政收入维持低水平增长，稳投资与重点领域保障职能要求财政支出保持必要强度，财政运行紧平衡趋势愈发凸显。2024年应继续完善并实施积极财政政策，注重增长型财政政策作用的发挥，进一步提高财政赤字率，扩大一般债发行规模，适度压缩专项债发行规模。发挥好财政政策作用，扩内需、增活力，财政支出重在通过有保有压促进结构优化。同时，用足用好专项债券资金，支撑民生项目与重大战略项目建设，完善专项债管理监督体系，落实好时间换空间策略，平稳化解地方债风险。此外，还要妥善处理好中央与地方的关系。

---

* 杨志勇，中国社会科学院财政税收研究中心主任、研究员，主要研究方向为财政理论与比较税制。

关键词： 财政形势　财政政策　财政赤字　地方债

一　2023年财政运行形势基本情况[①]

（一）一般公共预算收入

1. 收入规模

2023年前三季度，全国一般公共预算收入166713亿元，同比增长8.9%。各月一般公共预算收入增长情况如图1所示。2023年1月和2月，一般公共预算收入规模略低于上年同期，从3月开始，同比增速由负转正。受2022年4月实施的增值税留抵退税政策拉低税收基数影响，2023年4月、5月一般公共预算收入同比增速大幅提高，较2022年分别增长69.96%、32.74%。6~8月，一般公共预算收入同比增速持续下降，8月增速由正转负，收入规模低于上年同期，9月增速下降趋势有所缓解，但增速依然为负。

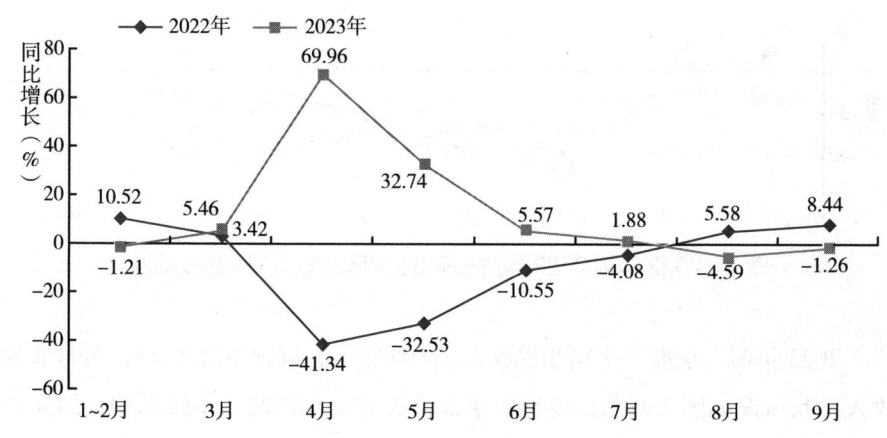

图1　2022年和2023年前三季度全国一般公共预算收入同比增长情况

[①] 除特别注明外，本文原始数据均来自财政部官网（http://www.mof.gov.cn）与国家统计局官网（http://www.stats.gov.cn）。

2. 税收收入与非税收入

2023年前三季度，全国税收收入139105亿元，同比增长11.9%。图2为各月税收收入增长情况，变动趋势与一般公共预算收入基本一致。1~2月税收收入同比下降3.43%，3月同比增速由负转正，主要原因是2021年末部分进口货物增值税与消费税在2022年第一季度入库，抬高当期基数。受留抵退税政策拉低2022年增值税基数影响，4月与5月增值税收入同比增速大幅提升，拉高同期税收收入与一般公共预算收入。随着留抵退税政策影响逐步减弱，2022年6月开始税收收入增速逐步回升，相应地2023年6~8月税收收入增速有所回落，与经济税源增长保持一致。9月税收收入同比增速由负转正，规模大于上年同期。

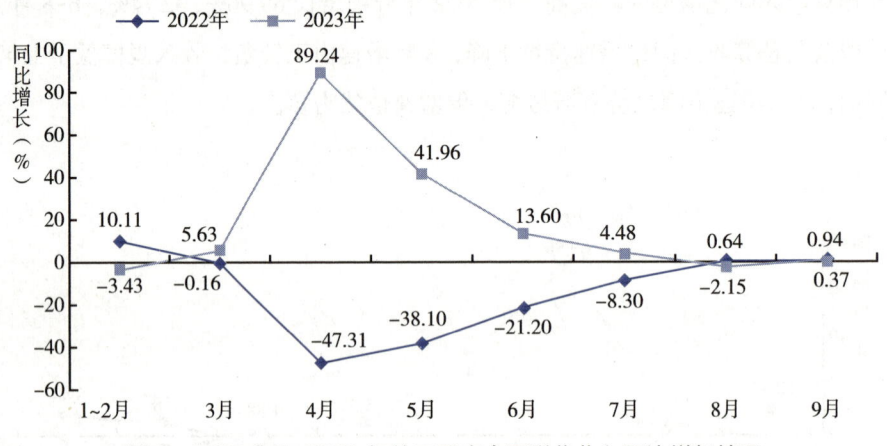

图2 2022年和2023年前三季度全国税收收入同比增长情况

2023年前三季度，全国非税收入27608亿元，同比下降4.1%。各月非税收入增长情况如图3所示，受行政事业性收费与罚没收入下降影响，增速整体呈现波动下降趋势。1~3月，非税收入规模高于上年同期，其中1~2月较上年同期增长15.56%，3月同比增长5.01%。4月非税收入同比增速由正转负，6~8月增速进一步下滑，9月下滑趋势有所减缓，非税收入规模较上年同期下降7.39%。

图3 2022年和2023年前三季度全国非税收入同比增长情况

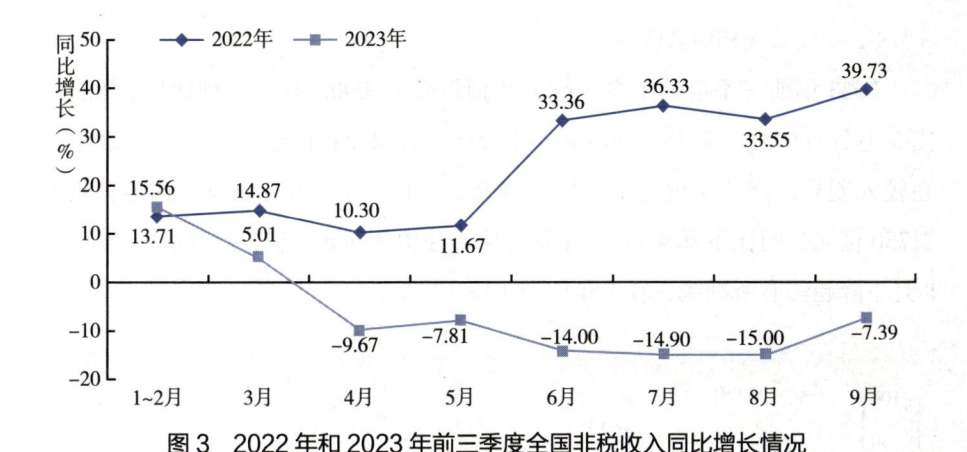

图4为2022年和2023年前三季度全国非税收入占一般公共预算收入比重情况。两年非税收入占比变动趋势基本一致，均呈现波动上升趋势。2022年与2023年前三季度，非税收入占比均超过10%，并且在3月、6月和9月均超过20%，但整体上2022年各月非税收入占比均大于2023年同期（除1~2月），且差距先扩大后缩小，其中差距最大的是4月，2022年较2023年高出9.13个百分点。

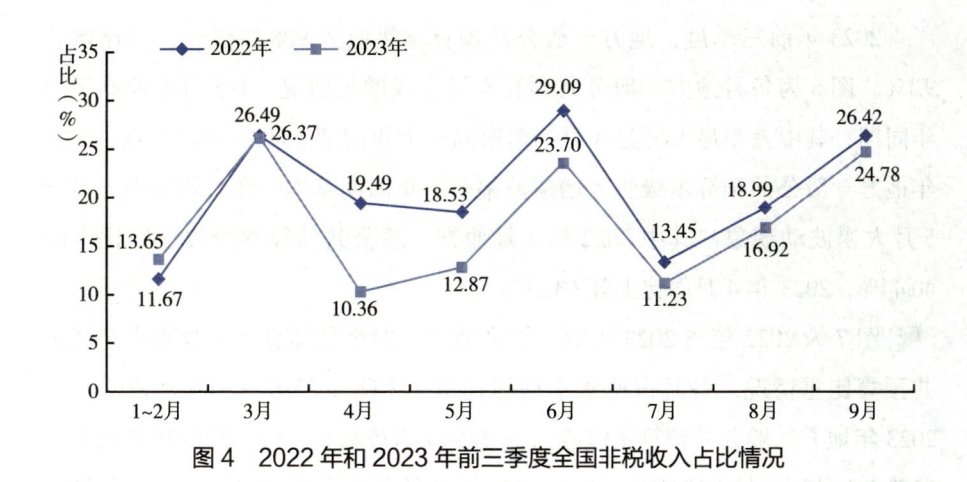

图4 2022年和2023年前三季度全国非税收入占比情况

3. 中央收入和地方收入

2023年前三季度，中央一般公共预算收入75886亿元，同比增长8.5%。图5为各月中央一般公共预算收入增长情况，2023年变动趋势与2022年存在较大差异，增速呈现先上升后下降趋势。1~2月，中央一般公共预算收入21750亿元，同比下降4.48%。4月开始增速由负转正，5~8月增速持续下滑，9月下降趋势有所减缓，较上年同期下降1.88%。

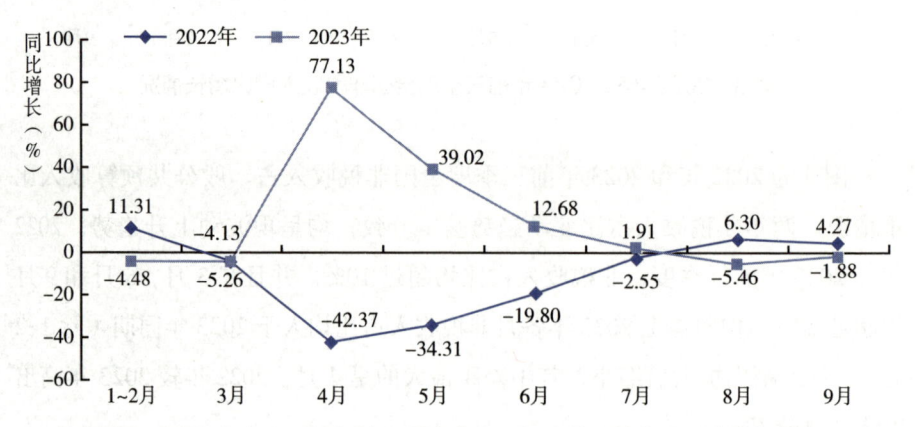

图5 2022年和2023年前三季度中央一般公共预算收入同比增长情况

2023年前三季度，地方一般公共预算本级收入90827亿元，同比增长9.1%。图6为各月地方一般公共预算本级收入增长情况，3~7月增速高于上年同期，其中差距最大的是4月，增速高于上年同期104.32个百分点。2023年地方一般公共预算本级收入增速波幅与上年同期基本一致，均呈现4月与5月大幅波动现象，其中2022年4月地方一般公共预算本级收入同比下降40.44%，2023年4月同比上升63.88%。

图7为2022年与2023年前三季度地方一般公共预算本级收入占一般公共预算比重情况，各月占比水平均超过50%（除2023年5月）。2022年与2023年地方一般公共预算本级收入占比变动趋势基本一致，均呈现波动上升趋势，3月和6月占比上升，4月、5月及7月占比下降，8月、9月占比缓慢上升，且高于1~2月。2022年与2023年地方一般公共预算本级收入占比呈

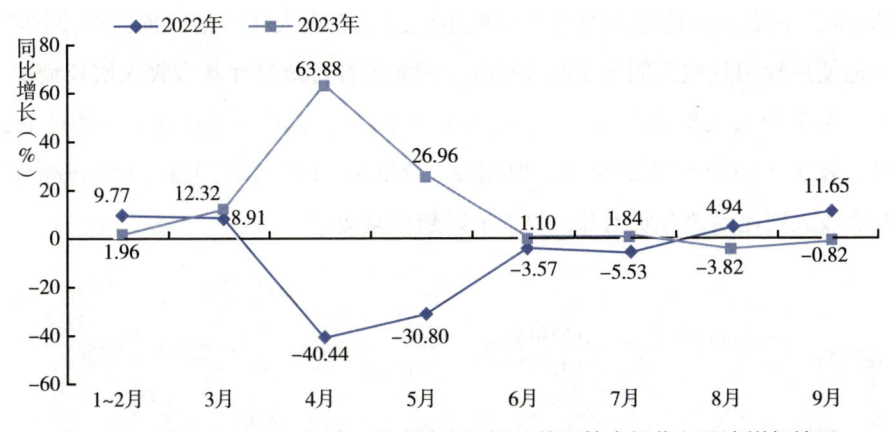

中国财政运行形势分析、展望及政策建议

图6　2022年和2023年前三季度地方一般公共预算本级收入同比增长情况

现交错领先趋势，但差异较小。2023年1~3月占比高于2022年1~3月，2022年4~6月占比高于2023年4~6月，7月两者占比基本一致，2023年8~9月占比再次小幅领先于2022年8~9月。

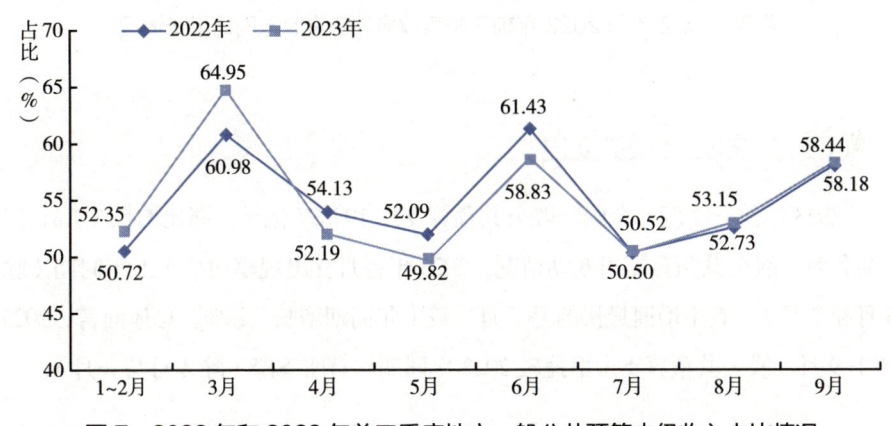

图7　2022年和2023年前三季度地方一般公共预算本级收入占比情况

（二）政府性基金收入

2023年前三季度，全国政府性基金预算收入38683亿元，同比下降

15.7%，主要原因是地方国有土地使用权出让收入大幅下滑，前三季度国有土地使用权出让收入同比下降19.8%。图8为各月政府性基金收入增长情况，2023年各月收入规模均低于上年同期（除4月），其中同比增速最低的是1~2月，较上年同期下降23.95%。但相较于2022年1~7月，2023年同期政府性基金收入同比增速有所上升，收入下降趋势减缓。

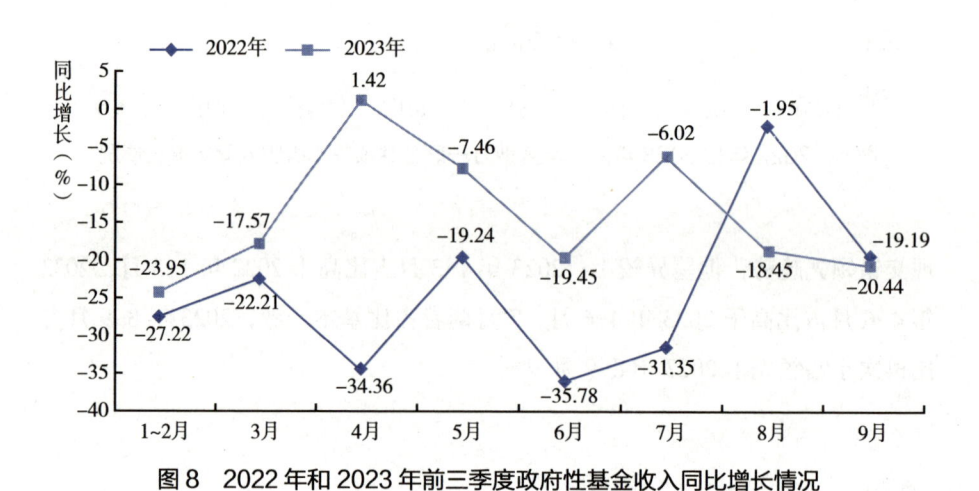

图8　2022年和2023年前三季度政府性基金收入同比增长情况

（三）一般公共预算支出

2023年前三季度，全国一般公共预算支出197897亿元，同比增长3.9%。图9为各月一般公共预算支出变动情况，2023年各月支出规模均高于上年同期（除6月和7月）。其中增速最快的是8月，较上年同期增长7.23%。总体而言，2023年1~9月一般公共预算支出增速较2022年同期均有所下降（除4月与8月）。

（四）政府债务及付息支出

2023年9月，全国地方政府债务余额388996亿元，同比增长12.06%。各月地方政府债务余额增长情况如图10所示，2023年各月债务余额同比增长率均大于0，余额规模大于上年同期。相较于2022年1~9月，2023年同

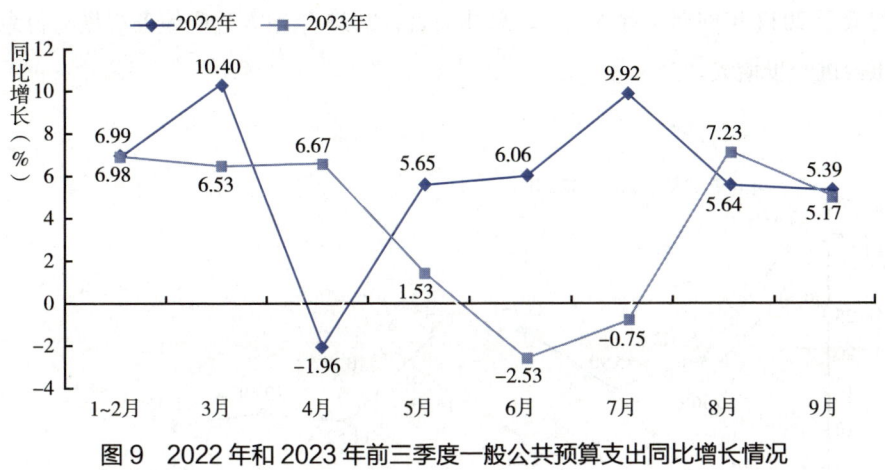

中国财政运行形势分析、展望及政策建议

图9 2022年和2023年前三季度一般公共预算支出同比增长情况

期债务余额增速有所放缓，其中差距最大的是6月，增速较上年同期下降17.20个百分点。

图10 2022年和2023年前三季度全国地方政府债务余额增长情况

2023年前三季度，地方政府债券支付利息9633亿元，同比增长10.18%。图11为地方政府各月债券付息额增长情况，2023年各月付息额均高于2022年同期（除9月），其中，增速最快的是1月，地方政府债券付息额较上年同期增长29.20%。相较于2022年1~9月，2023年同期债券付息额增速有所放缓，

065

均低于2022年同期（除6月）。总体而言，2023年地方政府债务规模与付息压力进一步增大。

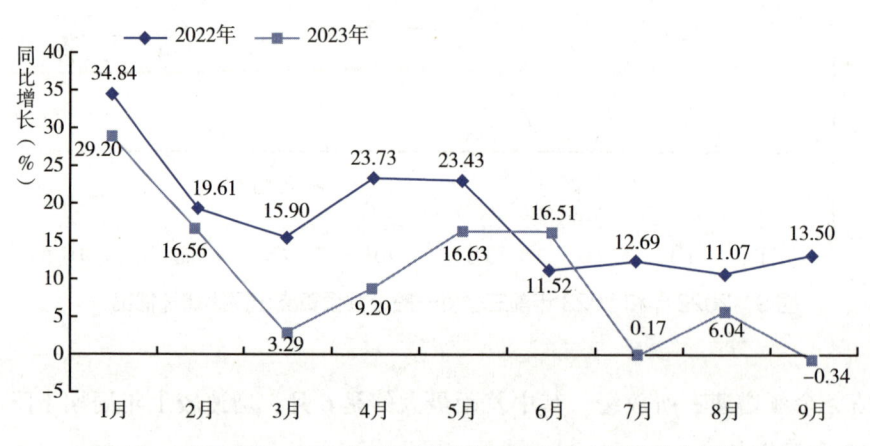

图 11　2022年和2023年前三季度全国地方政府债券付息额增长情况

二　2023年财政运行形势的主要特点

（一）税费优惠政策不断优化，财政收入增速明显加快

2023年税费优惠政策的延续性与精准性进一步提高。一是小微企业和个体工商户的支持力度有所加大。将小规模纳税人增值税征收率降至1%，上半年新增减税822亿元[①]；对生产、生活性服务业纳税人分别实施5%、10%的增值税加计抵减，同时减征小微企业和个体工商户所得税。二是保民生促就业政策延续。2023年，继续实施降低失业保险和工伤保险的费率政策，将免征残疾人就业保障金政策有效期延续至2027年。三是个人所得税减税效应持续发挥，综合所得汇算清缴退税规模扩大，个人所得税收入规模较上年同期有所下降。

2023年财政收入增幅明显拉大，主要原因是2022年4月实施的留抵退税政策影响逐渐减弱，增值税收入大幅增加拉大税收收入增幅。2023年上半

[①] 数据来源：财政部发布的《2023年上半年中国财政政策执行情况报告》。

年，增值税退税规模较上年同期下降15236亿元[①]，增值税收入同比增长96%。其中，3~5月同比增速均超过100%。受此影响，税收收入在4月、5月同比分别增长89.24%、41.96%，带动财政收入增加。

（二）财政支出强度持续增加，重点领域需求保障有力

2023年前三季度，全国一般公共预算支出197897亿元，同比增长3.9%。支出强度加大有效保障了重点领域需求。2023年前三季度，教育支出同比增长4.3%，社会保障和就业支出及卫生健康支出同比分别增长8.2%、3.3%，兜住了基本民生底线。农林水支出同比增长3.9%，助力乡村振兴。节能环保支出同比增长1.7%，为充分履行绿色发展职能、推进美丽中国建设提供了支撑。支出强度加大有效保障了重点群体需求。招用16~24岁失业青年群体与高校毕业生（包括2年内未就业）的企业将获得就业补贴或扩岗补助，其中吸纳符合条件高校毕业生的小微企业还将享受担保贷款贴息政策。支出强度加大有效保障了重点企业需求。在中央财政奖补资金影响下，小微企业担保业务笔数较2017年增长245%，一定程度上缓解了小微企业融资难、融资贵问题。

（三）收入增速快于支出增速，财政收支缺口有所缩小

2023年前三季度，全国一般公共预算收入同比增长8.9%，一般公共预算支出同比增长3.9%，以上两种因素共同作用下，财政收支缺口明显收窄。2022年前三季度，财政收支缺口37238亿元，2023年缺口缩至31184亿元。需要注意的是，2022年财政缺口较大的重要原因是实施了大规模增值税留抵退税政策，将受政策影响较大的4~6月剔除后，2022年与2023年前三季度的财政缺口分别为15122亿元、22068亿元，2023年收支矛盾更为突出。不仅如此，2023年债券付息压力明显增加，前三季度全国债券付息支出9633亿元，2022年同期付息支出8743亿元，同比增长10.18%。2023年地

[①] 数据来源：财政部2023年上半年财政收支情况新闻发布会。

方国有土地使用权出让收入继续大幅下滑，前三季度收入同比下降19.8%，影响地方政府财力。

（四）税收收入恢复性增长，非税收入占比小幅下降

2023年前三季度，税收收入同比增长11.9%，非税收入同比下降4.1%，引起非税收入占比小幅下降。2023年前三季度，非税收入占比16.56%，较上年同期下降2.24个百分点。除1月与2月外，2023年前三季度其他月份非税收入占比均低于2022年同期，其中差距最大的是4月，相差9.13个百分点，这既有2022年央行上缴利润抬高同期基数的原因，也有行政事业性收费与罚没收入下降的原因。

（五）央地收入格局基本稳定，收入波动幅度较明显

2022年与2023年1~9月地方一般公共预算本级收入占一般公共预算比重均超过50%（除2023年5月），变动趋势基本一致，均为3月和6月占比上升，4月、5月及7月占比下降，8月、9月占比缓慢上升，且高于1月与2月。2023年前三季度，中央一般公共预算收入同比增长8.5%，地方一般公共预算本级收入同比增长9.1%。中央与地方各月收入增速的波动幅度较大，其中中央收入增速最快的是4月，同比增长77.13%，收入增速最慢的是8月，收入较上年同期下降5.46%；地方收入增速最快的是4月，同比增长63.88%，收入增速最慢的是8月，较上年同期下降3.82%。

（六）土地依赖程度持续下降，税收收入主导作用逐步加强

2023年前三季度，地方国有土地使用权出让收入30875亿元，较上年同期下降19.8%。各月土地出让收入规模均低于上年同期，其中1~3月、6月及8~9月同比下降幅度超过20%，受此影响，2023年前三季度全国政府性基金预算收入同比下降15.7%。土地出让收入下滑强化了税收收入在政府综合财力中的主导作用，2023年前三季度，土地出让收入约占税收收入的22.20%，较2022年同期下降了8.77个百分点。进一步，增值税的主体地位明显提高，

2023年前三季度，国内增值税收入53454亿元，高于同期土地出让收入。从1~9月收入规模对比来看，增值税收入均呈领先态势。

（七）地方政府债务余额增速放缓，专项债扩大有效投资作用持续显现

截至2023年9月末，全国地方政府债务余额388996亿元，同比增长12.06%，增速较2022年同期下降7.81个百分点。2023年各月债务余额增速较2022年同期均有所下降，6月增速较上年同期下降17.20个百分点。地方政府债务尤其是专项债务有效支撑重大民生工程与重大项目建设，主要用于基础设施与保障性安居工程建设。2023年上半年，发行用于项目的专项债券21721亿元，其中基础设施领域的专项债务规模超过1万亿元[①]，有效发挥了政府投资的杠杆作用；用于保障性安居工程的专项债务规模3267亿元，社会事业专项债务规模3588亿元，助力政府投资惠民生与补短板。

三 未来财政形势展望

（一）2024年财政收入将维持低水平增长

2023年前三季度，全国一般公共预算收入同比增长8.9%，除受经济恢复性增长影响外，2022年4月实施的大规模增值税留抵退税政策拉低税收收入基数，导致2023年同期税收收入与一般公共预算收入大幅增长。留抵退税政策的影响在2022年6月后下降，基数效应逐步减弱，2023年一般公共预算收入同比增速随之下降。上半年，全国一般公共预算收入同比增长13.3%。总体上2023年1~9月增速呈倒"V"形变化。

2024年财政收入预计将保持低速增长。一是经济发展的内生动力逐步增强，有效带动税收收入与一般公共预算收入增长。大规模减税降费政策持续实施有效激发市场活力，扩大专项债券项目等稳投资举措推动经济回升向好，

[①] 数据来源：财经部发布的《2023年上半年中国财政政策执行情况报告》。

服务业强劲需求支撑2024年经济持续恢复性增长。值得注意的是，服务业2023年基本全面复苏，其对经济增长的贡献2024年可能减小。

二是全球经济下行压力凸显，经济发展外部不确定因素增加。2022年大宗商品价格上涨带来全球通胀压力，各国央行实施的紧缩型货币政策会削弱经济活力，主要发达国家经济增速明显放缓。2023年10月国际货币基金组织（IMF）预测2024年全球经济增长为2.9%，不仅低于历史平均水平，较其7月的预测值也下调0.1个百分点[①]。

三是减税降费政策延续限制了财政收入增长幅度。为激发微观市场主体活力，支持重点群体发展，将物流企业自有或承租的大宗商品仓储设施用地减半征收城镇土地使用税政策及残疾人就业保障金减征优惠政策有效期延长至2027年。将新能源汽车减半征收车辆购置税政策有效期延长至2027年底以支持新能源行业发展，提高符合条件的行业企业研发费用税前加计扣除比例，并将其以制度形式固定。此外，为保障国内煤炭供应稳定，煤炭进口零关税政策得以延续。

四是房地产市场发展的不确定性制约政府性基金收入增长。随着房地产市场的持续调整，国有土地使用权出让收入下滑。2023年前三季度，地方政府土地出让收入达30875亿元，同比下降19.8%。尽管下降速度趋缓，但收入规模仍显著低于上年同期。财政部明令禁止地方政府通过国企购地等方式虚增土地出让收入，进一步限制土地出让收入规模。政府性基金收入下降在一定程度上会削弱地方综合财力。此外，房地产市场调整还将影响与土地相关的契税、城镇土地使用税及土地增值税等收入。

五是非税收入对财政收入增长的弥补作用逐渐下降。2023年前三季度，非税收入占比16.56%，较上年同期下降2.24个百分点，除1月与2月外，其他月份非税收入占比均低于2022年同期。非税收入下降主要由行政事业性收费与罚没收入下降所致，盘活国有资产一定程度上会推高非税收入，但随着盘活空间收窄，2024年非税收入规模可能进一步下降。

---

① 数据来源：国际货币基金组织（IMF）2023年10月发布的《世界经济展望》(World Economic Outlook)。

六是低基数效应减弱使税收收入恢复正常水平。2023年前三季度税收收入与一般公共预算收入大幅增长的重要原因是2022年实施增值税留抵退税政策，拉低同期税收基数。随着留抵退税进入常态，低基数效应对2023年一般公共预算收入与2024年一般公共预算收入增速的影响将有限，2024年财政收入增长仍将面临一定挑战。

（二）2024年财政支出保持必要强度

2023年前三季度，全国一般公共预算支出197897亿元，同比增长3.9%。尽管1~9月各月财政支出规模均高于上年同期（除6月与7月），但支出增速较2022年同期有所下降（除4月与8月），其中差距最大的是7月，增速较上年同期下降10.67个百分点，差距最小的是1~2月，较上年同期下降0.01个百分点。

2024年一般性公共支出几无压缩空间。各级部门已连续多年按照过紧日子的要求，持续压缩三公经费支出。在此基础上，2023年中央部门支出按照持平安排，对新增或支出控制十分严格，且还要定期接受相应评估[①]，2024年继续压缩一般性公共支出的可能性较小。

2024年基本民生与科技攻关等重要领域还需保持一定的支出强度。2023年前三季度，教育支出、社会保障和就业支出及卫生健康支出较上年同期分别增长4.3%、8.2%及3.3%，养老保障水平、医疗卫生水平和教育投入水平有所提高。以人为本，增强人民福祉及提高财政支出效率要求财政不断加大对民生领域的投入。为实施创新驱动发展战略，破解产业链的堵点与断点，财政支出应持续增加，支持基础研究与重大科技项目的实施。2023年中央本级基础研究预算支出862.87亿元，同比增长6.2%[②]，预计2024年将维持增长趋势。此外，财政支出也需要发挥稳投资、稳增长的重要作用，发挥"四两拨千斤"的杠杆作用，带动民间投资与关键领域投资增长。通过适当的财政支出措施，有效刺激消费。

---

① 资料来源：财政部发布的《2023年上半年中国财政政策执行情况报告》。
② 数据来源：财政部发布的《2023年上半年中国财政政策执行情况报告》。

2024年债务付息压力持续加大。2023年前三季度，地方政府债券支付利息9633亿元，同比增长10.18%，各月付息额均高于上年同期（除9月）。随着偿债高峰期到来及隐性债务清理速度加快，债务付息规模可能持续扩大。2024年财政还需持续兜住兜牢基层"三保"底线。经济处于恢复调整期，基层"三保"任务仍然艰巨。2023年中央对地方财政转移支付增加，其中均衡性转移支付增长10.3%，县级基本财力保障机制奖补资金增长8.7%[①]。随着地方财政收支矛盾凸显，2024年"三保"对中央财政支出提出更高要求。

四 政策建议

（一）完善积极财政政策，更加注重经济增长

积极财政政策在稳增长与高质量发展中发挥着重要作用，2023年前三季度，全国GDP同比增长5.2%，其中第三季度同比增长4.9%[②]，经济恢复向好态势愈发明显。2024年全球经济增长缓慢且不均衡，主要发达经济体经济增速放缓可能更为明显，对中国经济的影响加深，叠加国内需求收缩、供给冲击、预期转弱影响，需求不足成为当前经济运行面临的突出问题，继续实施积极的财政政策十分必要[③]，但要聚焦加力提效。缓解就业压力，需要靠经济增长。只有保持一定的经济增速，才能真正助力就业优先政策的落实。2024年的积极财政政策，在一定意义上应是增长型财政政策。鉴于2024年财政收入可能低速增长，财政支出压力较大，建议进一步提高财政赤字率（财政赤字率可定在4%以内），扩大一般债券发行规模，根据专项债券项目的实际情况调整专项债券发行规模。专项债券项目要求收益可以覆盖成本，市场资金可直接参与项目，因此适当压缩专项债券发行规模，也不失为一种现实的选择。

提高积极财政政策的精准性与有效性。2023年前三季度，全国固定资产投资（不含农户）同比增长3.1%，低于上年同期增速，其中，民间投资规模

[①] 数据来源：财政部发布的《2023年上半年中国财政政策执行情况报告》。
[②] 数据来源：国家统计局副局长就2023年前三季度国民经济运行情况答记者问。
[③] 刘昆：《更加有力有效实施积极的财政政策》，《求是》2023年第4期。

较上年同期下降0.6%，2022年同期民间投资同比增长2.0%，固定资产投资增速下滑在一定程度上受到一般公共预算收入增速趋缓与政府性基金收入下降影响。2024年，应适度扩大财政支出规模，支持落实国家"十四五"规划纲要和重大区域发展战略的重点项目。充分发挥财政资金对民间资本的引导作用，形成"四两拨千斤"的撬动效应。

同时，还需注重财政政策对消费的刺激作用。2023年前三季度，全国居民人均消费支出同比增长8.8%（扣除价格因素影响），较上年同期增加7.3个百分点，这既有经济恢复向好带动居民收入增加的因素，也受到政府发放消费券等政策影响。2024年应继续加大特定领域消费补贴力度，通过满足人民群众物质文化与精神文化需求来增强消费对促进经济增长的基础性作用。此外，还应发挥投资在促消费中的作用，如为促进新能源汽车消费，基础设施建设投资可适当向充电与停车基础设施领域倾斜。

进一步完善减税降费政策。2023年上半年，全国新增减税降费及退税缓费9279亿元，预计全年可减轻经营主体负担1.8万亿元[1]。大规模减税降费政策可有效减轻市场主体负担，激发市场主体活力。2024年在减税降费政策实施过程中应注意以下三个方面。一是进一步提高政策稳定性、延续性及衔接程度。政策是否连续稳定直接影响市场主体预期。政策制定中应考虑稳定性和延续性，长期实施的优惠政策可以制度化的形式固定下来。二是进一步提高减税降费政策的精准性。持续实施大规模减税降费政策势必带来边际作用递减问题，应注意政策优化，更好地释放政策红利。三是进一步加大对减税降费政策的宣传与政策解读力度。企业对减税降费政策的了解程度会影响政策实施效果，税务部门可通过线上与线下相结合方式宣传减税降费政策，通过政策解读增进企业对政策的理解，针对代表性问题制作手册或视频，更好地促进政策落地。此外，最大限度地简化优惠政策的审批手续与流程，提高退税程序的信息化水平。

---

[1] 数据来源：财政部发布的《2023年上半年中国财政政策执行情况报告》。

（二）妥善处理中央与地方关系，发挥两个积极性

地方政府财政收入增速逐渐放缓，叠加房地产市场进入深度调整期，地方财政收支矛盾较为突出，尤其是中西部地区基层政府，基层"三保"压力较大。为缓解地方财政尤其是基层财政收支矛盾，中央政府不断扩大转移支付规模，2023年中央对地方转移支付增加，其中均衡性转移支付增长10.3%，县级基本财力保障机制奖补资金增长8.7%。①

增加中央政府在共有事权中的支出责任。共有事权划分不清是地方财政收支矛盾突出的重要原因之一。未来，应强化中央政府在教育、文化及科技等外溢性较强的公共服务中的支出责任，这不仅有利于减轻地方政府的财政负担，而且有助于缩小因地区财力差异而引起的公共服务供给水平差距。

适度增加中央政府在积极财政政策实施中的责任。随着地方财政收支矛盾加剧，固定资产投资速度将有所放缓，可能引发减税增费问题，降低市场主体的政策获得感。贴息政策的实施成本也可考虑由中央与地方共同承担。同时，增加中央财政在基础设施建设领域的支出，这不仅有利于稳投资与稳增长，还可以避免地方政府投资引发重复建设与边际效应递减问题。

推进省以下财政体制改革，增强各级财政激励。改革开放以来，为了更好地发挥地方积极性，更好地发挥地方在实践探索中的作用，省以下财政体制改革在中央统一领导以下进行，赋予地方更多自主权。中央对地方转移支付规模扩大，为省以下财政体制进一步改革创造了良好条件。一方面，省以下财政体制改革要体现治理现代化要求，形成激励相容约束，激发地方的潜在财力与创造力。另一方面，改革要以促进各级财政平稳运行为基本目标，发挥省级政府的统筹能力，适当增强省级政府的支出责任，同时建立规范的省以下转移支付体系，使省以下各级财政权责配置更加合理，形成县级财力长效保障机制。

---

① 数据来源：财政部发布的《2023年上半年中国财政政策执行情况报告》。

（三）优化财政支出结构，提高财政支出效率

2023年前三季度财政收入恢复性增长，但财政支出扩张性态势并未改变，叠加上年同期大规模留抵退税政策实施拉起的税收基数，2023年财政收支形势依然严峻。[①] 疫情后中国经济恢复呈现曲折式与波浪式特征[②]，2024年财政收入压力依然较大，对优化财政支出结构、提高财政支出效率提出更高要求。

2024年要持续增加财政在民生领域与科技等关键领域的投入，发挥财政在国家治理中的基础作用。一是兜住兜牢"三保"底线。基层"三保"是最基本的要求，但现实中一些地方并没有很好地做到，这与基层政府财力不足密切相关。随着地方财政尤其是中西部地区基层财政收支矛盾逐渐突出，"三保"压力持续加大，需要适度扩大中央和省级财政对基层财政的转移支付规模。同时，加快转移支付财力的下沉速度，提高资金使用效率。二是持续加大民生领域投入，彰显财政职能担当。教育、医疗及社会保障和就业与人民群众生活密切相关，该领域投入增加是满足人民群众需求、增进民生福祉的主要手段。目前教育领域的城乡差距尤其是师资差距还比较明显，多层次养老保障体系还未建立，医疗卫生服务能力有待提高，亟待发挥财政投入的重要作用。三是继续扩大节能环保领域的财政支出规模，助力美丽中国建设。良好的生态环境是最普惠的民生福祉，[③] 也是实现生态安全的重要保障。生态安全做不到，经济可持续发展就可能有问题。持续加大财政在污染防控、农村环境治理及碳达峰碳中和领域的投入，发挥财政在生态文明建设中的职能作用。四是加大财政对基础研究与重大科技项目的支持力度。实现高水平科技自立自强是建设科技强国、保障产业生态安全的重要举措，这依赖基础研究加强和原始性成果积累，尤其是发挥财政对基础研究和创新的支持作用，以此为引导，拓宽科技领域资金投入渠道，加大民间资本与社会力量的投入。

增加民生领域与科技等关键领域的投入是优化财政支出结构的重要渠道，

---

① 刘昆：《更加有力有效实施积极的财政政策》，《求是》2023年第4期。
② 资料来源：2023年9月20日国务院政策例行吹风会。
③ 刘昆：《更加有力有效实施积极的财政政策》，《求是》2023年第4期。

同时也要注重基础设施领域财政投入的持续性，增加新基建领域的财政投资。2023年9月，上海市发布《进一步推进新型基础设施建设行动方案（2023—2026年）》，将新基建重点领域进一步拓宽至新网络、新算力、新数据、新设施、新终端五个方面，并提出7项保障措施，未来这可能成为财政在基建领域投入的重要方向。但新基建领域所蕴含的极大市场机会和所需要的巨额投入，决定了仅靠财政投资、靠专项债融资是远远不够的，应区分项目类型以吸引市场主体投入，对于需要采取一定措施后市场主体才有参与意愿的投资项目，通过PPP方式引导社会资金投入。

（四）用足用好专项债券资金，防范化解地方政府债务风险

2023年上半年，各地发行用于项目建设的专项债券21721亿元，项目本金约为2000亿元[①]，有效发挥了财政投资的杠杆作用，支撑了民生项目与重大战略项目建设。2024年专项债稳投资、补短板的作用将继续发挥。

第一，优化专项债限额分配，平衡地方融资需求与债务风险积累。一是充分考虑各地区财力和债务风险水平，专项债限额向财政实力强、债务风险低的省份倾斜，控制高风险地区新增限额规模，避免高风险地区风险累积。在严格落实风险防范措施的前提下，综合考虑高风险地区的风险情况合理安排额度。二是坚持"资金跟着项目走"，对成熟和重点项目多的地区予以倾斜，重点支持有一定收益的基础设施和公共服务等重大项目以及国家重大战略项目。三是充分体现"奖罚分明"，对违反财经纪律和资金使用进度慢的地区扣减额度，对管理好、使用快的地区予以适当奖励。

第二，建立项目库动态管理机制，加强项目评估和绩效考核。一是严格把关新上项目，确保做到前期手续完备、具备开工条件，能够在资金下达后尽快开工。优先入库前期手续准备完善、可行性分析真实客观、经济社会效益良好的项目，及时剔除仓促申请、临时拼凑的不良项目。二是尽快建立专项债全生命周期的管理机制，倒逼地方政府和项目单位及时高质量形成实

---

① 数据来源：财政部发布的《2023年上半年中国财政政策执行情况报告》。

物工程量，依托实物工程量抓实专项债的项目评估和绩效考核工作。项目立项时，重视对项目的实地调查和可行性研究；项目实施期间，加强对项目实施过程和资金使用管理的监管；项目实施后，应由财政部门和项目主管部门共同组织验收，评价项目质量和实施效果，评估财政资金投入的经济和社会效益。

第三，完善专项债资金使用效率评价机制，对项目资金实行专账管理。一是严格落实专项债支出进度通报预警制度，重点监测债券发行进度、资金拨付进度和实际支出进度。将专项债限额分配与支出进度挂钩，对无法完成支出任务的专项债项目，按规定时间、规定程序及时将资金调整至其他"急需资金"项目，防止资金沉淀。二是对专项债资金实行"专人管理、专户储存、专账核算、专项使用"，确保资金专款专用、收益自求平衡。专项债项目实施单位应在商业银行开立独立于日常经营账户的债券资金管理专用账户，用于专项债募集资金的接收、存储及划转。同一个项目单位发行两个或两个以上专项债所募集的资金，应分别设立独立的债券资金专户。

第四，强化专项债与政策性金融工具协同发力，破解重大项目资本金到位难题。一是结合经济形势和市场需要，精准选取专项债重点支持投资领域和方向，适度放宽专项债作为项目资本金的投向限制，更好地发挥扩大有效投资和资本撬动作用。二是鼓励政策性金融机构通过发行专项金融债的方式补充重大项目资本金，或为专项债项目资本金搭桥。考虑到部分项目短期内难以通过专项债发行获得资本金，允许先以政策性金融工具作资本金投入，待专项债发行成功资金到位后，再将专项基金置换退出，继续为其他重大项目补充资本金。这一操作模式既不占用本年政府债务额度，也不会增加财政赤字。

（五）落实好时间换空间策略，平稳化解地方债风险

防范化解地方债风险，最应该予以关注也是争议最大的是地方隐性债。地方隐性债的防范化解历经较长的时间。近年来，财政部更是在此下了大功夫，隐性债清零试点稳步进行。

地方隐性债问题复杂、涉及面广，需要直面难点问题。难点之一是界定

地方隐性债的范围。有的将地方融资平台企业的债务视为隐性债，更有甚者，将地方国有企业的债务全部视为隐性债。显然，这夸大了地方隐性债的规模和地方债风险。地方一般国有企业作为市场主体，参与市场竞争，自负盈亏，债务是市场主体的债务。地方融资平台企业同样是以市场主体的身份存在，正常经营中的债务，属于企业债务，不可能全部转化为地方政府的债务负担。简单地将地方融资平台债务视为地方隐性债，是不妥的。地方隐性债不可能是不可承受之重，关键是直面隐性债，只有在取得较为充分的隐性债信息后，才能有效进行决策。混淆视听、似是而非的观点流行，是不利于地方隐性债问题解决的。因此，要高度重视准确界定地方隐性债范围这样的基础性工作。

改革开放的经验表明，有些在当年看来较为严重的问题，经过一段时间的改革和发展之后，就不再是问题。国有银行商业化改革、三角债清理等都是例证。就财政来说，20世纪80年代中期，财政困难，甚至提出"振兴财政"的口号，但经过1994年的财税体制改革，财政收入稳定机制形成，中国经济增长进入快车道，经济奇迹因此出现。地方债风险的化解，需要有辩证思维，既要直面当前问题，又要有中长期的统筹应对。债务往往随时间的演进而变轻。债务置换和延期可以在很大程度上解决当前问题。只要处置得当，债务置换和延期可以采取市场化的方式进行。这样，化解地方债风险完全可以采取时间换空间策略。关键是如何落实好。多大规模的地方债需要时间腾挪。债务延后偿还并不意味着债务的灭失，而是给出准备偿还债务资金的时间。资金筹集主要靠发展。静态来看无解的问题，从动态来看，就有了多种解。只要经济持续增长，带来更强的政府可支配财力，不少债务风险问题就可能迎刃而解。

落实好时间换空间策略，要确定有多大规模、多大比例的债务需要通过债务置换和延期来解决，这既要考虑当前债务融资空间，还要考虑未来经济发展可能。时间换空间，还涉及时间长度问题。在这样的时间段内，债务和资金形势会有什么变化，能否给债务腾挪以足够的空间？地方债务限额的确定本来就是统筹考虑的结果。财政部在全国人民代表大会或者其常务委员会批准的总限额内，根据各地区债务风险、财力状况等因素，考虑国家宏观调控政策等需要，提出地方债务限额分配方案，并报国务院批准。用足地方债务限额，实际上也是在推进地方债管理创新，让地方债务限额管理更加规范。地方政府债务限额管理，本来所要求的是地方政府债务余额不超过限额即可。因此，用足地方债务限额，是在挖掘债务风险的现有应对潜力，理应成为一揽子方案的组成部分。

参考文献

杨志勇：《改革省以下财政体制 推动高质量发展》，《清华金融评论》2022年第7期。

刘昆：《更加有力有效实施积极的财政政策》，《求是》2023年第4期。

B.6
2023年中国税收形势分析及2024年展望

张　斌　袁一杰 *

摘　要： 由于2022年大规模留抵退税政策作为组合式税费支持政策的主要措施集中在4~7月实施，2023年前三季度累计税收收入同比上升11.9%；第三季度，随着税收收入基数提升、资源价格大幅降低等，税收收入增速大幅收窄。未来经济保持向好态势，综合考虑阶段性减税降费政策陆续到期、1万亿元特别国债及地方特殊再融资债券的发行等因素，预计2023年第四季度及全年税收收入将会呈现恢复性增长态势。

关键词： 税收收入　留抵退税　税收基数

2023年前三季度，我国GDP同比增长5.2%。其中，第一季度GDP增长4.5%；第二季度随着经济社会全面恢复常态化运行，宏观政策显效发力，国民经济回升向好，高质量发展稳步推进，GDP增速回升至6.3%；第三季度由于上年同期基数效应等，GDP增速降至4.9%，较第二季度降低1.4个百分点。①

2022年，我国实施了组合式税费支持政策，全年新增减税降费及退税缓税缓费超过4.2万亿元，主要包括：累计退到纳税人账户的增值税留抵退税款2.46万亿元，超过2021年办理留抵退税规模的3.8倍；新增减税降费超1

---
* 张斌，中国社会科学院财政税收研究中心副主任，主要研究方向为财政税收理论与政策；袁一杰，中国社会科学院大学应用经济学院，主要研究方向为财政税收。
① 本文数据若无特别说明，财政税收数据均来自财政部网站财政数据栏目公布的月度财政收支情况，经济运行数据均来自国家统计局网站。

万亿元，其中新增减税超8000亿元，新增降费超2000亿元；办理缓税缓费超7500亿元。[①] 由于留抵退税政策属于一次性政策，进项税额大于销项税额的部分退还企业后，相应减少了2023年及以后可抵扣的进项税额，2023年增值税收入有较大幅度增长。2023年前三季度累计，一般公共预算收入和税收收入分别比上年同期增长8.9%和11.9%，这主要是由上年同期留抵退税较多、基数较低导致的。如果扣除留抵退税因素，税收收入比上年同期降低2.1%。2023年经济恢复向好趋势明显，但外部环境仍错综复杂，房地产市场的调整、严重水灾后恢复重建和弥补防灾减灾救灾短板、地方债务偿还、居民消费提振等均需要财政政策继续保持必要的力度。如何在新形势下平衡好减税降费、优化财政支出和政府债务之间的关系，巩固和提升经济内生增长动力是2024年税收政策需要高度关注的问题。

一 2023年前三季度全国税收形势分析

2023年前三季度累计，全国一般公共预算收入166713亿元，同比增长8.9%。其中，中央一般公共预算收入75886亿元，同比增长8.5%；地方一般公共预算本级收入90827亿元，同比增长9.1%。全国税收收入139105亿元，同比增长11.9%，非税收入27608亿元，比上年同期下降4.1%。

2023年前三季度累计，全国一般公共预算支出197897亿元，同比增长3.9%，一般公共预算收支差额达到31184亿元，较2022年同期收支差额37238亿元有所下降，比2021年同期的15273亿元增加15911亿元。

（一）2023年前三季度分季度税收收入走势分析

2022年第一季度，GDP增速为4.8%；第二季度GDP增速大幅下降，为0.4%；第三季度GDP增速开始回升转稳，为3.9%。2022年前三季度税收收

---

① https://www.chinatax.gov.cn/chinatax/n810214/n810641/n2985871/n2985918/c101807/c5183935/content.html.

入增速则分别为 7.7%、-36.0% 和 -3.6%。

2022 年第二、三季度，尤其是第二季度税收收入大幅下降，主要是受 2022 年 4 月起实施的大规模留抵退税政策影响，留抵退税扩大至制造业、零售业等行业，从小微企业扩大到中型和大型企业。同时，新增减税降费政策和缓税缓费政策继续聚焦受疫情冲击较大的行业及小微企业。受上述政策因素的影响，2022 年整体税收收入增速为 -3.5%，其中增值税收入增速为 -23.5%。

2023 年第一季度 GDP 增速为 4.5%，比 2022 年第四季度提高了 1.6 个百分点，但同期税收收入增速为 -1.4%。随着经济社会逐渐恢复常态化运行，宏观政策显效发力，尤其是上年大规模留抵退税带来的效果逐步体现，经济增长动能持续增强，宏观经济运行总体回升态势明显，第二季度 GDP 增速升至 6.3%。同时，由于上年 4 月 1 日开始实施的大规模留抵退税政策中的存量留抵退税集中在第二季度完成，当季税收收入基数较低，2023 年第二季度税收收入增速大幅提升至 44.8%。由于基数效应，第三季度 GDP 增速降至 4.9%，税收收入增速大幅收窄至 1.7%（见图 1）。

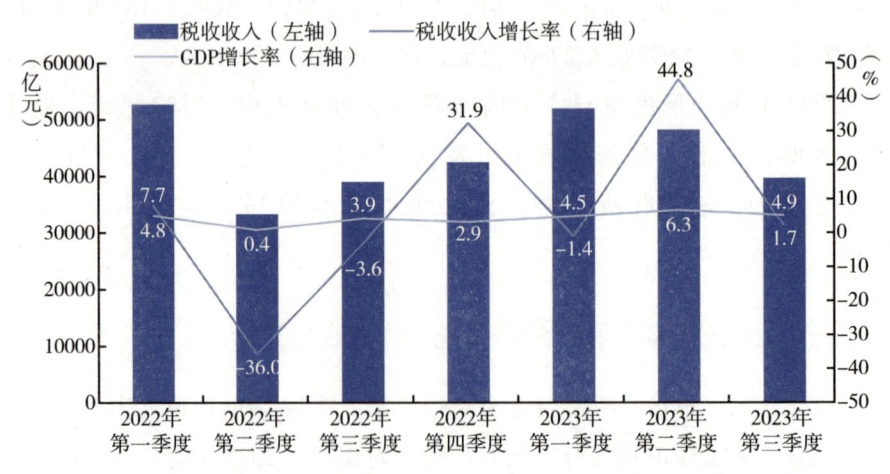

图 1　2022 年第一季度至 2023 年第三季度 GDP 增速与税收运行状况

2022年前三季度税收收入增长率均低于名义GDP增长率，其中第一季度GDP名义增长率为9.0%，税收收入增速为7.7%，税收收入占GDP的比重比2021年同期下降了0.2个百分点；2022年上半年和前三季度累计，税收收入增速分别为-14.8%和-11.6%，均低于同期6.3%和6.2%的名义GDP增速，税收收入占GDP比重分别比2021年同期下降3.8个百分点和2.9个百分点。由于第三季度前基本已完成留抵退税，第四季度税收收入增速大幅提升，达到31.9%，使得2022年全年税收收入降幅收窄至3.5%，税收收入占GDP比重比2021年下降1.3个百分点，由2021年的15.1%降至2022年的13.8%。

2023年前三季度累计，税收收入同比增加11.9%，其中第一季度降低1.4%，第二、三季度受2022年开始实施的留抵退税政策造成基数过低的影响，上半年税收收入同比增加16.5%。2023年第一季度名义GDP增速为5.0%，高于税收收入-1.4%的增速，税收收入占GDP比重较2022年同期下降1.3个百分点，为18.1%；受2022年留抵退税等政策的影响，上半年该比重较2022年同期上升1.6个百分点，为16.8%；前三季度该比重较2022年同期上升0.9个百分点，为15.2%（见表1）。

表1 2021年至2023年前三季度分季度累计GDP与税收收入

单位：亿元，%

时期		GDP			税收收入		税收收入占GDP比重
		绝对值	GDP增长率	名义GDP增长率	绝对值	增长率	
2021年	第一季度	249200	18.3	21.4	48723	24.8	19.6
	上半年	532049	12.7	17.3	100461	22.5	19.0
	前三季度	823337	9.8	14.7	140702	18.4	17.2
	全年	1149237	8.1	13.4	172731	11.9	15.1
2022年	第一季度	271509	4.8	9.0	52452	7.7	19.4
	上半年	565429	2.5	6.3	85564	-14.8	15.2

083

续表

时期		GDP			税收收入		税收收入占GDP比重
		绝对值	GDP增长率	名义GDP增长率	绝对值	增长率	
2022年	前三季度	874699	3.0	6.2	124365	-11.6	14.3
	全年	1210207	3.0	5.3	166614	-3.5	13.8
2023年	第一季度	284997	4.5	5.0	51707	-1.4	18.1
	上半年	593034	5.5	4.9	99661	16.5	16.8
	前三季度	913027	5.2	4.4	139105	11.9	15.2

资料来源：GDP 数据来自国家统计局网站；税收数据来自财政部网站。

（二）2023年前三季度分月度税收收入走势分析

从月度数据看，在未剔除留抵退税因素影响的自然口径下，2023年1~2月的月度税收收入增速低于2022年同期。2023年3~7月的月度税收收入增速均高于2022年同期且为正增长，在2023年4月税收收入增幅达到89.2%后，5~6月增长率逐步下降，但均维持在10%以上。这主要是受2022年4月开始实施的大规模留抵退税政策影响，2022年同期税收收入基数较低。进入第三季度，7月税收收入增速迅速收窄至4.5%，8月出现负增长，为-2.2%，低于2022年同期的0.6%，9月税收收入增速为0.9%（见表2、图2）。

表2　2022年与2023年1~9月月度税收收入比较（自然口径）

月度	2022年		2023年			同期增速比较（个百分点）
	税收收入（亿元）	增长率（%）	税收收入（亿元）	同比增加（亿元）	增长率（%）	
1~2月	40812	10.1	39412	-1400	-3.4	-13.5
3月	11640	-0.2	12295	655	5.6	5.8
4月	9867	-47.3	18672	8805	89.2	136.5
5月	10140	-38.1	14395	4255	42.0	80.1

2023年中国税收形势分析及2024年展望

续表

月度	2022年 税收收入（亿元）	增长率（%）	2023年 税收收入（亿元）	同比增加（亿元）	增长率（%）	同期增速比较（个百分点）
6月	13105	-21.2	14887	1782	13.6	34.8
7月	17103	-8.3	17870	767	4.5	12.8
8月	10582	0.6	10354	-228	-2.2	-2.8
9月	11116	0.4	11220	104	0.9	0.5

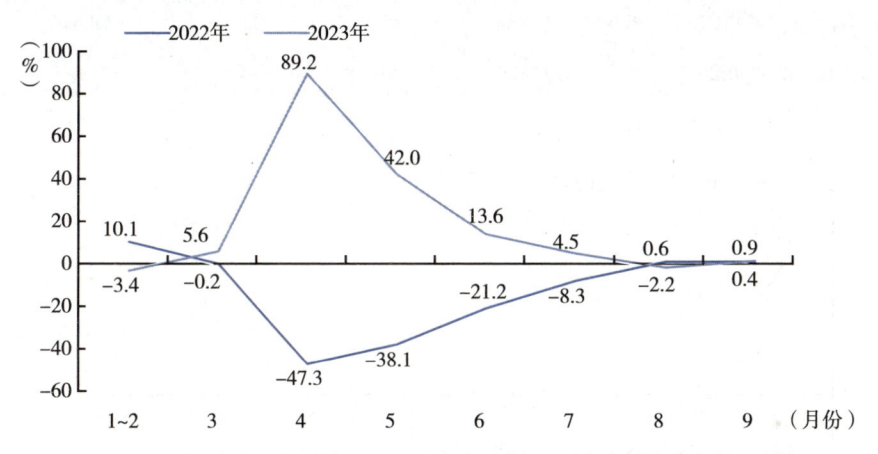

图2　2022年与2023年1~9月月度税收收入增速对比（自然口径）

剔除留抵退税因素的影响，从2023年5月开始，税收收入增速呈现持续的负增长，9月降幅收窄至2.7%。随着经济企稳回升的态势进一步巩固，2023年第四季度税收收入有可能恢复正增长（见表3、图3）。

表3　2022年与2023年1~9月月度税收收入比较（剔除留抵退税）

月度	2022年 税收收入（亿元）	增长率（%）	2023年 税收收入（亿元）	同比增加（亿元）	增长率（%）	同期增速比较（个百分点）
1~2月	40807	10.1	39412	-1395	-3.4	-13.5
3月	11636	-0.2	12295	659	5.7	5.9

续表

月度	2022年 税收收入（亿元）	增长率（%）	2023年 税收收入（亿元）	同比增加（亿元）	增长率（%）	同期增速比较（个百分点）
4月	17491	-6.6	18672	1181	6.8	13.4
5月	15054	-8.1	14395	-659	-4.4	3.7
6月	16364	-1.6	14887	-1477	-9.0	-7.4
7月	18576	-0.4	17870	-706	-3.8	-3.4
8月	11104	5.6	10354	-750	-6.8	-12.4
9月	11529	4.1	11220	-309	-2.7	-6.8

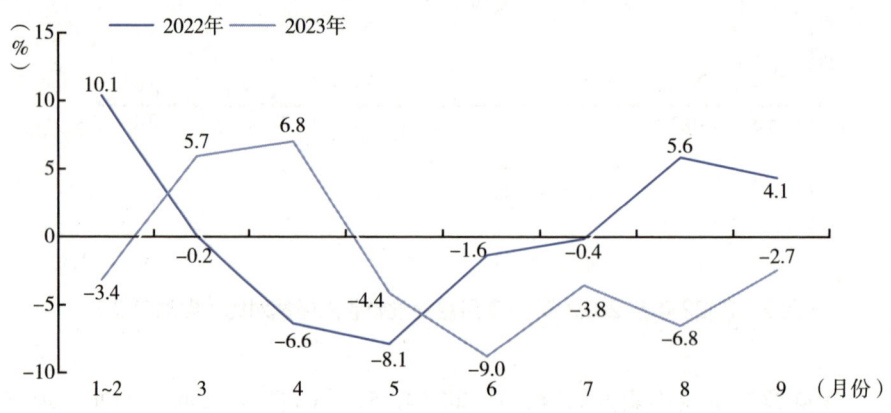

图3 2022年与2023年1~9月月度税收收入增速对比（剔除留抵退税）

二 2023年前三季度分税种收入分析

从各税种收入情况看，受2022年留抵退税政策集中实施导致的基数较低因素的影响，2023年前三季度国内增值税收入大幅上升。此外，受印花税减半征收政策及房地产市场调整的持续影响，印花税、土地增值税、耕地占用税也有较大幅度下降。2023年前三季度同比税收降幅较大的税种，按降幅排序为土地增值税、耕地占用税、资源税、关税、印花税、企业所得税以及进口货物增值税、消费税。2023年前三季度同比税收增幅较大的税种，按增幅排序为国内增值税、房产税、车辆购置税、城市维护建设税、契税。

（一）2023年前三季度分税种收入与税制结构

2023年前三季度累计，税收收入比2022年同期增加14740亿元，而国内增值税收入增加20107亿元，增幅高达60.3%，是税收收入正增长的主要原因。剔除留抵退税因素后，国内增值税前三季度累计增长4.6%，收入额约为53454亿元，增收约2394亿元。国内消费税前三季度累计减少643亿元，降幅为4.9%；城市维护建设税作为增值税、消费税的附加税，上升3.2%。

从进出口相关税收看，进口货物增值税、消费税前三季度累计减少1118亿元，降幅为7.3%；关税收入1900亿元，减收261亿元，降幅为12.1%；出口退税规模降至14191亿元，比2022年同期少退684亿元。上述各项合计计算的进出口税收净贡献减少695亿元，降幅达到27.4%。进出口相关税收增速的变化说明国际经贸形势仍然严峻复杂，进出口持续承压。因此，需要继续着力扩大国内需求，加快形成以国内大循环为主体、国内国际双循环相互促进的新发展格局。

从所得税看，2023年前三季度累计，个人所得税减收50亿元，降幅为0.4%，这主要是自2023年1月1日起实施的提高3岁以下婴幼儿照护、子女教育、赡养老人个人所得税专项附加扣除标准带来的减税效应所导致的。企业所得税减收2687亿元，降幅为7.4%。所得税合计减收2737亿元，降幅为5.7%。

房地产相关五个税种中，契税和房产税为正增长，分别增加96亿元和183亿元，增幅分别为2.2%和7.6%。土地增值税、耕地占用税、城镇土地使用税三个税种分别减收829亿元、169亿元、49亿元，降幅分别为16.0%、16.0%、3.1%。2023年前三季度累计，上述房地产五税合计减收768亿元，相较于2022年同期降幅缩窄为5.2%。

受新能源汽车免征车辆购置税政策延续的影响，车辆购置税在2022年有

较大降幅后维持稳定，仅增加97亿元，增幅为5.0%。受2022年资源价格大幅上涨导致资源税基数较高因素的影响，2023年前三季度资源税减收358亿元，降幅高达13.3%。受证券交易印花税减半征收政策的影响，印花税减收380亿元，降幅高达11.1%。除流转税、所得税、房地产五税外，包括车辆购置税、资源税和印花税在内的所有其他税种合计减收646亿元，降幅为7.1%。

如果把进出口税收视为一个整体分析，2023年前三季度累计，对税收收入减收影响最大的税种分别是企业所得税减收2687亿元、土地增值税减收829亿元、进出口相关税收合计减收695亿元、国内消费税减收643亿元、印花税减收380亿元、资源税减收358亿元。上述六个税种减收额合计为5592亿元。

除国内增值税外，增收额最大的税种为房产税，增收183亿元；城市维护建设税增收122亿元；契税增收96亿元；车辆购置税增收97亿元；车船税、船舶吨税、烟叶税等增收1亿元。上述五个税种增收额合计为499亿元，与六个减收的税种的减收额相比有较大差距（见表4）。

表4 2023年与2022年前三季度分税种收入对比

税种	2022年前三季度 绝对值（亿元）	2022年前三季度 增长率（%）	2023年前三季度 绝对值（亿元）	2023年前三季度 增加额（亿元）	2023年前三季度 增长率（%）	同期增速比较（个百分点）
税收收入	124365	-11.6	139105	14740	11.9	23.5
国内增值税	33347	-33.4	53454	20107	60.3	93.7
国内消费税	13108	7.3	12465	-643	-4.9	-12.2
城市维护建设税	3864	-4.2	3986	122	3.2	7.4
进口货物增值税、消费税	15251	11.3	14133	-1118	-7.3	-18.6
出口退税	-14875	16.0	-14191	684	-4.6	-20.6
关税	2161	-3.0	1900	-261	-12.1	-9.1
进出口相关税收合计	2537	-18.2	1842	-695	-27.4	-9.2
主要流转税合计	52856	-23.9	71747	18891	35.7	59.6
企业所得税	36409	2.1	33722	-2687	-7.4	-9.5
个人所得税	11360	9.1	11310	-50	-0.4	-9.5
所得税合计	47769	3.7	45032	-2737	-5.7	-9.4

续表

税种	2022年前三季度 绝对值（亿元）	2022年前三季度 增长率（%）	2023年前三季度 绝对值（亿元）	2023年前三季度 增加额（亿元）	2023年前三季度 增长率（%）	同期增速比较（个百分点）
契税	4395	−27.1	4491	96	2.2	29.3
土地增值税	5166	−8.9	4337	−829	−16.0	−7.2
房产税	2417	12.8	2600	183	7.6	−5.2
耕地占用税	1056	26.3	887	−169	−16.0	−42.3
城镇土地使用税	1596	8.1	1547	−49	−3.1	−11.1
房地产相关税收合计	14630	−9.4	13862	−768	−5.2	4.2
车辆购置税	1929	−30.9	2026	97	5.0	35.9
印花税	3411	−2.1	3031	−380	−11.1	−9.0
资源税	2682	54.8	2324	−358	−13.3	−68.2
环境保护税	158	−1.9	152	−6	−3.8	−1.9
车船税、船舶吨税、烟叶税等	931	6.5	932	1	0.1	−6.4
其他税收合计	9111	0.8	8465	−646	−7.1	−7.9

注：出口退税增长的影响为减收；其他税收合计是车辆购置税，印花税，资源税，环境保护税，车船税、船舶吨税、烟叶税等的合计。本文增长率数据以财政部公布的2022年和2023年前三季度财政收支情况为准。

从各税种占税收收入的比重看，2023年前三季度，受2022年留抵退税因素的影响，国内增值税占比由2022年同期的26.8%升至38.4%，上升11.6个百分点，与2021年前三季度国内增值税35.6%的占比接近（见图4、图5）。在留抵退税因素影响下，其他税种占比均有所下降，国内消费税，进口货物增值税、消费税，企业所得税，土地增值税，印花税的占比相应有较大的降幅。

（二）2023年前三季度分税种收入情况

2023年第一季度，税收收入降幅为1.4%，其中进出口相关税收合计降幅高达128.9%；主体税种中，国内增值税和企业所得税实现正增长，增幅分别达到12.2%和9.3%，国内消费税降幅为22.2%；个人所得税降幅为4.4%。其他税种中，房产税收入增加23.1%，契税增加2.1%，土地增值税增加18.7%，

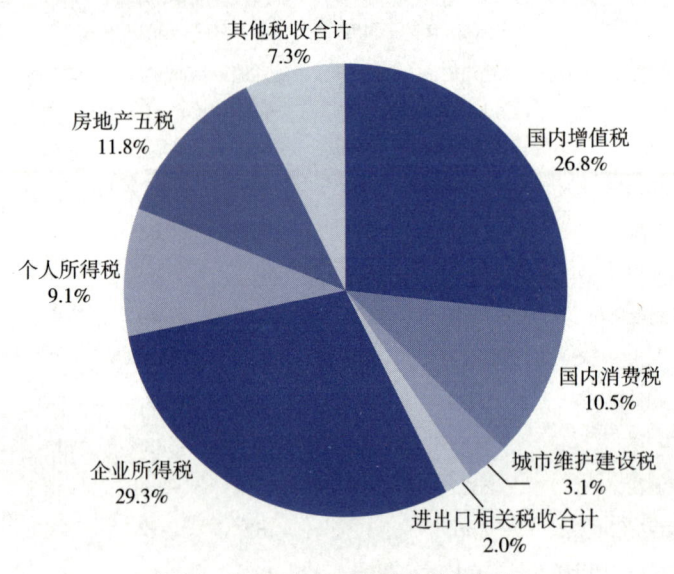

图4 2022年前三季度的税制结构

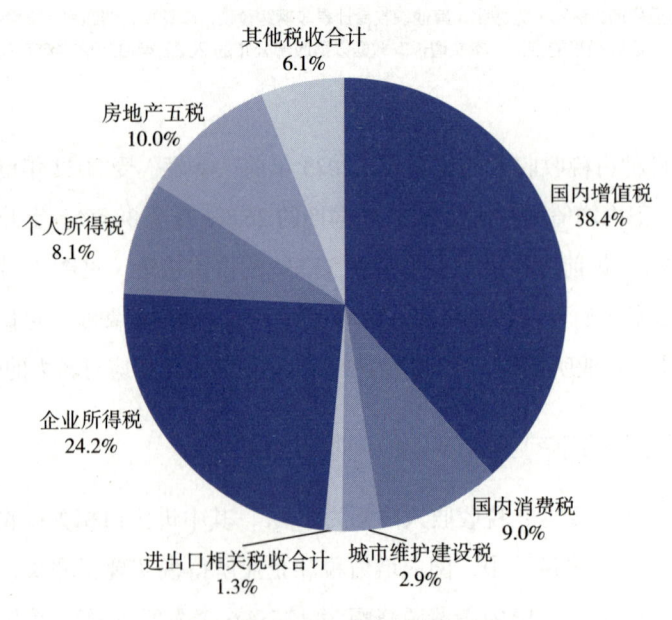

图5 2023年前三季度的税制结构

城镇土地使用税增加18.6%，车船税、船舶吨税、烟叶税等增加4.4%，其他税收合计为负增长。

2023年第二季度，税收收入增幅高达44.8%，这主要是受2022年大规模留抵退税集中在4~7月实施的影响，2022年国内增值税收入为-95亿元，2023年第二季度，国内增值税收入恢复为15926亿元。除国内增值税、环境保护税外，国内消费税增加1.3%，城市维护建设税增加20.3%，个人所得税增加4.9%，契税增加8.6%，车辆购置税增加25.9%，印花税增加16.1%，车船税、船舶吨税、烟叶税等增加0.3%，其他税种呈负增长。

2023年第三季度，GDP增速由第二季度的6.3%下降至4.9%，经济下行压力较大。同时，大规模留抵退税集中在2022年4~7月，第三季度税收收入的基数较高，增长率仅为1.7%，国内增值税收入增幅也缩窄至12.2%。第三季度实现正增长的税种中，车辆购置税、房产税、国内消费税分别增长26.5%、20.4%、17.7%，城镇土地使用税、耕地占用税、城市维护建设税分别增长3.3%、3.1%和0.9%。企业所得税、关税、资源税的降幅进一步扩大，个人所得税、契税、印花税、环境保护税等出现负增长（见表5）。

表5 2023年前三季度分税种收入变化情况

单位：亿元，%

税种	第一季度 绝对值	第一季度 增长率	第二季度 绝对值	第二季度 增长率	第三季度 绝对值	第三季度 增长率
税收收入	51707	-1.4	47954	44.8	39444	1.7
国内增值税	21577	12.2	15926	—	15951	12.2
国内消费税	4645	-22.2	3627	1.3	4193	17.7
城市维护建设税	1493	-6.3	1251	20.3	1242	0.9
进口货物增值税、消费税	4579	-14.4	4655	-4.2	4899	-2.9
出口退税	-5531	11.3	-4417	-26.2	-4243	8.2
关税	620	-19.9	631	-6.2	649	-9.1
进出口相关税收合计	-332	-128.9	869	-293.1	1305	-29.0

续表

税种	第一季度 绝对值	第一季度 增长率	第二季度 绝对值	第二季度 增长率	第三季度 绝对值	第三季度 增长率
主要流转税合计	27714	−0.8	20806	410.7	23227	11.4
企业所得税	11668	9.3	15191	−14.2	6863	−14.4
个人所得税	4440	−4.4	3360	4.9	3510	−0.1
所得税合计	16108	5.2	18551	−11.3	10373	−10.1
契税	1614	2.1	1507	8.6	1370	−3.9
土地增值税	1801	18.7	1412	−17.5	1124	−9.1
房产税	869	23.1	1077	−7.8	654	20.4
耕地占用税	411	−5.5	274	−35.5	202	3.1
城镇土地使用税	551	18.6	618	−19.2	378	3.3
房地产相关税收合计	5246	−2.9	4888	−10.4	3728	−1.1
车辆购置税	633	−23.3	691	25.9	702	26.5
印花税	1060	−32.5	1055	16.1	916	−1.8
资源税	905	−12.3	752	−12.9	667	−15.2
环境保护税	53	−8.5	49	0.0	50	−2.0
车船税、船舶吨税、烟叶税等	320	4.4	293	0.3	319	−4.2
其他税收合计	2971	−21.6	2840	6.7	2654	−0.2

注：出口退税增长的影响为减收；其他税收合计是车辆购置税、印花税、资源税、环境保护税、车船税、船舶吨税、烟叶税等的合计。2022年国内增值税收入额为负值，因此未列出增长率指标。

从1~9月国内增值税、国内消费税、企业所得税、个人所得税和房地产五个税种收入合计的变化情况看，2022年大规模增值税留抵退税对2023年国内增值税增长率的影响主要体现在4~7月，其中退税的高峰期在2022年第二季度，故2023年4~7月有较大的增幅，而8~9月国内增值税的增幅趋于缩窄，分别为1.8%和2.2%。国内消费税在6月后出现了稳定的正增长，6~9月增幅分别达到8.5%、14.5%、4.2%和35.3%。企业所得税在3~8月持续负增长，但从7月开始降幅有所收窄，9月开始转为正增长，达到3.2%。房地产五税合计在1~2月、5~6月、9月均为负增长，且总体来看降幅较大。

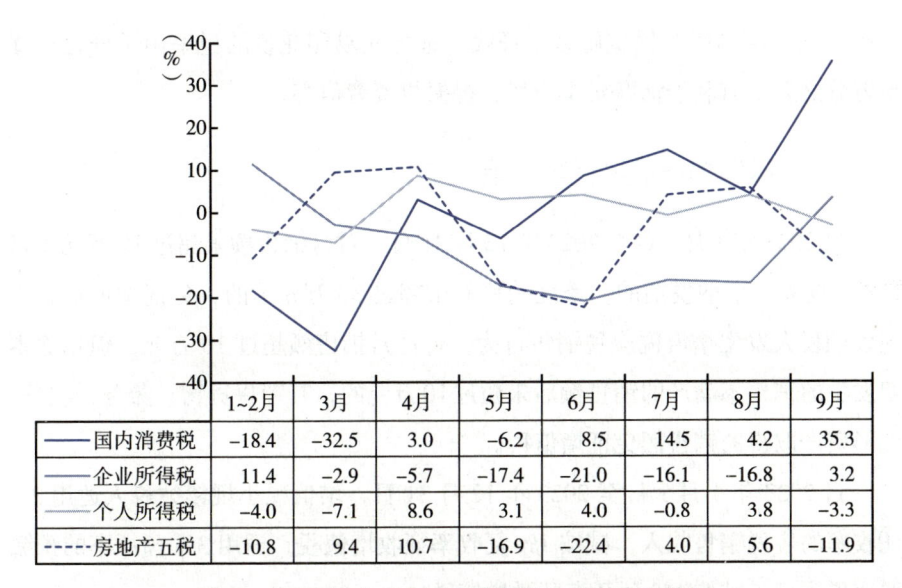

	1~2月	3月	4月	5月	6月	7月	8月	9月
国内消费税	-18.4	-32.5	3.0	-6.2	8.5	14.5	4.2	35.3
企业所得税	11.4	-2.9	-5.7	-17.4	-21.0	-16.1	-16.8	3.2
个人所得税	-4.0	-7.1	8.6	3.1	4.0	-0.8	3.8	-3.3
房地产五税	-10.8	9.4	10.7	-16.9	-22.4	4.0	5.6	-11.9

图6 2023年1~9月主要税种收入增速变化情况

三 2023年的税费支持相关政策

2023年政府工作报告指出，完善税费优惠政策，对于现行的减税降费、退税缓税等措施，该延续的延续，该优化的优化。2023年新出台及延续实施的税费优惠政策主要有以下几个方面。

（一）个人所得税专项附加扣除标准提高

在2022年设立3岁以下婴幼儿照护个人所得税专项附加扣除的基础上，2023年8月，国务院印发《关于提高个人所得税有关专项附加扣除标准的通知》，决定将3岁以下婴幼儿照护、子女教育专项附加扣除标准由每月1000元提高至每月2000元，赡养老人个人所得税专项附加扣除标准由每月2000元提高至每月3000元，调整后的扣除标准自2023年1月1日起实施。

（二）证券交易印花税减半征收

2023年8月27日，财政部、国家税务总局发布公告，自2023年8月28

日起，证券交易印花税实施减半征收。证券交易印花税的税率由千分之一降至万分之五，有利于活跃资本市场、提振投资者信心。

（三）延续的增值税优惠政策

自2023年1月1日至2023年12月31日，对月销售额未超过10万元（以1个季度为1个纳税期的，季度销售额未超过30万元）的，免征增值税。小规模纳税人发生增值税应税销售行为，合计月销售额超过10万元，但扣除本期发生的销售不动产的销售额后未超过10万元的，其销售货物、劳务、服务、无形资产取得的销售额免征增值税。

自2023年1月1日至2023年12月31日，增值税小规模纳税人适用3%征收率的应税销售收入，减按1%征收率征收增值税；适用3%预征率的预缴增值税项目，减按1%预征率预缴增值税。

自2023年1月1日至2023年12月31日，增值加计抵减政策按照以下规定执行：允许生产性服务业纳税人按照当期可抵扣进项税额加计5%抵减应纳税额，允许生活性服务业纳税人按照当期可抵扣进项税额加计10%抵减应纳税额。

（四）延续的所得税优惠政策

2023年1月1日至2024年12月31日小型微利企业年应纳税所得额不超过100万元的部分，减按25%计入应纳税所得额，按20%的税率缴纳企业所得税。2022年1月1日至2024年12月31日，对小型微利企业年应纳税所得额超过100万元但不超过300万元的部分，减按25%计入应纳税所得额，按20%的税率缴纳企业所得税。

2023年1月1日至2024年12月31日，对个体工商户年应纳税所得额不超过100万元的部分，在现行优惠政策基础上，减半征收个人所得税。

除烟草制造业、住宿和餐饮业、批发和零售业、房地产业、租赁和商务服务业、娱乐业等外，其他行业企业开展研发活动中实际发生的研发费用，未形成无形资产计入当期损益的，在按规定据实扣除的基础上，自2023年1

月1日起,再按照实际发生额的100%在税前加计扣除;形成无形资产的,自2023年1月1日起,按照无形资产成本的200%在税前摊销。

四 2024年税收形势展望

受持续实施的大规模减税降费政策的影响,税收收入占GDP的比重自2012年达到近10年峰值18.7%后持续下降,2021年降至15.1%。2022年大规模留抵退税政策的实施,使税收收入占GDP比重进一步降至13.8%,比2021年下降了1.3个百分点,与2012年相比累计下降了4.9个百分点。一般公共预算收入占GDP的比重则由2015年的峰值22.1%降至2022年的16.8%,下降了5.3个百分点。

从一般公共预算收支缺口看,一般公共预算支出占GDP的比重在2015年达到近期峰值后,2017~2020年保持了基本稳定。而同一时期税收收入和一般公共预算收入持续下行,意味着一般公共预算收支差额占GDP的比重持续增加。2021年,一般公共预算支出占GDP的比重大幅下降,一般公共预算收支差额有所缩小。2022年,一般公共预算支出占GDP的比重与2021年持平,而税收收入和一般公共预算收入占GDP的比重显著下降带来一般公共预算收支差额增大(见图7)。

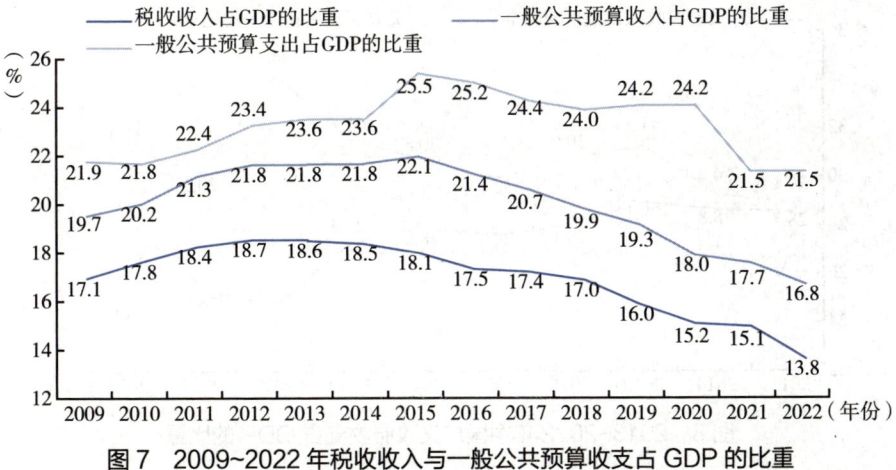

图7 2009~2022年税收收入与一般公共预算收支占GDP的比重

从2023年前三季度税收收入的情况看，2022年4~7月留抵退税因素的影响基本消除后，税收收入增幅达到11.9%，但第三季度税收收入增速大幅收窄。如果第四季度经济继续呈现企稳回升态势，预计2023年税收收入占GDP的比重与2022年的13.8%相比将有显著回升。

2023年前三季度，全国一般公共预算收入同比增长8.9%，一般公共预算支出同比增长3.9%。一般公共预算收支差额有所缩减。如果第四季度保持这一基本趋势，预计2023年全年一般公共预算收支差额与2022年相比将有所下降。

2023年前三季度，全国政府性基金预算收入同比下降15.7%，其中占比最大的国有土地使用权出让收入同比下降19.8%。全国政府性基金预算支出同比下降17.3%，国有土地使用权出让收入相关支出下降18.7%。

从包括一般公共预算、政府性基金预算（不含国有土地出让收入）、社会保险基金预算、国有资本经营预算的广义政府收支占GDP比重的口径来看，2022年广义政府收入占GDP的比重为24.8%，这是自2013年以来与2020年持平的最低值。广义政府支出占GDP的比重为31.3%，广义政府收支占GDP的比重差额为6.5个百分点，比2021年的4.8个百分点有所扩大，但显著低于2020年的9.5个百分点。从2023年一般公共预算收支的运行态势看，结合经济发展的总体状况，预计2023年广义政府收支缺口将比2022年略有收窄（见图8）。

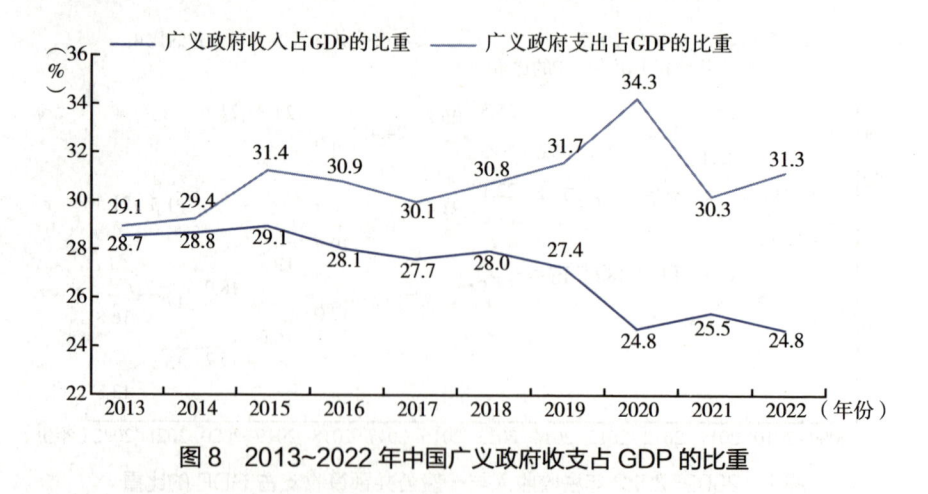

图8 2013~2022年中国广义政府收支占GDP的比重

从未包括在广义政府收入中的国有土地使用权出让收入的情况看，2023年前三季度，政府性基金预算中的国有土地使用权出让收入为30875亿元，比2022年同期减少7632亿元，降幅为19.8%，有所缩窄。而2020年、2021年同期国有土地使用权出让收入分别增长10.3%和8.7%。国有土地使用权出让收入的持续下降反映了近期房地产市场调整的直接影响，而与房地产行业直接相关的耕地占用税、土地增值税、契税等都属于地方税，将对地方政府的财政收支结构产生重要影响。

从宏观经济运行态势分析，2024年国际环境仍然错综复杂，外需增长将面临较大压力，需要继续采取有力的财政政策巩固和推进经济企稳回升的态势。从中长期看，在扩大国内需求，尤其是居民消费需求的同时，大力发展新质生产力促进制造业升级、战略性新兴产业和未来产业发展，加快推动经济增长动能转化也需要稳定持续的包括税收政策在内的财政支持政策。

从宏观经济运行看，在推动高质量发展的新阶段，鼓励新质生产力发展需要继续维持或加大对新兴产业、研发投入的税收优惠力度；而在继续缓解疫情带来的影响、应对国际经贸环境变化、持续推动经济结构优化升级的进程中，还要保持对小微企业、鼓励就业等领域的税收优惠政策。因此，现行税收优惠政策仍需在未来一定时期内保持相对稳定，并在鼓励新质生产力发展等方面持续优化。

从政府财政运行尤其是地方政府运行的角度来看，税收收入占GDP的比重已连续十余年下行，未来的减税降费政策应致力于结构优化。如果2024年经济持续企稳回升，全年税收收入预计将会稳定增长，宏观税负水平保持相对稳定并有所回升。

参考文献

张斌：《减税降费的理论维度、政策框架与现实选择》，《财政研究》2019年第5期。

张斌:《减税降费、资源统筹与增强财政可持续性》,《国际税收》2022年第6期。

杜爽:《不断完善现代税收制度:现实问题与理论探索——财经热点系列专家座谈会观点荟萃》,《财经智库》2022年第1期。

赵振华:《提出"新质生产力"的重要意义》,《学习时报》2023年9月20日。

B.7
2023年中国税收运行分析及2024年展望

付广军*

摘　要： 2023年税收收入方面，第一季度累计增速为0.2%，低于经济增速4.1个百分点；第二季度累计增速为13.9%，较第一季度有较大提高，高于经济增速8.4个百分点；第三季度累计增速为10.6%，高于经济增速5.4个百分点。主要税种增值税收入同比增速较快，沿海重点税源大省税收收入均呈正增长态势，部分省区增速较快。2023年中国宏观经济形势处于低速增长态势，随着经济恢复，第四季度税收收入将继续保持正增长状态，预计2023年税收收入增速高于经济增速，2024年税收收入增速略高于经济增速。

关键词： 税收形势　税收收入　税种

2023年前三季度，中国税收运行受新冠疫情、减税优惠政策、企业经营困难、国际贸易环境不确定性、税务机关提高征管效率和优化纳税服务等因素的影响，税收收入及主要税种收入增长较上年发生不同程度和方向的变化，呈"两头低、中间高"的态势。1月税收收入同比增速为-4.1%，2月同比增速为2.5%，呈现低速增长，3月开始恢复，同比增速为6.6%，进入4月和5月出现高位增长，4月同比增速高达68.1%，5月同比增速高达39.3%，6月同比增速下降为4.5%，7月同比增速为5.0%，8~9月再次出现

---

* 付广军，国家税务总局税收科学研究所学术委员会副主任、研究员，民建中央财政金融委员会副主任，主要研究方向为中国宏观经济、税收政策分析等。

低速增长，分别为1.4%和1.2%。预计第四季度税收收入大概率为低增长或负增长，全年正增长是大概率事件。中国税收收入将在2024年进入正常增长阶段，与经济增长基本保持同步状态。

一 2023年1~9月税收收入形势分析

2023年前三季度，全国税收收入①实现152110.63亿元，比上年增加14530.33亿元，同比增长10.6%。

（一）2023年前三季度分季度累计税收收入走势分析

2023年第一季度累计，税收收入实现56890.70亿元，同比增长0.2%，国内生产总值（GDP）实现284997亿元，按可比价同比增长4.3%，税收收入增速低于GDP可比价增速4.1个百分点；上半年累计，税收收入实现108828.36亿元，同比增长13.9%，GDP实现593034亿元，按可比价同比增长5.5%，税收收入增速高于GDP可比价增速8.4个百分点；前三季度累计，税收收入实现152110.63亿元，同比增长10.6%，GDP实现913027亿元，按可比价同比增长5.2%，税收收入增速高于GDP可比价增速5.4个百分点（见表1）。

表1 2023年前三季度税收收入分季度运行状况

单位：亿元，%

指标	第一季度累计		第二季度累计		第三季度累计	
	绝对数	同比增速	绝对数	同比增速	绝对数	同比增速
税收收入	56890.70	0.2	108828.36	13.9	152110.63	10.6
GDP	284997	4.3	593034	5.5	913027	5.2
宏观税负	20.0		18.4		16.7	

资料来源：国家税务总局收入规划核算司：《税收收入月度快报》，2023年9月。

---

① 本文税收收入是指税务部门统计口径，不包括关税和船舶吨税，未扣减出口退税。

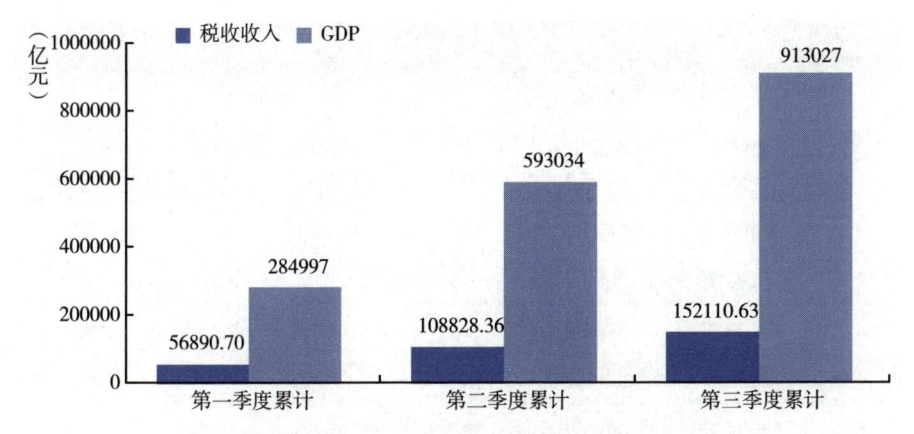

图1 2023年前三季度税收收入与GDP分季度累计对比

（二）2023年前三季度分月度税收收入运行分析

2023年1~9月中国税收收入月度运行特点如下。

一是增速与上年明显不同，总体趋势是第一季度低速增长，第二季度高速增长，第三季度微幅增长，除1月低于上年同期外，其余月份均高于上年增长。由于上年同比负增长，4~5月出现增速大幅高于上年的情况。2023年分月份税收收入运行具体情况是：1月实现26469.09亿元，较上年同期减少1137.65亿元，同比增长-4.1%；2月实现16298.60亿元，较上年同期增加390.96亿元，同比增长2.5%；3月实现14123.01亿元，较上年同期增加874.80亿元，同比增长6.6%；4月实现19902.33亿元，较上年同期增加8064.51亿元，同比增长68.1%；5月实现15634.25亿元，较上年同期增加4407.75亿元，同比增长39.3%；6月实现16401.09亿元，较上年同期增加707.04亿元，同比增长4.5%；7月实现19065.35亿元，较上年同期增加911.09亿元，同比增长5.0%；8月实现11767.15亿元，较上年同期增加162.79亿元，同比增长1.4%，9月实现12449.77亿元，较上年同期增加149.06亿元，同比增长1.2%。

二是前三季度税收收入除1月最高外呈不规则的变化态势，所有月份收入均在万亿元以上，其中1月税收收入最高，为26469.09亿元，8月税收收入最低，为11767.15亿元，此特点与以前年份有较大不同（见表2、图2）。

表2　2022年和2023年1~9月税收收入分月度运行状况

月份	2023年 绝对数（亿元）	2023年 比同期增加（亿元）	2023年 同比增长（%）	2022年 绝对数（亿元）	2022年 同比增长（%）	同期增速比较（个百分点）
1	26469.09	-1137.65	-4.1	27606.74	9.8	-13.9
2	16298.60	390.96	2.5	15907.64	16.0	-13.5
3	14123.01	874.80	6.6	13248.21	2.1	4.5
4	19902.33	8064.51	68.1	11837.82	-41.6	109.7
5	15634.25	4407.75	39.3	11226.50	-33.8	73.1
6	16401.09	707.04	4.5	15694.05	-17.7	22.2
7	19065.35	911.09	5.0	18154.26	-7.0	12.0
8	11767.15	162.79	1.4	11604.36	-0.6	2.0
9	12449.77	149.06	1.2	12300.71	0.1	1.1

资料来源：国家税务总局收入规划核算司：《税收收入月度快报》，2023年9月、2022年9月。

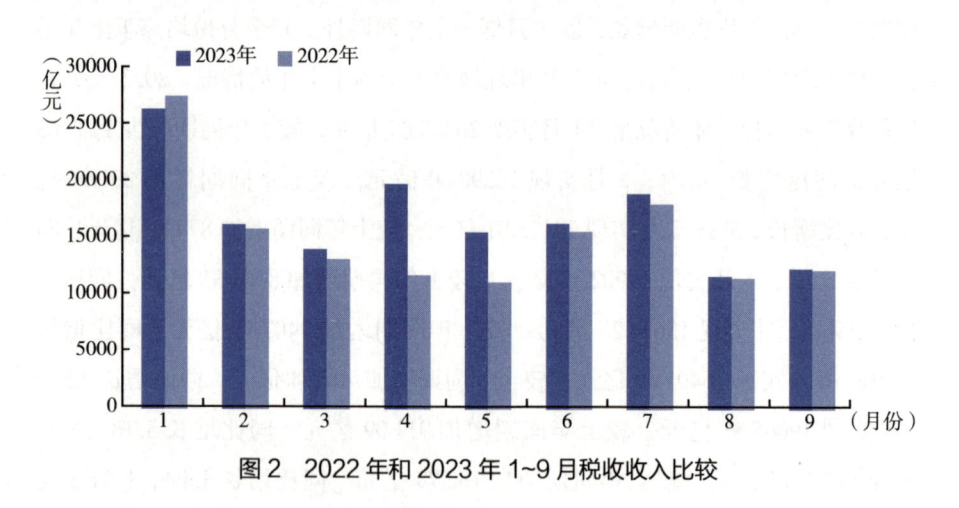

图2　2022年和2023年1~9月税收收入比较

（三）2023年1~9月税收收入结构分析

分产业看，2023年前三季度，第一产业税收收入为163.68亿元，比上年同期增加41.24亿元，同比增长33.7%，仅占全部税收收入的0.1%，占比常年保持稳定，其高增长对税收收入的影响也不大；第二产业税收收入为61277.05亿元，比上年同期增加7481.47亿元，同比增长13.9%，占全部税收收入的44.4%，较上年提高0.4个百分点；第三产业为76454.81亿元，较上年同期增加8049.27亿元，同比增长11.8%，占全部税收收入的55.5%，较上年下降0.4个百分点。

2023年按照东、中、西部地区和东北地区，分地区看，其中，东部地区税收收入为96012.71亿元，较上年增加7523.13亿元，同比增长8.5%，占全部税收收入的63.1%，较上年下降1.2个百分点，由于占比较大，其税收总量和增速对全部税收收入运行影响较大；中部地区税收收入为23322.57亿元，较上年增加2421.22亿元，同比增长11.6%，占全部税收收入的15.3%，较上年提高0.1个百分点；西部地区税收收入为26223.24亿元，较上年增加4011.85亿元，同比增长18.1%，占全部税收收入的17.2%，较上年提高1.1个百分点；东北地区税收收入为6552.10亿元，较上年增加574.12亿元，同比增长9.6%，占全部税收收入的4.3%，与上年持平。

表3　2023年1~9月税收收入运行状况

单位：亿元，%

指标		绝对数	同比增加	同比增长	占比
分产业	第一产业	163.68	41.24	33.7	0.1
	第二产业	61277.05	7481.47	13.9	44.4
	第三产业	76454.81	8049.27	11.8	55.5
	合计	137895.54	15571.98	12.7	100.0
分地区	东部地区	96012.71	7523.13	8.5	63.1
	中部地区	23322.57	2421.22	11.6	15.3
	西部地区	26223.24	4011.85	18.1	17.2
	东北地区	6552.10	574.12	9.6	4.3
	合计	152110.62	14530.32	10.6	100.0

注：①分产业税收收入不包括海关代征进口税收；②东部地区包括北京、天津、河北、上海、江苏、浙江、宁波、福建、厦门、山东、青岛、广东、深圳、海南；中部地区包括山西、安徽、江西、河南、湖北、湖南；西部地区包括内蒙古、广西、四川、重庆、贵州、云南、西藏、陕西、甘肃、青海、宁夏、新疆；东北地区包括辽宁、大连、吉林、黑龙江。

资料来源：国家税务总局收入规划核算司：《税收收入月度快报》，2023年9月。

经济蓝皮书

中国 2023 年 1~9 月税收收入增速主要影响如下。

一是从产业看，第一产业税收增速大大高于全部税收收入增速，第二产业税收增速高于全部税收收入增速 1.2 个百分点，第三产业增速低于全部税收收入增速 0.9 个百分点。第二、第三产业是税收收入高速增长的主要影响因素。

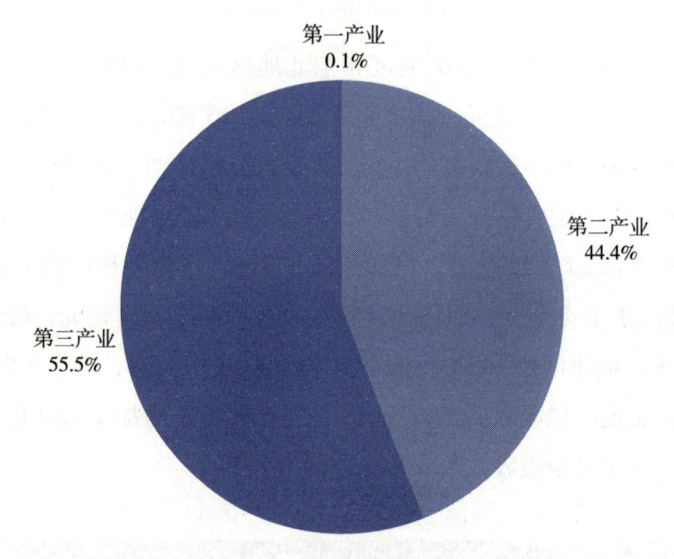

图 3　2023 年 1~9 月税收收入分产业结构

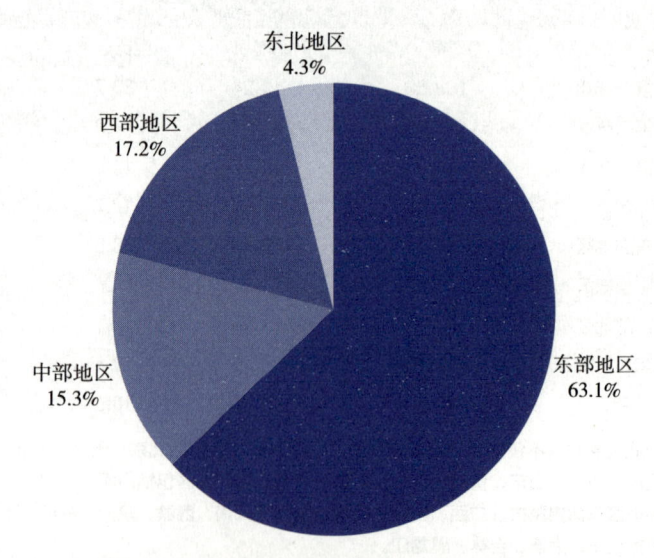

图 4　2023 年 1~9 月税收收入分地区结构

二是从地区看，尽管均为正增长，但是增速差异较大。东部地区增速低于税收收入增速2.1个百分点，中部地区增速高于税收收入增速1.0个百分点，西部地区增速高于税收收入增速7.5个百分点，东北地区增速低于税收收入增速1.0个百分点。四者互相作用，使税收收入保持10.6%的增长状态，东部地区税收收入占比高，是影响税收收入增速的主要因素。

（四）2023年1~9月主要税源大省税收收入运行分析

从中国税收收入前10名税源大省来看，除第7名、第8名、第9名四川省、河南省、湖北省外均为东部沿海经济发达省份。2023年1~9月受上年增速为负的影响，主要税源大省税收收入均表现为较高的正增长，广东省、上海市、江苏省税收收入居前三位，广东省增速为3.9%，比上年提高14.8个百分点，上海市增速为2.8%，较上年提高10.0个百分点，江苏省增速为19.4%，较上年提高35.4个百分点，重回第3位，浙江省增速为5.3%，较上年提高11.0个百分点，北京市增速为11.5%，较上年提高16.4个百分点，山东省增速为9.0%，较上年提高17.3个百分点，四川省增速为28.1%，较上年提高43.4个百分点，河南省增速为20.6%，排名第8位，湖北省增速为12.9%，较上年提高25.8个百分点，福建省增速为10.3%，较上年提高24.1个百分点。

2023年1~9月累计，10个主要税收省份合计101543.10亿元，比上年同口径增加8961.99亿元，占全国税收收入的66.8%，比上年同口径下降0.5个百分点（见表4、图5）。

表4　2022年和2023年1~9月税收收入前10名省份运行状况

项目	2023年1~9月 绝对数（亿元）	2023年1~9月 同比增加（亿元）	2023年1~9月 同比增长（%）	2022年1~9月 绝对数（亿元）	2022年1~9月 同比增长（%）	同期增速比较（个百分点）
税收收入	152110.63	14530.33	10.6	137580.30	-9.3	19.9
1.广东省	19315.52	732.74	3.9	18582.78	-10.9	14.8
2.上海市	14972.50	413.57	2.8	14558.93	-7.2	10.0
3.江苏省	13613.42	2209.21	19.4	11404.21	-16.0	35.4

续表

项目	2023年1~9月 绝对数（亿元）	2023年1~9月 同比增加（亿元）	2023年1~9月 同比增长（%）	2022年1~9月 绝对数（亿元）	2022年1~9月 同比增长（%）	同期增速比较（个百分点）
4.浙江省	12769.41	641.92	5.3	12127.49	-5.7	11.0
5.北京市	12754.99	1320.16	11.5	11434.83	-4.9	16.4
6.山东省	9547.82	786.66	9.0	8761.16	-8.3	17.3
7.四川省	5435.17	1191.89	28.1	4243.28	-15.3	43.4
8.河南省	4478.73	764.95	20.6	3713.78	—	—
9.湖北省	4466.54	509.76	12.9	3956.78	-12.9	25.8
10.福建省	4189.03	391.13	10.3	3797.90	-13.8	24.1
前10名合计	101543.10	8961.99	—	92581.14	—	—
占全部税收比重（%）	66.8	—	—	67.3	—	—

注：表中广东、浙江、山东、福建4省税收收入均包含所辖计划单列市。

资料来源：国家税务总局收入规划核算司：《税收收入月度快报》，2023年9月、2022年9月。

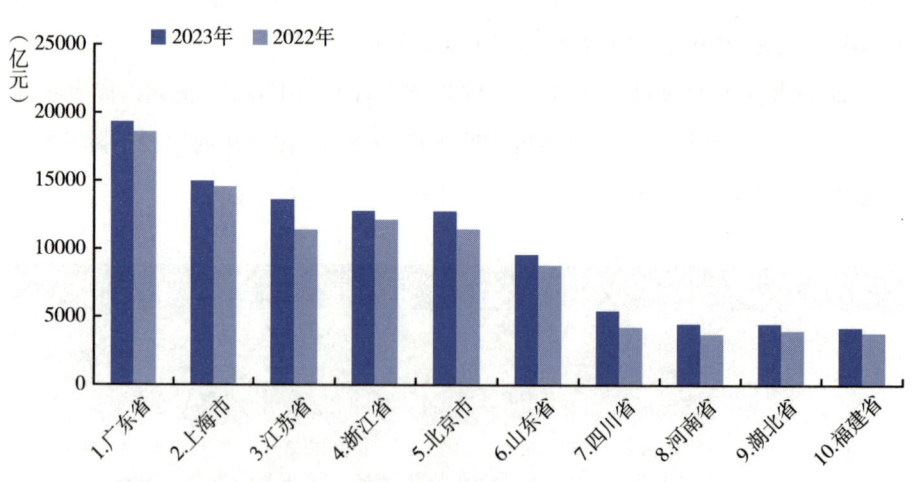

图5 2022年和2023年1~9月税收收入前10名税源大省（市）

二 2023年1~9月税收收入运行分析

（一）2023年1~9月税收收入运行分税种分析

与生产经营相关的主体税种收入增速较上年均有不同程度的提高。影响税收收入的第一大税种是国内增值税，2023年1~9月，国内增值税实现53632.20亿元，比上年同期增加20150.42亿元，同比增长60.2%，比上年同期提高93.4个百分点，主要是受上年增值税免抵扣减幅度较大的影响，2023年同期呈恢复性增长；2023年1~9月，国内消费税实现12605.42亿元，同比减少614.49亿元，同比增长-4.6%，比上年同期增速下降11.6个百分点；企业所得税是仅次于增值税收入的第二大税种，2023年1~9月，企业所得税实现33836.89亿元，同比减少2707.94亿元，同比增长-7.4%，比上年同期增速下降9.5个百分点。

2023年1~9月，个人所得税实现11554.52亿元，比上年同期减少19.94亿元，同比增长-0.2%，较上年同期下降9.8个百分点；其中，工资薪金所得7572.91亿元，比上年同期增加213.03亿元，同比增长2.9%；劳务报酬所得396.99亿元，较上年同期增加46.06亿元，同比增长13.1%；财产转让所得1292.21亿元，较上年同期减少90.72亿元，同比增长-6.6%，其中，房屋转让所得同比增长16.9%，限售股转让所得同比增长-20.2%。

房地产有关税收情况方面，2023年1~9月，土地增值税实现4337.56亿元，比上年同期减少795.79亿元，同比增长-15.5%；契税实现4489.98亿元，比上年同期增加117.92亿元，同比增长2.7%。房产税实现2599.28亿元，比上年同期增加184.08亿元，同比增长7.6%。

表5 2022年和2023年1~9月税收收入及主要税种收入情况

税种名称	2023年1~9月 绝对数（亿元）	2023年1~9月 同比增加（亿元）	2023年1~9月 同比增长（%）	2022年1~9月 绝对数（亿元）	2022年1~9月 同比增长（%）	同期增速比较（个百分点）
税收收入合计	152110.63	14530.33	10.6	137580.30	-9.3	19.9
其中：国内增值税	53632.20	20150.42	60.2	33481.78	-33.2	93.4
国内消费税	12605.42	-614.49	-4.6	13219.91	7.0	-11.6
企业所得税	33836.89	-2707.94	-7.4	36544.83	2.1	-9.5
个人所得税	11554.52	-19.94	-0.2	11574.46	9.6	-9.8
资源税	2323.55	-358.81	-13.4	2682.36	55.4	-68.8
城镇土地使用税	1547.14	-46.50	-2.9	1593.64	8.1	-11.0
城市维护建设税	3985.48	121.98	3.2	3863.50	-4.2	7.4
证券交易印花税	1555.43	-704.37	-31.2	2259.80	-2.4	-28.8
土地增值税	4337.56	-795.79	-15.5	5133.35	-9.3	-6.2
房产税	2599.28	184.08	7.6	2415.20	12.8	-5.2
车辆购置税	2025.17	100.48	5.2	1924.69	-30.8	36.0
耕地占用税	886.16	-160.40	-15.8	1046.55	26.6	-42.4
契税	4489.98	117.92	2.7	4372.06	-27.3	30.0

资料来源：国家税务总局收入规划核算司：《税收收入月度快报》，2023年9月、2022年9月。

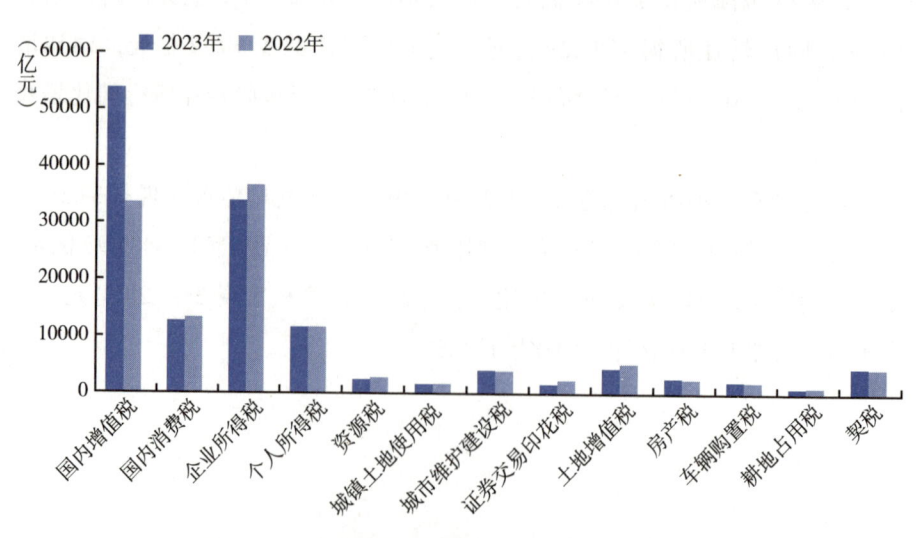

图6 2022年和2023年1~9月分税种税收收入

（二）2023年1~9月税收收入运行分经济类型分析

2023年1~9月，分经济类型企业税收收入增速均呈现出不同程度的上升，其中，增幅较大的是有限责任公司、个体经营和私营企业。

来自国有及国有控股企业税收收入37016.47亿元，比上年同期增加2479.07亿元，同比增长7.2%；来自国有企业税收收入7442.80亿元，比上年同期增加328.74亿元，同比增长4.6%；来自有限责任公司税收收入52185.26亿元，比上年同期增加10640.18亿元，同比增长25.6%；来自股份有限公司税收收入20626.17亿元，比上年同期减少203.73亿元，同比增长-1.0%；来自私营企业税收收入28484.65亿元，比上年同期增加5364.12亿元，同比增长23.2%；来自港澳台商投资企业税收收入8459.57亿元，比上年同期增加553.61亿元，同比增长7.0%；来自外商投资企业税收收入11204.28亿元，比上年同期减少120.61亿元，同比增长-1.1%；来自个体经营税收收入568.22亿元，比上年同期增加113.31亿元，同比增长24.9%。

表6　2022年和2023年1~9月税收收入及主要经济类型收入情况

经济类型名称	2023年1~9月 绝对数（亿元）	2023年1~9月 同比增加（亿元）	2023年1~9月 同比增长（%）	2022年1~9月 绝对数（亿元）	2022年1~9月 同比增长（%）	同期增速比较（个百分点）
税收收入合计	137895.54	15571.98	12.7	122323.56	-11.3	24.0
其中：国有及国有控股	37016.47	2479.07	7.2	34537.40	1.2	6.0
国有企业	7442.80	328.74	4.6	7114.06	-0.2	4.8
有限责任公司	52185.26	10640.18	25.6	41545.08	-16.3	41.9
股份有限公司	20626.17	-203.73	-1.0	20829.90	2.7	-3.7
私营企业	28484.65	5364.12	23.2	23120.53	-14.9	38.1
港澳台商投资	8459.57	553.61	7.0	7905.96	-6.8	13.8
外商投资	11204.28	-120.61	-1.1	11324.89	-8.8	7.7
个体经营	568.22	113.31	24.9	454.91	-22.2	47.1

注：本表税收收入为税务部门组织税收收入，不包括海关代征进口税收。
资料来源：国家税务总局收入规划核算司：《税收收入月度快报》，2023年9月、2022年9月。

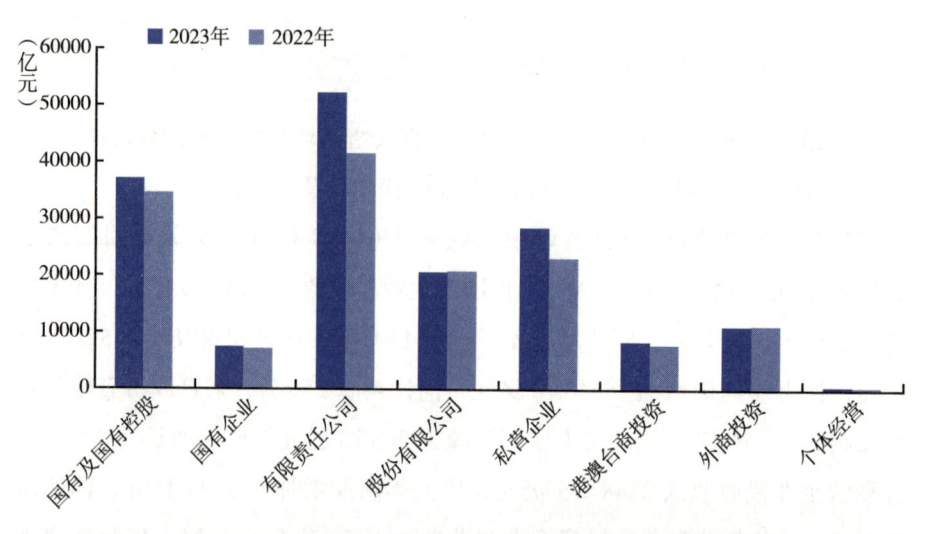

图7 2022年和2023年1~9月分经济类型税收收入

（三）2023年1~9月税收收入运行分行业分析

实体经济税收收入增速回升幅度较大，是对上年回落幅度较大的恢复。2023年1~9月来自工业的税收收入为53957.61亿元，比上年同期增加6756.08亿元，同比增长14.3%；其中，来自采矿业的税收收入为7906.22亿元，比上年同期减少1280.22亿元，同比增长-13.9%，采矿业中来自煤炭开采和洗选业的税收收入同比增长-17.50%，来自石油和天然气开采业的税收收入同比增长-8.2%；来自制造业的税收收入为42768.20亿元，比上年同期增加6194.74亿元，同比增长16.9%，来自汽车制造业的税收收入为3177.27亿元，比上年同期增加400.83亿元，同比增长14.4%。

第三产业中部分行业税收收入上升幅度较大，表明部分行业开始摆脱新冠疫情的影响。2023年1~9月来自第三产业的税收收入为76454.81亿元，比上年同期增加8049.27亿元，同比增长11.8%。其中，住宿业同比增长299.4%，餐饮业同比增长220.1%。

2023年中国税收运行分析及2024年展望

表7 2022年和2023年1~9月税收收入及主要行业收入情况

单位：亿元，%

行业名称	2023年1~9月 绝对数	2023年1~9月 同比增加	2023年1~9月 同比增长	2022年1~9月 绝对数	2022年1~9月 同比增长
税收收入合计	137895.54	15571.98	12.7	122323.56	-11.3
其中：工业	53957.61	6756.08	14.3	47201.53	-2.1
采矿业	7906.22	-1280.22	-13.9	9186.44	82.0
制造业	42768.20	6194.74	16.9	36573.46	-9.4
汽车制造业	3177.27	400.83	14.4	2776.44	-14.4
建筑业	7319.44	725.39	11.0	6594.05	-16.6
批发业	12958.13	645.85	5.2	12312.28	-2.7
零售业	3626.42	425.95	13.3	3200.47	-11.2
住宿业	165.94	124.39	299.4	41.55	-68.6
餐饮业	160.56	110.40	220.1	50.16	-60.7
金融业	18836.50	-719.41	-3.7	19555.91	0.3
房地产业	15104.32	1983.05	15.1	13121.27	38.6

注：本表税收收入为税务部门组织税收收入，不包括海关代征进口税收。
资料来源：国家税务总局收入规划核算司：《税收收入月度快报》，2023年9月、2022年9月。

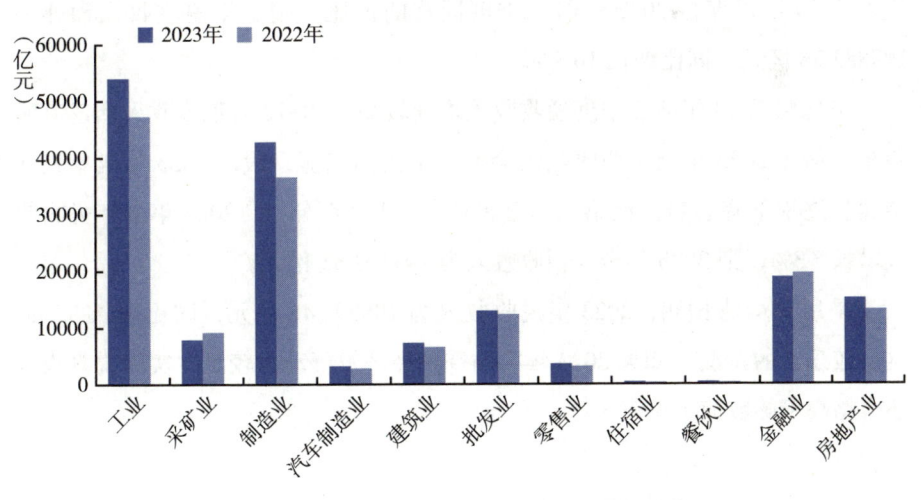

图8 2022年和2023年1~9月分行业税收收入

111

三 2023年全年税收收入预测及2024年初步展望

（一）2023年全年税收收入预测

从2023年1~9月全国税收运行情况看，税收收入排名前十位的省市中有2个省市税收增速高于20%，其中，排名第二的上海税收增长率为2.8%，排名第四的浙江增长5.3%，排名第六的山东增长9.0%，排名第九的湖北增长12.9%，排名第十的福建增长10.3%。其余5省的税收收入也有不同程度的增长，税收收入前十位省份税收运行状况对全国税收运行影响较大。全国绝大多数省份税收收入较上年均为正增长，加上2023年经济恢复效果显著，因此，2023年全国税收收入较上年同期增长已成定局。10~12月，增速可能有所趋缓甚至持平，预计多数省份税收收入正增长是大概率事件，部分省份可能会呈现较高的正增长。

根据2023年税收分季度运行情况，对2023年税收收入进行简单类比预测：2022年前三季度税收收入累计137580.30亿元，占2022年全年税收收入180896.88亿元的76.1%。2023年前三季度税收收入累计152110.63亿元，假设2023年仍保持2022年前三季度同样的占比，则全年税收收入预计为199882.56亿元，同比增长10.5%。

考虑到2023年前三季度税收收入增速较高，10~12月税收收入增速有所趋缓，估计2023年全年税收收入会低于上述预测值，假设2023年全年累计增速呈逐季下降态势，比第三季度累计低3.3个百分点，2023年全年税收收入增长7.3%，则2023年全年税收收入为194102.35亿元。

采用平均法预测，2023年税收收入为196992.46亿元，同比增长8.9%，这是较乐观的预测，如果2023年第四季度经济发展动力较足，实际税收收入还会略高于此数值（见表8）。

表8　2011~2023年税收收入分析

单位：亿元，%

年份	第一季度累计 绝对数	第一季度累计 同比增长	上半年累计 绝对数	上半年累计 同比增长	前三季度累计 绝对数	前三季度累计 同比增长	全年累计 绝对数	全年累计 同比增长
2011	25087.54	33.2	52429.58	30.1	77788.22	27.4	99564.68	23.3
2012	28555.90	9.4	60005.07	10.0	84214.57	8.3	110740.04	11.2
2013	29419.16	3.0	63426.51	5.7	90273.08	7.2	119942.99	8.3
2014	32337.33	9.9	68662.91	8.2	97199.24	7.7	129541.07	8.0
2015	33345.59	3.1	71895.39	4.7	102536.22	5.5	136021.48	5.0
2016	35503.16	6.5	76805.90	6.8	107632.80	5.0	140499.04	3.3
2017	40390.09	13.8	85692.94	11.6	121360.88	12.8	155734.72	10.8
2018	47300.68	17.1	97852.29	14.2	136777.49	12.7	169956.57	9.1
2019	51019.62	7.9	100770.19	3.0	137615.83	0.6	172102.36	1.3
2020	41791.56	-18.1	88997.49	-11.7	128366.13	-6.7	165999.72	-3.5
2021	51838.80	24.0	108154.82	21.5	151639.06	18.1	192538.62	16.0
2022	56762.59	9.5	95520.97	-11.7	137580.30	-9.3	180896.88	-4.2
2023	56890.70	0.2	108828.36	13.9	152110.63	10.6	196992.46	8.9

注：2023年为预测值。
资料来源：历年《税收快报》《税收收入月度快报》。

（二）2024年中国税收形势初步展望

从主要税收指标分析，2023年1~9月经济增速为5.2%，较上年提高2.2个百分点，加上固定资产投资、工业生产与销售、国内贸易及货币信贷等增速均较上年有所提高。

从2023年1~9月税收收入走势和全年预测分析，2023年税收收入基本较上年高增长，并保持大幅高于经济增速的状态。

根据有关机构对2024年经济增速的预测，如果经济增长保持在5.0%左右，预计2024年全年税收收入增速不会低于2023年，为5.0%~6.0%，税收收入初步估计为206842.08亿~208812.01亿元。

需要指出的是，自1994年税制改革以来税收收入增速超经济增速现象已于2013年起出现转折，其间只是2017年和2021年短暂出现税收收入增速超经济增速的情况，2024年税收收入会在2023年较高基数的情况下出现较低的正增长，并与经济增速基本同步和协调。

四 促进税收与经济协调发展的建议

总体而言，2023年我国税收收入整体保持增长，宏观税负下降，减税降费效果显著。但各区域间经济发展不均衡、税收规模差异较大等问题依然存在。同时，各区域经济财政格局分化明显，税收收入质量与税收负担率存在差异、经济发展与税收收入间协调性也不够，区域间发展不平衡不充分问题依然突出。

在当前我国经济恢复基础尚不牢固，需求收缩、供给冲击、预期转弱三重压力仍然较大的情况下，要在高质量发展和现代化建设中取得新突破，就要解决发展不平衡不充分问题。为此，需要立足新发展阶段、贯彻新发展理念、构建新发展格局、推进高质量发展。围绕建设"双循环"新发展格局战略支点、聚焦重构新发展格局，筑牢产业根基、打造创新引擎。需要稳中求进，持续推动经济稳中向好、持续改善民生，保持社会大局稳定。同时，还需要统筹经济与生态，统筹城市与乡村，统筹发展与安全，推动我国税收与经济各方面工作取得新突破。

（一）大力发展经济，"做大蛋糕"

经济决定税收，要大力发展经济，着力构建现代产业体系。数字经济可以推动各类资源要素快速流动、加速融合各类市场主体、畅通经济循环、推动构建现代化经济体系，已成为经济高质量发展的重要引擎。要坚持发展数字经济，不断提高自主创新能力。突出重振"中国制造"向"中国智造"转型，着力培育"专精特新"企业。着眼我国整体发展、立足各区域优势，推动构建区域协调发展格局，东中西部联动，实现区域经济协调发展及共同富裕的目标。

（二）加快优化产业结构，培育经济增长点

加快推进产业结构优化升级，培育新的经济增长点。积极推动产业基础高级化、产业链现代化，激发实体经济活力，提高经济质量效益和产业综合竞争力，坚持用高新技术推动传统产业高端化、智能化改造。为此，要因地制宜制定高新技术产业发展方案，加大对高新技术企业在研发、人才等多方面的税收政策支持力度，帮助减轻高新技术企业在创立初期的不确定风险，培育优质税源、提升税收竞争力；改造提升传统产业，发挥龙头企业的带动作用，增强传统产业竞争力，提升精深加工水平。培育壮大新兴产业，大力发展半导体材料、氢能、储能和分布式能源、电子信息等新兴产业，推动工业和信息化深度融合，增强产业活力和产品竞争力，不断增强其对我国经济社会发展的支撑作用；要强化企业创新主体地位，实施知识产权强国战略，加快科技成果转化，加强全面质量管理，提升"中国制造"的竞争力。同时，加快绿色低碳技术研发应用，提高制造业能源资源利用效率，实现制造业与生态环境协调发展。

（三）持续优化税收营商环境，提高纳税遵从度

持续优化税收营商环境，坚持问题导向，继续推出"便民办税春风行动"。依托数字化创新征管模式，发挥数字技术在丰富纳税服务应用场景方面的优势，通过线上线下立体化服务，不断完善税费服务体系，通过大数据的汇总集成实现纳税人缴费人涉税信息的全景展示，从而精准打造智能化、专业化的征管服务新生态，构建税收营商环境新格局；坚持智税赋能，不断拓展"非接触式"办税服务，强化纳税信用评价结果应用，深化"银税互动"，落实信用联合激励惩戒政策。通过税收大数据分析建立更加完善的纳税信用评价制度，将企业信用与纳税服务绿色通道等纳税服务挂钩，与银行贷款等金融服务挂钩，引导企业自觉增强纳税意识、提高纳税遵从度，营造法治、公平、诚信的优质税收营商环境；税务部门要积极与各大媒体平台开展合作，形成宣传合力，多渠道宣传优化营商环境的措施与成效，提升公众参与度。

（四）严格落实税收优惠政策，提升财政可持续发展能力

进一步提高税收收入质量、提升财政可持续发展能力，增强财政收入的规范性。严格落实减税降费政策，进一步优化减税降费政策目标，减轻企业税收负担、激发企业活力。加大对高新技术企业及中小型微利企业的税收优惠力度，为企业转型升级提供政策保障；要以纳税人为中心重塑税收征管体制，加快推进"精确执法、精细服务、精准监管、精诚共治"进程，从"以票管税"向"以数管税"转变，提升税收治理现代化水平；要严格控制非重点、竞争性领域财政投入，大力压减非刚性、非必要支出，优化财政支出结构，进一步扩大我国在教育、卫生、社会保障和就业等方面的支出，加强民生保障。

参考文献

李建刚、沈利芸、陈旭东:《产业集聚对区域税收竞争力提升的影响研究——基于产业结构升级视角》，《税务与经济》2023年第1期。

韩霞、于秋漫:《聚类分析视角下税收营商环境国际比较及评价》，《税务研究》2022年第12期。

张景华、林伟明:《治理视角下的税收营商环境优化研究》，《税务研究》2020年第9期。

货币金融与资本市场

B.8 中国货币金融形势分析与风险防范

张晓晶 曹婧

摘 要： 2023年中国经济恢复面临国内有效需求不足、市场主体信心不振、重点领域风险隐患较多等困难挑战。宏观金融政策适时加大逆周期调节力度，货币信贷和社会融资规模合理增长，助力经济运行总体回升向好。但受货币政策传导机制不畅、市场主体加杠杆意愿偏弱等因素影响，实体经济债务扩张有限，宏观杠杆率因名义经济增速下滑而被动上升，经济复苏动能放缓导致人民币汇率和股票市场阶段性承压。需重点关注房地产、金融、地方政府隐性债务等领域的风险隐患，包括房企债务违约与商业银行不良贷款风险交织，隐性债务偿债压力引发财政金融风险互溢。展望2024年，为进一步巩固经济恢复基础，宏观金融调控政策有必要延续扩张基调，扩大国内有效需求，激发民间投资活力；加大房企纾困力度，助力房地产市场

---

* 张晓晶，中国社会科学院金融研究所所长、研究员，主要研究方向为宏观经济学、宏观金融理论与发展经济学；曹婧，中国社会科学院金融研究所助理研究员，主要研究方向为地方政府债务、货币理论与政策。

企稳回暖；发挥财政金融协同作用，化解地方政府隐性债务风险。

关键词： 货币　金融　金融风险防范

2023年以来，我国经济持续恢复、总体回升向好，前三季度实际GDP同比增长5.2%，为实现全年经济发展目标打下了良好基础。但受外部环境复杂严峻、国内有效需求不足、经济金融领域风险积累等因素制约，经济持续恢复基础仍需巩固。宏观金融调控政策着力扩大内需、提振信心、防范风险，为经济内生动力增强和社会预期持续改善创造了较好的货币金融环境。

一　宏观金融形势分析

（一）实体经济融资需求回暖，货币政策传导机制有待疏通

2023年前三季度，金融数据总体较好，居民部门信贷结构有所改善，实体经济融资成本稳中有降，对经济复苏的支撑作用逐步显现。首先，从货币总量来看，广义货币（M2）和社会融资规模较快增长，保持流动性合理充裕。2023年3月和9月，央行两次下调金融机构存款准备金率累计0.5个百分点，释放长期流动性超过1万亿元。M2和社融增速均保持在10%左右的相对高位（见图1），高于前三季度5.2%的GDP增速。金融数据总体领先于经济数据，主要是宏观金融政策靠前发力与实体经济恢复时滞导致的阶段性现象。M2与狭义货币（M1）、社融增速剪刀差均处于历史高位，且M2-M1剪刀差持续扩大，表明当前货币扩张向实体经济活跃度的传导效果较差，主要有以下两方面原因。一是房地产市场持续低迷，居民购房意愿下降导致居民存款难以转化为房企活期存款。前三季度居民存款新增14.42万亿元，同比多增1.21万亿元。二是企业信心恢复缓慢和投资意愿不足，倾向于将持有资金转为定期存款。截至2023年9月，企业存款中定期存款占比为68.9%，较上年末提升3.1个百分点。

图 1 2019年1月至2023年9月 M1、M2和社融同比增速

资料来源：Wind。

其次，从融资结构来看，人民币贷款和政府债券支撑社融回暖，企业直接融资需求偏弱（见图2）。2023年前三季度，社融增量累计为29.33万亿元，同比多增1.41万亿元。其中，人民币贷款增加19.52万亿元，同比多增1.55万亿元，对社融拉动作用明显。上半年信贷投放靠前发力，第三季度人民币贷款同比小幅增长，一定程度上反映了市场主体信心仍待恢复，贷款需求有待进一步提振。分部门来看，上半年信贷结构呈现"居民弱、企业强"特征，票据冲量现象明显缓解。第三季度企业部门信贷持续少增，主要有以下三方面原因：一是受上年同期政策性开发性金融工具发力影响，企业贷款处于历史较高水平，高基数效应扰动明显。二是企业资产负债表受损和预期转弱，尤其是房企和民营企业投资意愿不足对信贷增长形成较大制约，企业债券和股票融资同比少增也反映出内生融资需求偏弱。三是前期设立的科技创新再贷款、设备更新改造专项再贷款、交通物流专项再贷款等结构性货币政策工具陆续到期，对企业信贷的支撑减弱。随着认房不认贷、下调购房首付比例和存量首套房贷利率等房地产利好政策陆续出台，居民购房意愿边际改善，提前还贷现象有所降温，9月居民中长期贷款明显好转，同比多增2014

亿元。前三季度政府债券净融资5.96万亿元，与上年同期基本持平，延续靠前发力态势。

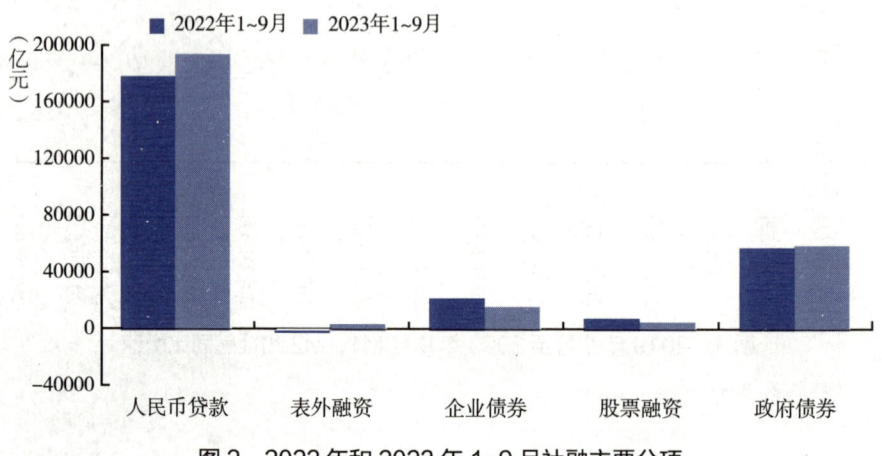

图2 2022年和2023年1~9月社融主要分项

资料来源：Wind。

在稳增长政策发力和低基数效应的共同作用下，第四季度社融规模有望延续平稳回升态势。其一，随着房地产市场和民营经济支持政策落地显效，居民和企业部门信贷需求持续改善。其二，制定实施一揽子化债方案有助于城投债融资回暖，叠加央行推进民营企业债券融资支持工具扩容增量，企业债券融资对社融形成一定支撑。其三，虽然地方政府专项债发行进入尾声，但国债和特殊再融资债券放量发行对社融的支撑增强。一方面，截至10月27日，2023年国债净融资规模为2.13万亿元，较年初确定的3.16万亿元财政赤字规模尚留存1.03万亿元，加上中央财政将在2023年第四季度增发国债1万亿元，11~12月国债净融资剩余额度约为2.03万亿元。另一方面，预计地方政府发行1.5万亿元特殊再融资债券置换隐性债务，截至10月25日，全国已有25个地区披露特殊再融资债券发行计划，拟发行规模达到1.04万亿元，11~12月或有0.46万亿元特殊再融资债券待发行。

最后，从贷款利率来看，企业融资和居民信贷成本稳中有降，实现了金融体系向实体经济让利。2023 年前三季度，央行公开市场逆回购操作利率和中期借贷便利（MLF）利率分别累计下降 20 个和 25 个基点，引导 1 年期和 5 年期 LPR 分别累计下降 20 个和 10 个基点。前三季度新发放企业贷款加权平均利率为 3.91%，同比下降 0.32 个百分点，其中 9 月企业贷款加权平均利率为 3.82%，处于历史最低水平。同时，推动降低存量首套住房贷款利率，有效减轻居民利息负担，增强消费信心和消费能力。前三季度新发放个人住房贷款利率为 4.13%，同比下降 0.88 个百分点，近 5000 万笔 22 万亿元存量房贷利率下降，平均降幅 0.73 个百分点。

（二）总体债务扩张有限，宏观杠杆率被动上升

根据国家资产负债表研究中心估算，2023 年第三季度，宏观杠杆率从 2022 年第四季度的 273.2% 上升至 286.6%，前三季度分别上升 8.6 个、1.6 个、3.3 个百分点，共计 13.5 个百分点（见图 3）。宏观杠杆率增速下降的主要原因是实体经济债务增速放缓，第三季度末实体经济债务存量同比增速仅为 9.3%，处于 2000 年以来的低点。但名义 GDP 以更快的速度下滑，导致宏观杠杆率被动上升。前三季度实际 GDP 超预期增长 5.2%，但价格水平持续低迷拖累名义 GDP 增长，有效需求不足和市场预期不稳是主要矛盾。2023 年以来，CPI 和 PPI 持续处于弱通缩区间，物价形势整体偏弱。CPI 同比增速由年初的 2.1% 回落至 7 月的 -0.3%，随后边际修复至 0.1%，扣除食品和能源价格的核心 CPI 持续位于 1% 以下的低位区间，反映出居民消费需求恢复偏慢。PPI 同比降幅在上半年持续扩大，第三季度降幅趋于收窄，主要受国际大宗商品价格波动和工业品需求偏弱影响。通缩压力导致实际利率高于名义利率，企业实际融资成本上升阻碍其投资意愿和能力，需求收缩对价格继续构成下行压力，由此形成通缩—经济衰退的恶性循环，被动拉高宏观杠杆率。

分部门来看，居民杠杆率上升幅度最小，从 2022 年第四季度的 61.9% 增长至 2023 年第三季度的 63.8%，增加了 1.9 个百分点。居民债务同比增速

长时间处于较低水平，住房贷款同比负增长，居民杠杆率的微幅提升主要受经济增速较低的影响。居民住房贷款连续两个季度出现负增长，同时居民经营性贷款和消费性贷款（除住房外）的增速也有所下降，居民主动借债的意愿有限，导致居民杠杆率较长时间来保持稳定。由于个人经营性贷款仍保持较高增速，居民杠杆率结构继续调整。经营性贷款是近年来居民加杠杆的主要方式，在居民全部贷款中的占比由2019年第四季度的20.5%上升至2023年第三季度的27.5%。

非金融企业杠杆率上升幅度最大，从2022年第四季度的160.9%上升至2023年第三季度的169.0%，增加了8.1个百分点。非金融企业杠杆率在2023年第一季度出现了较大幅度的上涨后，第二季度涨幅明显收窄，第三季度涨幅有所扩大。在流动性不断宽松的环境下，企业债务增速在经过2023年初的高点后有所下滑，第三季度末企业债务同比增长9.2%，连续两个季度下降。其中，企业债券融资规模同比下降0.3%，主要原因是房地产企业债券发行规模明显下降，以及城投债还本付息压力较大造成净融资规模减小。企业负债更依赖于间接融资，企业贷款同比增加13.0%，涨幅相对较大，企业表外融资略有回升。2023年前三季度固定资产投资累计同比增速持续降至3.1%，低于名义GDP增速（4.4%），也低于企业部门债务增速（9.2%），说明宽松的货币政策环境并未有效传导至企业投资端。尤其是房地产投资和私营企业投资均同比大幅下滑，无法有效拉动经济恢复增长，导致企业杠杆率被动上升。

政府部门杠杆率从2022年第四季度的50.4%上升至2023年第三季度的53.8%，增加了3.4个百分点。其中，中央政府杠杆率从2022年第四季度的21.4%上升至2023年第三季度的22.6%，增加了1.2个百分点；地方政府杠杆率从2022年第四季度的29.0%上升至2023年第三季度的31.2%，增加了2.2个百分点。2023年前三季度，中央和地方政府的财政扩张力度与上年同期相比基本持平或略低，财政政策"加力提效"的力度和效果有限。基建投资增速虽然高于制造业和房地产投资增速，但较上年同期有所下降，尚没有取得带动民间投资增长的效果。

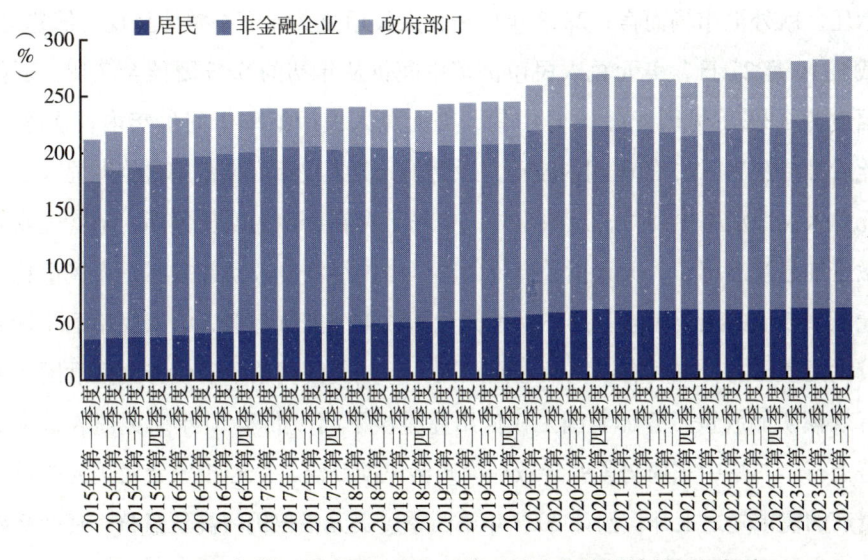

图3 2015年第一季度至2023年第三季度实体经济部门杠杆率

资料来源：中国人民银行、国家统计局、财政部，国家资产负债表研究中心。

当前我国居民、企业和地方政府的资产负债表扩张均受限，一些部门甚至面临收缩风险，而中央政府资产负债表相对健康且有扩张能力。面对"非典型"资产负债表衰退，通过中央政府资产负债表扩张，使得其他部门资产负债表有所修复来提振经济，是逆周期宏观调控最为关键的一招。2023年10月24日，全国人大常委会审议批准了国务院增发1万亿元国债并将2023年财政赤字率由3%提高到3.8%，就充分体现了扩张中央政府资产负债表这一调控思路。这次在年末新增国债并调整预算赤字具有重要意义，一方面，中央政府主动突破了3%的预算赤字限制，2024年有可能会继续扩张，将赤字率安排在接近4%的水平。财政立场趋于加大逆周期调节力度，有利于经济较快复苏。另一方面，本次新增1万亿元国债虽然是"按特别国债管理"，但计入财政赤字，并不是严格意义上不计入财政赤字的"特别国债"，而是更加类似于长期建设国债，中央财政加大加杠杆力度有利于缓解地方政府财政压力和隐性债务风险。

（三）外汇市场和股票市场阶段性承压

受中美经济金融周期错位影响，国内金融市场大类资产价格走势阶段性承压。就外汇市场而言，2023年以来，人民币兑美元汇率整体呈现贬值趋势，截至10月27日，美元兑人民币汇率中间价从年初的6.95贬值至7.18，贬值幅度为3.3%（见图4）。5月中旬，美元兑人民币汇率中间价年内首次破7，此后维持在7.1~7.3的区间内波动。近期美元兑人民币即期汇率价格明显高于美元兑人民币汇率中间价，反映出外汇市场上存在一定的贬值预期。随着美联储激进加息接近尾声，美元指数高位回落，中国经济复苏动能放缓是人民币兑美元汇率贬值的主要因素。第三季度美元指数重回上行趋势，给人民币汇率带来较大贬值压力，主要有以下两方面原因。一是美国调整政府债务上限后国债发行规模明显放量，叠加美国主权信用评级被下调，推动10年期美债收益率显著上行。二是中东局势紧张导致地缘政治风险升温，全球投资者对美元等避险资产的需求随之上升。预计2023年第四季度美元指数仍将高位盘整，在经济内生增长动力持续增强的情形下，人民币兑美元汇率有望止跌回升。

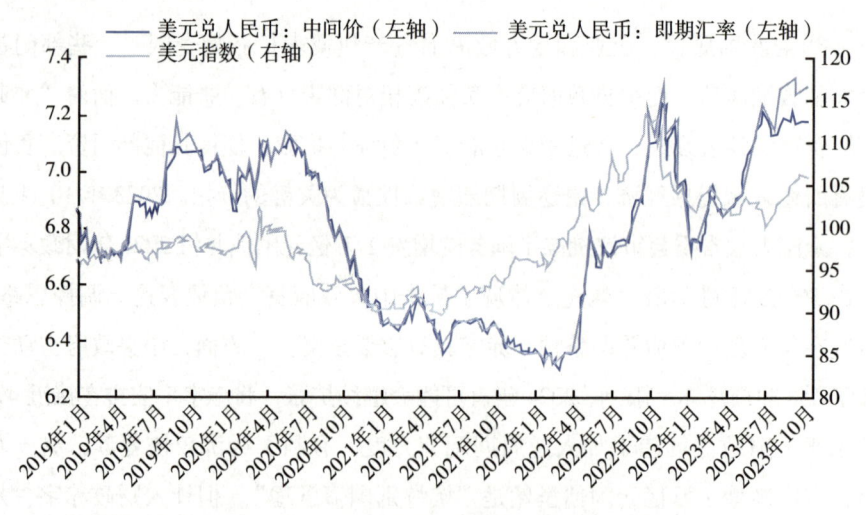

图4　2019年1月至2023年10月美元兑人民币汇率和美元指数

资料来源：Wind。

从股票市场来看，2023年以来，受美联储加息进程和房地产市场走势影响，A股市场呈现倒"V"形走势。2023年第一季度全球股市延续2022年第四季度反弹走势，欧美主要股指上涨幅度均超过10%，上证综合指数和深证成分股指数上涨幅度均在6%左右。与人工智能技术ChatGPT相关的网络科技、芯片存储、软件设计等行业股票出现较大幅度上涨，"构建中国特色估值体系"引发市场关注，央企上市公司股价逐渐走强。受房地产市场拖累，第二季度国内经济呈现弱复苏态势，A股市场冲高回落。股市热点仍为"中特估"概念股，国有控股银行股上涨约10%，电信板块上涨超过30%。人工智能概念股的龙头公司普遍出现大股东减持行为，股价上涨动力有所减弱。第三季度全球股市均处于下跌状态，我国创业板综合指数和深证成分指数跌幅最大，分别为9.5%和8.3%，上证综合指数下跌2.8%。在利好政策刺激下，非银金融和房地产板块第三季度表现较强。7月24日召开的中共中央政治局会议明确提出要"活跃资本市场，提振投资者信心"，带动券商及相关金融板块出现了一定程度的上涨。随后股票市场迎来印花税减半征收、阶段性收紧IPO节奏、调降融资保证金、规范上市公司减持等多项政策利好，主要股指经历短暂上涨后又出现回落，主要原因是中美国债到期收益率倒挂加剧资金外流压力，A股市场再度陷入低迷。

二　经济金融领域潜在风险分析

（一）房企债务违约与商业银行不良贷款风险交织

2023年前三季度，房地产市场整体处于筑底弱复苏阶段，房地产开发投资和商品房销售同比降幅延续扩大趋势，房企融资能力仍然较弱，流动性紧张状况有所加剧。在房地产销售和融资环境未得到明显改善的背景下，房企债务违约风险从大型民营房企向国央企背景房企持续蔓延。8月中旬，碧桂园公告面临阶段性流动性压力，引发市场对大型民营房企债务违约的担忧。作为具有国资背景的房企，远洋集团也于9月中旬发布公告称，暂停支付所有境外债务并进行全面重组。从公开市场债券违约情况来看，2023年1~10月，42家房企境内外债出现实质违约或展期，债券违约数量为166只，债券违约金额为2158.8亿元。其中，115只房企债券展期，展期规模为1777.3亿元；

51只地产债因未按时兑付本金或本息、触发交叉违约而实质违约，违约金额为381.5亿元。从上市房企2022年财务报表数据来看，恒大地产、中国奥园、蓝光发展、中天金融、嘉凯城5家已违约上市房企因巨额的经营性亏损和存货、持有投资性物业资产价格下跌、土地被收回亏损、资产处置减值损失等非经营性亏损，已经资不抵债。房企债务违约是当前我国经济金融领域最主要的风险之一，不仅会造成恐慌情绪蔓延至资本市场和房地产上下游产业链，还会通过资产价值和抵押品渠道加大商业银行不良贷款风险，进而引发系统性金融风险。2019年至2023年上半年16家代表性商业银行个人住房贷款不良率和房地产业贷款不良率的变动趋势显示，商业银行房地产贷款风险出现分化。

从个人住房贷款不良率来看（见表1），2023年上半年，除了农业银行、邮储银行、招商银行、郑州银行、苏州银行外，其余商业银行的个人住房贷款不良率和不良余额持续双升。与疫情前水平相比，城农商行的个人住房贷款不良率涨幅较大，股份制商业银行次之，最后是国有商业银行。需警惕区域性房价下行和期房项目烂尾叠加导致个人住房贷款资产质量迅速恶化，从而造成城农商行住房贷款不良率大幅上升。

从房地产业贷款不良率来看，五大国有商业银行是房地产开发贷款投放主力，房地产业贷款不良余额在16家代表性商业银行中占比约七成。股份制商业银行受房地产下行冲击影响更大，2023年上半年暴露出的房地产业不良贷款规模更大。例如，近年来民生银行与多家房企签订了战略合作协议，包括正荣地产、阳光城、金科地产、佳兆业、蓝光发展等，这些企业均已陆续"爆雷"或退市。此外，民生银行还为恒大集团、股东中国泛海集团提供了大额贷款，受恒大系和泛海系拖累，面临较大的贷款违约风险。

为考察金融体系对房价下跌的承受能力，本部分综合考虑房价和利率变动，设置三种情景（见表3）检验商业银行不良贷款率与GDP同比增速、CPI同比增速、金融机构贷款加权平均利率以及70个大中城市新建商品住宅价格指数同比增速之间的协整关系，对商业银行整体贷款不良率进行压力测试。压力测试结果显示（见表4），在房价下跌、利率下降的情况下，商业银行贷款

表 1 部分商业银行个人住房贷款不良率及不良余额

单位：%，亿元

银行简称	银行类型	个人住房贷款不良率					个人住房贷款不良余额				
		2019年	2020年	2021年	2022年	2023年6月	2019年	2020年	2021年	2022年	2023年6月
工商银行	国有商业银行	0.23	0.28	0.24	0.39	0.42	116.79	162.07	154.60	253.94	267.46
农业银行	国有商业银行	0.30	0.38	0.36	0.51	0.50	123.86	176.55	188.72	272.58	267.11
建设银行	国有商业银行	0.24	0.19	0.20	0.37	0.42	124.84	113.20	129.09	238.47	269.28
交通银行	国有商业银行	0.36	0.37	0.34	0.44	0.47	40.38	48.49	50.83	67.31	71.04
邮储银行	国有商业银行	0.38	0.47	0.44	0.57	0.50	64.89	90.44	94.10	128.78	115.35
浦发银行	股份制商业银行	0.27	0.34	0.40	0.52	0.58	19.78	28.65	36.68	45.66	49.86
民生银行	股份制商业银行	0.21	0.22	0.26	0.50	0.57	8.81	11.08	15.68	28.76	32.01
招商银行	股份制商业银行	0.25	0.29	0.28	0.35	0.35	27.49	37.59	38.21	49.04	48.65
郑州银行	城市商业银行	0.11	0.52	0.96	1.65	1.67	0.34	1.86	3.91	6.23	5.82
苏州银行	城市商业银行	0.12	0.04	0.15	0.24	0.22	0.25	0.11	0.47	0.83	0.77
杭州银行	城市商业银行	0.04	0.07	0.05	0.11	0.18	0.23	0.49	0.43	0.95	1.65
上海银行	城市商业银行	0.16	0.14	0.09	0.16	0.20	1.47	1.77	1.48	2.70	3.29
成都银行	城市商业银行	0.25	0.25	0.25	0.41	0.46	1.49	1.83	2.12	3.58	4.09
重庆银行	城市商业银行	0.34	0.29	0.27	0.52	0.71	0.90	1.03	1.17	2.16	2.88
青农商行	农村商业银行	0.23	0.27	0.41	0.75	0.84	0.50	0.78	1.33	2.40	2.57
渝农商行	农村商业银行	0.33	0.31	0.46	0.77	1.01	2.38	2.80	4.69	7.51	9.59

资料来源：Wind。

表 2 部分商业银行房地产业贷款不良率及不良余额

单位：%，亿元

银行简称	银行类型	房地产业贷款不良率				房地产业贷款不良余额				
		2019年	2020年	2021年	2022年	2023年6月	2019年	2020年	2021年	2022年	2023年6月
工商银行	国有商业银行	1.71	2.23	4.79	6.14	6.68	109.36	162.38	338.20	445.31	512.26
农业银行	国有商业银行	1.45	1.81	3.39	5.48	5.79	100.38	142.09	281.72	460.39	516.86
建设银行	国有商业银行	0.94	1.31	1.85	4.36	4.76	52.74	90.11	135.36	336.05	396.47
交通银行	国有商业银行	0.33	0.37	0.34	2.80	3.39	8.77	48.49	50.83	53.43	50.80
邮储银行	国有商业银行	—	0.02	0.02	1.45	1.01	0.12	0.17	0.22	30.59	24.57
浦发银行	股份制商业银行	2.63	2.07	2.75	3.06	2.88	281.09	264.71	229.06	211.58	202.55
民生银行	股份制商业银行	—	0.69	2.66	4.28	5.13	13.25	30.40	95.47	155.45	195.98
招商银行	股份制商业银行	0.44	0.30	1.41	4.08	5.52	16.36	11.90	56.55	153.48	196.44
郑州银行	城市商业银行	0.15	1.25	3.47	4.06	4.19	0.40	3.82	11.94	13.35	12.63
苏州银行	城市商业银行	—	1.36	6.65	4.55	3.20	—	0.89	5.14	4.52	4.48
杭州银行	城市商业银行	0.27	2.79	3.78	3.45	3.85	0.92	12.79	14.37	13.65	14.07
上海银行	城市商业银行	0.10	2.39	3.05	2.56	2.06	1.54	37.47	47.64	33.16	25.27
成都银行	城市商业银行	0.02	0.01	1.18	2.40	2.17	0.04	0.04	2.87	7.64	8.30
重庆银行	城市商业银行	—	3.88	4.71	5.88	7.14	—	5.65	5.43	5.97	7.13
青农银行	农村商业银行	1.64	2.34	3.44	6.10	3.02	4.41	8.15	10.40	15.19	7.09
渝农商行	农村商业银行	8.62	—	—	7.28	9.10	6.92	—	—	3.21	3.21

资料来源：Wind。

不良率显著上升。考虑到利率下降对资产价格形成支撑，能在一定程度上抵消房价下跌通过抵押品价值渠道对贷款违约产生的负面影响，因此商业银行贷款不良率的短期增幅高于长期，尤其是国有商业银行和股份制商业银行。例如，在轻度压力下（即房价下跌10%、利率下降10BP），一季度后，商业银行整体贷款不良率从1.62%上升至2.56%；但一年后，增幅收窄。

表3 压力情景设置

项目	轻度压力	中度压力	高度压力
房价	下跌10%	下跌20%	下跌30%
利率	下降10BP	下降20BP	下降30BP

资料来源：笔者设定。

分银行类型来看，房价下跌时金融机构风险由大到小排序为：农村商业银行、股份制商业银行、城市商业银行、国有商业银行。国有商业银行不良贷款风险整体可控，在各压力情景下贷款不良率远低于平均水平。股份制商业银行次之，但需警惕贷款不良率的短期上升速度较快，在中高度压力下（即房价下跌20%~30%、利率下降20~30BP），股份制商业银行不良贷款风险超过城市商业银行。城农商行不良贷款的长期风险较大，在高度压力下（即房价下跌30%、利率下降30BP），一年后贷款不良率分别升至5.70%和11.34%。

表4 商业银行贷款不良率压力测试

单位：%

项目		全部银行	国有商业银行	股份制商业银行	城市商业银行	农村商业银行
当前不良率		1.62	1.29	1.29	1.90	3.25
一季度后	轻度压力	2.56	1.65	2.30	2.42	5.35
	中度压力	3.51	2.02	3.31	2.93	7.44
	高度压力	4.45	2.38	4.32	3.45	9.54
一年后	轻度压力	2.46	1.33	1.69	3.17	5.95
	中度压力	3.30	1.37	2.09	4.44	8.64
	高度压力	4.13	1.41	2.50	5.70	11.34

资料来源：笔者测算。

（二）融资平台债务引发财政金融风险互溢

受疫情冲击、房地产市场调整等因素影响，当前地方财政收支矛盾突出，叠加城投债迎来偿债高峰，地方政府偿债风险明显增加。若仅考虑地方政府显性债务，2022年全国狭义债务率（即地方政府债务与综合财力之比）由2021年的106.24%上升至129.58%，超过120%的国际警戒线。若同时考虑地方政府显性债务和融资平台债务，2022年全国广义债务率（即地方政府债务和融资平台有息债务之和占综合财力的比重）由2021年的268.68%上升至351.96%。2023年城投债到期规模总计4.1万亿元，其中前三季度到期规模为3.1万亿元，同比增长31.9%，而地方政府土地出让收入同比下降19.8%，对融资平台债务的覆盖能力明显减弱。

地方政府、融资平台和金融机构之间的关系错综复杂，容易导致融资平台债务风险在彼此之间相互传染，进而引发区域财政金融风险共振。融资平台债务以银行贷款、城投债等形式存在于商业银行资产负债表中，融资平台债务违约通过冲击金融机构资产负债表进行风险传递，并借助银行间市场资金拆借形成风险扩散。其一，地方政府隐性担保影响市场投资者对城投债信用风险的判断，城投债价格非市场化波动导致金融体系内在脆弱性。其二，融资平台举债主要用于地方基础设施建设，投融资成本与期限错配引发金融风险。基础设施建设具有投资周期长、项目自身收益率低、社会综合收益率高等特征，融资平台公司的综合融资成本通常高于基建项目投资回报率，且融资期限明显短于基建项目投资周期。基建投资扩张导致融资平台债务风险顺周期积累，通过作用于商业银行内生流动性风险最终引致金融风险。其三，随着银行贷款和发债融资监管趋严，融资平台公司更加依赖信托贷款、融资租赁、银行理财等影子银行业务融资，影子银行之间业务关联、风险传递，更易触发系统性金融风险。其四，地方性商业银行是本地融资平台债务的主要持有者，且往往需要在银行间市场中拆借资金，各区域地方性商业银行通过银行间资金拆借形成网络关联，从而导致不同区域的融资平台债务通过银行网络关联间接地联系在一起，形成隐性债务风险的跨区域外溢。

当前地方政府仅依靠财政资金偿还和发行特殊再融资债券的化债空间有限，制定实施一揽子化债方案需要强化财政金融协同配合。央行多次表态将统筹协调金融支持地方债务风险化解工作，引导金融机构按照市场化、法治化原则，与重点地区融资平台平等协商，依法合规、分类施策化解存量债务风险，完善常态化融资平台金融债务统计监测机制。但需警惕的是，金融化债的本质是运用金融机构资产负债表修复地方政府和融资平台资产负债表，大规模展期降息可能造成银行（尤其是城农商行）盈利能力下降、不良资产率提高，融资平台债务风险向金融体系加速传染。

三　未来展望与政策建议

展望2024年，全球经济复苏缓慢且不均衡、地缘冲突风险加剧等因素仍将对我国经济加快恢复形成一定挑战，但随着一系列稳增长政策落地显效，国内经济将延续恢复向好态势。就外部环境而言，美债收益率和美元指数进入阶段性顶部区间，我国金融外部压力短期有所缓释，货币政策自主性进一步提升，有利于外汇市场和股票市场阶段性企稳回升。美欧仍面临显著的通胀压力，第四季度美联储可能还有1次25个基点的加息，欧元区也有继续加息的可能性。从中长期角度看，我国面临的外部经济金融环境仍十分复杂。在外部需求方面，由美欧强势加息引致的紧缩效应逐步显现，叠加非经济因素的影响，我国外需修复并有效拉动增长的趋势仍需观察。在政策影响方面，美欧加息可能进入尾声阶段，但高利率仍将维持一段时间，这使得利差倒挂难以消除，我国货币政策逆周期操作面临显著的外部压力。在金融市场方面，由于美欧资产回报率较高，资本流动压力仍将存在，人民币及人民币资产稳定性的市场预期有待进一步提振。

国内稳增长政策效果逐步显现，2024年经济基本面将继续有所改善。一是居民消费意愿和能力不断增强，加上CPI和PPI价格均已筑底回升，将从量、价两方面支撑消费市场回暖。二是在专项债发行使用提速、增发万亿国债和加大中长期信贷支持的共同作用下，基建投资有望保持高增长态势。本次增发国债主要用于灾后恢复重建和提升防灾减灾救灾能力，集中于水利基础设施建设。在房地产投资尚未企稳的背景下，增发国债既对2023年第四季度及2024年基建投资增长形成有力支撑，也释放出财政政策积极发力的信号，进一步提振市场信心。三是房地产市场趋势向好，前期利好政策对房地产销售和投资均有一定的带动作用，但房企融资压力缓解程度较为有限，房企债务违约风险尚未出清。从需求端看，认房又认贷等政策调整对改善性住房需求的刺激作用更强，而刚需群体因就业、收入预期较弱，购房意愿较低，难以承接改善性群体置换房产引起的存量二手房抛售，从而削弱政策向销售端和投资端的传导效果。从供给端看，多数民营房企借新还旧和债务展期较为困难，新增融资受限，房企债务违约风险依然严峻。

为持续巩固经济回升态势，宏观金融调控政策有必要延续扩张基调并做好有效衔接，着力扩大内需、提振信心、防范风险，增强经济发展内生动力。

第一，央行继续较大幅度降息，着力疏通货币政策传导机制。货币政策应大胆使用降息空间，实现一举多得。一是对于企业而言，PPI同比增速下降意味着实际利率上升，降息有助于降低融资成本，提振企业生产投资信心。二是降息能减轻利息支出和债务负担，并配合积极的财政政策进一步发力。三是降息会对资产价格形成支撑，避免资产负债表陷入衰退。为更加充分地发挥降息作用，应进一步疏通货币政策传导机制，畅通国内经济金融大循环。通过扩大中央财政赤字逐步替代净出口，用发行国债取代外汇占款，建立新型货币发行渠道。加强财政政策与货币政策协调配合，通过改善偿付能力和增加流动性支持助力市场主体修复资产负债表，特别是真金白银落地的政策（例如增发特别国债），有助于稳定和提升市场主体对未来经济增长的信心。

第二，政府加大纾困力度，促进房地产市场企稳回升。当前房地产市场政策的边际调整对提振市场预期和信心产生了正向作用，未来应从供需两端继续调整优化。其一，供给端重在缓解民营房企债务困境和防止风险扩散蔓延。一是加强窗口指导和政策辅导，稳妥推进出险房企境内外债务重组。鼓励民营房企通过产权交易、并购重组、不良资产收购处置等方式盘活自身资产，通过短期削债、中期债转股、长期展期降息等组合措施进行债务重组，促进房地产市场恢复流动性。二是加大对未出险房企的金融支持力度，疏通民营房企合理融资堵点。包括适当延长前期利好政策的适用期限，提升优质民营房企贷款稳定性，采取更灵活的央地合作增信、扩大担保主体等方式为民营房企发债提供增信支持。其二，需求端要落实好"认房不认贷"，进一步降低房贷利率和首付款比例，以创新举措更好地满足刚性和改善性住房需求。一是借鉴美国政府为银行提供流动性支持的两房（房利美、房地美）模式，改革住房公积金制度，适时设立国家住宅政策性金融机构并允许商业银行入股，向缴存住房公积金职工提供低息住房贷款，重点支持中低收入家庭首套刚性住房需求。二是鼓励回购存量商品房用作保障性租赁住房，由地方政府补足当前住房需求缺口，有利于提振市场信心。

第三，拓展民营经济发展空间，加强民间投资融资支持。民营企业是稳定经济、增加就业、改善民生的重要力量，激发民间投资活力需要多管齐下持续发力。一是切实落实"两个毫不动摇"，以竞争中性原则促进国有企业和民营企业公平竞争、共同发展，引导民营经济形成长期稳定发展预期。二是打破民营经济市场准入壁垒，鼓励民间资本进入先进制造业、中高端服务业等竞争性领域，发挥好政府投资的撬动作用，吸引更多民间资本支持重大公益性项目建设。三是继续发展民营金融机构，推动金融领域的混合所有制改革以及金融部门治理结构的优化，以金融创新改善民营经济融资环境。四是支持民间资本通过产权交易、并购重组、不良资产收购处置等方式盘活自身资产，推动符合条件的民间投资项目在保障性租赁住房、产业园区、消费基础设施等领域加快发行REITs产品，形成投融资良性循环。

第四，加强财政金融协同配合，支持地方政府隐性债务风险化解。短期内需要做好隐性债务到期接续，丰富防范化解债务风险的工具和手段，积极探索一揽子符合市场规律的化债方案。在央地政府、融资平台公司、金融机构和投资者合理分担风险的前提下，加强财政、货币、金融监管政策的协调配合，共同应对影响债务风险。针对融资平台贷款展期对银行资产质量和盈利能力的负面冲击，金融监管部门可酌情考虑对贷款风险分类出台特别指引或设置过渡期，避免金融机构信用过度收缩引发区域性甚至系统性金融风险。长期来看，应努力转变隐性债务形成与积累机制，最大限度减少政府对金融市场风险定价和资源配置的直接干预，纠正金融体系的体制性偏好。

参考文献

温兴春、闫歆玙：《房企债务风险跨部门传递与政策应对——基于双重金融摩擦的DSGE模型》，《金融经济学研究》2023年第4期。

熊琛、周颖刚、金昊：《地方政府隐性债务的区域间效应：银行网络关联视角》，《经济研究》2022年第7期。

杨伟民：《金融助力经济发展的五个着力点》，《清华金融评论》2023年第1期。

张晓晶、王庆：《中国特色金融发展道路的新探索——基于国家治理逻辑的金融大分流新假说》，《经济研究》2023年第2期。

B.9 中国经济复苏与资产估值周期转变

张 平 杨耀武[*]

摘 要： 2023年以来，中国经济走出疫情阴影，消费复苏，加上下半年政策持续发力，叠加前三个季度GDP同比增长恢复到5.2%，为全年实现经济增长目标打下了良好的基础。外部环境依然形势严峻，美国持续加息导致全球货币金融条件趋紧，全球经济复苏放缓；同时，地缘政治冲突不断，对全球经济形成持续扰动。中国经济则走出了以我为主的复苏道路，主要表现在以下方面：一是内需提振，第三产业和消费加快复苏，第三产业成为经济增长的第一推动力，服务业占比提升到55%，超过2019年，消费增长得以恢复；二是以我为主的宏观政策，与美国持续加息抑制通胀相对应的是中国不断降息降准，实施积极财政政策，发行特别国债，保持了独立的宏观政策，有力地稳住了国内增长态势；三是保持了中国出口导向型制造业的全球地位，制造业韧性十足，在全球化转变和美国持续加息的背景下，依然保持了货物贸易顺差，9月出口环比上升，凸显了中国制造业的竞争优势。中国经济也呈现了一些弱复苏特点，2023年第二、三季度环比增速平均为0.9%，低于1%，10月PMI为49.5%，重回收缩区间，预计第四季度经济环比增速仍然低于1%；9月，CPI依然为同比零增长，显示经济循环仍然不畅，复苏基础还较脆弱。2024年，在美国持续高利率的背景下，国际货币基金组织（IMF）再次调低了2024年全球经济增速预估值。未来一段时间，中国经济的持续复苏需要政策继续发力。2023年7月

---

[*] 张平，中国社会科学院经济研究所研究员，主要研究方向为中国经济增长、宏观政策和上市公司等；杨耀武，中国社会科学院经济研究所副研究员，主要研究方向为中国经济增长。

24日中央经济工作会议提出了"活跃资本市场""促进房地产市场平稳健康发展""抓紧制定地方债的一揽子化债方案"等。政策积极，但资本市场和房地产市场恢复不尽如人意，其背后的原因是中国的资产估值周期已经从"增长溢价周期"转向"现金回报周期"。因此，需重视资产定价周期变化所带来的"资产—现金流—负债"循环对短期消费、投资、货币循环和金融稳定的影响，把握资产估值周期变化，加强宏观调控，推动经济平稳、健康、高质量发展。

关键词： 经济复苏　资产估值周期　宏观治理　高质量发展

一　2023年中国经济复苏态势与未来展望

随着8~9月多项经济数据环比回升，第三季度中国经济同比实现4.9%的增长，前三季度经济同比增长5.2%，为实现全年经济增长目标打下了良好的基础。从环比增速看，2023年第二、三季度国内生产总值（GDP）增速平均为0.9%，预计GDP第四季度仍可能保持环比0.9%的增长，同比可以实现5.1%左右的增长，全年经济同比增速可能在5.2%左右。应该看到，经济企稳与宏观政策持续发力是密不可分的。2023年以来，随着疫情防控的平稳转段，我国经济总体处于疫情后修复期，但修复的斜率在第二季度明显趋缓。面对这种情况，7月下旬召开的中共中央政治局会议指出，当前我国经济运行面临新的困难挑战，要精准有力实施宏观调控，加强逆周期调节和政策储备。从第三季度政策变动情况看，地方专项债发行节奏加快并着手解决地方债务问题，贷款市场报价利率（LPR）再次调降，全国一些核心城市陆续调整优化了房地产政策。从地产销售表现看，一线城市略有改善，二手房市场相对活跃。虽然房地产市场整体没有表现出强劲上涨态势，但稳定房地产的政策措施取得了一定效果，这有利于推动第四季度经济增长。

2023年，中国经济总体处于疫情后修复阶段，但同时也遇到一些结构性挑战。全球化转变和美国持续加息所形成的收缩效应，对中国净出口增长和资金流入带来不利影响，高油价可能直接压低全球经济增速，而我国如何实现从规模到创新的转变，仍需要一个过程，经济结构转型导致的摩擦性失业和收入增长缓慢抑制了消费。而人口总量下降和结构转变直接改变了房地产市场的需求曲线。2023年后三个季度经济环比平均增速可能难以达到1%，这一状态有可能延续到2024年。如果季度环比增速只能达到1%，那么中国经济年度增长只有4%。当前，中国经济增长趋势有可能保持向上势头，预计2024年可实现4%以上的增长。国际货币基金组织（IMF）2023年10月发布的《世界经济展望》预测，2024年全球经济增长2.9%，较7月的预测值调降0.1个百分点，中国经济增速将降至4.2%，较7月的预测值调降0.2个百分点。世界银行2023年10月发布的《东亚与太平洋地区经济半年报》预测，2024年中国经济增速为4.4%，较4月的预测值下调0.4个百分点。当前中国经济复苏基础仍不稳定，主要是与很多长期增长因素相关，因此需要在体制和政策上继续增强中国经济增长动力，以促进经济实现持续较快增长。

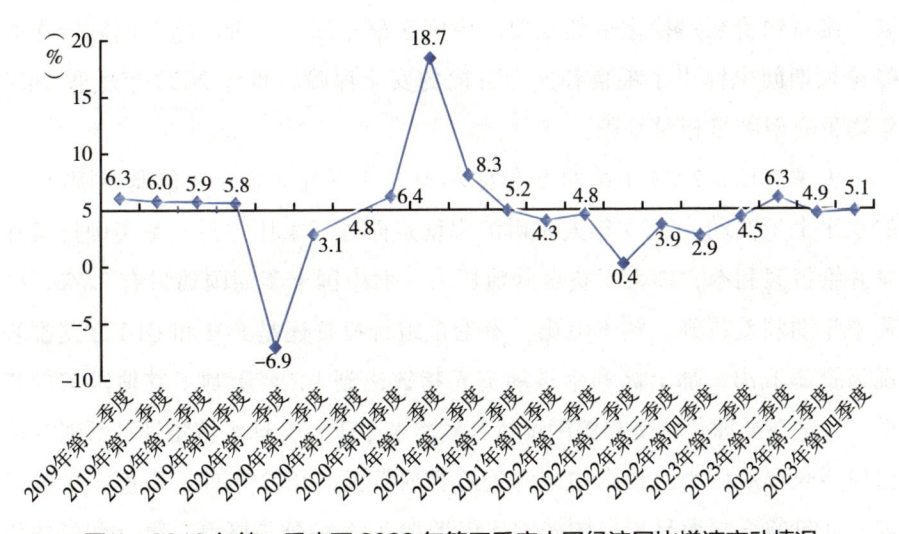

图 1　2019年第一季度至2023年第四季度中国经济同比增速变动情况

注：2019年第一季度至2023年第三季度的数据来自国家统计局，2023年第四季度的数据为笔者预测。

物价走势方面，2023年9月中国消费者物价指数（CPI）环比上涨0.3%，同比零增长。第四季度，受季节等因素影响，鲜菜、鲜果价格可能会有所上涨；猪肉价格在经历一段时间快速上涨之后已呈现基本稳定状态。非食品价格中，受节假日影响，交通通信类价格可能有所上涨，对服务类价格会形成一定支撑。在考虑翘尾因素的情况下，第四季度CPI同比涨幅月均可能仍维持在0左右，全年CPI同比涨幅可能在0.3%左右。9月中国工业生产者出厂价格指数（PPI）环比上涨0.4%，同比增长依然为负，降幅为2.5%。从国际定价的商品来看，短期内，受石油输出国减产和国际地缘局势紧张影响，国际能源价格有所上行，但短期内并不存在价格持续上行的基础；国内定价的黑色金属等价格受基建和房地产投资影响较大，可能会维持基本稳定。因此，第四季度中国PPI环比可能会呈现持平或小幅下降状态，在上年价格变动的翘尾因素影响减弱的情况下，第四季度PPI同比降幅月均可能在2.7%左右，全年PPI同比降幅可能在3.0%左右。2023年第二、三季度，中国GDP平减指数已经转负，显示经济循环仍然不畅，内需较疲弱。展望2024年，国际地缘政治冲突发展态势仍然可能影响全球能源价格，人民币汇率走势也会在一定程度上影响国内物价变动，维持物价相对稳定依然重要。中国在第三届"一带一路"国际合作高峰论坛期间也提出了粮食和能源方面的安全保障，预计2023年底和2024年物价有望维持相对平稳。

汇率方面，2023年第四季度及2024年美元兑人民币可能基本围绕7.3的水平上下波动。2024年人民币汇率稳定面临三重压力。一是美国持续加息并维持高利率，加大了资金外流压力。而中国十年期国债只有2.7%，中美十年期利差拉开，资本流出，不论是组合投资还是FDI和QDI之差都表现为资本流出，加上高利率推动美元指数达到106，压制了其他国家的货币。二是在全球化转变和美国维持高利率背景下，全球经济增速放缓对中国出口增长形成压力。根据中国海关总署的数据，2023年前三季度，中国以美元计价的货物贸易出口顺差同比仅增加0.1%；分季度看，第一季度贸易顺差同比增长21.3%，第二季度为1.3%，第三季度为-13.1%。三是中国宽松的宏观政策一定程度上也会加大人民币汇率贬值压力。展望2024年，美国10年期国债收益率仍将较长时间保持在4.5%以上的高位，中美10年期国债利差短期内难以收窄；全球货物贸易增速也难有大的起色，叠加全球化转变的渐进影响，将制约中国出口增长；同时，中国依然需要实施宽松政策以扩大内需。目前，中国仍维持的货物贸易顺差和资本项下的管制对稳定人民币币值起到了关键作用。2024年，在美国降息之前，人民币汇率可能还会承受一定的贬值压力，但这主要不是贸易基本面问题，而更多是源于货币因素的扰动。

二　中国经济增长动力和经济循环

从短期来看，2023年以来，在疫情防控较快平稳转段的情况下，中国经济在结构再平衡中获得了增长动能，主要表现在以下三个方面：一是从内外需转换来看，内需接替外需有效发挥了拉动经济增长的作用，有利于加快构建新发展格局；二是从产业结构变化来看，服务业对经济增长的拉动作用增强，工业对经济增长的拉动作用减弱，服务业增加值占比由降转升，而工业增加值占比由升转降，这符合经济发展的一般规律；三是从内需结构来看，最终消费对经济增长的拉动作用明显增强，居民消费率得以持续回升，这有利于增强经济增长的内生动力。

2023年前三季度，在货物贸易顺差增速下降以及服务贸易逆差扩大的情况下，中国货物和服务净出口下拉GDP增速达到0.7个百分点，而上年同期向上拉动1.0个百分点；在外需对经济增长的拉动作用由正转负的情况下，内需对经济增长的拉动作用则显著增强，前三季度最终消费和资本形成共向上拉动GDP增速5.9个百分点，上年同期为2.0个百分点。

在疫情防控较快平稳转段后，2023年前三季度，中国服务业增加值同比实现了6.0%的增长，较GDP增速高出0.8个百分点，前三年同期服务业增加值平均增速仅为4.1%，较GDP平均增速低了0.4个百分点；工业增加值同比增速为3.9%，较GDP同比增速低了1.3个百分点，而前三年同期工业增加值平均增速高达5.6%,较GDP平均增速高出1.1个百分点。新冠疫情期间,全球制造业产品供需缺口扩大带动我国制造业产品出口较快增长,同时国内服务业复苏受阻,在这种情况下,我国服务业增加值占GDP之比由疫情前的逐步上升转为下降,而工业增加值占比则由降转升。2022年,我国服务业增加值占GDP之比为52.8%,较2019年下降1.5个百分点,工业增加值占GDP之比为33.2%,较2019年提高1.6个百分点。2023年前三季度,服务业增加值占比提升至55.1%,较2023年同期提高1.4个百分点,工业增加值占比下降至32.3%,较上年同期下降1.4个百分点。

从内需结构看,2023年前三季度,最终消费支出拉动GDP增长4.3个百分点,较前三年同期平均水平高出2.6个百分点;资本形成总额拉动GDP增长1.5个百分点,较前三年同期平均水平低了0.2个百分点。在最终消费中,居民消费占七成左右,是决定最终消费支出水平的主要因素。新冠疫情期间,居民出行受限叠加收入波动加大,我国居民消费率明显下降,2020~2022年我国居民消费率年均为67.0%,较2017~2019年下降3.3个百分点。居民消费率明显下降,引发了对居民资产负债表衰退的广泛讨论。2023年以来,在疫情防控平稳转段后,得益于防控政策优化和居民收入波动明显减弱,居民消费率逐步提升,第三季度提升至高于疫情前水平。2023年第一季度,我国居民消费率虽有所上升,但幅度非常有限,仅较前三年同期平均水平高出1.1个百分点;第二季度,居民消费率进一步回升,幅度较一季度有所扩大,比前三年同期平均水平高1.3个百分点;第三季度,居民消费率回升至69.8%,较前三年同期平均水平高出3.8个百分点,也较2017~2019年同期平均水平高出2.4个百分点。这意味着经受住了新冠疫情的巨大冲击,我国尚未进入资产负债表衰退阶段,在疫情期间所积累的超额储蓄得到了一定程度的释放。居民消费率回升有利于增强经济增长内生动力并畅通经济循环。

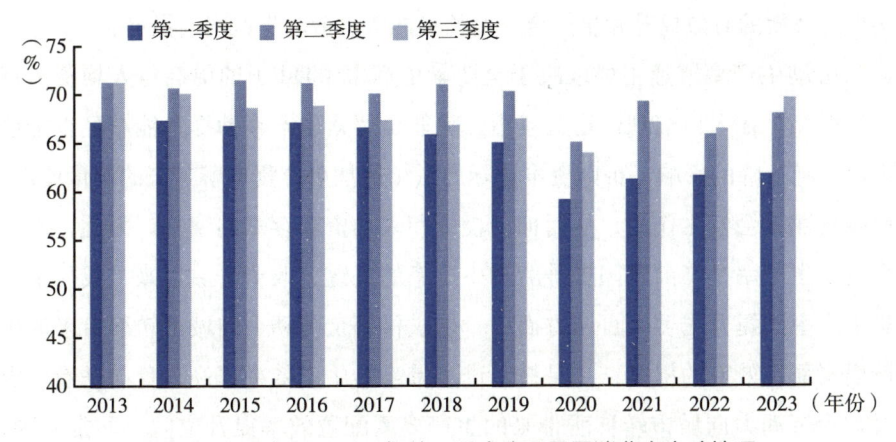

图2 2013年至2023年前三季度我国居民消费率变动情况

资料来源：国家统计局，经笔者计算。

从中长期来看，我国在经济增长动力和经济循环方面仍存在一些亟待解决的问题，主要集中在以下几个方面：一是劳动力加速下降对加快创新发展提出了更为迫切的要求，二是经济中的需求结构和收入分配结构有待调整，三是劳动力短缺和青年人就业困难可能长期并存。

（一）劳动力加速下降对加快创新发展提出了更为迫切的要求

一国经济潜在增速主要取决于劳动力、资本等生产要素投入情况，以及这些要素组合进行生产的效率，即通常所说的全要素生产率（TFP）。如果从劳动力角度切入，将一国经济总量进行分解，实际上，经济增速约等于劳动生产率增速、劳动年龄人口增速以及劳动参与率增速之和。从劳动年龄人口变化看，我国15~59岁劳动年龄人口占比和总量分别在2007年、2011年达到峰值，之后均持续下降，2022年劳动年龄人口总量较2011年下降超过1300万，劳动年龄人口占比较2007年下降5.1个百分点。随着1962~1975年这波生育高峰期出生人口陆续进入退休年龄，我国劳动年龄人口在未来十几年内还会以更快的速度下降。目前，我国劳动参与率已处在较高水平，不仅高于美欧日等发达经济体，也比上中等收入国家平均水平高出3个百分点，今后可能缓慢下降。因此，未来一段时间我国经济增速将持续存在放缓压力，

实现经济质的有效提升和量的合理增长只能依靠劳动生产率的提高。

劳动生产率增速主要取决于全要素生产率（TFP）的提高与人均资本存量的增加。在人口红利消退背景下，除非全要素生产率的提升能够足以抵消人口红利下降的影响，否则资本边际产量（追加单位资本所带来的产量增加）递减规律就会发生作用，从而抑制投资和人均资本存量的增加。因此，提高全要素生产率是当前我国提升劳动生产率的关键。改革开放以来，我国全要素生产率的提升主要来自两方面：一是农村剩余劳动力向城市转移带来的生产要素配置效率的提高；二是技术进步带来的生产效率提高。目前来看，农村剩余劳动力向城市转移所带来的生产要素配置效率提升空间已非常有限，同时以往依靠引进和"干中学"带来的技术进步也难以持续。从国际比较看，美国在人均收入较高的情况下，仍保持经济增速高于欧洲和日本，技术创新和移民特别是吸引高素质人才是推动其经济增长的重要因素。

（二）需求结构和收入分配结构有待调整

在国民经济循环中，消费是最终需求，是连接生产、流通、分配的关键环节。长期以来，我国消费占国内生产总值（GDP）的比重偏低一直是学界比较关注的问题。21世纪以来，我国最终消费率总体呈现先较快下降后小幅回升趋平的态势。现阶段，我国最终消费率仍大幅低于发达国家平均水平，与中等偏上收入国家平均水平相比也有较大差距。根据世界银行数据，2010年我国最终消费降至48.9%，不足GDP的一半，比经济合作与发展组织（OECD）国家平均水平低近26个百分点，比中等偏上收入国家平均水平低30个百分点；2019年，我国最终消费率虽缓慢回升至56%，但与同期OECD国家平均72.5%以及中等偏上收入国家平均81.6%的水平相比仍有非常大的差距。2019年，在有消费率统计数据的177个国家中，我国排第167位，仅高于极少数小国经济体。

在我国人口红利丰厚、资源环境约束较小的阶段，我国通过实行市场和资源两头在外的国际大循环，实现了较高的投资回报率，因此压低消费、增加投资有其经济合理性。但近年来，我国人口红利逐步消退、资源环境约束趋紧，同时外部环境也在发生深刻复杂的变化，叠加人均资本存量逐步增加，投资回报率下降态势已非常明显。投资收益率下降是市场自发调节消费与投资比例的信号。如果仍不能对投资和消费比例进行充分调整，就会造成产能过剩或需要继续依赖国际市场的局面。这会从根本上影响我国经济循环，加深经济发展易受外部冲击影响的程度，也不利于加快构建新发展格局、把握未来发展的主动权。

实际上，分配作为国民经济循环中的重要一环，直接决定着消费和投资的比例。在我国最终消费中，居民消费占比近20年来保持在七成左右，是影响最终消费变化的主导力量。目前，制约我国居民消费增长的因素主要包括以下三方面。一是在初次分配中，劳动报酬份额始终偏低，影响居民收入在国民收入分配中的份额，而居民收入份额与居民消费占GDP之比的走势有高度一致性。20世纪90年代中期，随着我国外贸顺差快速增加以及由此带动的农村剩余劳动力加快转移，劳动报酬份额逐步下降，1995年劳动报酬份额为55.8%，2011年降至46.0%，此后虽有所上升，但2019年仍仅为52.2%，与发达国家劳动报酬份额总体在2/3左右有较大差距。在初次分配中，工资性收入占居民收入的85%左右，且分配平均程度高于财产净收入和经营净收入，因此是主导居民收入走势的关键因素。从1995~2019年的数据看，我国初次分配中的居民收入份额与GDP中的居民消费占比的相关系数接近0.9，两者走势高度一致。二是在初次分配中居民收入占比偏低的情况下，我国以企业为主体、以间接税为主导的税制结构存在累退性（税率随收入上升而下降），难以发挥税收对居民收入分配的调节作用，导致居民可支配收入差距较大，影响消费增长。当前，我国个人所得税主要是工薪税，虽具有较高累进性，但在劳动报酬份额较低的情况下，个人所得税在全部税收中的占比近十年仅在7%左右，难以有效发挥调节居民收入分配的作用。大量研究发现，目前我国以间接税为主的税制结构造成税后居民收入分配差距较税前不仅没有缩小反而有所拉大。通常来说，收入较低居民的消费率更高，因此居民收入分配差距较大也会限制总体消费率上升。三是由于高房价和社会保障还相对有限，居民为买房而储蓄或为医疗、养老进行预防性储蓄，也是我国总体消费

率偏低的重要原因。在实行住房分配货币化改革以来，我国居民部门杠杆率（债务余额与GDP之比）快速提升。1999~2019年，我国居民部门杠杆率提升了50.2个百分点，较政府部门高出30.4个百分点，仅比非金融企业部门低2.9个百分点。

（三）劳动力短缺和青年群体就业困难可能长期并存

当前以及今后一段时期，我国面临劳动力总量下降问题的同时，存在大量青年劳动力失业问题。根据第七次全国人口普查数据，2020年我国15~59岁劳动年龄人口为8.92亿，0~44岁人口为8.09亿，这意味着即使不考虑未来15年0~44岁人口死亡风险，到2035年，我国15~59岁劳动年龄人口也会较2020年下降超过8300万；如果考虑死亡风险，那么到2035年，我国15~59岁劳动年龄人口将下降至7.96亿，较2020年下降超过9500万，相当于2020年日本15~59岁劳动年龄人口的1.4倍、美国和欧元区国家的近一半。同时，我国存在大量青年劳动力失业问题。2023年6月，我国16~24岁人口城镇调查失业率达到21.3%。青年人是消费需求较为旺盛的群体，也是高素质劳动力的主体，大量青年人处于失业或劳动量不饱和状态会从供需两端影响经济发展活力。

从新增劳动力结构看，2019年受过高等教育的人数占52%，受过中等教育的人数占32%，农民工占16%，而2009年我国上述三类人群所占比例分别为33%、38%和29%，可以看出与受国际金融危机影响时期相比，我国新增城镇劳动力供给结构已经发生明显变化，主要表现为农民工占比大幅减少，受过高等教育的人数占比明显提高。从受过高等教育人员在各行业的分布看，2019年受过高等教育人员在教育（18.6%）、公共管理类（16.6%）、卫生和社会工作（8.7%）、金融（6.8%）这些第三产业部门的占比较大，合计占比超过一半，达到50.7%，在制造业（15.5%）和建筑业（6.4%）中的就业人数分列第3和第6位，占比合计仅21.9%。在传统生活性服务业，如住宿和餐饮业（0.5%）、居民服务和其他服务业（0.2%）中的占比更小。在新增农民工占比下降、高校毕业生主要集中在几类第三产业部门就业的情况下，生活性服务业的修复以及传统基建和制造业的需求扩张，对解决受过高等教育青年人就业问题的作用可能有限。因此，在我国步入工业化后期和后工业时代，推动服务业高质量发展、加快生产性服务业和高端制造业深度融合、优化制造业工作环境，从而增强对新增劳动力的吸纳能力，是值得关注的问题。在人工智能技术快速发展时代，利用人工智能解决劳动力短缺问题的同时避免收入差距过度拉大，也有待深入研究。

三 中国资产周期估值转变

中国经济当前 M2 货币投放保持了两位数增长，比名义 GDP 增速高出 1 倍左右，社会融资规模存量同比增长在 9% 左右，而利率持续下降，货币对经济的牵引作用依然很强，但 CPI 同比维持近零增长，GDP 平减指数为负，经济循环仍存在一些问题，也引发了较为广泛的讨论。一些学者基于流动性陷阱的概念认为，人们对未来的经济预期发生了改变，即出现了利率下降、信贷增速下降的状况；也有的学者用所谓资产负债表衰退理论进行解释，认为当人们对未来前景不看好的时候，就不会通过负债来使利润最大化，而是想办法降低负债规模，发展目标变为负债最小化目标，导致不借贷、不消费、不投资，进而引发经济衰退，但这更像事后分析，并没有讨论这一行为是如何发生的；还有些学者从资产收益率不断下降、自由现金流压力增加、人们谨慎投资等角度进行解释。围绕这些解释可讨论的事实和方法也很多，但经济循环不畅确实是中国当前经济面临的主要挑战。

经济循环不畅主要来自人们对资产的看法，包括：一是资产收益率下降，预期投入能否获得更多的回报；二是资产价格是否合理、是否值得进行资产购买；三是资产能否带来足够的现金流弥补因负债而支出的利息，如果出现了现金流净流出，是否要降杠杆；四是国际利率水平和波动、地缘政治风险对国内资产的影响；等等。资产定价的因素如果已经影响到人们的资产—负债调整，就会引起投资者行为变化，并且会自我强化，这样，稳定资产价格就成为重要的宏观调控任务。

依据资产定价基本原理，资产估值是其带来未来现金流的贴现，隐含了人们对未来的预期、风险和宏观条件。在经济高速增长时期，每年GDP名义增速以美元计算在10%以上，任何行业隐含的增长机会都很大，贴现速度很快，因此人们不太关心短期现金流，而是关心增长的价值，这时对资产，包括公司资产、股票、房价等各类资产的增长价值都会高估，投资人会采用举债方式进行赶超。在经济增长平稳时期，GDP名义增长下降到4%的水平，按美元计算更低时，现金流获取就成了重要的现实策略，而隐含的增长价值必然下降，贴现速度非常慢，这时资产定价中隐含的"增长价值"下降，资产价格易下跌，人们更追求现金流。资产价格是如何扩张，又是如何收缩的，下文结合中国实践，希望能给予较好的解释。

从资产定价公式来看：资产价格（P）=第一期现金收益（I1）的贴现（假定现金收益不增长）+增长价值（Present Value of Growth Opportunities，PVGO，即未来现金流持续增长的贴现）。股票、房地产的价值均可以此来计算，贴现率为r，现金贴现率可以用无风险国债收益率贴现，而增长价值的贴现率可以用CAPM模型来定义，即无风险收益率+风险补偿收益率×资产风险。如股票可以用股票价格（P）=DIV1（分红或每股收益EPS1）/r+PVGO、房地产可以用房租（R1）来进行贴现。

资产价格隐含了资本利得（即资产价格上涨）和分红（租金）两部分，对中国股票、房地产市场的粗略估计可以发现，现金贴现占比难超10%，90%靠资本利得，即资产价格上涨，因此人们不关心分红，也不关心租金是否比按揭成本低，这源于中国经济高速增长，资产的增长价值更为重要，资产价格必然进入溢价周期。随着经济从高速增长转为持续平稳增长，现金流价值逐步提升而增长价值下降，资产价格估值转变，决定了资产价格的新变化。

（一）中国资产溢价周期变化

1994年，中国进行汇率改革后，经济全面转为出口导向的工业化，2001年加入WTO后，外汇顺差快速扩大，促使2005年后人民币逐步升值，但汇率升值并未降低贸易顺差，反而推动贸易顺差成倍增长，全球资金大量涌入中国，人民币（因强制结汇）被动大幅供给，资产重估。2005年，上证指数在1000点附近徘徊的局面被打破；2007年，上证指数一度突破6000点大关，短短两年时间上涨了5倍。同时，大量无价资产变为有价资产，如土地从2002年开始招拍挂，建立了土地价格市场化形成机制，2005年房地产价格全面上涨，房地产成为新的资产溢价的重要标的。2015年中国汇率市场化改革，汇率开始双向波动，中国经济转向中高速增长，2015年后经济增速再没有超过7%，比21世纪以来的平均增速低了近3个百分点；2020~2025年经济平均增速预计会降至5%以下，中国资产估值与经济增长阶段变化呈现出高度的相关性。

（二）中国资产价格高估值的推动因素

造成过去一段时期中国资产高估值的四类因素如下。一是货币供给状况。2005年人民币升值后，由于升值预期存在，大量海外资金流入，增加了境内市场的人民币供给。2004年12月，中国官方外汇储备仅6099亿美元，2005年人民币升值后，其迅速增加，到2015年汇率市场化改革时外汇储备保持在3万亿美元以上。长期以来，中国货币发行是以外汇储备资产作抵押，2014年外汇资产占央行资产的比重超过80%，快速增长的外汇储备加速了货币供给，也提供了资产重估的货币条件。

二是名义GDP增速。资产价格与名义GDP增速紧密相关。在2005~2014年人民币升值过程中，中国以美元计价的GDP名义增速是以人民币计价的GDP年均近15%的名义增速与人民币年均超过3%的升值率之和。以美元计价年均18%左右的名义GDP增长，形成了推动资产价格上涨的巨大力量，高增长必然带来高资产溢价。

三是城市化率提升和人口红利变动状况。在过去较长一段时期，中国的城市化率提升与人口红利有力地推动了房地产市场发展。城市化率提升和人口红利释放奠定了资产价格快速上升的基础，即库兹涅茨提出的"建筑周期"（Building Cycle）。"建筑周期"是城市化与人口增长相叠加的20~25年，也是资产价格快速上涨的时期。

四是金融条件与杠杆率。资产价格的另一个重要推动力就是杠杆率，中国1997年允许私人按揭贷款买房，而2002年土地招拍挂后，土地供给增加，基于房地产抵押进行融资的房地产开发方式加速运行，推动了信用扩张，资产负债率不断提高，初始资产负债率较低和抵押物价值逐步提升进一步推动了资产价格上涨。

（三）增长预期改变，资产估值开始转变

随着过去一段时期推动中国资产高估值的因素逐步发生变化，中国资产高估值状况也会发生改变。

一是汇率因素发生根本性变化。2016年，人民币正式被纳入特别提款权（SDR）货币篮子，汇率定价机制市场化改革，双向波动成为常态。近年来，中国外汇收入主要依靠贸易顺差，2020~2022年资本和金融项下均为净流出。在全球化转变的大背景下，未来中国贸易顺差收窄是必然的，汇率可能将继续面临一定的贬值压力。

二是经济增长减速，偏离原有高速增长轨道，2020~2025年中国经济年均实际增速预计在4.5%左右，未来经济增速将保持在3%~5%的区间，增速持续放缓将导致企业利润和个人收入增速下降，推动资产价格上涨的动能减弱，预期现金流压力会加大。

三是中国城市化预计2028年将达70%，基本完成建设周期。从人口总量来看，2022年人口出现负增长，未来下降速度有可能进一步加快，持续的资产需求动力减弱，建设周期也将加快结束。

四是杠杆率处于较高水平，金融条件也发生了变化。2022年，中国实体经济部门杠杆率超270%。其中，居民部门杠杆率超过60%，较国际金融危机爆发后的2008年底提高近45个百分点。经济增速持续放缓的压力会减弱加杠杆动力。在资产价格增速放缓的情况下，信贷扩张速度也可能会受到影响。

五是地缘政治冲突频发可能引发风险，对现有资产估值会造成不利影响，高盛的报告认为，这可能使市盈率降低30%。

决定中国资产周期的一些根本性因素已经发生变化，因此，基于现金流

贴现的资产，如地产、股票等都可能被重新估价，而债券市场则因利率水平持续下降而收益下降，企业债等信用压力加大导致风险增加。中国的资产价格将由其带来的现金流或分红来定义，而不是基于高经济增长和人民币升值的高溢价定价模式。资产估值从溢价周期阶段转向现金流定价周期阶段，这加大了资产价格下降的压力。

中国正处于资产估值转变阶段，可能会直接引发经济收缩。转变的特征表现在以下四个方面：一是投资者从资本利得获取转向现金流收益，这会导致资产价格最为重要的增长价值收缩，原有基于增长价值的定价面临挑战，资产估值降低的潜在压力非常大。二是从现金流分析看，居民的现金流有所改善，但就业预期和负债支出会影响居民现金流的预期，因此追逐现金流成为居民重要的选择。同样企业资产收益率下降和负债上升，特别是基于全球化转变，规模—效率导向的出口制造业发展受到抑制，资产收益率进一步收紧，现金流压力加大，需要降低资产负债率和减少投资，直接影响资产供求。三是宏观因素，美国持续的高利率导致资金外流，汇率贬值压力加大，资产价格受到的国际宏观因素影响也会凸显，如上证指数屡破 3000 点，在房地产新政下房价复苏缓慢。四是中国长期潜在增长放缓抑制了资产价格上涨，经济潜在增速放缓一定程度上受到即将进入高收入阶段的影响，加上人口负增长和全球化转变，中国经济潜在增长率降至 5% 以下，对资产估值的影响加大。

资产估值转变导致居民、企业部门减少对资产的购买，如果资产估值转变为资产价格下跌，则会引发双重效应。一是投资者抛售资产；二是金融机构会出现要求客户增加抵押物的"金融加速器"效应，资产价格向下时银行会通过增加抵押物使企业转向无流动性，个人和企业会被推向资产负债表收缩。当前维持资产价格主要靠政府，政府通过不断增加负债来保持资产价格稳定，从短期稳定而言是正确的，但如果过度稳定资产，会引发逆向选择，出现大量"僵尸企业"吸收国家资源的情景，将对经济发展带来不利影响。当期，中国的资产估值转变已经开始，为此，应稳定资产估值预期，也要清理"僵尸企业"，这样才能推动经济结构重组。

四 稳增长和推动改革才能稳预期

目前，我国进入了资产估值向下调整阶段，即从增长溢价回归到现金回报的资产估值阶段，若平稳过渡不会对经济产生较大的冲击，并在增长中逐步吸收掉高增长期出现的资产泡沫，进而实现"软着陆"。但从估值周期转变到"资产负债表衰退"会酿成系统性风险，引起经济波动。保持资产价格相对平稳，应该成为宏观经济政策的重要目标之一。中央政府针对资产价格波动也在房地产、资本市场、地方债等多方面做出了积极政策部署，并发行特别国债1万亿元以提振稳增长的信心，但依然存在很多长期因素困扰，需要进行宏观管理体制转变、经济结构调整和市场化改革以有效消除长期因素带来的短期冲击。

（一）降低实际利率，稳定估值周期

在中国经济处于高速或中高速增长阶段，资产的高收益能够覆盖利息支出且有余，因此实际利率较高是合理的，但在经济增速下降的情况下，较高的实际利率会进一步压减企业收益，限制企业资产扩张。实际上，中国现在的经济增速已难以支持高利率。从中国A股上市公司反映的情况看，21世纪头十年，剔除金融和房地产行业的A股上市公司总资产息税前利润率年均为8.3%，2019年下降至4.9%。因此，降低利率可以稳定企业收益率，从而稳定资产价格。同时，降低实际利率也有利于提高资产未来收益的折现值，有利于稳定资产价格。

（二）提高中央政府的负债率，稳定地方政府债务

当前，我国地方政府的负债率明显高于中央政府，如果包含隐性债务那么地方政府的负债率则更高。应该看到，地方政府的高负债是因弥补地方财政缺口而累积起来的，属于中央—地方收支不匹配的产物，化解地方债务问题应采取综合措施，包括对债务作技术性处理。同时，相对于地方

政府来说，中央政府的负债利率较低，有利于维持债务的可持续。因此，未来应逐步提高中央政府的负债率，以稳定地方政府债务。

（三）从边缘渐进式化解资产估值下降风险

从目前我国居民所持有的资产结构来看，除人力资本这类特殊资产外，超过70%为房产。由于房产的不动产属性，在我国人口总量下降且主要流向大中城市的情况下，各地的房产供求存在非常大的差异。因此，应采取边缘渐进式出清的方式，稳定房产价格预期并渐进式出清过剩的房地产。这需要随人口的集中，在人口流出地使房产进入出清阶段，这虽然会直接影响地方金融安全，但将有利于降低全局性和系统性风险。同时，要分类加强"僵尸企业"清理，提升资产质量。

（四）提高上市公司现金分红比例，提升资本市场资源配置效率

在经济高速增长期，较低的现金分红比例有利于上市公司增强未来发展潜力，以获得更多的成长价值，但在经济增速下降期，现金分红对于投资者持有股票的意义就显得相当重要，这也是稳定股票价值的关键。当前，中国资本市场需在坚持市场化、法治化的基础上，继续全面深化改革开放，努力使资本市场更好地回报投资者，而不只是融资场所。同时，要加快构建与实体经济发展相适应的金融体系，大力优化资本市场融资结构，逐步提高证券化率，这对于拓宽储蓄转化为投资的渠道、促进科技创新、提高资源配置效率而言有非常重要的作用。

（五）提高全要素生产率，缓解经济增速下行压力

在劳动力总量加速下降背景下，提高劳动生产率成为缓解经济增速下行压力的主要因素，而劳动生产率增速主要取决于全要素生产率（TFP）的提高与人均资本存量的增加。在人口红利消退背景下，除非全要素生产率的提升能够足以抵消人口红利下降带来的影响，否则资本边际产量（MPK）递减规律就会发生作用，从而抑制投资和人均资本存量的增加。因此，提高全要素

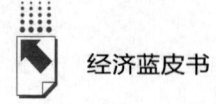

生产率是中国提升劳动生产率的关键。为提升全要素生产率，未来一段时间，我国必须持续提高劳动力素质、改善劳动力供给质量，增加居民消费特别是有益于广义人力资本形成的科教文卫体方面的服务消费，以劳动力高质量再生产支撑经济高质量发展。

参考文献

王国刚：《中国银行体系中资金过剩的界定和成因分析》，《财贸经济》2008年第5期。

杨耀武、倪红福、王丽萍：《后疫情时期的全球产业链的演变逻辑、趋势和政策建议》，《财经智库》2020年第5期。

中国经济增长前沿课题组：《中国经济长期增长路径、效率与潜在增长水平》，《经济研究》2012年第11期。

中国社会科学院经济研究所课题组：《新征程推动经济高质量发展的任务与政策》，《经济研究》2023年第9期。

张慧莲：《人民币汇率与资产价格、外汇储备的关系研究》，《经济纵横》2017年第6期。

曾康霖：《"流动性过剩"研究的新视角》，《财贸经济》2007年第1期。

张平、杨耀武：《经济复苏、"双循环"战略与资源配置改革》，《现代经济探讨》2021年第1期。

张平：《创建"消费—创新"新循环——2035经济新主题》，《文化纵横》2020年第6期。

Frederic S. Mishkin, "The Economics of Money, Banking and Financial Markers," Pearson Education Inc., 2010.

International Monetary Fund, "Navigating Global Divergences," World Economic Outlook, October 2023.

B.10 中国房地产形势分析及政策建议

何德旭　邹琳华　颜燕　闫金强　姜雪梅[*]

摘　要： 2023年，新房市场成交规模呈现先扬后抑的态势，新房销售价格总体下降，房地产开发投资降幅扩大。二手住房价格普遍下跌，且除一线城市外，房价相对较高的城市跌幅更大。二手房新增挂牌量有所下降，未出现所谓"抛售潮"。住房租金略低于上年同期水平。房地产市场存在的问题包括阶段性供给过剩、房价持续阴跌、房地产企业资金困难、房价看跌预期较为普遍、调控效力不显著。为此，建议因地制宜放开对新房降价的限制；进一步优化政策，促进改善性住房需求平稳释放；加快新发展模式构建，全面提振市场信心。

关键词： 房地产　租房市场　住房政策

一　2023年房地产市场形势分析

（一）新房市场与房地产开发投资

1. 新房市场成交规模呈现出"先扬后抑"的态势

2023年第一季度，在积压需求释放和一系列政策利好下，新房市场有所

---

[*] 何德旭，中国社会科学院财经战略研究院院长、研究员，主要研究方向为金融制度、货币政策、金融创新、金融安全等；邹琳华，中国社会科学院财经战略研究院、中国社会科学院城市与竞争力研究中心住房大数据项目组组长，主要研究方向为房地产经济、城市经济等；颜燕，首都经济贸易大学城市与公共管理学院副教授，主要研究方向为城市经济学、地方公共财政；闫金强，中国城市经济学会房地产专业委员会秘书处副秘书长，主要研究方向为房产交易、房产政策、养老及消费行为等；姜雪梅，中国社会科学院财经战略研究院助理研究员，主要研究方向为城市经济学、住房政策、城市可持续发展战略等。

升温，主要表现为商品房销售额同比正增长，商品房销售面积同比降幅收窄。据国家统计局数据，2023年1~5月，商品房销售额4.98万亿元，同比增长8.4%；商品房销售面积4.64万平方米，降幅由2022年同期的23.6%缩小至0.9%。第二季度末，由于房地产政策效果未及预期，并且前期积压的需求释放完毕，新房市场销售整体呈现下行态势，市场进入调整阶段。主要表现为商品房销售额累计值增长率自2023年初由负转正后，再次出现负增长，商品房销售面积累计值同比降幅扩大。2023年1~9月，商品房销售额8.91万亿元，同比下降4.6%，比1~8月降幅扩大1.4个百分点；商品房销售面积8.48万平方米，同比下降7.5%，比1~8月降幅扩大0.4个百分点。

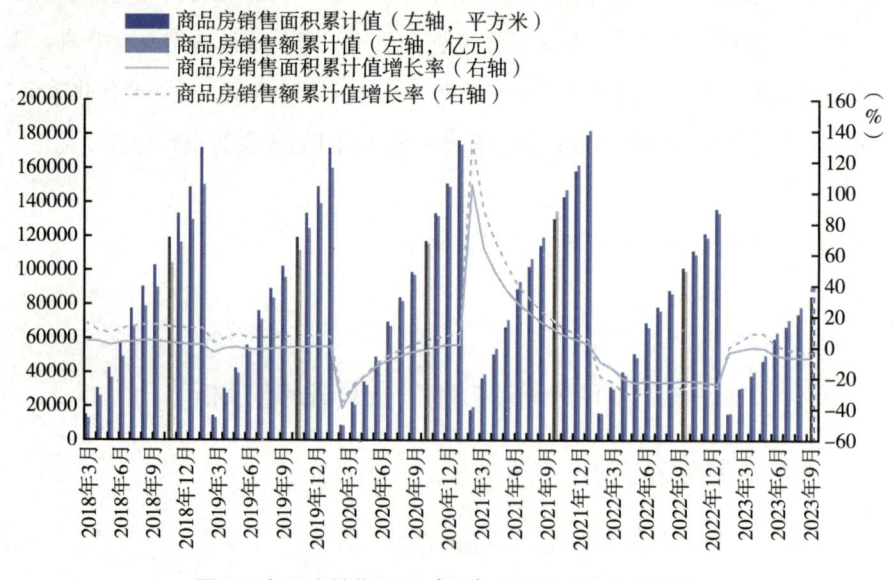

图1　商品房销售面积（额）累计值和同比增长率

资料来源：国家统计局。

2. 新建商品住宅销售价格总体下降

2023年前三季度，70个大中城市中有50个城市新建商品住宅平均销售价格同比下降，占比71.4%。其中，降幅在2%以内的城市有21个，占比

30%；降幅在2%~4%的城市有24个，占比34.3%；降幅超过4%的城市有5个，占比7.1%。1~9月新建商品住宅平均销售价格上涨的城市有20个，占比28.6%。从2023年9月同比增长速度来看，70个大中城市中有45个城市新建商品住宅销售价格同比下降，占比64.3%；25个城市新建商品住宅销售价格同比上涨，占比35.7%。

a.2023年1~9月70个大中城市新建商品住宅平均销售价格同比增长率

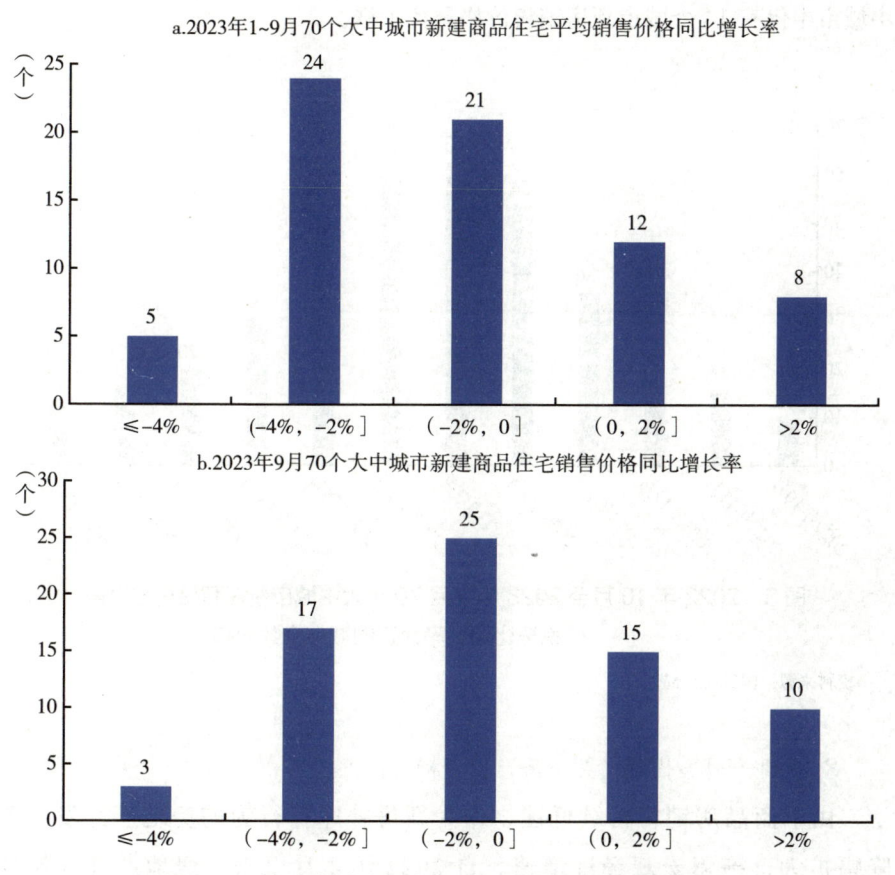

b.2023年9月70个大中城市新建商品住宅销售价格同比增长率

图2　70个大中城市新建商品住宅销售价格同比增长率

资料来源：国家统计局。

分时间段来看，近一年新建商品住宅销售价格总体先升后降。图3是70个大中城市新建商品住宅销售价格环比增长率为正的城市个数。2022年底，

155

大部分城市新房销售价格持续下降，仅有十几个城市新房销售价格环比上涨。2023年初，随着房地产市场交易活跃度的提升，新房销售价格也开始上涨。2023年1月，36个城市的新房销售价格环比上涨，并且这一趋势一直延续到3~4月。2023年3月和4月，70个大中城市中分别有63个和61个城市的新房销售价格环比上升。但房地产市场的热度没有持续太久，从5月开始新房市场逐渐降温，新房销售价格上涨的城市也随之减少。2023年9月，70个大中城市中仅有14个城市新房销售价格环比上涨。

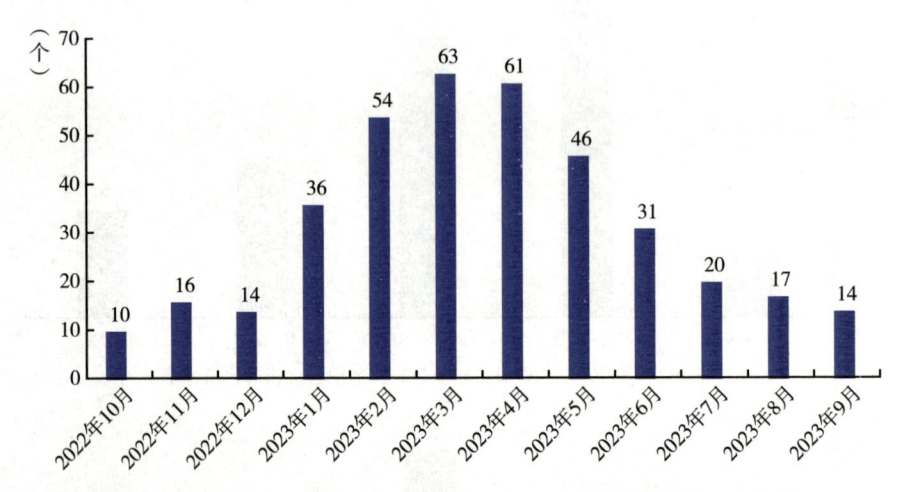

图3 2022年10月至2023年9月70个大中城市新建商品住宅销售价格环比增长率为正的城市个数分布

资料来源：国家统计局。

3. 房地产开发投资持续下降，且降幅呈扩大趋势

由于商品房销售持续低迷，作为新房补库存行为的房地产开发投资降幅扩大，拖累宏观经济增速。自2022年4月以来，房地产开发投资累计值持续负增长。2023年初，房地产开发投资累计值降幅有所缩小，但在3月后降幅又开始扩大。2023年1~9月，房地产开发投资累计值8.73万亿元，同比下降9.1%，降幅比1~8月扩大0.3个百分点，连续7个月降幅扩大。

中国房地产形势分析及政策建议

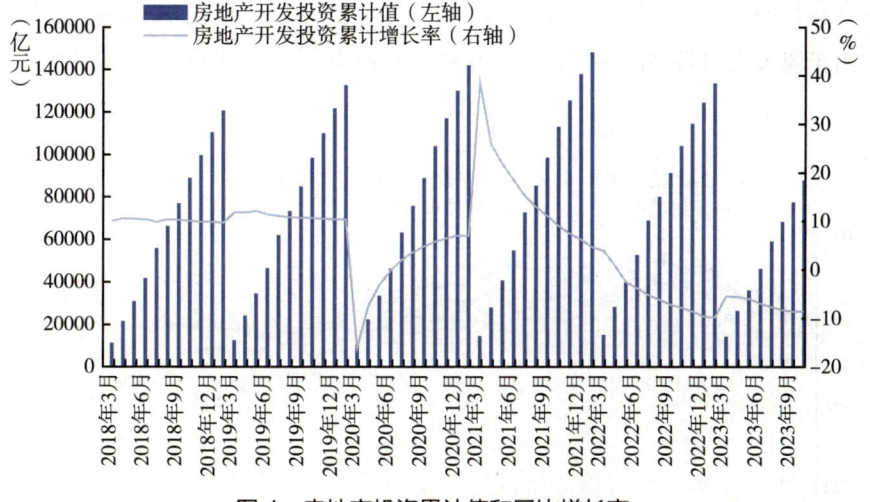

图4 房地产投资累计值和同比增长率

资料来源：国家统计局。

（二）二手房市场

1. 二手住房价格普遍下跌

从二手房挂牌价的大数据监测结果看，自2022年2月以来，重点城市房价持续下跌。24个核心城市的房价综合指数显示[①]，2023年9月30日，核心城市综合房价相较2021年1月底下跌7.1%，较2021年8月31日（2021年1月以来的最高点）下跌10.2%，相较2022年12月底下跌5.4%。

分城市等级来看，三线城市二手房价格跌幅最大，其次是二线和四线城市，一线城市跌幅相对较小。2023年9月30日，三线城市综合房价同比下跌了8.5%，较2022年12月底下跌6.95%；二线和四线城市综合房价同比分别下跌7.48%和7.69%，较2022年12月底分别下跌5.96%和6.41%；一线城市

---

① 24个核心城市分别为上海、北京、深圳、广州、天津、重庆、苏州、杭州、武汉、成都、南京、宁波、青岛、郑州、无锡、长沙、厦门、济南、西安、沈阳、大连、福州、南通、东莞，基本覆盖了中国最具经济竞争力的城市群体。其中包含一线城市4个、二线城市20个。以各城市基期商品住房销售额为指数权重进行综合计算。

157

综合房价同比下跌3.82%，较2022年12月底下跌3.54%。总体来看，一线城市由于流入人口带来的住房需求，房价相对稳定。

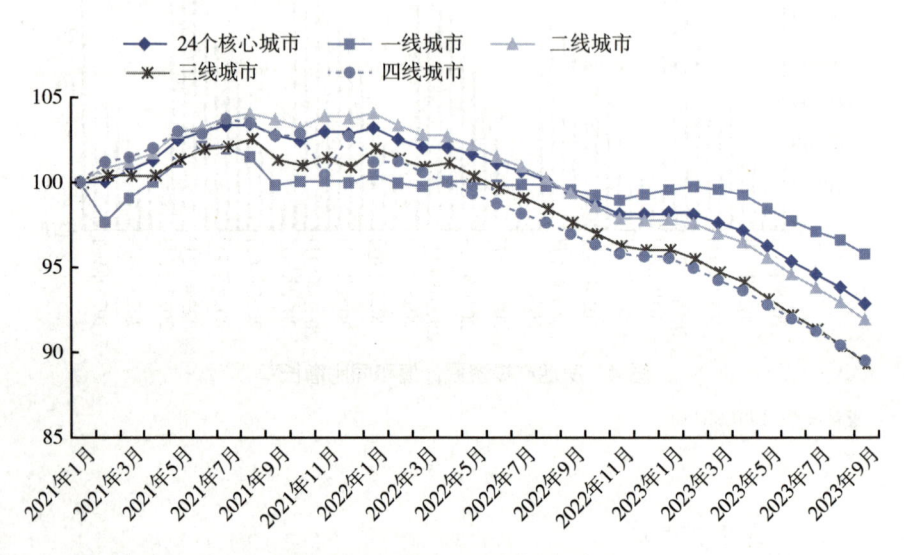

图5　24个核心城市房价综合指数

注：以2021年1月31日综合房价为100。
资料来源：中国社会科学院城市与竞争力研究中心住房大数据项目组、纬房研究院。

分区域来看，长三角和东北地区二手房价格跌幅最大，其次是海峡西岸和粤港澳地区，京津冀地区跌幅相对较小。2023年9月30日，长三角和东北地区综合房价同比分别下跌9.04%和8.82%，较2022年12月底下跌7.32%和7.51%；海峡西岸和粤港澳地区综合房价同比分别下跌7.03%和6.02%，较2022年12月底分别下跌5.83%和5.26%；京津冀地区综合房价同比下跌4.32%，较2022年12月底下跌3.49%。

2. 不同城市表现

从二手房价大数据监测结果看，当前重点城市房价走势有以下重要特点。

一是下跌城市覆盖面广，样本城市呈现全面下跌态势。根据对90个重点城市的二手房价大数据监测，90个重点城市近一年（截至2023年9月30日）二手房价均下跌。其中，6个城市跌幅在3%以内，26个城市跌幅在3%~6%，

中国房地产形势分析及政策建议

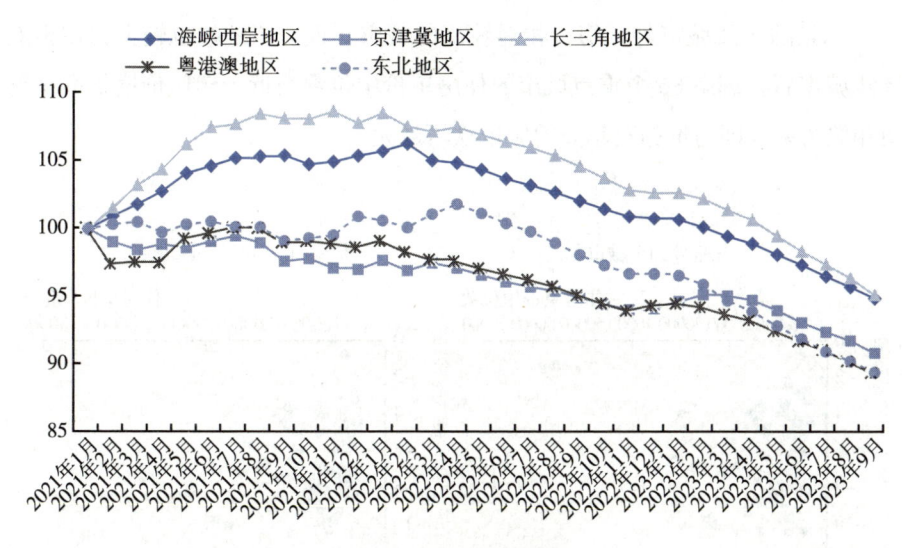

图6 房价综合指数

注：以2021年1月31日综合房价为100。
资料来源：中国社会科学院城市与竞争力研究中心住房大数据项目组、纬房研究院。

37个城市跌幅在6%~9%，16个城市跌幅在9%~12%，5个城市跌幅超过12%。

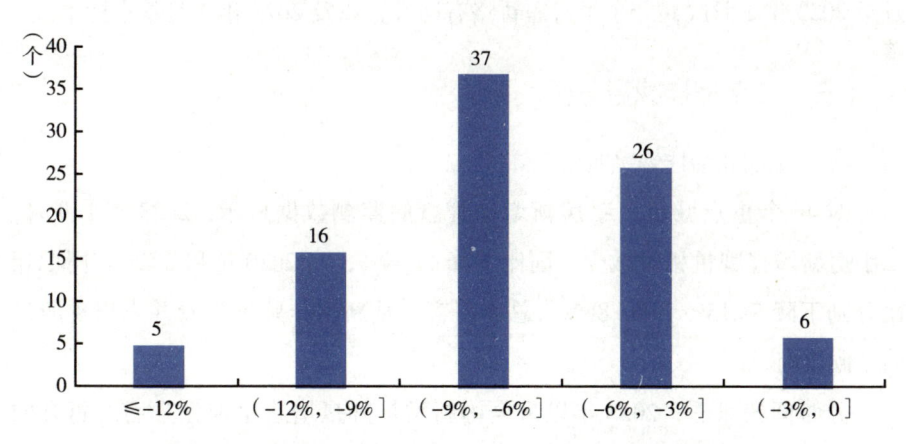

图7 2023年9月90个重点城市二手房价同比涨跌情况

资料来源：中国社会科学院城市与竞争力研究中心住房大数据项目组、纬房研究院。

二是除一线城市外，房价相对较高的城市，近一年跌幅也较大。在剔除一线城市后，剩余86个重点城市的住房单价中位数与近一年房价增长率呈现负相关关系，即房价相对越高的城市跌幅越大。

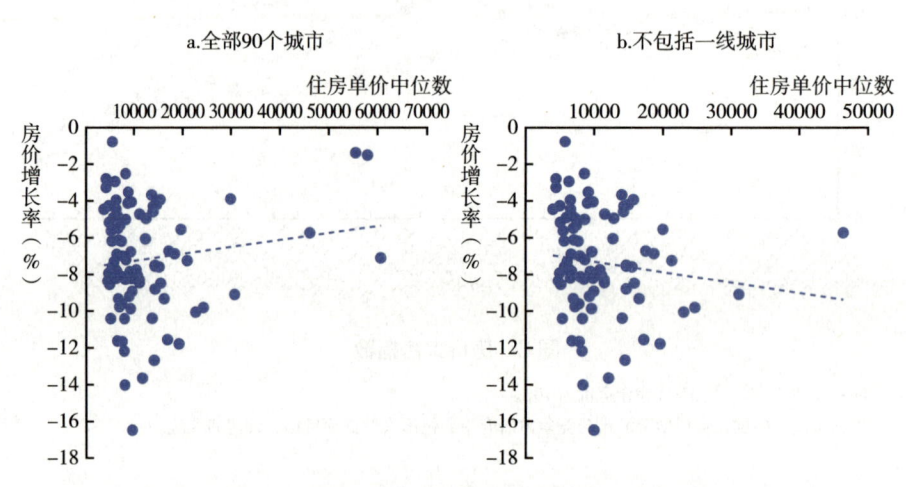

图8 近一年住房单价中位数与房价增长率的关系

三是房价下跌持续时间较长。自2022年1月以来，仅2022年12月下半月至2023年1月底共一个半月短暂略有回升，以及2022年4月基本持平。

（三）二手房挂牌量分析

1. 二手房新增挂牌量有所下降

对40个重点城市二手房新增挂牌量的监测数据显示，2023年1~9月，二手房新增挂牌量相对减少，同比下降17.49%，与2020年和2021年同期相比分别下降55.15%和36.88%。总体而言，从新增挂牌量来看并未出现所谓的"抛售潮"。

分时间段来看，2023年以来全国新增挂牌量增速呈现先升后降再升的态势，2~3月，全国新增挂牌量出现一波迅猛增长，但随后新增挂牌量下滑，8~9月挂牌量又开始回升。从城市等级来看，1~9月各级城市新增二手房挂牌

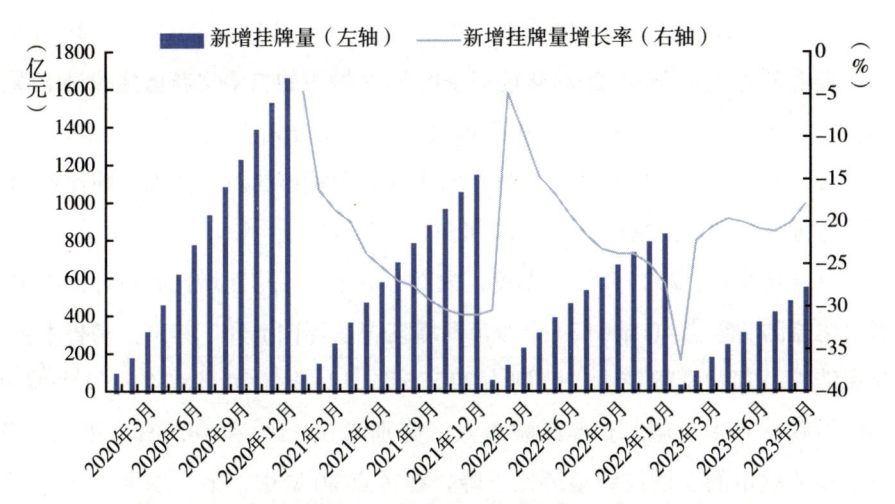

图9 40个重点城市二手房新增挂牌量和同比增长率：累计值

注：以2020年1月新增挂牌量为100。
资料来源：国信达数据，中国社会科学院城市与竞争力研究中心住房大数据项目组整理计算。

量均同比下降。其中，一线城市降幅最大，同比下降22.69%；其次是四线城市，同比下降20.33%；二线和三线城市分别同比下降18.87%和14.48%。

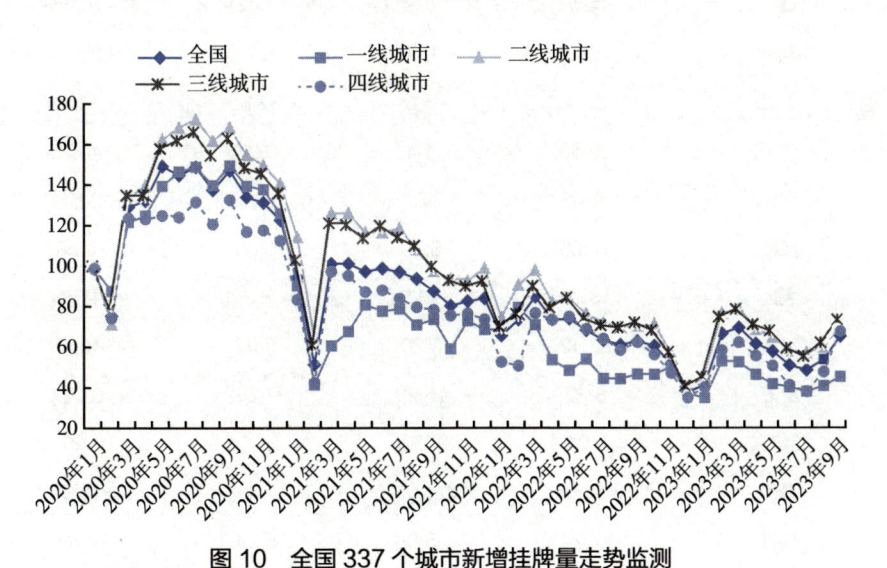

图10 全国337个城市新增挂牌量走势监测

注：以2020年1月新增挂牌量为100。
资料来源：国信达数据，中国社会科学院城市与竞争力研究中心住房大数据项目组整理计算。

161

2. 从具体城市看，大部分城市二手房新增挂牌量均有不同程度地同比下降

监测的重点40城中，2023年前三季度33个城市的二手房新增挂牌量下跌。其中，合肥、厦门、广州、福州跌幅最大，同比分别下跌56.02%、49.81%、41.25%、40.45%。乌鲁木齐、杭州、西宁等6个城市的新增挂牌量同比增加，其中乌鲁木齐同比涨幅最大，为28.92%。

从环比来看，2023年第一季度，大部分城市二手房新增挂牌量环比增加。国信达监测的重点40城中31个城市新增挂牌量环比上升。其中，乌鲁木齐、呼和浩特、郑州涨幅较大，分别为222.25%、186.04%和128.74%。9个城市环比下跌，其中合肥、日照跌幅最大，分别为30.11%和16.53%。第二、三季度多数城市的新增挂牌量环比下降。在重点40城中，第二季度17个城市的新增挂牌量环比上涨，23个城市环比下跌；第三季度15个城市环比上涨，25个城市环比下跌。

表1 近一年40个大中城市二手房挂牌量涨幅

单位：%，个

城市	第一季度环比	第二季度环比	第三季度环比	前三季度同比
北京	5.85	-12.62	8.26	-28.41
上海	2.51	-6.69	-7.61	-13.13
广州	10.56	-1.41	-5.95	-41.25
深圳	17.03	-17.56	-1.85	-20.41
成都	14.55	5.20	0.60	-4.68
大连	43.70	-17.94	-15.91	-17.74
福州	22.42	5.20	8.02	-40.45
贵阳	8.22	15.29	-10.50	0.02
哈尔滨	5.01	25.13	-4.19	1.96
海口	-11.06	11.05	7.49	-12.99
杭州	27.24	-5.88	5.29	23.64
合肥	-30.11	-6.53	-5.49	-56.02

续表

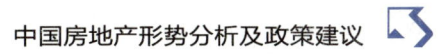

城市	第一季度环比	第二季度环比	第三季度环比	前三季度同比
呼和浩特	186.04	3.75	−13.00	−10.36
济南	25.66	−22.36	6.77	−21.35
昆明	31.61	3.76	−7.32	−26.35
兰州	40.81	12.10	−0.44	−9.95
南昌	−15.98	−6.57	−11.80	−38.05
南京	28.11	−12.36	−6.45	−12.89
南宁	1.33	1.81	5.36	−18.08
宁波	9.35	−21.15	17.59	−35.58
青岛	13.49	1.12	−3.08	−29.44
厦门	−0.24	−16.23	−22.00	−49.81
沈阳	14.88	−16.14	−10.75	−23.66
石家庄	8.34	−2.20	−7.74	−25.82
苏州	13.56	−8.09	−4.23	−16.64
太原	3.39	18.29	−9.20	−14.68
天津	24.39	3.65	10.48	−24.43
乌鲁木齐	222.25	−3.74	2.49	28.92
武汉	28.90	−6.69	−11.95	−19.34
西安	19.46	−5.97	−5.34	5.54
西宁	66.59	7.06	26.66	19.23
银川	64.67	9.74	2.40	−7.39
长春	−7.07	13.70	−5.49	−16.65
长沙	9.71	−24.55	4.32	−19.31
郑州	128.74	−10.33	17.88	−19.10
重庆	57.60	−6.65	−1.76	−14.58
珠海	−1.42	11.02	−0.22	−37.21
三亚	−0.79	−1.25	12.17	−12.95
无锡	−13.85	14.63	−9.83	−29.09
日照	−16.53	−25.29	−7.60	—
新增挂牌量上涨城市个数	31	17	15	6

资料来源：国信达数据，中国社会科学院城市与竞争力研究中心住房大数据项目组整理计算。

（四）住房租赁市场

1. 住房租金上涨动力较弱，租金略低于上年同期水平

住房租赁市场呈现出典型的季节性特征。上半年住房租赁需求相对旺盛，遵循传统的市场规律，春节后返城务工人员租赁需求集中释放，推动租赁市场热度快速升高，迎来春节后租赁市场旺季。住房大数据监测系统重点40城住房租金综合指数显示，2023年1月住房租金综合指数环比上涨2.69%。在经历2~3月的调整后，随着毕业季高校毕业生租赁需求集中释放，租赁市场热度环比升温，4~7月住房租金均环比上涨，并在7月达到峰值。随着高校毕业生租房、为子女上学租房的需求逐步释放，租赁市场在8~9月提前进入传统市场淡季，住房租金环比下跌。

整体来看，2023年以来住房租金上涨动力较弱，租金略低于上年同期水平。住房大数据监测系统重点40城住房租金指数显示，2023年第三季度重点40城住房租金指数为100.06（2018年1月为100）。与2022年第三季度相比，住房租金水平下跌0.66%。

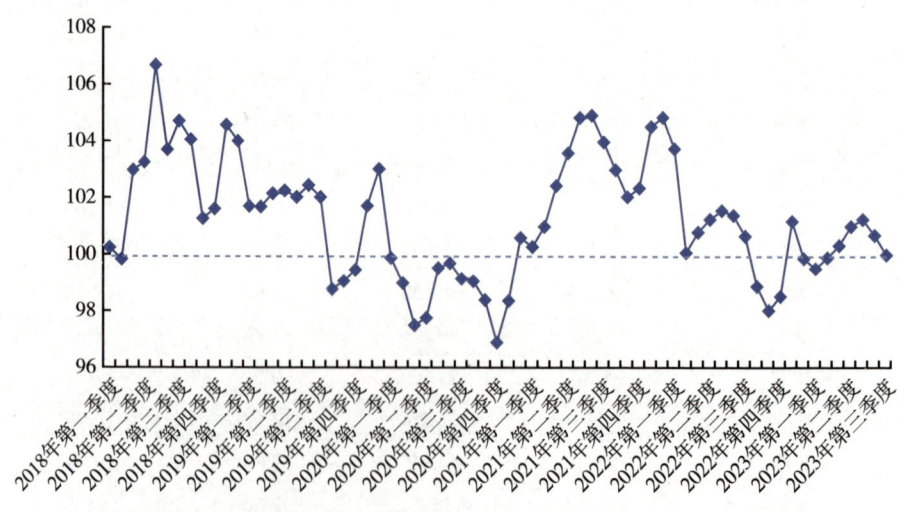

图11 2018年第一季度至2023年第三季度重点40城住房租金综合指数

注：2018年1月等于100。
资料来源：纬房研究院。

2. 不同城市表现

2023年以来住房租金水平涨跌参半。纬房研究院数据显示，与2022年9月相比，2023年9月重点40城中有16个城市住房租金同比上涨，24个城市同比下降。其中，3个城市同比涨幅超过2%，13个城市同比涨幅在2%以内，12个城市同比跌幅在2%以内，11个城市同比跌幅在2%~4%，1个城市同比跌幅超过4%。

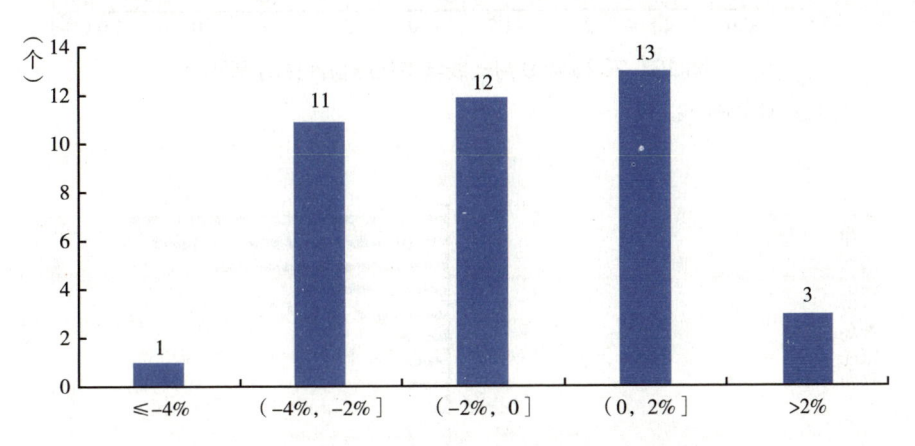

图12　2023年9月重点40城住房租金同比涨跌情况

资料来源：纬房研究院。

2023年以来一线城市住房租金呈下跌态势。与2022年9月相比，2023年9月除深圳住房租金略有上涨（同比上涨0.54%）外，其他一线城市住房租金均呈下降态势。其中，上海跌幅最大，为2.94%；北京和广州两城住房租金略有下降，基本与上年持平。

2023年以来二线城市住房租金总体下跌，少数城市租金上涨。与2022年9月相比，2023年9月住房大数据监测的26个二线城市中16个城市住房租金同比下降，10个城市住房租金同比上涨。其中，南通、郑州、昆明等城市住房租金同比跌幅最大，分别为4.23%、3.09%和3%；长沙、天津、西安等城市住房租金同比涨幅最大，分别为5.03%、4.66%和3.65%。

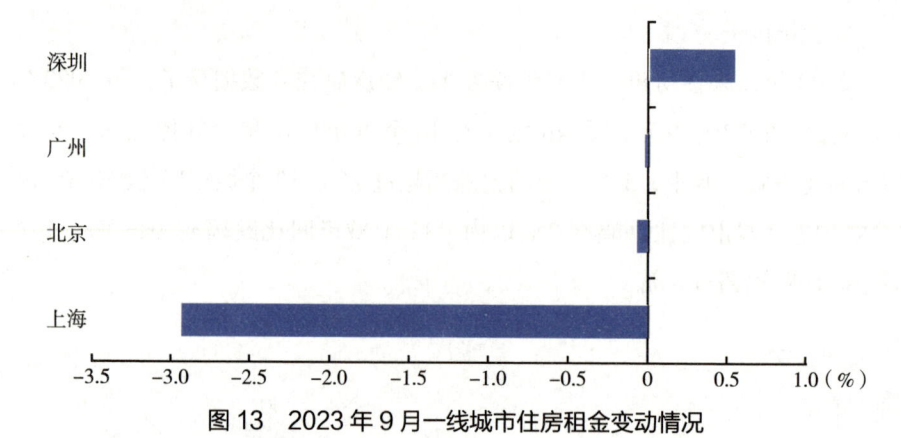

图 13　2023 年 9 月一线城市住房租金变动情况

资料来源：纬房研究院。

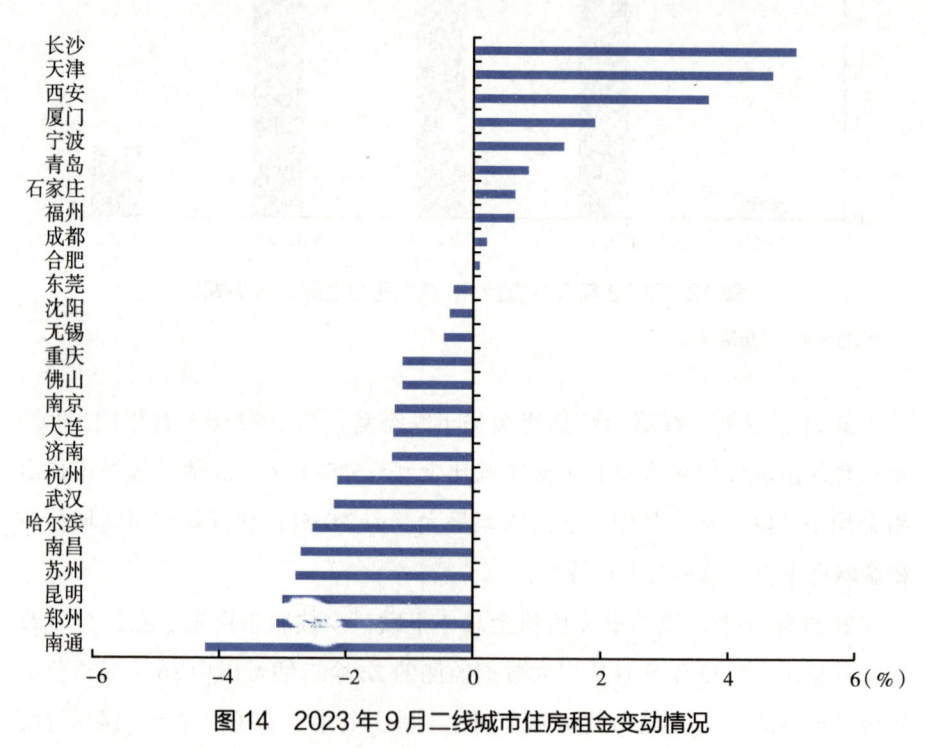

图 14　2023 年 9 月二线城市住房租金变动情况

资料来源：纬房研究院。

2023年以来三线城市住房租金挂牌价涨跌参半。与2022年9月相比，2023年9月住房大数据监测的10个三线城市中5个城市住房租金同比下降，5个城市同比增加。其中，贵阳和惠州住房租金跌幅最大，分别为3.24%和2.98%；烟台和呼和浩特涨幅最大，分别为1.8%和1.78%。

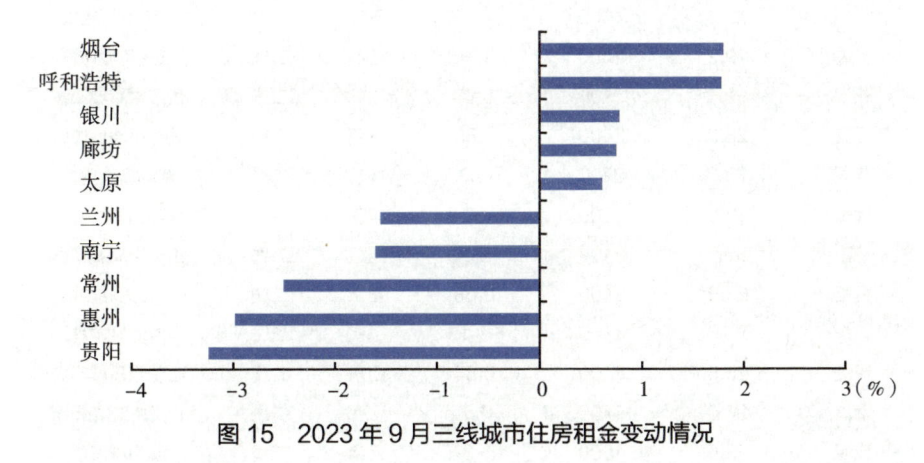

图15 2023年9月三线城市住房租金变动情况

资料来源：纬房研究院。

表2 2023年9月重点40城住房租金指数

城市	租金单价中位数	租金总价中位数	同比上涨（%）	省份	城市分类	城市群
北京	96.3	6500	-0.08	北京	一线	京津冀城市群
上海	96.8	5630	-2.94	上海	一线	长三角城市群
深圳	89.1	5800	0.54	广东	一线	粤港澳大湾区
广州	50.0	3400	-0.02	广东	一线	粤港澳大湾区
杭州	57.5	4000	-2.15	浙江	二线	长三角城市群
厦门	47.8	3300	1.87	福建	二线	海峡西岸城市群
南京	41.8	3000	-1.25	江苏	二线	长三角城市群
福州	37.1	2600	0.62	福建	二线	海峡西岸城市群
宁波	34.9	2600	1.39	浙江	二线	长三角城市群
成都	34.4	2500	0.19	四川	二线	成渝城市群

续表

城市	租金单价中位数	租金总价中位数	同比上涨（%）	省份	城市分类	城市群
苏州	32.7	2800	-2.8	江苏	二线	长三角城市群
大连	31.2	2000	-1.27	辽宁	二线	辽中南城市群
武汉	29.9	2500	-2.2	湖北	二线	长江中游城市群
天津	29.2	1900	4.66	天津	二线	京津冀城市群
无锡	29.2	2400	-0.48	江苏	二线	长三角城市群
长沙	29.4	2200	5.03	湖南	二线	长江中游城市群
西安	28.3	2400	3.65	陕西	二线	关中平原城市群
东莞	28.2	2200	-0.33	广东	二线	粤港澳大湾区
佛山	28.0	2200	-1.13	广东	二线	粤港澳大湾区
济南	27.0	2100	-1.29	山东	二线	山东半岛城市群
合肥	27.3	2100	0.08	安徽	二线	长三角城市群
重庆	25.6	1800	-1.13	重庆	二线	成渝城市群
青岛	25.5	2100	0.84	山东	二线	山东半岛城市群
南昌	24.0	1700	-2.72	江西	二线	长江中游城市群
昆明	23.5	1900	-3	云南	二线	滇中城市群
沈阳	23.1	1600	-0.39	辽宁	二线	辽中南城市群
哈尔滨	21.7	1400	-2.54	黑龙江	二线	哈长城市群
郑州	22.2	1700	-3.09	河南	二线	中原城市群
石家庄	20.9	1700	0.63	河北	二线	京津冀城市群
南通	19.8	1800	-4.23	江苏	二线	长三角城市群
南宁	25.7	2000	-1.6	广西	三线	北部湾城市群
常州	25	2200	-2.5	江苏	三线	长三角城市群
兰州	23.3	1800	-1.55	甘肃	三线	兰西城市圈
贵阳	22.7	2000	-3.24	贵州	三线	黔中城市群
惠州	20.8	1700	-2.98	广东	三线	粤港澳大湾区
烟台	19.8	1500	1.8	山东	三线	山东半岛城市群
太原	20.0	1699	0.61	山西	三线	太原城市群
呼和浩特	18.3	1500	1.78	内蒙古	三线	呼包鄂榆城市群
廊坊	16.3	1300	0.75	河北	三线	京津冀城市群
银川	14.4	1200	0.78	宁夏	三线	宁夏沿黄城市群

资料来源：纬房研究院。

二 房地产相关政策分析

2023年以来，在全球经济整体增长乏力、国际地缘环境复杂多变的背景下，我国经济增长面临较大压力。房地产作为国民经济中的重要部门，第一季度市场有回暖迹象后，第二季度市场再次转冷，不利于经济恢复。对此，中央层面除强调"房住不炒"外，明确提出"适应我国房地产市场供求关系发生重大变化的新形势，适时调整优化房地产政策"。当前，除一线及部分二线城市外，多数城市房地产紧缩性调控政策基本取消。纵观历次房地产调控周期，面对当前房地产市场依旧承压的背景，本轮政策宽松期仍将持续。

（一）总体情况

当前，我国宏观经济处于恢复性增长阶段，房地产市场依然承压，在此背景下，围绕"稳房价""稳经济"目标，政策端持续发力。2023年以来一些需求支持政策陆续落地，包括房贷利率下调、降低首付比例、"认房不认贷"等。在"因城施策"指引下，截至9月，全国已出台房地产调控政策620余项，其中宽松性政策占比为85.3%。

（二）国家层面：支持刚性和改善性住房需求

2023年4月，中共中央政治局会议对房地产行业做出了"房住不炒""因城施策""保交楼""支持刚性和改善性住房需求""要有效防范化解重点领域风险"等表述，为全年房地产市场调控定下基调。

1. 居民端：下调贷款利率、降低购房成本、保障购房者权益

1月初，央行、银保监会建立首套住房贷款利率政策动态调整机制，因城施策，调整首套房住房利率，降低购房成本。

3月底，自然资源部、银保监会要求"实现地域范围、金融机构和不动产类型全覆盖，常态化开展'带押过户'服务"，强调各级相关部门"要高度重视，提高政治站位，将做好不动产'带押过户'作为当前加快推动经济运

行稳步回升的重要举措之一"。"带押过户"有利于降低二手房交易成本、减轻交易风险，也有利于打通二手房交易链条，促进行业循环。

4月，住建部、市场监管总局发布《关于规范房地产经纪服务的意见》，对房地产经纪机构提出"合理确定经纪服务收费""严格实行明码标价""严禁操纵经纪服务收费"等规范要求，有利于增强市场透明度，维护买卖双方合法权益，降低购房者置业成本。

7月，住建部部长倪虹在企业座谈会上表示，要大力支持刚性和改善性住房需求，进一步落实降低购买首套住房首付比例和贷款利率、改善性住房换购税费减免、个人住房贷款"认房不认贷"等政策措施；继续做好保交楼工作，加快项目建设交付，切实保障人民群众的合法权益。

8月，央行、金融监管总局表示，对于贷款购买商品住房的居民家庭，首套住房商业性个人住房贷款最低首付款比例统一为不低于20%，二套住房商业性个人住房贷款最低首付款比例统一为不低于30%。自9月25日起存量首套住房商业性个人住房贷款的借款人可向承贷金融机构提出申请，由该金融机构新发放贷款置换存量首套住房商业性个人住房贷款。

总体来看，本轮调控周期仍将需求端作为主要发力方向，从降低购房门槛、减少购房成本等方面入手。考虑到当前经济形势及居民房地产市场预期等，政策对居住消费的拉动效果仍有待观察。

2. 房地产企业端：防范化解风险成政策优化主线

2022年底，中央加大对房地产企业融资支持力度，"金融16条""三支箭"先后落地，企业融资环境逐步改善。2023年，防范化解房企风险仍是供给端政策优化主线。稳妥化解大型房地产企业债券违约风险也是防范系统性风险的重要方面。

1月，央行、银保监会联合召开主要银行信贷工作座谈会，明确"要落实好16条金融支持房地产市场平稳健康发展的政策措施，用好民营企业债券融资支持工具（'第二支箭'）"，同时强调"要有效防范化解优质头部房企风险，实施改善优质房企资产负债表计划"，"开展'资产激活''负债接续''权益补充''预期提升'四项行动"。

2月，证监会启动不动产私募投资基金试点工作，进一步为企业改善资产负债表结构、降低杠杆率释放政策空间。

关于如何防范房地产市场风险，2023年政府工作报告强调"有效防范化解优质头部房企风险"，表述与此前一致，稳住市场主体是2023年行业重要工作，防止更多房企（特别是头部房企）风险暴露，从而稳定市场预期。

可以预计，对头部房企的资金支持力度未来一段时间内将继续加大，前期已出台的政策亦有望加快落实，促进企业资金面继续改善。

3. 保交楼：政策逐步落实，金融支持力度有望逐步加大

2022年7月，"保交楼、稳民生"这一表态首次出现在中共中央政治局会议中，成为本轮房地产政策推行的一个重要方向。

"保交楼"核心难题是资金问题。为此，央行配合推出两批共3500亿元保交楼专项借款。设立2000亿元保交楼贷款支持计划，引导商业银行积极提供配套融资，有力推动各地项目复工建设。

2023年7月，中国人民银行、国家金融监督管理总局联合发布通知，将"金融16条"中两项有适用期限的政策统一延长至2024年12月底，引导金融机构继续对房企存量融资展期，加大保交楼金融支持力度。同时结合保交楼工作需要，将2000亿元保交楼贷款支持计划期限延长至2024年5月底。

从政策施行效果来看，根据国家统计局数据，2023年1~9月，全国房屋竣工面积同比增长19.8%，其中，住宅竣工面积同比增长20.1%。竣工面积明显增长得益于保交楼工作顺利推进，带动房地产开发项目竣工进度加快。

整体而言，"保交楼、稳民生"工作在2023年得以积极推进，金融支持力度有望继续加大。

4. 城市更新：坚持多方力量参与，社会资本大有可为

2023年政府工作报告明确将继续"实施城市更新行动"，全国住房和城乡建设工作会议强调"以实施城市更新行动为抓手，着力打造宜居、韧性、智慧城市"。住建部部长倪虹在两会"部长通道"上介绍，近5年，全国改造了16.7万个老旧小区，惠及2900多万户8000多万

居民。2023年计划再开工改造5万个以上老旧小区，让2000万以上居民获益。

2023年7月，住建部印发《关于扎实有序推进城市更新工作的通知》，明确要坚持城市体检先行，发挥城市更新规划统筹作用，坚持政府引导、市场运作、公众参与，推动转变城市发展方式。坚持"留改拆"并举，以保留利用提升为主，防止大拆大建。

从政策内容看，城市更新需要多方合作参与，社会资本大有可为。

其一，提供资金支持。传统政府主导投资往往面临资金紧张问题，社会资本可以通过多渠道吸引更多社会力量参与，扩大项目资金规模的同时减少政府财政支出压力。

其二，注重市场与效益。社会资本在城市更新中更注重市场和效益，能够为项目注入商业元素并提供创新的解决方案，用有效的商业模式和管理方法，以确保项目的高效运作和可持续发展。

其三，推动创新和优化。社会资本具有创新性和灵活性，社会资本的参与可以推动城市更新项目的创新和优化，为项目带来新的思路和方法，促进项目的升级和改进。此外，社会资本在参与城市更新的过程中，可直接创造更多的就业机会。对于社会资本而言，可从项目投资中直接获益，也可从与政府合作的其他项目中获得商业机会。

总体而言，我国已经进入城市更新的快速发展期，各地在鼓励市场主体参与方面力度加大，相关的资金、规划支持力度不断加大，企业城市更新业务拓展机遇明显增加，项目改造的政策限制有望突破。

5. 保租房：让新市民住有所居

2023年以来，保租房迎来密集政策发布。1月，全国住房和城乡建设工作会议表示"大力增加保障性租赁住房供给"；4月，中共中央政治局会议表示"规划建设保障性住房"；6月，中国人民银行、国家金融监督管理总局、证监会、财政部、农业农村部联合发布《关于金融支持全面推进乡村振兴 加快建设农业强国的指导意见》，再次明确通过各种金融手段支持专业化住房租赁企业发展，以及满足新市民等群体保障性租赁住房需求的重要性；7月，中共中央政治局会议再次重申"要加大保障性住房建设和供给力度"。

从供给看，住建部部长倪虹表示，2023年将大力增加保障性租赁住房供给，扎实推进棚户区改造，新开工建设筹集保障性租赁住房、公租房、共有产权房等各类保障性住房和棚改安置住房360万套（间）。整体来看，2023年保租房供给仍维持在较高水平。

从企业端而言，住房租赁企业的融资环境将进一步优化，市场化租赁企业参与保租房项目运营的积极性有望进一步提升。

（三）地方层面：因城施策稳定房地产市场

2023年以来，随着中央需求支持政策的持续出台，地方政府可选择的房地产调控工具箱进一步丰富。1~9月，为稳定房地产市场，各地方总计出台调控政策达到564项，其中宽松性政策为498项，占比约88.3%。

表3 2023年1~9月地方房地产调控政策汇总

单位：项

月份	政策总数	宽松	中性	紧缩
1月	53	48	3	2
2月	57	54	2	1
3月	62	56	3	3
4月	52	47	3	2
5月	48	38	5	5
6月	40	32	5	3
7月	48	34	10	4
8月	71	61	4	6
9月	133	128	1	4

资料来源：贝壳研究院根据公开资料整理。

从时间维度来看，1~3月政策力度相对较大，4月开始政策出台频次放缓，7月后逐月上升，9月出台政策数达到新高。政策出台频次与房地产市场走势强相关，地方政府将视楼市情况做出宽松或紧缩调整。

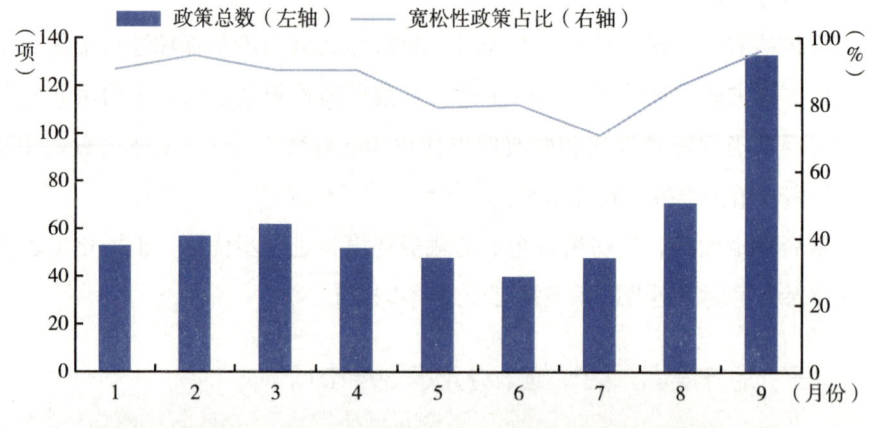

图 16　2023年1~9月地方性房地产政策总数及宽松性政策占比

资料来源：贝壳研究院根据公开资料整理。

就区域而言，一线及头部二线城市的政策调控空间依旧存在，但弱二线及三、四线城市的政策调控难度逐步加大。

就政策类型而言，各地市主要围绕提高公积金贷款比例、放松限购区域购房数量或扩大非限购区、降低首付比例、降低落户难度、推动人才引进及购房补贴等方面发力，政策支持力度进一步提高。在政策工具中，公积金贷款放松政策及"认房不认贷"使用频次最多。

短期来看，在经济恢复性增长、楼市仍存在下行压力背景下，各级城市宽松性政策出台热度不减。

首套房贷利率方面，近百城首套房贷利率低于4.0%。贝壳研究院监测数据显示，2023年10月，一线城市首套房贷平均利率为4.38%，二线城市为3.88%，三、四线城市为3.85%。在纳入统计的百城中，仅一线城市首套房贷利率高于4.0%。首付比方面，九成以上城市已经执行商贷首套最低20%、二套最低30%的首付比政策。

与2021年9月历史最高点相比，2023年10月百城首套平均房贷利率累计下降186BP，二套房平均利率累计下降156BP。

限购方面，各地继续放宽限购区域或取消限购，降低居民购房门槛。热点二线城市，如杭州将临平、余杭、钱塘区部分街道纳入差异化限购范围，非户籍居民满足1个月社保即可在当地购房。

限贷方面，各地信贷支持力度加大，减轻购房者前期资金周转压力。

公积金方面，各地方在支持房地产市场发展以及促进合理住房需求释放方面，纷纷采取了优化公积金政策的举措，包括提高公积金贷款额度、降低公积金首付比例、鼓励"一人购房全家帮"、允许提取公积金用于支付首付款、支持"商转公"贷款、提高租房时可提取公积金额度等。这些举措有利于降低购房者的置业门槛，同时较低的贷款利率有助于减少家庭贷款利息支出，减轻还贷压力，也提升了公积金资金池的使用效率。

表4　2023年以来中央层面主要政策汇总（不完全统计）

日期	发布主体	主要内容
2023年1月	中国人民银行、中国银保监会	建立首套住房贷款利率政策动态调整机制，新建商品住宅销售价格环比和同比连续3个月均下降的城市可阶段性维持、下调或取消当地首套住房贷款利率政策下限
2023年3月	全国两会	有效防范化解优质头部房企风险，改善资产负债状况，防止无序扩张，促进房地产业平稳发展。加强住房保障体系建设，支持刚性和改善性住房需求，解决好新市民、青年人等住房问题，加快推进老旧小区和危旧房改造
2023年3月	中国证监会	推进REITs常态化发行，优先支持百货商场、购物中心、农贸市场等城乡商业网点项目，保障基本民生的社区商业项目发行基础设施REITs。同时优化审核注册流程，完善发行、信披制度等
2023年4月	中共中央政治局会议	要有效防范化解重点领域风险，统筹做好中小银行、保险和信托机构改革化险工作。坚持"房住不炒"的定位，因城施策，支持刚性和改善性住房需求，做好保交楼、保民生、保稳定工作，促进房地产市场平稳健康发展

续表

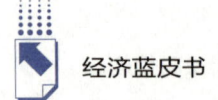

日期	发布主体	主要内容
2023年4月	中国人民银行、国家金融监管总局	要有效防范化解优质头部房企风险，改善资产负债状况，扎实做好保交楼、保民生、保稳定各项工作，因城施策支持刚性和改善性住房需求，加快完善住房租赁金融政策体系，推动房地产向新发展模式平稳过渡
2023年6月	交易商协会	要加大对重点领域的支持力度，进一步提升民营企业发债便利，用好"第二支箭"。要用好民营企业债券融资支持工具，综合运用信用风险缓释凭证（CRMW）、信用联结票据（CLN）、担保增信、交易型增信等多种方式，积极为符合条件的民营企业发债融资提供增信支持，鼓励多元化增信发债方式
2023年7月	中共中央政治局会议	为适应我国房地产市场供求关系发生重大变化的新形势，适时调整优化房地产政策，因城施策用好政策工具箱，更好满足居民刚性和改善性住房需求，促进房地产市场平稳健康发展。同时，要加大保障性住房建设和供给力度，积极推动城中村改造和"平急两用"公共基础设施建设，盘活改造各类闲置房产；有效防范化解地方债务风险，制定实施一揽子化债方案，并加强金融监管，稳步推动高风险中小金融机构改革化险
2023年7月	中国人民银行、国家金融监管总局	针对2022年11月央行、银保监会联合出台的《关于做好当前金融支持房地产市场平稳健康发展工作的通知》中的两条政策，延长其适用期限。一是对于房地产企业的存量融资，在保证债权安全的前提下，鼓励金融机构与房地产企业基于商业性原则自主协商，积极通过存量贷款展期、调整还款安排等方式予以支持，促进项目完工交付。2024年12月31日前到期的，可以允许超出原规定多展期1年，可不调整贷款分类，报送征信系统的贷款分类与之保持一致。二是2024年12月31日前向专项借款支持项目发放的配套融资，在贷款期限内不下调风险分类；对债务新老划断后的承贷主体按照合格借款主体管理。对于新发放的配套融资形成不良的，相关机构和人员已尽职的，可予免责

中国房地产形势分析及政策建议

续表

日期	发布主体	主要内容
2023年7月	国务院	国务院常务会议审议通过《关于在超大特大城市积极稳步推进城中村改造的指导意见》，指出在超大特大城市积极稳步实施城中村改造，多渠道筹措改造资金；加大对城中村改造的政策支持力度，积极创新改造模式，鼓励和支持民间资本参与，发展各种新业态，实现可持续运营
2023年7月	住建部	要继续巩固房地产市场企稳回升态势，大力支持刚性和改善性住房需求，进一步落实好降低购买首套住房首付比例和贷款利率、改善性住房换购税费减免、个人住房贷款"认房不认贷"等政策措施；继续做好保交楼工作，加快项目建设交付，切实保障人民群众的合法权益
2023年8月	中国人民银行、国家金融监管总局	支持房地产市场平稳健康发展，落实好"金融16条"，延长保交楼贷款支持计划实施期限，保持房地产融资平稳有序，加大对住房租赁、城中村改造、保障性住房建设等金融支持力度；因城施策精准实施差别化住房信贷政策，继续引导个人住房贷款利率和首付比例下行，更好满足居民刚性和改善性住房需求；指导商业银行依法有序调整存量个人住房贷款利率
2023年8月	住建部、中国人民银行、国家金融监管总局	居民家庭（包括借款人、配偶及未成年子女）申请贷款购买商品住房时，家庭成员在当地名下无成套住房的，不论是否已利用贷款购买过住房，银行业金融机构均按首套住房执行住房信贷政策；将此项政策作为政策工具，纳入"一城一策"工具箱
2023年8月	中国人民银行、国家金融监管总局	对于贷款购买商品住房的居民家庭，首套住房商业性个人住房贷款最低首付款比例统一为不低于20%，二套住房商业性个人住房贷款最低首付款比例统一为不低于30%；首套住房商业性个人住房贷款利率政策下限按现行规定执行，二套住房商业性个人住房贷款利率政策下限调整为不低于相应期限贷款市场报价利率加20个基点
2023年8月	中国人民银行、国家金融监管总局	自2023年9月25日起，存量首套住房商业性个人住房贷款的借款人可向承贷金融机构提出申请，由该金融机构新发放贷款置换存量首套住房商业性个人住房贷款；新发放贷款的利率水平由金融机构与借款人自主协商确定，但在贷款市场报价利率（LPR）上的加点幅度，不得低于原贷款发放时所在城市首套住房商业性个人住房贷款利率政策下限

资料来源：纬房研究院整理。

表5 2023年以来头部城市主要政策汇总（不完全统计）

发布日期	城市	主要内容
2023年2月	武汉	发布《关于激发市场主体活力推动经济高质量发展政策措施的通知》，促进房地产市场平稳健康发展，在武汉市住房限购区域购房的居民家庭可新增一个购房资格，在非限购区域拥有的住房不计入居民家庭购房资格认定套数，非本市户籍居民家庭在限购区域购买首套住房的可实行购房资格"承诺办、容缺办"
2023年3~4月	杭州	发布《关于进一步推进临安区房地产市场健康有序发展的意见》，调整临安区住房公积金贷款二套房首付比例，由不低于60%调整为不低于40% 发布《关于进一步深化户籍制度改革的实施意见》，恢复普通高校大专学历毕业生落户政策，放宽技能人才落户条件 发布《关于完善多子女家庭住房公积金优惠政策的通知》，规定多子女家庭购买首套普通自住房且首次申请住房公积金贷款的，贷款额度可按家庭当期最高贷款限额上浮20%确定
2023年5月	苏州	调整公积金贷款政策，规定员工公积金缴存在苏州大市范围内的（不包括工业园区），首次住房公积金贷款按不超过账户余额的15倍（原为10倍）计算，但贷款额度上限不变
2023年8月	郑州	发布《关于进一步促进我市房地产市场平稳健康发展的通知》，包含15条措施，符合条件的青年人才按照100%的比例给予购房契税补贴、多子女家庭购房补贴；落实新发放首套住房个人住房贷款利率政策动态调整长效机制，结合评估情况及时调整新发放首套住房商业贷款利率下限；鼓励各商业银行依法有序调整存量个人住房贷款利率，引导个人住房贷款利率和首付比例下行，稳定居民消费预期；推进商品房现房销售；城中村改造、城市更新中涉及的房屋征收，以购买商品住房、发放安置房票等货币化为主的方式实施安置。未开工建设的安置房，原则上以货币化安置为主等
2023年8月	广州、深圳	规定居民家庭（包括借款人、配偶及未成年子女）申请贷款购买商品住房时，家庭成员在当地名下无成套住房的，不论是否已利用贷款购买过住房，银行业金融机构均按首套住房执行住房信贷政策
2023年9月	北京	规定居民家庭（包括借款人、配偶及未成年子女）申请贷款购买商品住房时，家庭成员在本市名下无成套住房的，不论是否已利用贷款购买过住房，银行业金融机构均按首套住房执行住房信贷政策

续表

发布日期	城市	主要内容
2023年9月	上海	发布《关于优化我市个人住房贷款中住房套数认定标准的通知》，规定居民家庭（包括借款人、配偶及未成年子女）申请贷款购买商品住房时，家庭成员在上海市名下无成套住房的，不论是否已利用贷款购买过住房，银行业金融机构均按首套住房执行住房信贷政策
2023年9月	天津	印发《关于进一步调整优化房地产政策更好满足居民刚性和改善性住房需求的通知》，规定非本市户籍大学毕业生在本市住房限购区域无住房的，可凭劳动合同或企业注册证明和毕业证购买一套住房；本市住房限购区域调整为市内六区，居民在住房限购区域内购买新建商品住房或二手住房的，仍然执行本市住房限购套数及资格政策
2023年9月	沈阳	发布《关于进一步支持刚性和改善性住房需求的通知》，提出取消二环内限购政策，取消住房销售限制年限规定，满足居民购房需求；居民家庭（包括借款人、配偶及未成年子女）名下在本市无住房的，购买商品住房的首付款，按不低于购买首套住房的最低比例执行，不再区分是否有住房贷款（商业性住房贷款）记录以及住房贷款是否还清，住房贷款利率享受购买首套住房的利率；对于贷款购买商品住房的居民家庭，首套住房商业性个人住房贷款最低首付款比例统一调整为不低于20%，二套住房商业性个人住房贷款最低首付款比例统一调整为不低于30%

三　问题与建议

（一）存在的问题

1. 房地产阶段性供给过剩，去化周期拉长

当前，中国房地产市场的主要问题已不再是住房短缺，而是供给结构性过剩和阶段性需求不足。中国房地产市场在过去几十年快速发展，从城市住房普遍短缺阶段逐渐进入供给阶段性、结构性过剩阶段，显著特征是居民购房意愿大幅下降，房价不再只涨不跌，房价持续上涨的预期也基本消失。根据第七次全国人口普查数据，全国家庭户住宅建筑总面积约为542亿平方米，其中，城市约为185亿平方米，镇约为124亿平方米，农村约为233亿平方米。

家庭户拥有住房间数达到14.9亿间，人均住房1.2间。其中城镇家庭户人均住房建筑面积为38.62平方米，人均住房1.06间。这些数据表明，从总量上看我国已经进入"不缺房"时代。随着住房存量提高，人们对于住房的需求已不再像过去那样迫切。供给过剩成为中国房地产市场值得关注的主要问题之一。

一些城市的新房供给已经阶段性超过市场需求，导致部分房屋空置或出现"卖不动"的情况。部分二线及以下城市，已经出现了较严重的供大于求现象，房价下跌、销售困难、去化周期很长。不仅如此，第二季度以来，一线城市楼市也普遍低迷，销售萎缩、房价下跌。

2. 房价持续阴跌，商品房销售萎缩

从房价涨跌数据看，房价总体并没有出现崩溃式下跌现象，主要表现是房价持续阴跌。纬房指数监测显示，2022年12月至2023年9月，24个重点城市二手住房综合房价的跌幅为5.4%。与房价阴跌相对应的是，商品房销售萎缩，2023年1~9月，商品房销售面积8.48万平方米，同比下降7.5%。由于销售萎缩，影响开发商资金回笼，经营困难局面难以缓解。由于房价阴跌，居民逐步形成了房价持续下跌的预期，这不利于市场平稳。商品房销售萎缩和价格阴跌，其中的原因之一是对价格涨跌的限制，使市场无法迅速实现出清。

3. 房地产企业普遍资金困难，头部房企"爆雷"频现

长期以来，我国房地产企业采取的是预售、高负债、快周转的经营模式。这种方式的优点在于可以实现房企规模快速扩张，从宏观上也有利于迅速增加住房供给。但随着大开发时代的过去，住房持续滞销，资金无法及时回笼，房地产企业资金风险也迅速被引爆。房企频频"爆雷"，一方面将导致银行坏账，增加金融风险；另一方面，烂尾楼无法交房引发大量的民生问题、社会问题。此外，房企的频频"爆雷"，也加剧了市场的悲观预期。由于资金亏空额巨大，这类问题的处置也非常困难。

4. 房价看跌预期较为普遍，各类需求支持政策难以有效发挥作用

作为耐用消费品，购房决策往往基于对房地产市场的长期预期。在预期"房价持续上涨"的时代，各种调控政策抑制房价上涨均十分艰难。各类资金总是能突破"多重困难"涌入房地产市场。反之,在房价下跌预期已经形成的时期,短期调控政策也很难改变人们对房价长期看跌的预期,从而效力不彰。基于房价看跌预期,即使购房政策条件及按揭贷款利率均接近历史最优惠水平,人们也很难因此而作出购房决策。

(二) 对策建议

为了及时有效抵御周期性、结构性供大于求带来的市场冲击,以及防范可能由此触发的经济金融风险,需要进一步完善市场调节机制,优化调控政策促进改善性需求的平稳释放,以结构性改革及新发展模式构建提振市场信心。

1. 因地制宜放开对新房降价的限制,促进成交量的回升和短周期底部的形成

一些地方出于对助长跌价预期的担忧,限制房地产企业下调房价,但对新房降价的限制,也使得房价太高难以实现市场出清,造成市场销售持续萎缩和房价持续阴跌的局面,最终反而助长了长期跌价预期。因地制宜放开对新房降价的限制,有助于促进成交量上升,也有助于房企回笼资金尽早脱困。一些房企因无法降价,在库存房产上积压的资金长时间不能回笼,最后引发"爆雷"。如果价格调整到位和成交量上升,将有助于短周期市场底部的自然形成。

2. 进一步优化已有的调控政策,促进改善性住房需求平稳释放

一方面,加大金融支持住房合理需求力度,进一步降低购房贷款利率。从历史经验看,金融政策对房地产市场的效力最为显著。为防范市场持续下跌风险,支持合理住房需求,需要采取更有力的金融政策手段。从当前的信贷市场供求看,4%左右的房贷利率仍然偏高,居民以降金融杠杆为主,房贷政策事实上难以对住房需求形成金融支持。另一方面,合理支持改善性购房。在当前销售低迷的市场条件下,由于旧房难以出售,"买一卖一"类型的改善性操作很难实现。要求居民改善住房须"买一卖一",大大增加了低端市场的短期抛售压力,不利于市场平稳。为促进改善性需求平稳释放,降低二手房

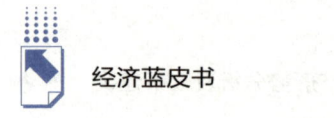

抛售压力，应给予改善性二套房合理的政策支持。

3．加快构建房地产新发展模式，全面提振市场信心

近年来，由于房价的脉冲性上涨，各类房地产需求和价格的限制性措施陆续出台且不断加码。为了避免房价过快上涨，房地产市场交易难以实现正常化，房地产长效机制和新发展模式迟迟不能形成。在当前房价下跌预期基本形成、短期调控政策效力不显著的背景下，必须抓住历史时机，加速推进房地产市场正常化，构建房地产新发展模式。通过制度优化，不断增加商品住房的内在价值，增强市场长期信心，包括全面撤销对于住房需求不合时宜的管控限制，增强商品住房流通性，使市场能够有效调节供求；进一步降低房地产交易成本，提升市场效率；完善物业管理制度，提升居住品质；以保护购房者权益为出发点，推进房地产其他重要制度的改革，如公摊制度、销售制度、租房制度改革等。

参考文献

杨春志、易成栋、陈敬安等：《中国城市住房问题测度研究》，《城市问题》2023年第5期。

倪鹏飞：《住房市场深度调整与政策应对》，《人民论坛》2023年第13期。

邹琳华、颜燕、黄卉、赵丹：《重点城市住房租赁市场发展分析与展望》，《中国国情国力》2023年第8期。

何德旭：《不断深化对金融本质和规律的认识》，《经济日报》（理论版）2023年11月1日。

贝壳研究院：《百城银行房贷利率简报》，2023年10月。

B.11
2023年中国股票市场回顾与2024年展望

李世奇　朱平芳[*]

摘　要： 2023年中国股票市场注册制全面实行，高水平改革开放持续推进，金融监管部门多措并举活跃资本市场，提振投资者信心，防范化解重点领域风险。"中特估"成为市场主线，数字经济表现亮眼。全球发达经济体放缓加息步伐，争取实现经济"软着陆"，中央着力扩大国内需求，推动社会预期持续改善，精准有力实施稳健的货币政策，搞好逆周期和跨周期调节。2024年A股市场仍有结构性机会，需要抢抓数字经济的战略性机遇，拥抱绿色低碳的时代浪潮，坚定生物医药的发展使命，牢固树立长期投资、价值投资理念，中国特色现代资本市场长期向好趋势没有改变。

关键词： 中国股市　宏观经济　资本市场　科技创新

一　2023年中国股票市场回顾

2023年，全球经济增速放缓，主要发达经济体呈现高利率和低增长态势，美国国债收益率大幅飙升，强势美元持续冲击国际金融市场，影响国际资本流动的因素愈发复杂多变。美国纳斯达克指数和日经225指数均上涨20%以上，日本股指更是创下1990年股市泡沫破裂以来的新高，中国台湾加权指数、

---

[*] 李世奇，上海社会科学院数量经济研究中心助理研究员，主要研究方向为城市创新发展、企业研发效率与政府科技政策评估；朱平芳，上海社会科学院数量经济研究中心主任、研究员，主要研究方向为计量经济学、宏观经济预测分析与政策评价、科技进步评价与分析。

标普500、德国DAX、韩国综合指数以及法国CAC40指数上涨超过10%。截至9月30日，上证综指报收于3110.48点，前三季度上涨0.69%，振幅11.84%，深证成指报收于10109.53点，前三季度下跌8.23%，振幅20.73%。

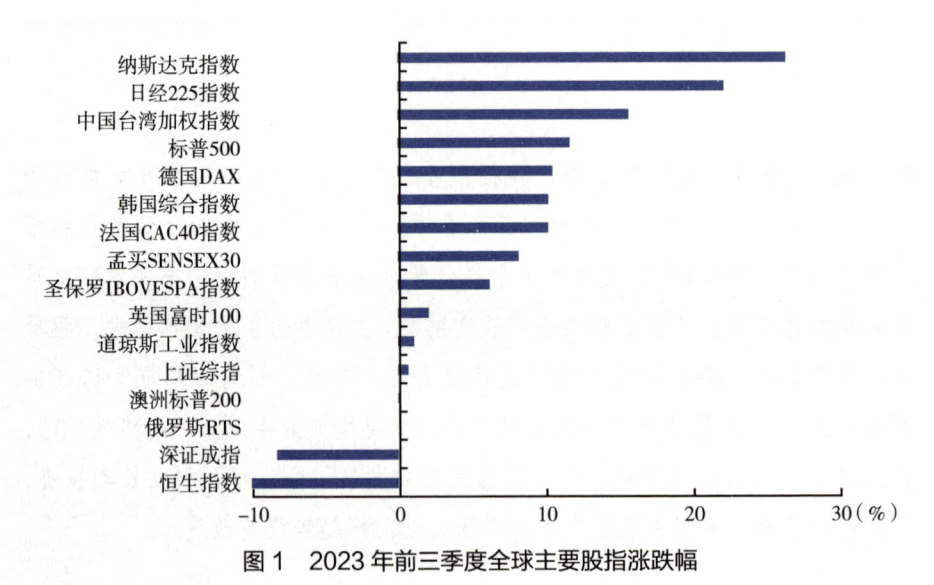

图1　2023年前三季度全球主要股指涨跌幅

注：截至9月30日。
资料来源：Wind资讯。

（一）多措并举稳预期活市场，防范化解重点领域风险

自2022年11月我国进一步优化新冠疫情防控措施以来，统筹疫情防控和经济社会发展进入新阶段，我国经济恢复总体表现为波浪式发展、曲折式前进。预期向好资本市场迎来企稳回升的行情，但是2023年5月以来受到内外多重因素影响进入震荡下行区间。市场预期不稳、信心不振严重影响了交易活跃度，A股市场多次出现连续15个交易日成交额不足万亿元的情况，9月更是出现18个交易日成交额均不足9000亿元的低迷现象。政府主管部门适时出台了一系列稳预期、活市场、防风险的政策"组合拳"，特别是给民营经济吃下"定心丸"。证券交易印花税迎来了近15年以来的首次调整，由

1‰降低至0.5‰。融资保证金比例也迎来了近8年来的首次调整，由100%降低至80%，可释放3700亿元增量资金。通过完善一、二级市场逆周期调节机制，放缓IPO和再融资节奏，严格规范上市公司控股股东和实控人减持行为，明确了"上市公司存在破发、破净情形，或者最近三年未进行现金分红、累计现金分红金额低于最近三年年均净利润30%的"不得减持的要求，并且进一步细化了上市公司"关键少数"减持的执行标准，严厉打击违规减持行为，加强对量化交易的管理，投资者信心得到了一定程度的提振。大型平台企业金融业务存在的大部分突出问题已完成整改，金融管理部门工作重点从推动平台企业金融业务的集中整改正式转入常态化监管。为了更好地适应我国房地产市场供求关系发生的重大变化，房地产政策也进行了调整优化，首套和二套住房首付比例下限分别统一为20%和30%，不再区分"限购"和"非限购"城市，存量首套住房贷款利率得到了下调，"认房不认贷"政策在一线城市全面推开。

表1 2023年金融稳预期、活市场、防风险政策措施

部门	时间	政策措施
中共中央、国务院	2023年7月	《关于促进民营经济发展壮大的意见》
国家发改委等	2023年8月	《关于实施促进民营经济发展近期若干举措的通知》
财政部等	2023年8月	《关于延续实施支持居民换购住房有关个人所得税政策的公告》
	2023年8月	《关于减半征收证券交易印花税的公告》
中国人民银行等	2023年1月	《关于建立新发放首套住房个人住房贷款利率政策动态调整长效机制的通知》
	2023年7月	《关于延长金融支持房地产市场平稳健康发展有关政策期限的通知》
	2023年8月	召开金融支持民营企业发展座谈会
	2023年8月	《关于调整优化差别化住房信贷政策的通知》
	2023年8月	《关于降低存量首套住房贷款利率有关事项的通知》
	2023年9月	召开外资金融机构与外资企业座谈会

续表

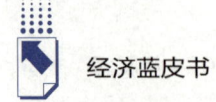

部门	时间	政策措施
中国证监会	2023年7月	善始善终推进平台企业金融业务整改，着力提升平台企业常态化金融监管水平
	2023年7月	就上市公司股东离婚分割公司股份有关事宜答记者问
	2023年8月	统筹一、二级市场平衡，优化IPO、再融资监管安排
	2023年8月	进一步规范股份减持行为
	2023年8月	调降融资保证金比例，支持适度融资需求
住建部等	2023年8月	《关于优化个人住房贷款中住房套数认定标准的通知》
上交所、深交所、北交所	2023年8月	进一步降低证券交易经手费
	2023年9月	《关于股票程序化交易报告工作有关事项的通知》《关于加强程序化交易管理有关事项的通知》
	2023年9月	《关于进一步规范股份减持行为有关事项的通知》

资料来源：公开政策文件。

2023年前三季度A股每日平均成交额为8910亿元，相较于上年同期9462亿元和2021年同期10453亿元的日均成交额进一步回落，区间换手率大幅下降至482.70%，创下2005年股权分置改革以来的新低。沪深两市总市值和流通市值较上年年末略有增长，分别达到80万亿元和70万亿元左右。新股发行速度进一步降低，募集资金规模也相应回落，截至2023年9月A股发行新股264只，低于上年同期304只发行数量，上市公司总数达到5287家，新股募集资金总额从上年同期的4863亿元降至3236.43亿元，占A股流通市值的比重从0.76%下降至0.47%，但IPO数量和融资金额仍居全球首位。全面注册制下上市首日即破发的新股个数达到48只，占新股发行数量的18.2%，"打新"的套利空间进一步缩小。

表2　2019年至2023年前三季度股票市场融资统计

单位：家，亿元

时间	融资合计 募集家数	融资合计 募集资金	IPO 首发家数	IPO 首发募集资金	增发 增发家数	增发 增发募集资金	可转债 可转债家数	可转债 可转债募集资金
2023年前三季度	659	9832.05	264	3236.43	261	4872.88	111	1259.16
2022年	983	16881.88	428	5868.856	355	7229.238	153	2735.58
2021年	1219	18178.85	524	5426.43	527	9083.69	127	2743.85
2020年	1103	16776.04	396	4699.63	362	8341.37	206	2475.25
2019年	660	15424.31	203	2532.48	251	6887.70	106	2477.81

注：截至9月30日。
资料来源：Wind资讯。

（二）股票市场注册制全面实行，高水平改革开放持续推进

2023年1月中共中央、国务院发布《全面实行股票发行注册制总体实施方案》，作为涉及资本市场全局的重大改革，经过4年试点的注册制进入全面实行阶段。以尊重注册制基本内涵、借鉴全球最佳实践、体现中国特色和发展阶段特征为原则，我国资本市场探索形成的注册制框架符合国情，重点提升了对科技创新的服务功能，推进了交易、退市等关键制度创新，优化了多层次市场体系，改善了市场生态。"制度安排基本定型、覆盖全国性证券交易场所、覆盖各类公开发行股票行为"成为我国全面实行股票发行注册制的主要标志。全面实行注册制对完善发行承销制度、改进交易制度、优化融资融券和转融通机制、完善上市公司独立董事制度、健全常态化退市机制以及加快投资端改革等资本市场基础制度具有重要意义。中国证监会正式发布全面实行股票发行注册制的一系列制度规则，包括精简优化发行上市条件、完善审核注册程序、优化发行承销制度、完善上市公司重大资产重组制度以及强化监管执法和投资者保护等内容。

国家金融监管体系随着国务院机构改革得到进一步优化，特别是加强了金融管理部门工作人员的统一规范管理。在中国银保监会基础上组建国家金

融监督管理总局,划入央行对金融控股公司等金融集团的日常监管职责、有关金融消费者保护职责以及中国证监会的投资者保护职责,提高金融监管的效率。中国证监会调整为国务院直属机构,划入国家发改委企业债券发行审核职责,统一负责公司(企业)债券发行审核工作,突出金融监管的专业性。

表3　2023年金融领域深化改革、扩大开放政策措施

部门	时间	政策措施
中共中央、国务院	2023年1月	《全面实行股票发行注册制总体实施方案》
	2023年4月	《关于上市公司独立董事制度改革的意见》
	2023年7月	《私募投资基金监督管理条例》
中国人民银行等	2023年1月	《关于进一步支持外经贸企业扩大人民币跨境使用 促进贸易投资便利化的通知》
	2023年2月	《关于进一步做好交通物流领域金融支持与服务的通知》
	2023年2月	《关于金融支持横琴粤澳深度合作区建设的意见》《关于金融支持前海深港现代服务业合作区全面深化改革开放的意见》
	2023年4月	《内地与香港利率互换市场互联互通合作管理暂行办法》
	2023年6月	《关于金融支持全面推进乡村振兴 加快建设农业强国的指导意见》
	2023年7月	《中央银行存款账户管理办法》
	2023年7月	上调跨境融资宏观审慎调节参数
	2023年9月	发布2023年我国系统重要性银行名单
	2023年9月	优化粤港澳大湾区"跨境理财通"业务试点,进一步推进大湾区金融市场互联互通
国家金融监督管理总局(中国银保监会)	2023年1月	《银行保险监管统计管理办法》
	2023年1月	《关于财产保险业积极开展风险减量服务的意见》
	2023年2月	《商业银行金融资产风险分类办法》
	2023年2月	《商业银行资本管理办法(征求意见稿)》
	2023年3月	《关于进一步做好联合授信试点工作的通知》
	2023年3月	《关于规范信托公司信托业务分类的通知》
	2023年3月	《关于开展人寿保险与长期护理保险责任转换业务试点的通知》《关于规范信托公司异地部门有关事项的通知》
	2023年4月	《关于银行业保险业做好2023年全面推进乡村振兴重点工作的通知》

续表

部门	时间	政策措施
	2023年4月	《关于2023年加力提升小微企业金融服务质量的通知》
	2023年4月	《农业保险精算规定(试行)》
	2023年7月	《关于适用商业健康保险个人所得税优惠政策产品有关事项的通知》
	2023年7月	《非银行金融机构行政许可事项实施办法(征求意见稿)》
	2023年7月	《银行保险机构操作风险管理办法(征求意见稿)》
	2023年8月	《银行保险机构涉刑案件风险防控管理办法(征求意见稿)》
	2023年9月	《关于个人税收递延型商业养老保险试点与个人养老金衔接有关事项的通知》
	2023年9月	《关于优化保险公司偿付能力监管标准的通知》
	2023年9月	《保险销售行为管理办法》
中国证监会	2023年1月	《公开募集证券投资基金信息披露电子化规范》
	2023年1月	修订《证券期货经营机构私募资产管理业务管理办法》及其配套规则
	2023年1月	《证券经纪业务管理办法》
	2023年2月	《首次公开发行股票注册管理办法》 《上市公司证券发行注册管理办法》 《证券发行上市保荐业务管理办法》 《证券发行与承销管理办法》 《优先股试点管理办法》 《北京证券交易所向不特定合格投资者公开发行股票注册管理办法》 《北京证券交易所上市公司证券发行注册管理办法》 《非上市公众公司监督管理办法》 《非上市公众公司重大资产重组管理办法》 《上市公司重大资产重组管理办法》 《存托凭证发行与交易管理办法(试行)》 《欺诈发行上市股票责令回购实施办法(试行)》
	2023年2月	《境内企业境外发行证券和上市管理试行办法》和5项配套指引
	2023年2月	《关于加强境内企业境外发行证券和上市相关保密和档案管理工作的规定》
	2023年3月	《证券期货业网络和信息安全管理办法》
	2023年3月	《衍生品交易监督管理办法(征求意见稿)》
	2023年3月	《期货公司监督管理办法(征求意见稿)》 《关于进一步推进基础设施领域不动产投资信托基金(REITs)常态化发行相关工作的通知》

续表

部门	时间	政策措施
	2023年3月	《证券公司监督管理条例（修订草案征求意见稿）》
	2023年4月	《上市公司独立董事管理办法（征求意见稿）》
	2023年4月	《证券期货市场主机交易托管管理规定（征求意见稿）》
	2023年4月	《推动科技创新公司债券高质量发展工作方案》
	2023年5月	启动科创50ETF期权上市工作
	2023年6月	《公开募集证券投资基金投资顾问业务管理规定（征求意见稿）》
	2023年6月	《关于深化债券注册制改革的指导意见》《关于注册制下提高中介机构债券业务执业质量的指导意见》
	2023年6月	"专精特新"专板建设方案备案名单（第一批）
	2023年7月	《关于完善特定短线交易监管的若干规定（征求意见稿）》
	2023年7月	《期货市场持仓管理暂行规定》
	2023年9月	《关于高质量建设北京证券交易所的意见》《证券公司北京证券交易所股票做市交易业务特别规定》
	2023年9月	修订《公司债券发行与交易管理办法》公开征求意见
	2023年9月	《上市公司向特定对象发行可转换公司债券购买资产规则（征求意见稿）》
上交所、深交所	2023年3月	《上海证券交易所沪港通业务实施办法（2023年修订）》《深圳证券交易所深港通业务实施办法（2023年修订）》

资料来源：公开政策文件。

资本市场制度型开放在重点区域、重点领域深入推进。以金融改革创新和对外开放为重点，推动金融支持横琴粤澳深度合作区建设以及前海深港现代服务业合作区全面深化改革开放，明确提出到2025年横琴粤澳深度合作区电子围网系统和跨境金融管理体系基本建立，便利澳门居民生活就业的金融环境初步形成，在跨境资金流动自由便利、投融资汇兑便利化、金融业对外开放等方面先行先试，前海深港现代服务业合作区建立健全以金融业扩大开放、人民币国际化为重点的政策体系和管理体制，基本实现与香港金融市场高水平互联互通。

2023年3月沪深港通股票标的迎来大规模双向扩容，沪深股通股票基准指数大幅扩大，明确设置考察日前6个月50亿元人民币日均市值、3000万元人民币日均成交金额以及停牌天数占比低于50%的调入要求。扩容后沪股通、深股通股票数量分别增长100.67%和48.44%，达到1192只和1336只，其中纳入科创板、创业板股票数量分别增长219.40%和64.83%，达到214只和478只。港股通新增纳入股票调整考察日前12个月港股平均月末市值不低于港币50亿元的恒生综合小型股指数成分股，并首次纳入外国公司股票，内地投资者可通过港股通直接投资外国公司。2023年前三季度，"北上资金"总体保持平稳态势，累计净买入额在8月初突破1.95万亿元后出现一定幅度的下降，深股通与沪股通的累计净买入额差距保持在900亿元左右，9月底沪股通和深股通累计净买入额为18278亿元，相比上年同期的16868亿元增长8.4%。"南下"资金规模保持稳定增长态势，港股通累计净买入额从2022年底的25710亿港元一路增长至2023年9月底的28404亿港元。

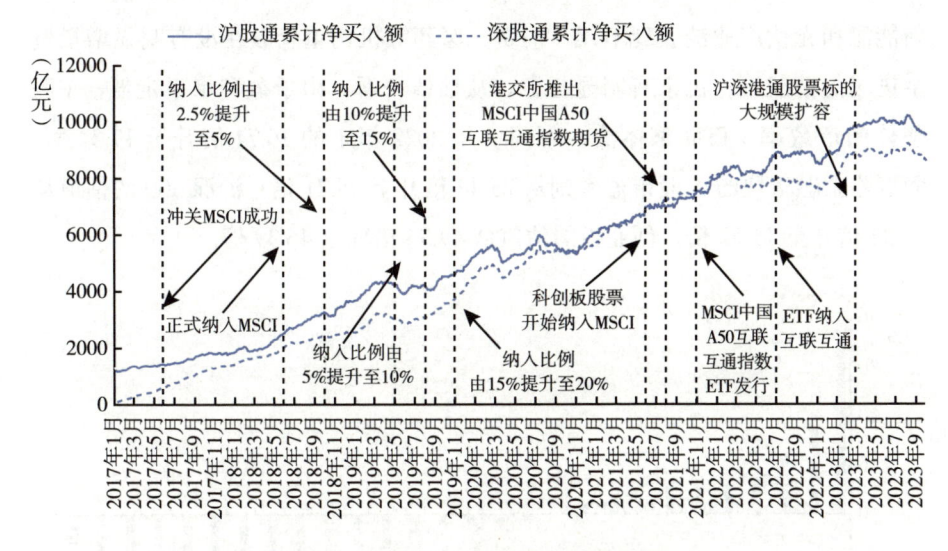

图2 沪股通、深股通累计净买入额

资料来源：Wind资讯。

（三）"中特估"成为市场主线，数字经济表现亮眼

探索建立中国特色估值体系对重新认识和发现央企、国企的市场价值具有重要推动作用，特别是2023年国资委对央企考核标准从"两利四率"变为

"一利五率"，新增"净资产收益率"和"营业现金比率"作为考核指标，有望推动央企提高经营绩效与盈利质量，"中特估"成为A股市场2023年上半年的主线。数字经济板块在以"大模型"为代表的通用人工智能领域跨越式发展的刺激下，迎来爆发式增长，围绕"算力、算法、数据"三要素，光模块、GPU芯片等硬件公司，语音、图像等垂直领域的软件公司，以及游戏、影视等内容公司均有不俗的超额收益。2023年前三季度，沪深300年内下跌4.70%，创业板指年内下跌14.61%。分行业看，28个行业指数中17个下跌，其中"通信""传媒"行业指数涨幅超过20%，"计算机"行业指数涨幅超过10%，而"商业贸易""电气设备""休闲服务""农林牧渔""房地产""综合""交通运输""化工"等行业指数跌幅超过10%。总体来看，在智能辅助驾驶和华为概念的拉动下，科技板块表现相对不错，受供给过剩预期的影响，新能源和光伏产业链表现不佳，消费、医药等机构重仓股在没有明显增量资金进场的情况下，仍未有明显起色。从估值来看，由于盈利水平走低，A股整体的市盈率（TTM整体法，下同）从2022年末的16.74倍升至17.34倍，而剔除金融板块的A股市盈率则从25.44倍升至26.71倍，沪深300的估值从11.32倍升至11.52倍，创业板的估值从49.56倍降至46.39倍。

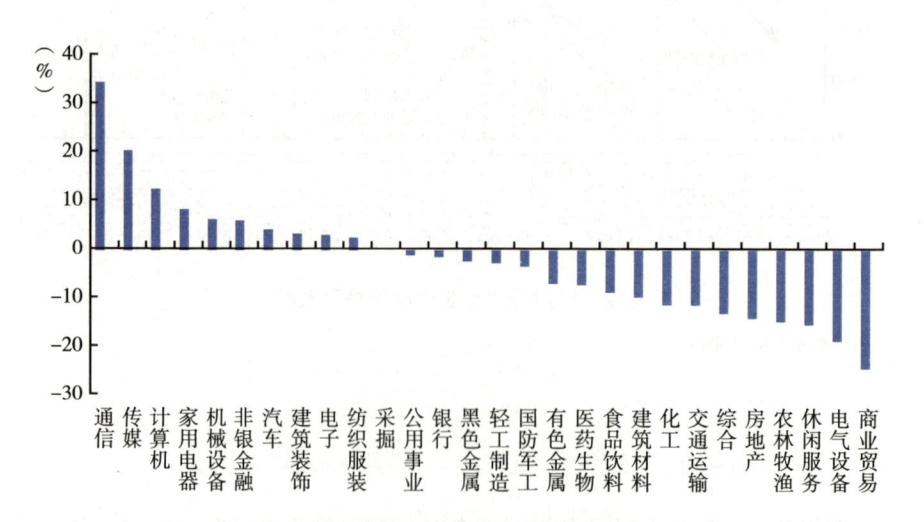

图3　2023年前三季度行业指数涨跌幅

资料来源：Wind资讯。

上证指数在2023年5月一度突破3400点，而后震荡下跌至8月的3053点，上证指数前三季度振幅创A股1991年开市以来的新低，以上证50为代表的大盘股和以中证500为代表的中小盘股均出现不同程度下跌。偏股型基金发行份额自2022年下半年以来一路走低，2023年仅2月和4月的发行份额超过300亿份，而6月、7月和9月的发行份额甚至不足200亿份，基金发行遇冷和市场活跃度不足形成双向负反馈。

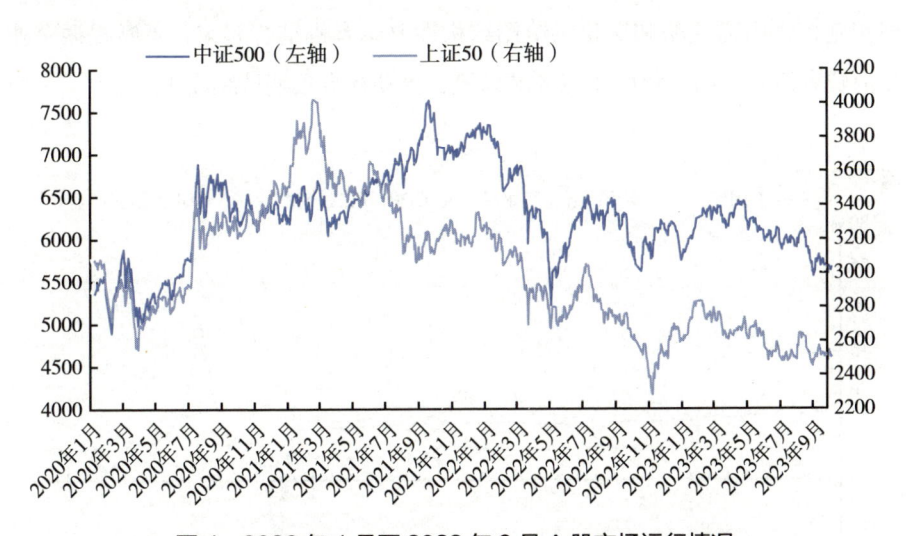

图4 2020年1月至2023年9月A股市场运行情况

资料来源：Wind资讯。

二 中国股票市场运行的宏观经济逻辑

（一）着力扩大国内需求，推动社会预期持续改善

2023年我国经济社会全面恢复常态化运行，总体呈现回升向好态势，2023年第一季度GDP同比增长4.5%，其中二产增长3.3%，三产增长5.4%。但是经济运行好转主要是恢复性的，国内需求仍然不足，经济增长的内生动力尚未得到明显加强，社会预期总体偏弱，特别是作为支柱产业的房地产出

现了明显的供需、价格及政策拐点，在低基数的作用下，第二季度GDP同比增长6.3%，两年平均增长3.3%，其中二产增长5.2%，两年平均增长3.0%，三产增长7.4%，两年平均增长3.4%。总体来看，疫情对制造业和服务业的非对称冲击所造成的非对称复苏仍在持续，疫情防控进入新阶段后服务业更多的是在解决有效供给恢复的问题，而制造业因发达经济体的"脱钩断链"以及衰退预期导致海外订单数量下降，整体面临较大的产能过剩压力。面对经济运行出现的困难挑战，中央加大宏观政策调控力度，着力扩大国内需求，把实施扩大内需战略和深化供给侧结构性改革有机结合起来，不断提振企业和消费者信心，防范化解重点领域风险，推动社会预期持续改善。

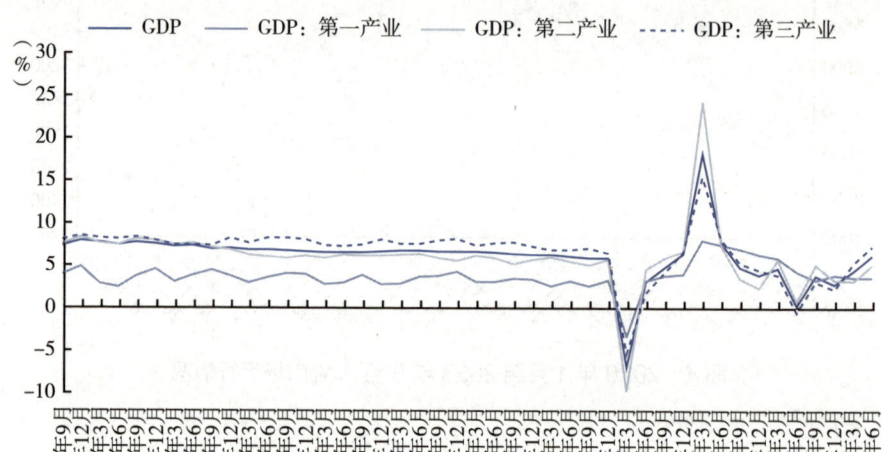

图5　中国GDP增长率（当季同比）

资料来源：Wind资讯。

工业企业在2021年12月进入主动去库存阶段后，营收和利润增速不断下降，PPI自2022年10月以来连续11个月为负，上游原材料价格的走低对中下游制造业企业利润水平的恢复起到了一定的积极作用，工业企业利润总额累计同比降幅自2023年3月以来不断收窄，特别是私营企业利润总额累计同比降幅在 6 月已小于国有企业，为 2021 年以来首次。9 月 PPI 同比下降 3%，与 2021 年 10 月 13.5% 的增速相比有显著回落，工业企业 1~8 月利润总额累计同比下降 11.7%，其中采矿业利润总额累计同比增速从年初的 −0.1% 回落至 −20.5%，制造业从 −32.6% 回升至 −13.7%，国有及国有控股工业企业从 −17.5% 回升至 −16.5%，私营工业企业从 −19.9% 回升至 −4.6%。如果以利润总额累计值计算同比增速，1~8 月国有及国有控股工业企业同比下降 16.7%，私营工业企业同比下降 16.5%。与累计同比增速相比，国有企业增速变慢 0.2 个百分点，私营企业增速变慢 11.9 个百分点，私营企业两者的增速差距相比上年同期增加 11.2 个百分点，说明大中型私营企业的经营状况仍不及预期。2023 年 8 月以来，工业企业经营状况出现了积极变化，有结束主动去库存进入被动去库存的迹象，2023 年 3~5 月表现出来的被动去库存更多的是上年上海因疫情而短暂被动补库存的影响，8 月我国工业企业营收当月同比增速实现三个月以来首次转正，工业企业利润当月同比增速更是实现自 2022 年下半年以来的首次转正，同比增长 17.2%。

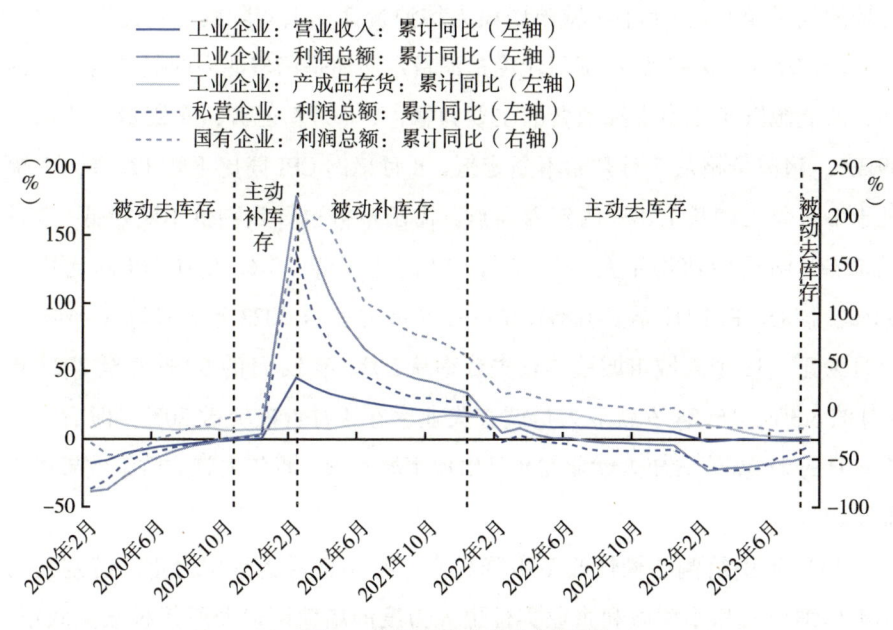

图 6　中国工业企业库存周期

资料来源：Wind 资讯。

工业企业杠杆率进一步上升，私营和国有工业企业资产负债率2023年1~8月分别为60.3%和57.7%，较上年同期分别提升1.4个和0.2个百分点，制造业企业整体的资产负债率保持在56.9%。居民部门的杠杆率上升速度进一步放缓，2023年前三季度，居民新增短期贷款1.42万亿元，新增中长期贷款1.74万亿元，居民新增贷款规模相比上年同期减少2500亿元，为2015年以来的新低，2023年4月和7月居民新增短期和中长期贷款均降为负数，说明居民提前还款的行为仍时有出现，上半年个人购房贷款余额减少2000亿元，为2012年有数据以来首次转负，上年同期新增个人购房贷款0.54万亿元。对房价预期的转变以及对收入预期的转弱，使得居民部门加杠杆变得愈发谨慎，尽管房地产政策进行了适时优化调整，但放开限购、降低首付比例和存量贷款利率很难完全扭转居民部门的收缩预期，1~8月房地产开发投资同比下降8%，商品房销售面积同比下降7.1%，商品房销售额同比下降3.2%。国内需求收缩压力较大，社会消费品零售总额当月同比增速3~5月保持在10%以上，6月降至3.1%，7月仅为2.5%，8月小幅回升至4.6%，但这3个月增速均不及5%，上半年城镇居民人均消费性支出实际累计同比增长7%，两年平均增长3.0%，居民部门无论是消费意愿还是消费能力的提升均不及预期。新能源汽车成为支撑消费的主要力量，1~8月新能源汽车销量同比增长39.2%。猪肉价格从5月开始不断走低，8月猪肉CPI同比下降17.9%，大幅低于1月同比增长11.8%的年内高点。需求不振也导致物价不断走低，3月以来CPI同比增速均不及1%，7月CPI同比下降0.3%，8月CPI同比增长0.1%，核心CPI同比增长0.8%，CPI-PPI剪刀差自2022年8月以来连续13个月为正。31个大城市城镇调查失业率从2022年12月的6.1%降至2023年8月的5.3%，16~24岁就业人员调查失业率在4月首次突破20%，而后上升至6月的21.3%，青年人就业在8月出现明显改善，青年人就业政策效果逐步显现。

2023年供给侧结构性改革中降成本、补短板成为重中之重。特别是对小规模纳税人和小型微利企业实行更大力度的增值税以及所得税减免政策，2023年上半年全国新增减税降费以及退税缓费9279亿元，月销售额10万元以下的小规模纳税人免征增值税政策新增减税 2148 亿元，小规模纳税人征收率由 3% 降至 1% 政策新增减税 822 亿元，小型微利企业减征所得税政策新增减税 793 亿元。继续加大对企业开展研发活动的税收激励力度，所有类型企业的研发费用均按照 100% 的比例在税前加计扣除，无形资产成本均按照 200% 的比例在税前摊销，集成电路企业和工业母机企业两者比例在 2027 年底前将进一步分别提高至 120% 和 220%。

（二）全球发达经济体放缓加息步伐，争取实现经济"软着陆"

2022 年在有史以来最为激进的加息政策影响下，发达经济体的通胀得到了一定程度的控制，俄乌冲突进入僵持阶段，对大宗商品价格以及全球供应链的冲击减弱，全球产业链正在进入新的平衡阶段。美国经济增速有所放缓，2023 年第一季度和第二季度 GDP 环比（折年）增长分别为 1.72% 和 2.38%，失业率持续低于 4%，但仍小幅震荡走高，从 1 月的 3.4% 增长至 8 月的 3.8%，CPI 总体呈现回落态势，从 1 月的 6.4% 降低至 6 月的 3.0%，但 7 月开始略有回升，8 月 CPI 小幅增长至 3.7%。制造业景气指数持续回落，美国供应商协会（ISM）制造业 PMI 自 2022 年 11 月以来已连续 10 个月低于荣枯线水平，2023 年 6 月降至 46.0，为 2020 年 5 月以来的新低，服务业景气度相对较好，2023 年 1~8 月始终保持在荣枯线以上。欧洲经济出现明显失速，作为欧洲经济的"火车头"，德国第一季度和第二季度 GDP 同比增速分别为 0.1% 和 -0.6%，而同期欧元区 GDP 同比增速分别为 1.4% 和 0.1%。欧元区 9 月调和 CPI 同比增长 4.3%，相较于 2022 年 10 月 10.6% 的水平明显降低，7 月 PPI 同比下降 7.6%，与 2022 年 8 月 43.4% 的增速相比大幅回落，经济景气度持续下降，制造业 PMI 自 2022 年 7 月以来连续 14 个月低于荣枯线水平，2023 年 7 月降至 42.7，为 2020 年 5 月以来的新低，服务业 PMI 尽管在 2023 年 1~7 月保持在荣枯线以上，但 8 月降低至 47.9，连续 4 个月下降。

图7 美国和欧元区PMI

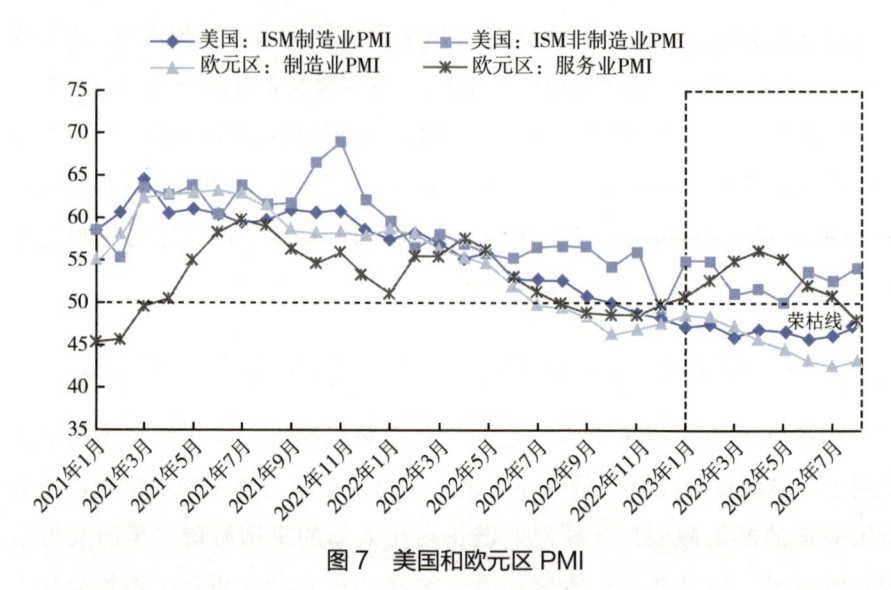

资料来源：Wind资讯。

美联储在2022年连续7次加息，美国联邦基金目标利率由2022年初的0~0.25%上升至4.25%~4.50%，全年共加息425个基点。美联储在2022年的快速加息已经造成配置大量美国国债等长期资产的中小银行被储户集中挤兑后倒闭破产，特别是3月硅谷银行的倒闭造成严重的连锁反应，美国财政部、美联储和美国联邦存款保险公司不得不宣布全额保护硅谷银行储户的存款，以稳定市场信心。2023年面对好于预期的经济增速和逐步走低的通胀水平，美联储放缓了加息步伐，前三季度加息4次共100个基点，联邦基金目标利率进一步上升至5.25%~5.50%，为2001年4月以来的最高水平，其中6月和9月两次暂缓加息，预计年内仍可能有一次25个基点的加息，2024年开始降息。美联储3月因硅谷银行倒闭一度暂停缩表，并重新扩表，而在中小银行流动性危机解除后继续加速缩表，2023年4~9月美联储缩表规模已超过7000亿美元。但是由于强势美元带来资金回流的影响，美元流动性并未出现明显收缩，特别是2023年1~7月美元兑欧元的持续贬值，使得欧洲美元市场上抛售美元的力量持续壮大，有效维持了美元的流动性水平。由于美国国债收益率曲线持续倒挂，3月期与10年期美债创下1962年有记录以来的最长连续单日倒挂纪录，美联储上半年亏损达到573.84亿美元，预计全年亏损超1000亿元，为1915年以来的第一次亏损。美国10年期国债收益率持续走高，在9月底已突破4.6%，与中国10年期国债收益率的差距不断拉大，美元兑人民币汇率不断走高，从1月中旬的6.70一路上升至9月初的7.36。欧洲央行从2022年7月开启加息进程，2022年加息4次共250个基点，欧元区基准利率从0%上升至2.5%，2023年前三季度加息6次共200个基点，欧元区基准利率进一步上升至4.5%。英国央行在2022年加息8次共325个基点，2023年前三季度加息5次共175个基点，英国基准利率已升至5.25%。日本央行仍然坚持宽松政策，2023年继续保持政策目标利率为-0.1%，持续购买日本国债，并将日本10年期国债收益率维持在0%左右，美元兑日元汇率已由年初的130左右上升至9月底的150左右。鉴于通胀数据仍未达到2%的目标水平，而失业率数据也未大幅走高，除日本以外的主要发达经济体将继续在2023年保持加息态势，但加息步伐明显放缓，以便尽最大可能争取经济"软着陆"。

图8　2022年1月至2023年9月中美10年期国债收益率及美元兑人民币汇率走势

资料来源：Wind资讯。

由于全球经济增速普遍放缓，商品市场表现较弱，前三季度CMX黄金上涨1.51%，白银下跌6.38%，LME铜下跌1.16%，LME铝下跌1.20%，而能源市场表现出现分化，布伦特油上涨10.98%，纽约天然气下跌34.53%，纽卡斯尔动力煤下降58.92%。波罗的海干散货指数大幅震荡，自2022年底的1500点一路下行至2023年2月中旬的530点，而后反弹至3月中旬的1600点，随后下滑至7月下旬的970点，8月初开始反弹，9月底涨至1700点，上海出口集装箱运价指数在900~1000点的区间窄幅震荡，相较于2022年初的5100点差距显著。美国、欧盟和日本的出口增速出现明显下滑，1~7月美国出口同比下降3.46%，欧盟出口同比增长2.57%，日本出口同比增长2.88%。

（三）精准有力实施稳健的货币政策，搞好逆周期和跨周期调节

2023年央行加大了逆周期和跨周期调节力度，稳健的货币政策更加精准有力，能更好发挥货币政策工具的总量和结构双重功能，加快经济良性循环，有效防控金融风险，为实体经济向好回升创造了适宜的货币金融环境。央行年内两次降准，3月和9月先后全面降准0.25个百分点，加权金融存款准备金率降至7.4%左右，共释放中长期流动性超万亿元。综合运用再贷款再贴现、中期借贷便利、公共市场操作等多种方式释放流动性，保持流动性合理充裕。MLF在第一季度增量续作5590亿元，中标利率为2.75%，第二季度增量续作820亿元，6月中标利率下降10个基点至2.65%，第三季度增量续作1950亿元，8月中标利率进一步下降15个基点至2.50%。7天逆回购中标利率在8月下调10个基点至1.8%，14天逆回购中标利率在9月下调20个基点至1.95%。货币供应量保持较快增长，M2增速自2022年4月以来连续17个月保持在两位数以上，但同比增速自2月的12.9%逐步回落至8月的10.6%。央行持续发挥结构性货币政策工具的作用，6月增加支农支小再贷款、再贴现额度2000亿元，延续实施普惠小微贷款支持工具、碳减排支持工具以及支持煤炭清洁高效利用专项再贷款等阶段性政策工具，普惠养老等专项再贷款继续发挥引导作用，科技创新再贷款、设备更新改造再贷款以及交通物流专项再贷款已到期退出，结构性货币政策工具"聚焦重点、合理适度、有进有退"，对结构性矛盾突出领域延长

实施期限，持续加大对小微企业、科技创新和绿色发展等支持力度，截至第二季度末，结构性货币政策工具余额 6.87 万亿元。

央行积极发挥政策利率引导作用，持续推动实体经济融资成本稳中有降，前三季度两次引导贷款市场报价利率（LPR）适度下行，6 月 1 年期和 5 年期 LPR 均下调 10 个基点分别至 3.55% 和 4.20%，8 月 1 年期 LPR 单独下调 10 个基点至 3.45%，持续释放 LPR 改革效能，6 月贷款加权平均利率为 4.19%，同比下降 0.22 个百分点，其中企业贷款加权平均利率为 3.95%，同比下降 0.21 个百分点，处于历史最低水平。为了适应房地产市场供求关系发生重大变化的新形势，央行适时调整优化房地产政策，建立新发放首套住房个人住房贷款利率政策动态调整长效机制，在 8 月底调整优化差别化住房信贷政策并降低存量首套住房贷款利率，存量首套房贷利率平均下降约 0.8 个百分点，覆盖超过 4000 万客户的 25 万亿元贷款，有效减轻了居民的房贷利息负担。货币市场短期资金成本保持低位震荡，3 个月 Shibor 从 3 月的 2.5% 下降至 7 月的 2.0%，而后回升至 9 月的 2.3%，银行间市场 7 天期回购利率（DR007）也从年初的 2.0% 左右下降至 8 月的 1.7% 左右，而后回升至 9 月的 2.0% 左右。央行在 2023 年第二季度货币政策执行报告中指出，发达经济体快速加息的累积效应持续显现，要构建金融有效支持实体经济的体制机制，深化利率汇率市场化改革，以我为主兼顾内外平衡。

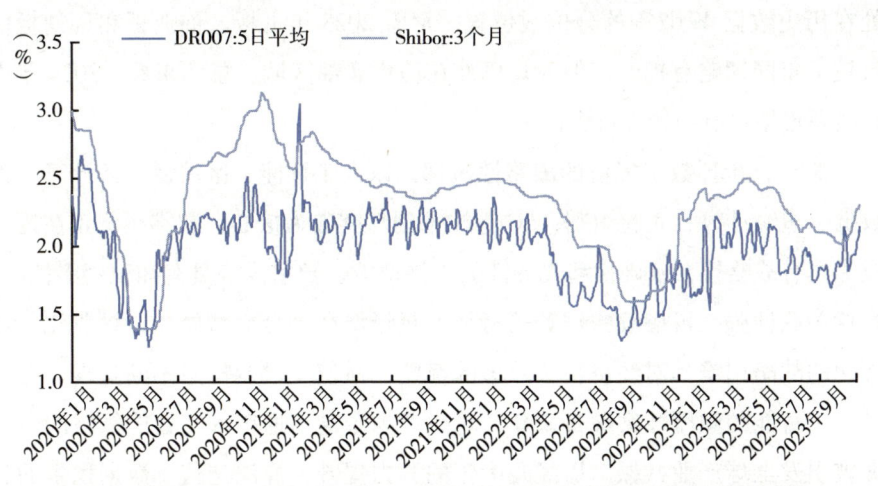

图 9　2020 年 1 月至 2023 年 9 月短期资金利率水平和产业债信用利差

资料来源：Wind 资讯。

三 2024年中国股票市场展望

展望2024年，加快建设中国特色现代资本市场将进一步紧扣实现中国式现代化这条主线，有力推动我国经济高质量发展。在新一轮科技革命和产业变革当中，充分发挥好股票市场风险共担、利息共享的机制作用，精准高效服务实体经济，支持科技创新，助力现代化产业体系建设，对推动创新链、产业链、资金链、人才链深度融合，畅通"科技—产业—金融"良性循环具有重要意义。我国资本市场的功能将不断健全，通过促进投融资动态平衡，稳步扩大制度型开放，更好推动国民经济实现平稳健康运行。随着经济向好回升，资本市场的活跃度有望不断提高，投资者信心将不断增强。

从估值来看，2023年9月底上证A股的市盈率（TTM，下同）为13.46倍，居历史月份第313位，处在历史数据80.67%的分位数位置；深证A股的市盈率为35.15倍，居历史月份第243位，处在历史数据62.63%的分位数位置；沪深300的市盈率为11.52倍，居历史月份第173位，处在历史数据77.93%的分位数位置；创业板的市盈率为46.39倍，居历史月份第138位，处在历史数据82.14%的分位数位置；科创板的市盈率为68.83倍，居历史月份第25位，处在历史数据49.02%的分位数位置。尽管2023年主板、创业板和科创板估值较上年同期略有提升，但大盘仍处在历史底部区域。总体来看，2024年中国股票市场仍有结构性机会。

第一，抢抓数字经济的战略性机遇。以人工智能、区块链、云计算、大数据、边缘计算、人脸识别、5G等技术创新突破为核心，数字经济正在逐步成为具有战略性、基础性和先导性的支柱产业。数字经济具有知识密集性高、产业关联性强、可持续快增长的特征，是经济社会全面智能化、绿色化、融合化的战略引擎，对经济社会发展的赋能、赋值、赋智作用不断显现。特别是人工智能的颠覆性突破带来新一轮生产力革命，通用人工智能领域的重大突破引发全球产业共振。历经几十年的算力提升、算法迭代、数据积累的三浪叠加创造了又一个人类发展史上的"奇迹"，通用人工智能时代已经到来，正在持续引发产业"核爆点",以"算力、算法、数据"为核心的人工智能正在带来生产方式的全新变革。算力资源需求持续旺盛,随着算力进入多样化时代,算力资源从集中的部署方式走向多极化,开放性、低成本、普适性算力成为未来方向,非结构化数据日益剧增,要求适配不同形态的算力,算力产业有望保持高景气度。新型数字基础设施建设将面临快速提挡升级,算网融合、算力与各类传统业务数字化转型的螺旋式推进,将夯实各类传统行业数智化转型底座,加速传统行业的数字化转型。数字化应用场景不断拓展,产业生态进一步拓展,数字技术在生产、生活、生态等领域加速渗透融合,我国在应用领域的优势有望进一步扩大。围绕华为产业链,加快解决算力芯片的"卡脖子"问题,将成为资本市场关注的重点。

第二,拥抱绿色低碳的时代浪潮。全球至今已有136个国家提出了"碳中和"目标,覆盖全球88%的温室气体排放、90%的世界经济体量和85%的世界人口,绿色竞争力已经成为产业的核心竞争力。从供能侧来看,太阳能、风能、生物质能等新能源产业市场空间广阔,氢能和新型储能发展潜力巨大,数字能源产业更是在对智能化、稳定性提出更高要求的新型电力系统建设下打开了增长空间。从用能侧来看,工业、交通、建筑等主要领域对节能减排的需求不断增加,量大面广的节能环保产业在低碳化要求下进入高速增长阶段,新能源汽车产业链成为新爆点。从服务侧来看,碳市场的发展进一步推动了与"双碳"发展相关的技术服务、金融服务、专业服务等服务产业的发展。新能源汽车产业呈"井喷"发展之势,2023年我国新能源汽车销量有望达到900万辆,占全球的60%,新能源汽车渗透率加速提升。我国新能源汽车产业已经进入规模化、高质量的快速发展新阶段,不断拉长的产业链条带来新的市场增量与机遇,吸引了大量来自互联网和消费电子等领域的跨界企业入局,带来巨大机遇。碳计量、碳金融等新型服务业快速崛起。国内碳达峰碳中和工作加速推进,多地先后公布绿色低碳转型、"双碳"工作最新举措,碳服务行业悄然兴起并呈快速发展之势,未来基于碳中和的专业服务商将继续呈快速崛起态势,无论是碳排放核查第三方机构,还是碳金融服务、碳咨询服务都将具备广阔的发展空间。

第三，坚定生物医药的发展使命。生物医药产业是多学科、多行业交叉的知识密集型与资本密集型产业，并且涉及生命科学、医学、药学、机械、电子、材料等行业领域。特别是随着人民生活水平的提高，对高值医疗器械的需求正在迅速增加。在行政审批权限逐步下放至省级和市级的背景下，医疗器械作为国家和省市产业发展的重点，已经成为生物医药产业中发展速度最快的细分领域。我国医疗器械产业处于创新发展黄金期，研发设计与生产制造能力持续提升，产品力向全球领先水平靠拢，叠加国产支持政策的推动，以及集采、支付体系改革的倒逼，加快创新成为医疗器械产业的重要特征。新医改下，国产替代浪潮汹涌，经历国家、省市联盟集采，成本控制愈发成为整个行业提升竞争力的核心关注点，从而推动国产渗透率快速提升。同时要高度关注未来生物医药产业所可能涉及的重点领域，包括人工智能等数字技术在生物医药领域的应用、重组抗体技术、小分子抑制剂技术、高通量测序技术、药物偶联物技术、治疗性基因编辑技术、细胞治疗技术、新型药物递送技术、免疫检查点抑制剂以及脑机接口技术等。

总体来看，随着2023年政策底和盈利底的明晰，A股的情绪底和市场底也将大概率得到确认，2024年基本面和资金面的积极因素有望不断增多，投资者不宜过度悲观，但是仍要重视风险管理，牢固树立长期投资、价值投资理念，中国特色现代资本市场长期向好的趋势没有改变。

参考文献

习近平：《加强基础研究 实现高水平科技自立自强》，《求是》2023年第15期。

国家发展和改革委员会、工业和信息化部、财政部、中国人民银行：《关于做好2023年降成本重点工作的通知》，https://www.ndrc.gov.cn/xxgk/zcfb/tz/202306/t20230613_1357541.html，2023年5月31日。

中国人民银行货币政策分析小组：《2023年第二季度中国货币政策执行报告》，2023年8月17日。

产业经济与高质量发展

B.12
2023年中国农业经济形势分析与2024年展望

张海鹏 全世文 杨 鑫 朱文博[*]

摘 要： 2023年，面对极端天气灾害、国际地缘政治冲突等不利因素，中国农业经济呈现稳步向好发展格局，粮食和重要农产品生产供给稳定增长，食物市场价格处于合理区间，涉农服务业恢复性增长，食物零售方式逐渐多元化，农村居民收入稳步提升、消费提质升级，居民收支城乡差距缩小，很好地发挥了"压舱石"作用。2024年，中国农业经济将继续保持稳中有进的发展态势，主要农产品供给更加丰足，食物市场价格基本稳定，涉农产业全面恢复增长，农业高质量发展的基础将更加牢固。

---

[*] 张海鹏，中国社会科学院农村发展研究所副所长、研究员，主要研究方向为农村发展、城乡关系、林业经济理论与政策等；全世文，中国社会科学院农村发展研究所副研究员，主要研究方向为农业政策分析、食物经济管理、农产品市场与价格、环境价值评估等；杨鑫，中国社会科学院农村发展研究所助理研究员，主要研究方向为食物经济、水资源利用与管理、农业经济理论与政策等；朱文博，中国社会科学院农村发展研究所助理研究员，主要研究方向为食物经济、食物消费与营养健康、粮食安全等。

经济蓝皮书

关键词： 农业经济　农产品　涉农产业　农村居民

一　2023年中国农业经济形势与特征

2023年农林牧渔经济增速趋缓。受小麦"烂场雨"、华北东北局部洪涝、西北局部干旱等自然灾害影响，叠加国内外需求不足导致的农产品价格低迷，前三季度农林牧渔业同比增长仅为3%。第一产业增加值56374.5亿元，按不变价同比增长4%，对GDP的贡献率为5%，略高于2019年之前的同期贡献率。以上年同期为基准，第二、第三季度农产品生产者价格指数分别为99.6和96.2。考虑到第四季度农产品价格大幅上涨的可能性不大，预计2023年农林牧渔经济同比增速将出现明显回落，农业增产和农民增收之间的政策张力有所扩大。

（一）粮食和重要农产品生产形势良好

2023年，各地严格落实耕地保护和粮食安全党政同责，启动粮油等主要作物大面积单产提升行动，持续加大粮食生产支持力度，强化生猪产能调控，实现粮食和重要农产品生产供给稳定增长。

粮食产量再创历史新高。首先，夏粮丰收、早稻增产，为稳定全年粮食生产奠定了良好的基础。夏粮播种面积增长0.3%，单产下降1.2%，总产量下降0.9%，达到14613万吨，处历史第二高位。夏粮单产下降的主要原因是，河南持续降雨时间与小麦成熟收获期叠加重合，以及抢收夏粮时农机供应与调配不及时，造成大面积小麦生芽坏死。早稻播种面积下降0.5%，单产增长1.2%，总产量增长0.8%，达到2833.7万吨，连续第四年增产。早稻播种面积下降，主要是因为2022年南方地区秋冬连旱，部分"稻稻油"产区油菜生育期推迟，茬口紧张，影响早稻适时移栽，播种面积下降。其次，大豆扩面积、提单产取得明显成效。长期以来，中国大豆产需缺口较大，自给率维持在20%以下。2023年是实施大豆油料产能提升工程的第二年，中央一号文件强调加力扩种大豆油料。春播前国家出台支持大豆生产的"豆十条"措施，重点支持推广大豆玉米带状复合种植模式。农业农村部制定"两扩两提"目标，将大豆油料生产目标纳入粮食安全党政同责考核内容，印发大豆单产提升三年行动具体方案，聚焦 100 个大豆主产县，整建制推进单产提升。2023 年，大豆面积稳中有增，连续两年稳定在 1.5 亿亩以上；大豆大面积单产提升成效初显，100 个主产县亩均增产 30 斤左右，单产提升对总产增加的贡献率超过 70%。最后，秋粮增产已成定局。秋粮播种以来气候条件稳定，总体气候适宜度高于或持平于 2022 年和近五年平均值。在增加秋粮播种面积的基础上，实施大面积单产提升行动，其中 300 个重点县单产提升对粮食丰收的贡献率达到 73%。玉米面积扩大对秋粮增产发挥了关键作用。截至 2023 年 11 月 7 日，全国秋粮收获已完成 94.7%，丰收在望。预计 2023 年粮食生产可以实现"以秋补夏"，有望再创历史新高，连续 9 年保持在 1.3 万亿斤以上。

猪肉产量处于近年高位。2023 年前三季度，全国生猪出栏 53723 万头，同比增加 1693 万头，增长 3.3%；第一、二、三季度生猪出栏同比分别增长 1.7%、3.7%、4.7%，增幅逐季扩大。前三季度，全国生猪存栏 44229 万头，同比减少 166 万头，下降 0.4%；环比增加 711 万头，增长 1.6%。其中能繁母猪存栏 4240 万头，同比减少 121 万头，下降 2.8%；环比减少 56 万头，下降 1.3%。2023 年以来，全国能繁母猪存栏量始终高于正常保有量，并且母猪生产效率提升，在以上两个因素共同作用下，猪肉产量处于近年同期高位，前三季度全国猪肉产量达 4301 万吨，同比增加 151 万吨，增长 3.6%。生猪生产已形成惯性增长，猪肉市场供应较为充足。

全国"菜篮子""油瓶子"重点农产品供应充足。2023 年前三季度，全国牛羊生产保持稳定，禽肉禽蛋牛奶产量增加。其中，牛肉产量 509 万吨，增长 5.0%；羊肉产量 364 万吨，增长 5.2%；禽肉产量 1800 万吨，增长 4.0%；禽蛋产量 2552 万吨，增长 2.1%；牛奶产量 2904 万吨，增长 7.2%。花生、油葵等其他油料作物产量保持基本稳定。夏收油菜籽面积、产量实现双增，预计冬油菜面积超过 1 亿亩，产量达到 1450 万吨以上，面积和产量均创新高。蔬菜水果供给增加，10 月上旬全国蔬菜在田面积 1 亿多亩，同比增加 140 多万亩。

（二）粮食和主要农产品价格呈现结构波动趋势

谷物生产者价格指数呈现"V"形走势。玉米价格3~5月下跌明显，主要原因是市场主体出货积极性提升，终端养殖及深加工行业持续亏损，供强需弱及替代品价格优势导致玉米价格进入下行通道。6~8月新季玉米尚未上市，市场中间库存偏低，下游企业对东北粮的采购意向较强，贸易商积极挺价，带动玉米价格震荡上涨。随着9月新季玉米开始上市，且存在丰产预期，玉米价格呈现季节性下跌。小麦价格2~5月持续震荡下跌，原因是基层农户货源余量大于往年同期，轮换粮及最低收购价小麦也持续轮出补充市场，而终端面粉需求不佳，面粉企业小麦采购不积极，饲料替代也较少，需求疲软，价格持续走低。6~8月小麦价格震荡走高，尤其是8月涨幅明显，主要原因在于面粉经销商备货积极，制粉需求阶段性增加，支撑小麦价格快速上涨，9月基本稳定运行。稻米市场呈现先稳后涨趋势。9月底新稻逐渐上市后，多数产区新稻价格同比走高，随着10月上旬上市量增加，价格有所回落。但由于新粮销售进度偏慢，且部分米厂仍有刚性补货需求，叠加部分产区贸易主体收购建库，共同带动稻米价格出现阶段性反弹。前三季度国内大豆市场呈现震荡下行趋势。1~4月大豆价格持续下行，5月中旬触底反弹后，6~8月盘整走高，9月下旬随着新粮上市价格再次转入下行通道。前三季度大豆市场偏弱运行，反弹上涨机会较少，原因在于2022年国产大豆产量创历史新高，且进口货量亦较上年有所增加；供应增量较大，但需求增长乏力，供大于求格局使得市场承压明显。

猪肉价格整体处于近年同期低位水平。第三季度猪肉集贸市场均价为24.97元/公斤，同比下跌27.3%。2023年正处于生猪产能释放期，生猪出栏量偏多；同时，因前期养殖端有一定惜售意向，生猪宰后均重同比上升，导致猪肉供应增幅明显。第三季度终端消费虽有一定好转，但幅度有限；同时低价冻品对鲜猪肉销售产生一定冲击，猪肉消费低于市场预期。总体来看，供应增幅大于需求增幅，是前三季度国内猪肉价格低位运行的根本原因。

国内产地蔬菜均价呈现先涨后跌趋势。蔬菜均价6月为高点,9月为低点。

截至 9 月底，全年均价 2.4 元 / 斤，较上年同期上涨 0.54 元 / 斤，涨幅 29%，处于近年同期偏高水平，主要原因是蔬菜需求整体有所恢复，市场供不应求。第三季度随着供应恢复到近年同期偏高水平，蔬菜整体供应偏宽松，但餐饮行业需求减弱，导致蔬菜价格逐步走低。

（三）农产品进口持续增长

农产品贸易逆差扩大。前三季度，中国农产品进出口总额 2510.3 亿美元，同比增加 1%。其中，出口额 722 亿美元，同比增加 0.4%；进口额 1788.3 亿美元，同比增加 1.8%；贸易逆差 1066.3 亿美元，同比增加 2.5%。农产品贸易在货物贸易中占比为 5.7%，同比提高 0.5 个百分点。

大豆进口增加带动粮食进口扩大。前三季度，中国粮食进口 11999 万吨，同比增加 5.5%，进口额 634.1 亿美元，同比增加 0.7%，进口均价 528.5 美元 / 吨，同比上涨 45.7%。其中，大豆是进口量最多的粮食产品，进口 7779.9 万吨，占粮食总进口量的 64.8%，同比增加 14.4%，进口额 475.1 亿美元，同比增加 3.7%，进口均价 610.6 美元 / 吨，同比上涨 38.5%。1~8 月，稻谷及大米进口量 202 万吨，同比减少约 55.8%。1~9 月，粮食出口 175.9 万吨，同比减少 23.0%，出口额 12 亿美元，同比减少 9.4%，出口均价 683.1 美元 / 吨，同比上涨 79.8%。其中，稻谷及大米是出口量最多的粮食产品，出口 107 万吨，占粮食总出口量的 60.8%，同比减少 33.4%，出口额 5.9 亿美元，同比减少 14.0%，出口均价 554.2 美元 / 吨，同比上涨 96.9%。

食用油进口大幅增长。前三季度，中国食用油进口 846 万吨，同比增加 74.2%，进口额 95.8 亿美元，同比增加 25.9%，进口均价 1132.8 美元 / 吨，同比上涨 10.1%。其中，棕榈油进口 309 万吨，同比增加 72.9%，进口额 28.6 亿美元，同比增加 22.9%，进口均价 924.1 美元 / 吨，同比上涨 7.1%；菜籽油及芥子油进口 163 万吨，同比增加 1.3 倍，进口额 19.3 亿美元，同比增加 68.1%，进口均价 1181.9 美元 / 吨，同比上涨 14.1%；豆油进口 28 万吨，同比增加 29.7%，进口额为 3.4 亿美元，同比增加 8.9%，进口均价 929.2 美元 / 吨，同比上涨 29.9%。

肉类进口稳步增长。前三季度，中国肉类进口571万吨，同比增加5.6%，进口额215.2亿美元，同比减少7.0%，进口均价3768.2美元/吨，同比上涨34.3%。其中，猪肉进口127万吨，同比增加4.4%，进口额29.8亿美元，同比增加16.3%，进口均价2343.8美元/吨，同比上涨70.8%；牛肉进口204万吨，同比增加4.8%，进口额108.1亿美元，同比减少17.2%，进口均价5299.6美元/吨，同比上涨20.3%；羊肉进口32.9万吨，同比增加20.4%，进口额3.3亿美元，同比减少14.8%，进口均价4236.7美元/吨，同比上涨8.6%。前三季度，中国肉类出口30万吨，同比增加2.6%，出口额14.0亿美元，同比减少1.8%，出口均价4678.2美元/吨，同比上涨49.8%，高于进口均价910美元/吨。

蔬菜及食用菌出口扩大。前三季度，中国蔬菜及食用菌出口745万吨，同比增加12.7%，出口额95.8亿美元，同比增加6.4%，出口均价1286.5美元/吨，同比上涨44.3%。其中，蔬菜及食用菌以出口鲜或冷藏蔬菜为主，占蔬菜及食用菌总出口量的67.1%，同比增加17.6%，出口额48.6亿美元，同比增加11.6%，出口均价971.4美元/吨，同比上涨44.8%。

（四）涉农工业增长趋缓

2023年前三季度，中国饲料、精制食用油、鲜（冷）藏肉、乳制品、啤酒、饮料产量分别累计增长2.4%、6.3%、11.5%、3.8%、2.1%、3.5%，成品糖、白酒、葡萄酒产量分别累计下降16%、9.0%、14.5%；食品制造业、纺织业、医药制造业的工业产能利用率累计值分别为69.9%、76.4%、74.8%，比上年同期分别下降1.7个、1.2个、0.1个百分点。前三季度，农副食品加工业，食品制造业，酒、饮料和精制茶制造业的增加值累计同比增长分别为0.4%、2.9%、-0.2%（见图1），比2022年同期水平下降1.5个、0.6个、8.4个百分点。到8月，食品工业的亏损企业比重为27.6%，亏损总额累计同比增长24.1%，利润总额累计同比下降20.3%。前三季度，纺织业、木材业、造纸业、医药制品业等重点非食品工业增加值累计分别同比增长-1.3%、-3.1%、1.1%、-5.2%。8月，重点非食品工业的亏损企业比值为 25.4%，亏损总额累计同比增长 15.3%，利润总额累计同比下降 24.6%。前三季度，食品工业和重点非食品工业的工业生产者出厂价格指数均小于 100，农副产品类和纺织原料类的工业生产者购进价格指数大部分时间处于 100 以下（见图 2）。食品工业的工业生产者出厂价格指数在 6 月后逐步提高，拉动农副产品类工业生产者购进价格指数回暖。同时，在重点非食品工业产品价格稍微平稳后，棉花等农产品易储的优势显现，企业扩大存货，纺织原料类工业生产者购进价格指数也在 6 月逐渐进入上升区间。

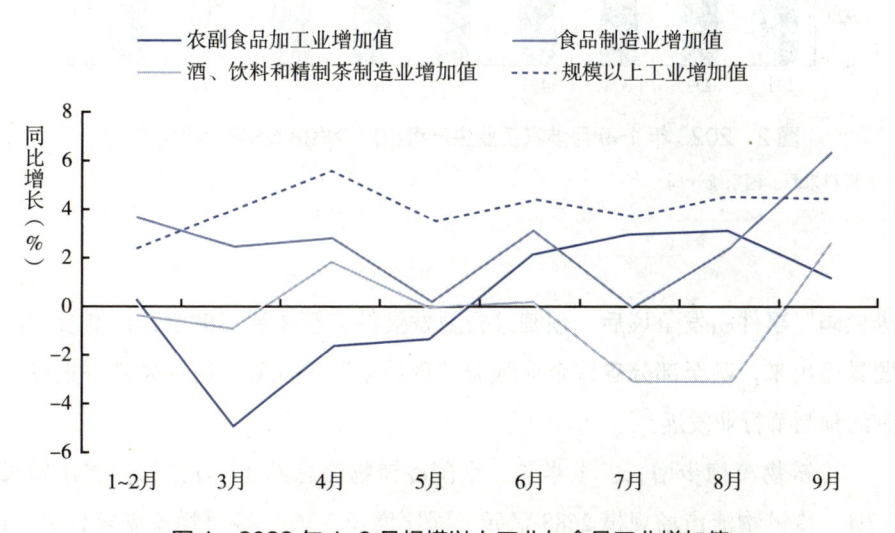

图 1 2023 年 1~9 月规模以上工业与食品工业增加值

资料来源：国家统计局。

预制菜产业进入理性竞争阶段。2022 年预制菜相关企业 7.59 万家，市场规模达 4196 亿元，同比增长 21.3%，增速相对放缓，2023 年上半年新增注册预制菜相关企业仅 1640 余家。从上市企业的第三季度报告看，具有预制菜业务的公司净利润普遍提高，千味央厨、安井食品、立高食品的净利润增长率均超过 60%，三全食品净利润增长率 5%，双汇发展肉制品每吨盈利同比增长 2.6%，龙大美食的预制菜收入同比增长接近 70%。不过，"预制菜第一股"味知香的净利润增长率同比下滑 2.9%，行业内企业发展出现分化。在"预制菜

经济蓝皮书

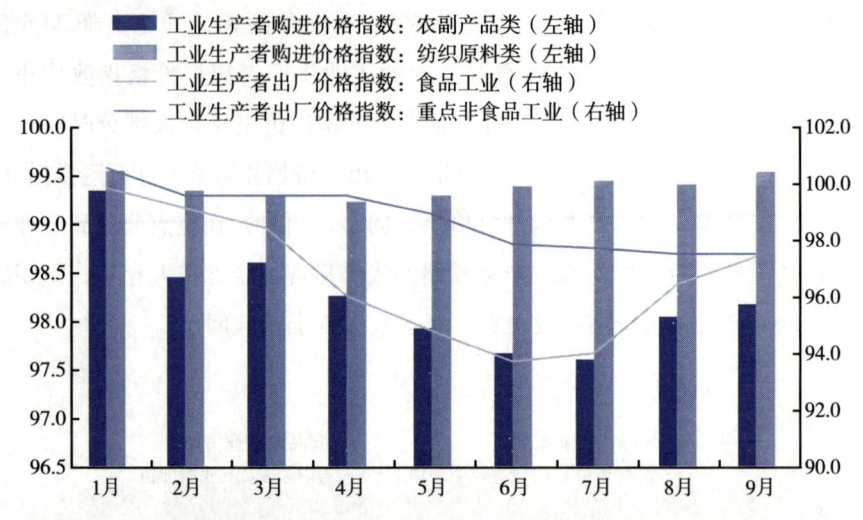

图2 2023年1~9月涉农工业生产者出厂价格指数和购进价格指数

资料来源：国家统计局。

进校园"事件引发争议后，预制菜行业发展的监管体系不健全、标准统一问题暴露出来，甚至部分餐饮企业强调"现炒菜"的现象，这些风险因素可能制约预制菜行业发展。

冷链物流稳步增长。上半年，全国冷链物流总额3.1万亿元，同比增长3.7%；冷链物流市场规模2688亿元，同比增长3.3%；冷链物流需求总量2.1亿吨，同比增长5.2%，保持稳定增长；冷藏车销量同比增长3.75%，全国规模以上冷链物流企业营业收入同比增长15.5%。冷链基础设施投资总额超过186亿元，同比增长8.7%，其中公共型冷库库容新增1043万立方米，同比增长4.4%。

涉农服务业恢复性增长。餐饮业收入快速增长，3~5月平均增长率超过35%，6~9月平均增长率达到14.5%，前三季度同比增长18.7%。前三季度限额以上零售业单位中便利店、百货店零售额同比分别累计增长7.3%、7.9%，超市零售额同比累计增长2.9%。上半年，全国农产品网络零售额0.27万亿元，同比增长13.1%；前三季度全国吃类商品网上零售额同比增长 10.4%，限额以上单位的粮油、食品类零售额累计同比增长 5.3%，限额以上饮料零售额保持同比 2% 的低速增长趋势。食物消费渠道越来越去中心化，呈现从线下消费向线上消费、从聚客大店向便利小店转变的趋势。

（五）农村居民收入和消费稳步提升

2023 年前三季度，农村居民人均可支配收入 15705 元，同比实际增长 7.3%，增速比上年同期提高 3 个百分点，比城镇居民收入增速高 2.6 个百分点。城乡居民收入比为 2.5，比上年同期缩小约 0.1。

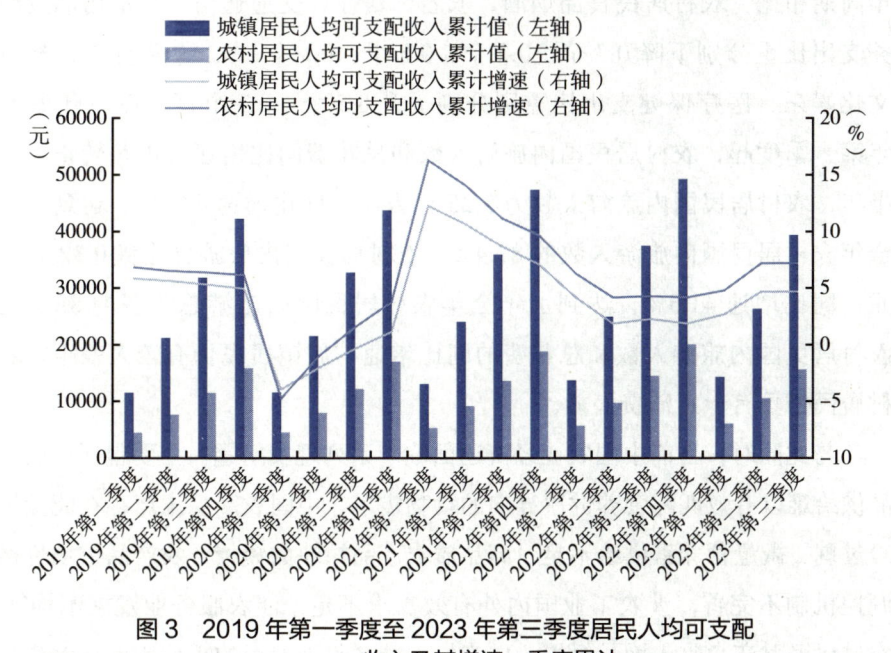

图 3　2019 年第一季度至 2023 年第三季度居民人均可支配收入及其增速：季度累计

资料来源：国家统计局。

农村居民各项收入均稳步增长。2023 年前三季度，农村居民人均工资性收入 7256 元，同比增长 8.3%，占可支配收入的 46.2%；人均经营净收入 4568

元,同比增长5.8%,占可支配收入的29.1%;人均转移净收入3469元,同比增长8.6%,占可支配收入的22.1%。农村居民财产净收入仅占可支配收入的2.6%,同比增长5.5%,与2022年同期相比增速有所下降。农村劳动力外出务工有序恢复,外出务工劳动力收入增速有所提升,第三季度月均收入同比增速比2022年同期提升0.29个百分点。

农村居民消费领域不断拓展。2023年前三季度,农村居民人均消费支出12998元,同比实际增长9.0%,增速比上年同期提升4.7个百分点,比城镇居民人均消费支出增速高0.9个百分点。农村居民各项消费性支出均持续增加,相较于衣食住行用消费,教育文化娱乐、医疗保健支出增速较快。农村居民生存型消费比重下降,发展享受型消费比重有所上升。与上年同期相比,农村居民食品烟酒、衣着、居住、交通通信、生活用品及服务支出比重分别下降0.3个、0.2个、0.5个、0.1个、0.1个百分点,教育文化娱乐、医疗保健支出比重则分别上升0.5个、0.7个百分点。自2023年第一季度起,农村居民国内旅游人数和总花费同比增速均由负转正。上半年,农村居民国内旅游人数为5.25亿人次,同比增速44.2%,达到上年全年农村居民国内旅游人数的87.4%;农村居民国内旅游总花费0.32万亿元,同比增速41.5%,达到上年全年农村居民国内旅游总花费的88.9%。农村居民国内旅游人数和总花费的同比增速与城镇居民仍有较大差距,农村居民仍具有一定消费潜能。

与此同时,当前中国农业经济还面临一系列现实问题,主要包括:农产品供给难以有效匹配营养健康导向的食物需求,中国农产品生产存在能量供给过剩、微量营养素供给不足、高品质农产品短缺的短板;农产品市场价格调控机制不完善;涉农工业国内外有效需求不足,涉农服务业发展不均衡;农村居民财产净收入增长缓慢,成为拉大城乡收入差距的重要因素;农产品国际市场环境不确定性增加,国际市场价格波动加剧;等等。以上这些都给中国农业经济高质量发展带来一定的挑战,需要引起高度重视并采取有效举措加以应对。

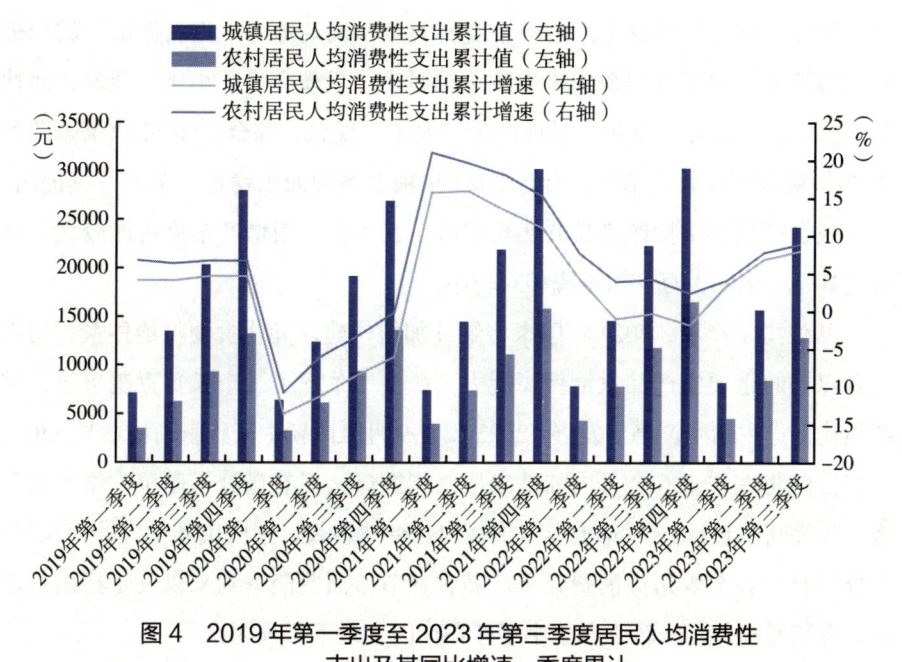

图4 2019年第一季度至2023年第三季度居民人均消费性
支出及其同比增速：季度累计

资料来源：国家统计局。

二 2024年中国农业经济形势展望

近年来，党和国家推动了一系列重要改革举措，推动农业农村高质量发展。2024年，这些改革措施的效果将进一步显现，中国农业经济将继续保持良好的发展态势。

（一）粮食有望继续实现丰收

从粮食生产看，2024年国家将继续紧抓粮食生产，维持稳住面积、主攻单产、力争多增产的大方针。将继续实行更加严格的耕地保护和用途管控政策，预计出台粮食安全保障法。将继续深化粮油等主要作物大面积单产提升行动，加强推进大豆油料产能提升工程。还将继续实行粮食安全党政同责，完善粮食主产区利益补偿机制，加大对产粮大县的奖励力度，层层压实粮食安全责任，维持对粮食生产的资金支持力度，调动地方"重农抓粮"的积极性。2023年，夏粮受气象灾害影响小幅减产，呈现产量"小年"现象；而秋粮产区气象条件好于常年，呈现产量"大年"现象。综合2024年政策预期和2023年粮食实际收获情况，预计2024年粮食播种面积稳定，单产持续提高，全年粮食产量有望持续增长并实现丰收，其中，夏粮增产幅度可能较大，秋粮尤其是玉米和大豆产量增幅相对较小。

从生猪生产看，2024年国家将继续加快构建多元化食物供给体系，增强粮食以外的重要农产品供给保障能力，严格"菜篮子"市长负责制考核，继续强化促进生猪生产稳定发展。2023年4~9月全国新生仔猪量同比增长5.9%，这些仔猪将在未来6个月内陆续出栏，能繁母猪保有量处于高位，生产效率进一步提高。预计2024年上半年生猪出栏继续增长，猪肉市场供应较为充足，支撑元旦、春节等猪肉消费旺季。随着春节后消费淡季到来以及生猪出栏增加，养猪亏损的信号较强，下半年存在猪肉产量下行预期。

（二）农产品市场价格基本稳定

2024年国内玉米价格或在第二季度出现转折，预计5月之前价格维持低位震荡，5月之后或趋强运行。2023年新玉米上市之后，供应增量明显，而需求支撑偏弱，多数下游企业盈利欠佳，包括贸易环节的采购积极性均处于弱势，整体价格下行探底，2024年初预计价格将延续弱势，5月之前整体供应宽裕，并且有进口玉米的额外补充供应，需求主导下价格或维持低位。5月之后，随着供应逐步减少，刚需之下价格主导权逐步转移至供应方手中，时间成本与资金成本累积，贸易成本提升支撑价格趋强运行。

从小麦的供需关系以及价格的季节性规律来看，2024年国内小麦价格大致以6月为分界点，呈现先强后弱态势。上半年，随着小麦存量不断消耗，且质优粮源供应收紧，对小麦价格形成一定支撑，同时终端面粉消费处于传统旺季，需求面对价格亦有利多影响，小麦价格整体表现偏强。下半年，随着新季小麦上市，阶段性供应增量将施压小麦价格，小麦价格重心下移。但9月前后受开学季、中秋节需求拉动，小麦价格仍有季节性走强概率。第四季度秋收秋种结束后，小麦供应量低，或助推年末价格缓慢上探。

从整体供需情况来看，预计2024年稻米市场整体呈现小幅上升走势，价格重心较2023年略有上移。2023年10月下旬，随着新稻上市逐渐放量，尤其是东北地区产量高于预期，市场供应压力明显增大，预计第四季度稻谷价格有承压走低风险，其中优粳稻走势相对较弱，中晚籼稻走势相对较强。由于近几年优质稻发展较快，加上前期价格上涨过快，预计后期继续上涨空间有限。市场上"稻强米弱"现象依旧严重，大米价格上行困难，反向作用于稻谷，局地价格或有走低可能。

预计2024年国内大豆价格波动区间收窄，均价将低于2023年。供大于求是大豆价格低位运行的根本原因。从产量来看，政策引导下，国产产量有望继续增长；从进口量来看，2023/2024年度全球大豆产量预期增加，对美豆价格形成压制，进口到港成本或将降低，同时也将刺激国内大豆进口量居于高位；从需求来看，增速或将放缓，压榨消费量已处高位，继续增量空间有限，而食用消费亦面临增长瓶颈。除此之外，2023年新季大豆价格已经逼近种植成本，基层种植户的低价惜售或将支撑行情的底部重心。

根据生猪生长周期，2024年国内生猪出栏量先增后减，同比小幅下跌；因行业正处于去产能阶段，养殖端压栏意向减弱，生猪宰后均重或同比小幅下降；在国内猪肉价格低位阶段，进口量或十分有限。整体来看，2024年上半年国内猪肉供应或相对充裕，下半年相应减少，全年供应量同比下降。需求方面，受近两年消费结构变化、主力消费人群变化等因素影响，2024年国内猪肉消费量或同比微降。综合看，供应降幅大于需求降幅，预计2024年国内猪肉价格或先跌后涨，全年均价同比上涨。

（三）农产品贸易可能出现结构性变动

极端天气和俄乌冲突对全球农产品造成的不利影响在2024年尚难以消除。而且，高通货膨胀和贸易摩擦可能会继续成为2024年水产品等高价格弹性食品出口的"绊脚石"，虽然最近几年中国企业也在努力通过马来西亚、墨西哥等第三国进入美国市场，但成本也不低，因此中国水产出口企业还需进一步调整出口策略。从长期来看，全球农业生产力正在稳步提升，这将推动农产品价格下降。与此同时，随着中国城镇化进程不断推进，人民生活水平持续提升，以及膳食结构逐步升级，人们对深加工乳制品、高价值水果和水产品的需求稳步增长。这将共同推动未来中国农产品贸易的稳定增长。

需要强调的是，近期发生的日本核污水事件可能会引起水产品消费需求的显著下滑，从而导致国内水产品价格出现一定程度的下降。因此，预计2023年下半年国内水产品的消费量和进口量可能会同比减少。这一影响可能会对整体水产品市场产生显著的影响，特别是需求和供应方面的调整可能会引发行业内的一系列变动。

（四）涉农产业全面进入恢复性增长阶段

从有利因素看，一是支持涉农产业发展的政策不断出台。2023年中央一号文件在推动乡村产业高质量发展部分，提出要做大做强农产品加工业流通业、加快发展现代乡村服务业、培育乡村新产业新业态等。在食品工业方面，《轻工业稳增长工作方案（2023—2024年）》提出培育生物制造、预制化食品等新增长点，《关于培育传统优势食品产区和地方特色食品产业的指导意见》提出到2025年基本形成"百亿龙头、千亿集群、万亿产业"的地方特色食品发展格局。在农产品冷链物流方面，2023年陆续出台了《关于做好2023年国家骨干冷链物流基地建设工作的通知》《冷链物流和烘干设施建设专项实施方案（2023—2030年）》《全国现代设施农业建设规划（2023—2030年）》等政策，计划到2030年累计建成6万座仓储保鲜设施、500座产地冷链集配中心。二是涉农产业的产品大部分属于刚性需求，消费棘轮效应将巩固涉农产业需求基本面。9月食品制造业和造纸业的增加值同比增长已分别达到6.4%和8.8%，食品工业的工业生产者出厂价格指数接近上涨区间。

从不利因素看，一是国际市场需求仍然存在下行压力。从短期看，在全球贸易紧张局势、地缘政治风险、环境问题、加息周期等因素叠加下，农副加工产品、食品、纺织产品、木材产品等出口增长缺乏动力。从长期看，中国涉农产业出口产品不合格事件频发，主要原因包括质量指标不合格、农兽药残留超标、违规使用食品添加剂、微生物超标和产品资料不全等。结合来看，中国涉农产业没有完成从成本竞争向质量竞争转型，既面临低端产品需求市场规模受限的困境，也无法有效打开高端需求市场。二是国内市场需求恢复速度可能不及预期。受到城镇化率减速、人口老龄化加剧、收入增速放缓等不利因素的影响，居民食物消费升级趋势受阻，食品工业难以突破"增收不增利"的困境。随着消费者环保健康意识的增强和环保标准的提高，加上重点非食品工业已进入存量竞争阶段，纺织业、木材业、造纸业等产业面临淘汰"污染企业"和"低技术企业"的双重转型压力。

总体来看，2023年中国涉农产业运行面临国内外需求不足的挑战，或加大短期产业经济下行压力，削弱对农业高质量发展的带动能力。但是，随着食品工业、冷链物流业、餐饮业、造纸业等的快速增长，整个涉农产业将全面进入恢复性增长阶段。

（五）农村居民收入和消费继续保持稳中有升

工资性收入已经成为农村居民最主要的收入来源，随着吸纳劳动力较多的批发零售业、住宿和餐饮业、交通运输业稳步恢复，劳动力市场将进一步被激活，吸纳就业容量将进一步扩大，预计农民工就业形势将继续好转。在乡村振兴战略以及国家各项支农政策的推进下，农业结构不断以市场为导向进行调整和优化，农业经营的增值空间不断拓展。高标准农田、现代农业装备、科技和社会服务等现代农业支撑基础不断夯实。新型农业经营主体和服务主体量质齐升，与小农户的利益联结机制不断完善，不仅有利于小农户节本增效，也可以促进特色优质农业发展，联农带农效果凸显。电商平台和现代物流体系在农村市场不断深耕，一方面突破了农产品传统的流通模式，直接对接消费市场，有利于实现农产品大规模销售，另一方面重塑了农产品价值链，有益于农产品品牌化发展，在农村数字化发展过程中现代化的销售平台和物流体系将进一步发挥效能。同时，休闲农业和乡村旅游等新业态融合发展也将进一步拉动农村居民增收。总体上看，如果农业生产稳定向好的基本面不受极端天气等外在因素的影响，预计农村居民经营净收入也将保持稳定提升。随着农业支持保护制度的完善，以及农村居民社会保障调节力度和准确度的加大和提高，农村居民获得的转移净收入将持续发挥保障作用。中央和各级地方政府在推进农村土地制度改革方面已有部署，提升农村居民财产净收入的渠道不断增多，但是相应的制度建立与实践探索均需要长时间的发展和不断完善才能释放出增收潜能，短期内农村居民财产净收入的变化不会改变农村居民收入格局。预计农村居民收入总体上将继续稳步提升。随着收入的提升，农村居民消费支出将继续增加，为消费结构进一步升级提供了可能。

三 政策建议

（一）稳数量、优结构，加强粮食和重要农产品供给保障综合能力建设

一是坚决守住总量供给充足的底线。抓好生产保供的基础性工作，在秋收冬种时期，做好收获晾晒安排和烘干机具调度预案，抓住晴好天气窗口期确保秋粮颗粒归仓，调动农民种粮积极性，稳定冬小麦种植面积。严格落实耕地保护和用途管制政策，坚决杜绝"耕地变巨坑"等类似事件发生。抓好冬春季重大动物疫病防控，强化监测预警，缓解生猪存出栏数据的信息不对称问题，确保生猪等畜禽产能总体稳定。二是重视化解供需不匹配的结构性矛盾。调整农产品生产优先级，在保证口粮生产的基础上，优势增量资源应集中用于发展饲料粮、奶制品、肉类、水产品和水果，充分满足消费者对食物的品质化、营养化、多元化需求。挖掘非口粮食物在生产模式和耕地政策上的增产空间，另辟蹊径地向多途径多来源要食物。重点加大对粮经饲复合种植、种养结合、设施农业、庭院经济等新型生产模式的政策资金支持力度。研究设定粮食安全监测、评价、预警机制，探索评估根据粮食安全风险动态调整耕地"非粮化"政策约束的可行性。

（二）完善农产品市场价格形成机制，降低农业生产经营风险

一是建立健全价格波动预警机制，提前发现市场供需变化和价格波动的迹象。特别需要重视价格走低对农民经济利益带来的风险，及时采取措施减小农民的经济损失。二是探索建立竞价机制。引入竞价机制可以有效提高农民在供应链中的利益分配比例。通过竞价机制，农民可以更加公平地参与市场交易，获得更好的价格回报。同时，建立透明的竞价平台和信息共享机制，使农产品市场的价格形成更加公开和公正。三是加强农民专业合作社在市场中的议价权和谈判能力。四是实施逆向调控与完善储备制度。建立有效的逆向调控机制，及时采取措施稳定农产品价格，在价格过低时增加收购和储备，减少市场供应，以维护农产品市场的稳定。同时，健全储备制度，确保储备物资的质量和储存条件，以应对突发情况和市场波动。五是利用好国际市场，通过进出口贸易调剂农产品的供需矛盾，缓解国内市场压力。同时，加强与其他国家和地区的合作，在农产品贸易上实现互利共赢，扩大出口市场，降低农产品价格波动对国内农民的影响。六是加强农业保险制度建设，为农民提供风险保障。建立多层次和多样化的农业保险产品，覆盖农作物、养殖业、渔业等方面，降低农业生产经营风险，提高农民的生产积极性和抗风险能力。

（三）加强全球大宗商品价格监测预警，多途径分散农产品贸易风险

一是构建全球大宗商品市场价格监测预警系统，开展全球市场动态与价格形势跟踪分析。密切监测全球大宗商品市场价格走势，综合研判俄乌冲突、气象灾害等事件的发展趋势及影响，划分进口风险等级，识别出重大风险点并向相关主体进行预警。二是制定应对国际市场"黑天鹅"事件的应急反应预案。采取多种手段应对突发事件，加强对国内农产品价格的监管，加强农产品供需双向调节，加强对资本炒作的监管。三是加强与不同国家的沟通与合作，减少或分散农产品贸易风险。通过加强与各国的沟通与合作，可以共同制定应对农产品市场波动的有效策略，共同应对自然灾害、疫病、俄乌冲

突等突发事件的冲击。四是建立多元化的供应链能够为减少或分散贸易风险提供有效的手段。通过逐步建立多元化的供应链，可以降低单一依赖某一国家或地区的风险，有效地减少或分散贸易风险。五是培育跨国涉农企业，鼓励企业海外投资。通过加强培育中粮等大型农产品骨干企业，增强农产品国际贸易中的定价权，鼓励企业在海外建立农产品生产、加工和储运基地，充分利用国际资源，增强中国农产品供给韧性。

（四）研究出台促进涉农产业升级和市场深化的政府投资计划

在宏观经济下行压力下，涉农产业进入低速增长的发展周期，避免盲目扩大涉农工业规模和过度刺激涉农服务业。涉农产业发展重点在于深化供给侧结构性改革，加强涉农产业与农业产业发展的利益联结机制，实施大规模促进涉农产业升级和市场深化的政府投资计划。一是推动食品工业、重点非食品工业的绿色化、数字化、高品质化，出台促进涉农工业高质量发展的补贴和低息贷款政策。扩大家具家装下乡规模，促进木材业恢复增长。鼓励屠宰企业生产生物制药的原材料，强化畜牧业与生物制药业的联系。二是加强对农村义务教育学生营养改善计划、婴幼儿营养包等食物营养提升项目的财政支持，促进老年助餐服务、低保人群食物营养项目等相关基础设施建设，通过政府购买推动食物零售、食物捐赠、二手商品交易等业态的深化发展。三是完善食品安全监管、食物冷链物流网络，优化涉农企业发展的市场基础设施和制度环境。探索涉农龙头企业与种养主体签订长期供货合同的长效机制，发挥村委会、合作社等主体的中介作用，补贴农产品交易保险项目。

（五）建立并完善农村居民财产性收入增长机制

一是增加农村居民的财产存量。加快完成农村集体资产清产核资，厘清农民以及农村集体经济组织对承包地、宅基地、经营性建设用地的物权关系，细化并落实土地确权登记颁证工作，把所有权确权并折股量化到不同层级的农村集体经济组织成员中，促进农村资源有效转化为资产。二是强化农民财产性收入增长的制度供给，拓宽农村居民财产性收入的产生渠道。培育健全的农村交易市场，搭建土地流转信息平台，并赋予农民抵押、转让、出租土地的权利，有效盘活承包地和宅基地。建立城乡一体的建设用地使用权商品化价值确定机制、统一的建设用地使用权交易市场机制、合理的经营性建设用地入市收益分配机制。提高农村集体资产管理水平，探索多种形式实现集体资产保值增值，盘活闲置资源发展壮大集体经济。

参考文献

《前三季度国民经济持续恢复向好 高质量发展稳步推进》，http://www.stats.gov.cn/sj/zxfb/202310/t20231018_1943692.html，2023年10月18日。

《国务院新闻办就2023年前三季度农业农村经济运行情况举行发布会》，https://www.gov.cn/zhengce/202310/content_6911099.htm，2023年10月23日。

《今年上半年冷链物流持续企稳回升》，https://www.gov.cn/yaowen/shipin/202308/content_6898076.htm，2023年8月13日。

《预制菜行业发展报告（全文）》，http://yjy.people.com.cn/n1/2023/0710/c440911-40031856.html，2023年7月11日。

B.13
2024年中国工业经济形势分析、展望与政策建议

史 丹 张航燕[*]

摘　要： 2023年前三季度，我国工业经济运行既有老问题也有新情况。总体来看，工业运行低于预期。装备制造业及高技术产业发展持续表现优秀，西部地区工业发展比较亮眼，表明我国工业结构正在孕育新动能，结构优化加速推进。但是工业的利润和出口等下降幅度创近年来新高，需求不足、工业企业亏损面大、产能过剩等问题较为突出。展望2024年，在市场需求总体恢复向好与宏观政策效应持续释放背景下，我国工业经济运行将呈现回升态势，但是要进一步稳定激励性政策措施，提振市场信心。

关键词： 工业经济　结构优化　长效机制　新兴产业

一　我国工业运行的总体状况

（一）工业生产增速回升，行业发展持续分化

2023年前三季度，全国规模以上工业增加值同比增长4.0%，增速较第一季度和上半年分别加快1.0个和0.2个百分点；9月，全国规模以上工业增加值同比增长4.5%，增速与上月持平。从月度生产波动性来看，除2月节日原

---

[*] 史丹，中国社会科学院工业经济研究所所长、研究员，主要研究方向为能源经济、低碳经济、产业发展与产业政策等；张航燕，中国社会科学院工业经济研究所副研究员，主要研究方向为工业经济运行、产业经济与国企改革等。

因，工业生产略有下降外，2023年其他月份波动性小于2022年。从图1可见，2023年以来工业增加值累计增速呈现缓慢上升态势，但增速较2019年6%的平均水平仍有一定差距。

图1 2019年2月至2023年9月工业增加值增速

资料来源：国家统计局网站。

从具体行业看，装备制造业保持较高增速。前三季度，装备制造业增加值同比增长6.0%，高于全部规上工业平均水平2.0个百分点，对全部规上工业增长贡献率达46.8%，接近一半。其中，电气机械和汽车行业增加值均实现两位数增长，同比分别增长14.1%和11.4%。电子工业专用设备制造、飞机制造、智能消费设备制造等新一代高端装备和信息技术行业发展迅速，增加值同比分别增长27.4%、16.6%、10.2%。纺织、服装等轻工业生产经营压力较大。纺织业，纺织服装、服饰业，皮革、毛皮、羽毛及其制品和制鞋业，家具制造业，文教、工美、体育和娱乐用品制造业的增加值分别同比下降1.3%、8.8%、10.9%、9.1%、6.3%。这些行业属于传统劳动密集型产业，外向型程度高，面临着用工紧张、结构老旧、市场需求改变等不利因素，企业生产经营压力大，对"稳就业"产生较大的影响。

疫情期间高技术制造业对工业增长发挥了重要的支撑作用，比工业增加值平均增速高出1倍左右，但是2023年前三季度，高技术制造业同比增长1.9%，低于工业平均增速2.1个百分点，对工业增长的拉动作用下降。这可能主要受到国际环境和疫情期间对医药制造业需求增加等因素的影响。2023年前三季度，医药制造业增加值同比下降5.2%，降幅较第一季度和上半年分别扩大0.1个和0.3个百分点。

从企业类型来看，国有及国有控股企业工业生产好于私营企业和外商及港澳台商投资企业。前三季度，国有及国有控股企业增加值同比增长4.6%，增速较第一季度和上半年分别加快1.3个和0.2个百分点；外商及港澳台商投资企业增长0.5%，增速较第一季度和上半年分别加快3.2个和-0.3个百分点；私营企业增长2.3%，增速较第一季度和上半年分别加快0.3个和0.4个百分点。国有及国有控股企业生产增速分别高于私营企业和外商及港澳台商投资企业2.3个和4.1个百分点。外商及港澳台商投资企业和私营企业的生产增速均低于工业平均增速，如图2所示。

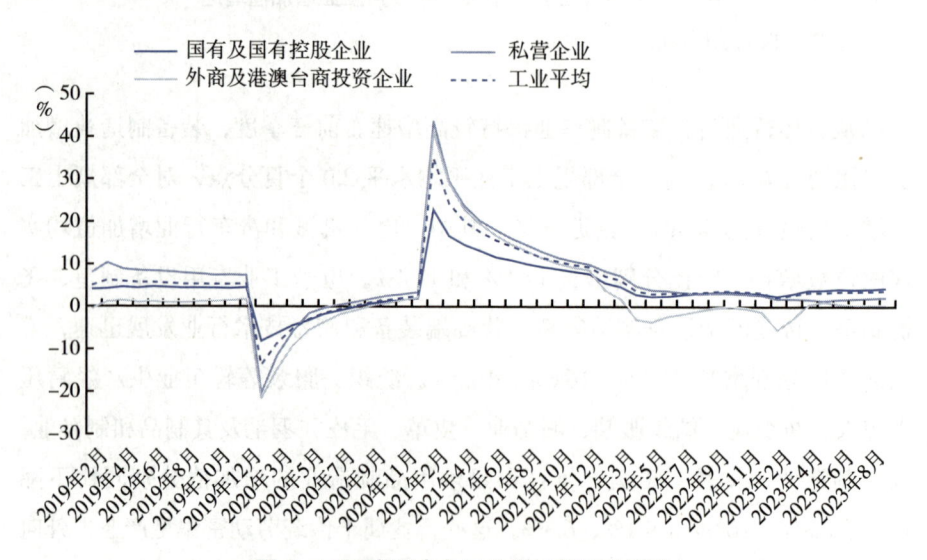

图2 不同类型企业工业增加值累计增速

资料来源：国家统计局网站。

（二）工业利润降幅收窄，装备制造利润持续领先

2022 年，全国规上工业企业利润总额下降 4%，2023 年以来规上工业企业利润持续呈两位数下降，如图 3 所示。1~8 月，全国规模以上工业企业实现利润总额 46558.2 亿元，同比下降 11.7%，降幅比第一季度和上半年分别收窄 9.7 个和 5.1 个百分点。8 月，PPI 同比下降 3.0%，工业品价格降幅连续两个月明显收窄，使得企业营业收入在连续三个月下降后首次出现增长，带动工业企业效益加速恢复。

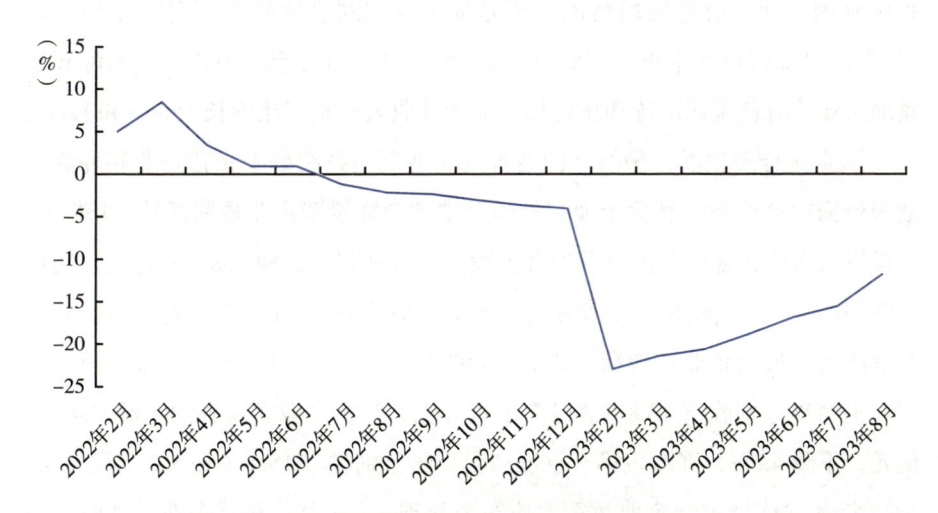

图 3　全国规上工业企业利润总额增速

资料来源：国家统计局网站。

从三大门类看，电气水行业利润增长加快。1~8 月，采矿业利润同比下降 20.5%，降幅比第一季度和上半年分别扩大 14.7 个和 0.6 个百分点；制造业利润下降 13.7%，降幅比第一季度和上半年分别收窄 15.7 个和 6.3 个百分点；电力、热力、燃气及水生产和供应业利润增长 40.4%，增速较第一季度和上半年分别加快 7.2 个和 6.3 个百分点。随着迎峰度夏电力保供持续发力，发电量增长加快，电力行业利润增长 53.4%，增速较上半年加快 6.9 个百分点。

分行业看，装备制造业持续保持利润大户地位。1~8月，装备制造业利润同比增长3.6%，延续增长态势，增速高于规上工业企业15.3个百分点，增速较第一季度和上半年分别加快0.5个和17.9个百分点。其中，电气机械行业受光伏设备、锂离子电池、家用空调等产品销售带动，利润增长33.0%；铁路船舶航空航天运输设备行业受船舶、海洋工程装备、动车组等产品销售带动，利润增长32.5%。

利润下降幅度较大的是原材料工业。由于行业供求关系错配、价格下行等，原材料工业经济效益大幅下降，增产不增收。1~8月，黑色金属冶炼和压延加工业、有色金属冶炼和压延加工业利润总额同比分别下降57.1%、27.0%，但降幅较上半年分别收窄40.5个和17个百分点；黑色金属冶炼和压延加工业、有色金属冶炼和压延加工业营业收入分别同比增长-5.9%和1.4%。

从企业分类来看，国有及国有控股企业利润持续好于私营企业和外商及港澳台商投资企业，私营企业和外商及港澳台商投资企业盈利好转。1~8月，规模以上工业企业中，国有及国有控股企业实现利润总额15841.6亿元，同比下降16.5%，降幅较第一季度和上半年分别收窄0.4个和4.5个百分点；外商及港澳台商投资企业实现利润总额11092.7亿元，下降11.1%，降幅较第一季度和上半年分别收窄13.8个和1.7个百分点；私营企业实现利润总额12487.2亿元，下降4.6%，降幅较第一季度和上半年分别收窄18.4个和8.9个百分点。2023年多项扶持民营企业政策效应逐渐显现，1~8月，私营企业、外商及港澳台商投资企业利润降幅持续收窄，表明私营企业和外商及港澳台商投资企业盈利好转。一系列经济稳增长政策连续出台，为中小企业发展创造了较好的氛围，第三季度中国中小企业发展指数89.2%，比上季度上升0.2个百分点，高于2022年同期水平，接近近两年的最好水平，如图4所示，但低于2021年同期水平，仍处在景气临界值100以下。

（三）东部和西部地区工业表现较好，亮点纷呈

2023年1~8月，31个省区市中有9个省区市工业增加值增速低于全国平均水平；其中北京、陕西和黑龙江三地工业增加值仍为负增长，分别同比下

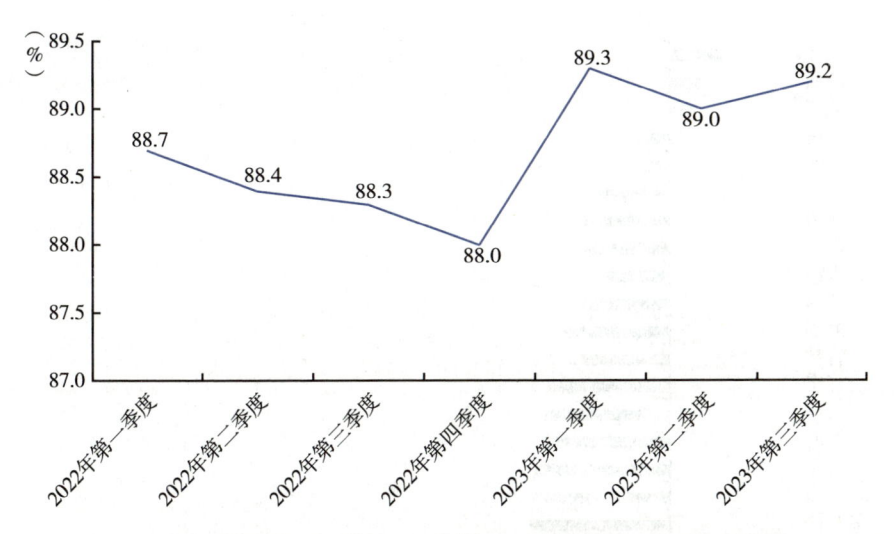

2024年中国工业经济形势分析、展望与政策建议

图4 2022年第一季度至2023年第三季度中国中小企业发展指数

资料来源：中小企业协会网站。

降1.1%、1.4%和2.2%。2023年以来，北京受新冠疫苗生产因素的影响工业增加值呈现下降态势，但1~8月降幅较第一季度收窄5.7个百分点；陕西和黑龙江工业增加值呈现先升后降的态势。

2023年1~8月，东部地区和西部地区工业表现较好，增加值增速排名前十的省区市中，西部占五席，分别是西藏、青海、宁夏、内蒙古和甘肃，东部有江苏、山东和河北工业增加值增速进入全国前十（见图5）。各省区市工业经济亮点纷呈。如内蒙古工业固定资产投资同比增长48.1%，其中高技术制造业投资同比增长133.7%。安徽省制造业投资同比增长24.5%，高于全国18.6个百分点；其中，电气机械和器材、汽车、化学原料和化学制品制造业投资分别增长86.8%、66%、24.7%，三者合计对制造业投资增长贡献率74.2%。湖南省机电产品尤其是汽车出口增长迅猛。1~8月，湖南出口汽车（包括底盘）总额127.2亿元，同比增长185.4%。辽宁省食品制造业增长34.1%，高出全国2.3%的平均水平31.8个百分点。山东省技改投资增长14.7%，高于全国平均水平11.2个百分点，完成"万项技改、万企转型"年度任务；以"新三样"为重要代表的新兴产业快速增长，其中新能源汽车产量增长26.7万辆。

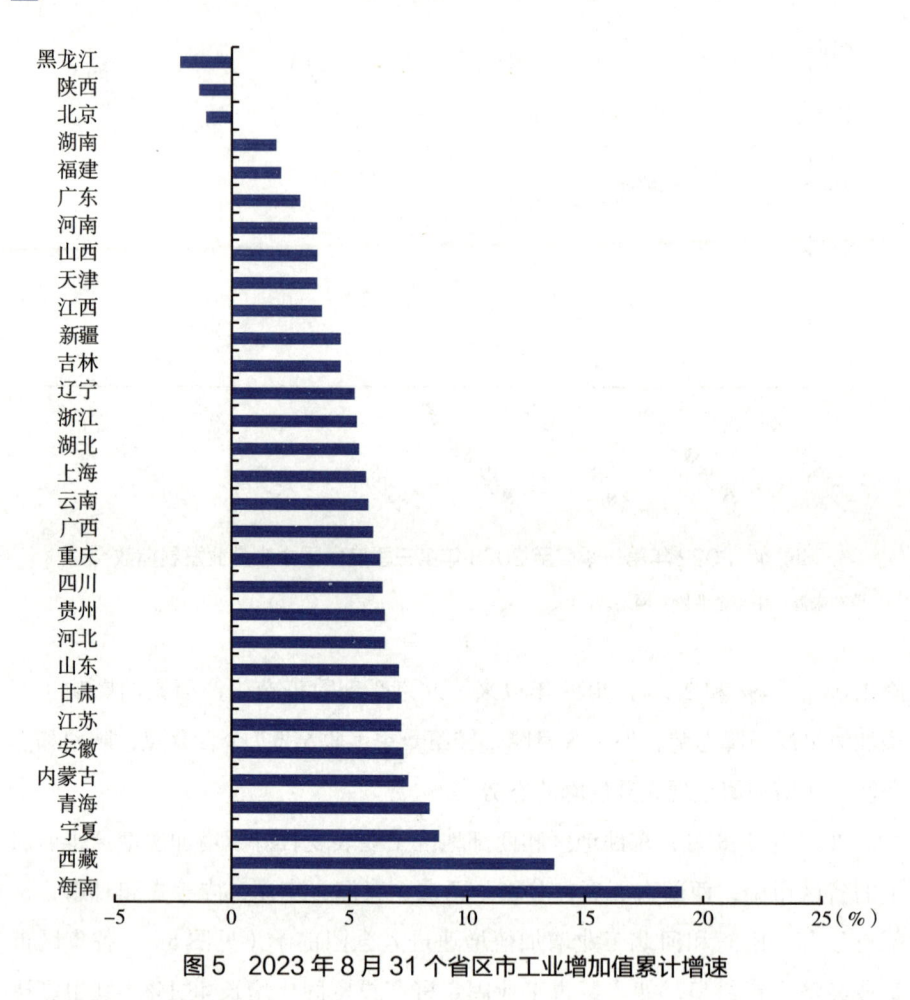

图5　2023年8月31个省区市工业增加值累计增速

资料来源：国家统计局网站。

（四）出口降幅加大，贸易结构持续优化

海关数据显示，按美元计价（下同），2023年1~9月我国进出口总值4.41万亿美元，同比下降6.4%，降幅较上半年扩大1.7个百分点。其中，出口2.52万亿美元，同比下降5.7%，进口1.89万亿美元，下降7.5%，降幅较上半年分别扩大2.5个和0.8个百分点。从出口产品来看，15种大类工业出口产品中，只有成品油和箱包两类产品出口额增长，其余13种产品出口额均出现不同程度的下降。如出口占比较大的纺织、服装、机电产品电路出口额同比分别下降10.3%、8.3%、3.2%。机电产品出口1.52万亿美元，占出口总值的58.3%，较2022年同期提升1.5个百分点；其中，汽车、汽车零配件、船舶出口额同比分别增长83.9%、9.5%、19.1%。从贸易伙伴来看，我国对欧美等传统市场出口同比下降。2023年1~9月，我国对欧盟出口同比下降10.6%，降幅较上半年扩大4个百分点；对美国出口同比下降16.4%，降幅较2022年收窄0.5个百分点。同时，我国积极拓展东盟、"一带一路"沿线国家等新兴市场，出口市场结构更趋均衡，有效冲抵不利影响，降低出口风险。海关数据显示，2023年1~9月，东盟为我国第一大贸易伙伴，我国与东盟贸易总值达到6698.6亿美元，对共建"一带一路"国家合计贸易总值20503.7亿美元，占进出口总额的比重为46.5%，接近一半。世界经济持续下行，尽管结构性亮点尚存，但短期内我国整体出口所面临的外需走弱压力不容忽视。从出口交货值来看，前三季度，规模以上工业企业出口交货值同比下降4.8%，2023年以来出口交货值一直呈负增长，如图6所示。

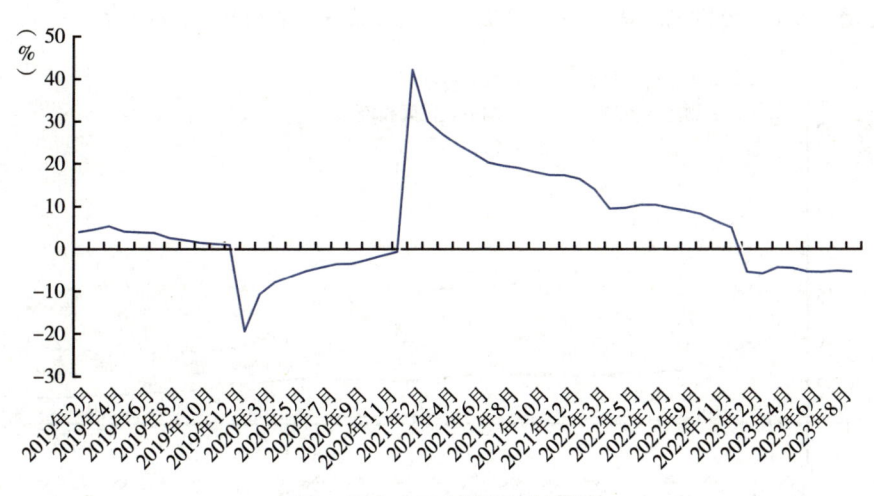

图6 工业出口交货值累计增速

资料来源：国家统计局网站。

（五）投资小幅回升，制造业民间投资保持领先

2023年前三季度，工业固定资产投资同比增长9.0%，高出全部固定资产投资5.9个百分点，成为稳投资的重要力量，增速较第一季度和上半年分别加快0.4个和0.1个百分点。分门类看，前三季度，采矿业投资同比增长1.6%，增速较第一季度和上半年分别加快1.0个和0.8个百分点；制造业投资同比增长6.2%，增速较第一季度减少0.8个百分点，比上半年加快0.2个百分点。制造业投资回落的主要原因是内外需求不足加之制造业企业效益下滑。电力、热力、燃气及水生产和供应业投资同比增长25%，增速较第一季度和上半年分别加快2.7个和-2.0个百分点。

随着我国产业升级，技术含量较高、附加值较高的高端制造业保持较快增长，夯实了实体经济发展根基。前三季度，高技术制造业投资同比增长11.3%，增速比制造业投资高5.1个百分点。其中，医疗仪器设备及仪器仪表制造业投资增长17%，电子及通信设备制造业投资增长12.8%。尽管我国民营企业利润有所下滑，但民营企业仍是制造业发展的重要力量，制造业民间投资增速显著高于固定资产投资和民间投资。前三季度，制造业民间投资同比增长9%，分别高于固定资产投资和民间投资5.9个和9.6个百分点。

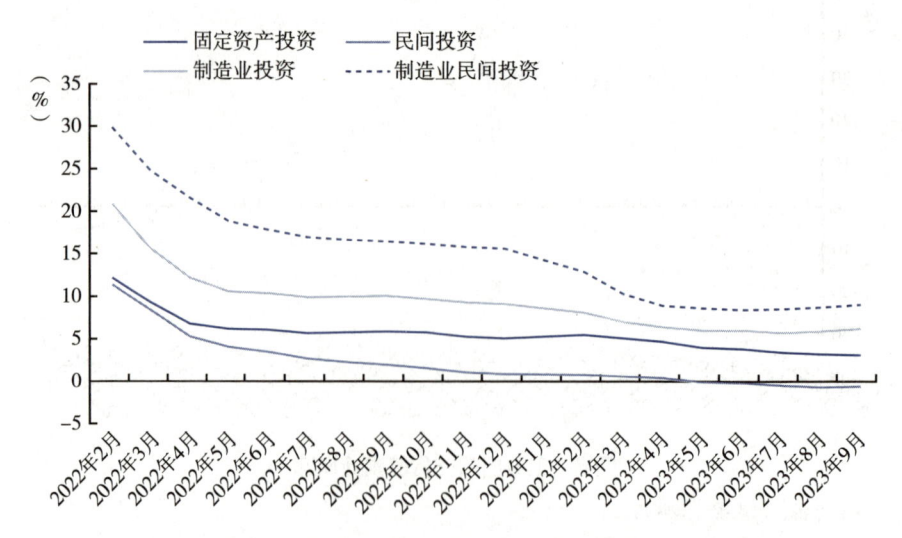

图7　2022年2月至2023年9月固定资产投资相关指标增速

资料来源：国家统计局网站。

二 当前我国工业运行中存在的突出问题

（一）内需和外需同时有所下降

内外需走弱叠加预期不稳导致需求不足问题仍然较为突出。一是国内市场需求弱。企业在手订单不足、短单居多。2023年9月机械工业协会的专项调查显示，60%的企业反映存在订单不足问题，较第一季度提高6个百分点；34%的企业在手订单仅能满足近一个月的生产，48%的企业能满足2023年第三季度的生产，部分已签订项目延期执行。二是出口需求偏弱。9月制造业PMI新出口订单指数47.8，是自4月起连续6个月位于临界值之下（见图8）。从实地调研来看，广东省和江苏省外贸出口企业以及主要出口行业协会均反映出口订单不足问题。三是投资特别是民间投资意愿不足。前三季度，全国固定资产投资（不含农户）同比增长3.1%，较第一季度和上半年分别减少2个和0.7个百分点。其中，民间固定资产投资同比下降0.6%，降幅较上半年扩大0.4个百分点，民间固定资产投资已经连续5个月呈负增长。三大领域同比增速均出现一定程度下行，地产景气度下滑幅度较为明显。前三季度，基础设施投资同比增长6.2%，增速较第一季度和上半年分别减少3个和1.4个百分点；房地产开发投资同比下降9.1%，降幅较第一季度和上半年分别扩大3.3个和1.2个百分点。9月商品房销售面积累计同比下降7.5%，房地产行业压力仍然较大。四是企业预期不稳。从物流和采购联合会企业的调研结果来看，6月反映市场需求不足的企业比重达到61.1%，创自有该调研以来的新高，7月以后有所回落，降至60.3%，8月继续下降，但仍处于59.1%的较高水平。1~8月，反映市场需求不足的制造业企业比重均值为57.2%，较2022年同期上升12.3个百分点，表明当前企业对市场需求不足的感受较强烈。

（二）工业企业亏损面创十年新高

2023年1~8月，工业企业营业收入利润率为5.52%，同比下降0.71个

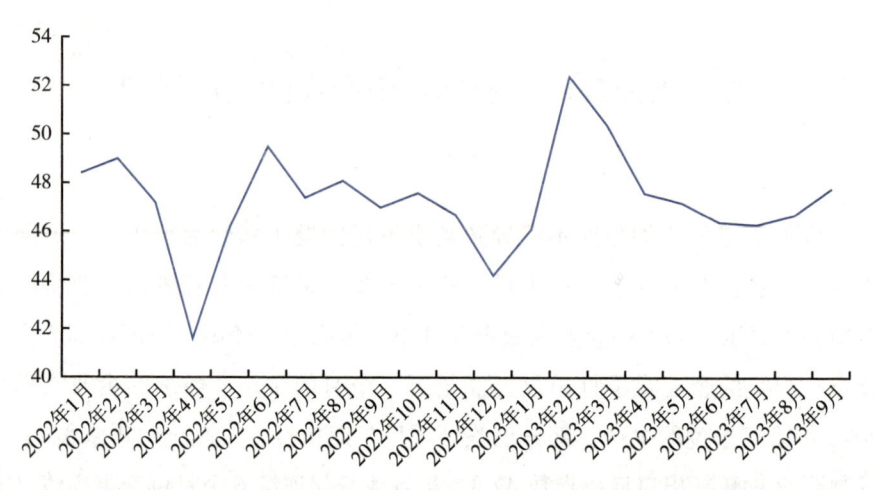

图8 2022年1月至2023年9月制造业PMI新出口订单指数

资料来源：国家统计局网站。

百分点。工业企业效益下滑的主要原因是成本费用增加，1~8月，规模以上工业企业每百元营业收入中的成本费用合计为93.50元，同比增加0.70元。8月末，亏损企业数量同比增长9.9%，亏损企业亏损总额累计同比增长7.9%。8月末，工业企业亏损面达到27.5%，较上年末高出7.3个百分点，也是自2011年以来的高点（见图9）。从门类看，采矿业亏损面大大超过制造业和水电气行业，达到36.2%，超过工业平均亏损面8.7个百分点。十余年来，工业企业亏损面呈现波动性上升特征，2017年之前亏损面基本保持在10%~13%，2018~2019年，上升至15%~16%，疫情期间维持在16%~20%。当前工业企业亏损面创十年新高，反映当前工业企业经营状况不容乐观。对于企业而言，在当前经济效益大幅下滑情况下，减员是降成本的最直接、最有效的方式。8月末，工业企业平均用工人数7227.30万人，较上年同期减少243.7万人，同比下降3.3%，较第一季度扩大0.5个百分点。从2023年2月开始制造业PMI从业人员指数逐月走低，由2月的50.2%减至9月的48.1%。

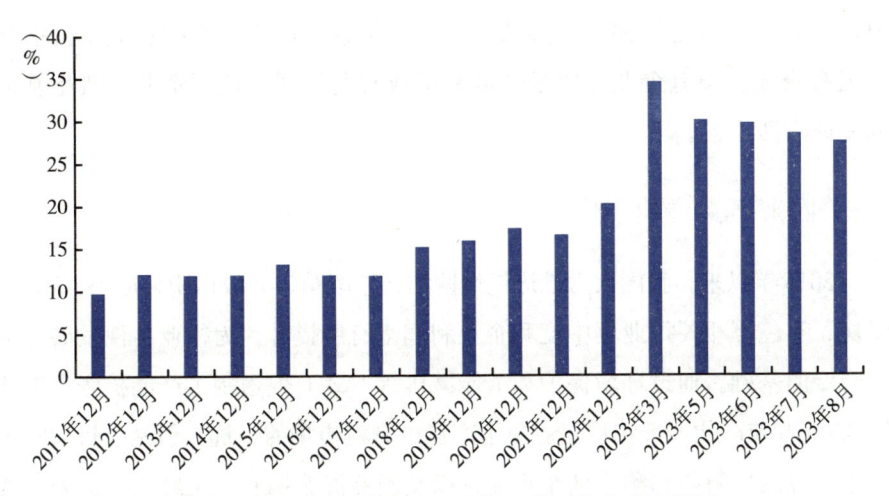

图9 2011年12月至2023年8月工业企业亏损面

资料来源：依据国家统计局数据计算。

（三）企业资金回流放慢

截至2023年7月末，机械工业应收账款总额为7.7万亿元，同比增长16.8%，高于同期全国工业应收账款增速7个百分点，占全国工业应收账款总额的比重约1/3。机械工业应收账款平均回收期为82.5天，比2022年同期增长6.2天，高于全国工业28天。机械工业联合会专项调查结果显示，2023年上半年56%的企业应收账款增长、24%的企业持平，48%的企业反映应收账款中逾期的金额同比增长。近期不少企业反映2023年以来货款回收难度呈增加趋势，部分地方项目虽已开工但进度较缓慢，影响对设备制造企业的支付，有工程机械制造业企业被通知款项结算延后至本年底；同时部分发电设备制造企业反映，前期执行的海外EPC项目存在欠款回收难的问题。此外，在经济下行压力增加的背景下，民营企业融资难融资贵问题仍较为突出。企业反映，部分金融机构对国有企业和民营企业仍会区别对待，在同等条件下更愿意贷款给国有企业。民营企业若要获得银行贷款，只能通过抵押或担保的方式，较难获得信用贷款，且银行对抵押物的

要求较高，有限的抵押物很难获得大量的贷款。民营企业融资成本普遍高于国有企业，国有企业一般是基准利率或有所下浮，民营企业一般是基准利率或有所上浮。

（四）产能过剩问题抬头

2015年以来，我国大力推进供给侧结构性改革，并取得明显成效，钢铁、煤炭、有色等相关行业集中度和企业利润都有所提升，为行业良性发展打下了一定的基础。通过环境保护和节能减排等方式有效遏制了产能扩张。电解铝4500万吨产能"天花板"避免了产能过剩对市场的干扰。但是，目前除了国家严控的电解铝和稀土两个产业，以及新能源金属有一定经济效益外，其余有色工业产品及有色品种因产能过剩而经济效益一般。在目前以投资拉动为主的稳增长环境下，原本过剩产能问题随着新项目的建设及投产而更趋严重。另外，国内铝行业存在氧化铝产能过剩和赤泥消化难等突出问题，行业中抑制新建和扩建氧化铝产能的呼声一直较高，期盼扭转当前氧化铝产能恶性扩张、刚性过剩的被动局面。

三 2024年工业经济发展的国内外环境分析

（一）世界经济缓慢复苏，各国经济分化发展

多重因素相互交错，世界经济复苏总体依然乏力。发达经济体产业链、供应链重构呈现近岸化、友岸化趋势，在关键领域的大国博弈加剧。以色列与伊斯兰组织哈马斯的冲突也引发新的担忧。如果冲突越来越激烈导致供应不稳定，趋于下降的能源价格将再次上涨，或将影响世界经济走向。IMF在2023年10月的报告中预计，2023年全球GDP增长3%，与其7月的预测值持平，但将2024年全球GDP增长预测值较7月的3%下调至2.9%，全球经济增长仍然低于疫情前水平，表明全球经济仍然在衰退的边缘上徘徊。IMF认为当前全球经济正从过去几年的严重冲击中缓慢复苏，但各国经济增长存在分化，预计核心通胀将更缓慢地下降，大多数国家的通胀要到2025年才能回到目标

水平。

发达经济体经济增速放缓更为明显。IMF预计，发达经济体经济增速将从2022年的2.6%降至2023年的1.5%，2024年则进一步降至1.4%。美国经济下行压力加大。IMF预计2023年和2024年美国经济增速分别为2.1%和1.4%。美国将在一定时期内维持高利率水平，虽然货币紧缩政策尚未显著拖累经济，但高利率影响将逐步累积，企业再融资时或会面对更高的利息成本和更严格的信贷审批准则，投资信心料将承压。此外破产企业数量增多，截至2023年8月末，已经有超过450家美国公司申请破产保护，超过了过去两年破产公司数量总和。欧元区经济增长弱于预期且内部也存在明显分化，IMF预计2023年和2024年欧元区经济增速分别为0.7%和1.2%。货币政策紧缩、能源及供应链受阻尚未恢复至疫情和俄乌冲突前水平，加上疫情后消费模式以服务业为主，德国经济增长疲弱。相比之下，法国、意大利、西班牙经济更受益于旅游业强劲复苏及零售消费表现稳定。9月美国、日本和欧元区制造业PMI仍处于荣枯线下（见图10）。

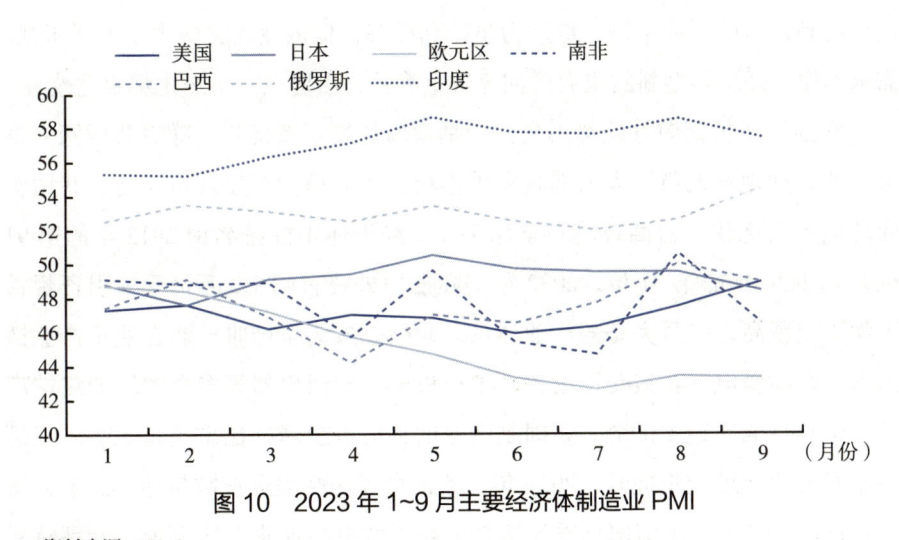

图10　2023年1~9月主要经济体制造业PMI

资料来源：Wind。

新兴市场和发展中经济体经济增速将整体小幅放缓。美联储的激进加息导致美元走强，给必须偿还以美元计价债务的新兴市场经济体带来了进一步的压力，而金融环境收紧正在影响资金匮乏的发展中国家。IMF预计新兴市场和发展中经济体经济增速从2022年的4.1%放缓至2023~2024年的4.0%。分化同样存在于新兴市场和发展中经济体中，IMF将欧洲新兴市场和发展中经济体2023年的经济增速预测值上调至2.4%，将亚洲新兴市场和发展中经济体2023年和2024年经济增速预测值分别下调至5.2%和4.8%。从金砖国家来看，持续上行的油价导致南非通胀压力明显增加，给其制造业恢复带来不利影响。8月南非消费者价格指数（CPI）同比增长4.8%，相较于7月小幅上升0.1个百分点。9月南非制造业PMI由8月的50.7跌至46.6。9月巴西制造业PMI降至荣枯线以下，为49。俄罗斯和印度制造业PMI持续处于荣枯线上。

（二）不确定性因素增加，但我国经济长期向好趋势不变

整体来看，2024年中国经济有隐忧亦有强大支撑，经济发展韧性强、前景广阔，支撑经济运行的有利因素和条件较多，经济长期向好趋势不变。但应该看到，当前国内市场三重压力虽得到缓解，但依然面临内生动力还不强、需求不振、经济转型新的阻力增加等多重考验，需要进一步强化刺激性政策。

我国经济长期向好趋势不变。一是营商环境不断优化。随着我国深入推进行政审批制度改革，大力削减审批事项，大幅精简资质许可认定，我国营商环境不断优化。营商环境在全球190个经济体中的排名由2012年的第91位升到2020年的第31位。2022年实际使用外资首超1.2万亿元，引资规模再创历史新高。二是完备的产业体系。我国已成为全球唯一制造业全产业链国家。在输变电、轨道交通设备、工程机械、家用电器等多个领域的终端产品方面具有全球领先优势。我国制造业增加值占全球的比重超过30%。三是企业发展活力进一步提升。2023年，我国世界500强企业数量达145家，居世界首位。目前，工信部已累计培育了创新型中小企业21.5万家，专精特新中小企业9.8万家，专精特新"小巨人"企业1.2万家。在专精特新中小企

里，民营企业占 95% 左右。国家创新能力综合排名上升至世界第 12 位。2022年，我国研究与试验发展（R&D）经费投入总量突破 3 万亿元，达到 30782.9 亿元，迈上新台阶；比 2021 年增长 10.1%，延续较快增长势头。2022 年我国 R&D 经费投入强度（R&D 经费与 GDP 之比）为 2.54%，比 2021 年提高 0.11 个百分点，提升幅度为近十年来第二高。R&D 经费投入强度在世界上列第 13 位。

短期来看，复杂严峻的国际环境对我国经济产生干扰，但我国经济仍将恢复向好。一是政策持续发力。为了稳定工业发展，防止工业利润进一步下滑，我国出台了一系列促进消费、稳定投资、改善营商环境的政策措施，存量政策和增量政策叠加发力将有效改善发展环境、增强市场信心、进一步释放市场潜力，对推动经济运行持续回升向好发挥积极作用。特别是着力恢复和扩大工业重点领域需求，促进投资、消费、出口共同发力，进一步夯实工业稳增长基础。推动石化、集成电路、新型显示等重点领域重大项目开工建设，开展消费品、原材料"三品"行动，组织新能源汽车、智能家电、绿色建材下乡，加快工业母机、高端医疗装备、机器人等创新产品推广应用，依托技术和产品形态创新提振手机、电脑、电视等传统电子消费，挖掘风电、光伏等领域消费潜能。二是消费持续稳定恢复。随着一系列促消费政策举措落地见效，消费潜力不断释放，住宿餐饮、文化旅游等服务消费明显回暖，消费拉动经济增长的基础性作用更加稳固。2023 年前三季度，社会消费品零售总额 34.2 万亿元，同比增长 6.8%，消费对经济增长的贡献率达到 83.2%，明显提升，最终消费支出拉动经济增长 4.4 个百分点。特别是第三季度最终消费支出对经济增长的贡献率高达 94.8%。三是投资保持增长态势。各地区各部门积极扩大有效投资，增强政府投资和政策激励的引导作用，投资呈现较强韧性。前三季度，资本形成总额拉动经济增长 1.6 个百分点。四是出口积极因素不断积累。9 月出口跌幅收窄，按美元计价，同比增速较上月提升 2.6 个百分点至 -6.2%；出口环比增速 8 月由负转正，9 月环比涨幅扩大至历史同期高点。近期，我国对中东、非洲、中亚等新兴市场出口加快的同时，对欧盟、美国等传统市场的进出口也明显

改善。

综合以上分析，2023年第四季度及2024年我国工业经济将恢复向好。预计2023年全年规模以上工业增加值增长4.2%左右，2024年增速在4%~5%。

四　推动工业经济高质量发展的政策建议

（一）稳定现有政策，形成工业稳增长育动能的长效机制

一是稳定和扩大有效投资。以新基建、新产业、新制造"三新"为重点方向，挖掘高增长、高回报和长期性投资新领域，加大工业投资力度，提振工业投资信心。政府产业基金引导鼓励社会资本投资专精特新工业项目，加强工业企业绿色化、数字化、服务化转型改造相关研究和示范应用。二是继续释放和提振多层次消费需求。稳定基本消费，提振发展型消费，扩大新兴消费，加大内需释放力度。统筹推进经济发展和民生保障，兜住兜牢民生底线，加强消费者权益保护，促进基本消费稳步增长。降低消费税费，推动中高端服装、饰品、家电、电子产品、药品的进口替代，建设国际消费中心城市，提振发展型消费对中高端工业行业和高精尖工业企业发展的带动作用。积极培育老龄化、个性化、年轻化、数字化市场，在全球率先形成新兴工业品成熟消费市场。三是坚持促进工业品出口量稳质升。着力保障主要工业原材料充足供应、价格稳定，稳定大类产品国际市场占有率，以自主品牌为重点，激发新的出口增长点。加强与周边国家基础设施互联互通，以自贸区和自由贸易港为依托增强国际市场渠道建设和运营能力，打通国际大循环堵点卡点。

（二）加快培育新兴产业，积蓄和创造发展新动能

一是加快推进产业转型升级。加强产业基础再造的供给保障，兜底传统产业（特别是基础性行业）要素供给，进一步提高中西部产业转移承接能力，推动传统优势产业技术改造和生产线优化升级，稳住传统产业基本盘。持续提高新动能产业占比，将优质政策资源和要素资源聚集于科技水平领先、经

济效益好和生产率高的高新技术产业和产业链高端环节，不断推进产业结构高级化。加快完善首台（套）装备、首批次材料等风险补偿机制，支持国产化产品的测试与推广，减轻厂商测试、使用中的成本与风险。加快实施产业跨界融合示范工程，打造未来技术应用场景，加速形成若干未来产业。推进供给侧结构性改革，有效控制过剩产能反弹。二是鼓励科技创新，推进产业薄弱环节攻关。对于已经出现明显"卡脖子"问题的薄弱环节，一方面加快项目立项，推动成立联合攻关体，尽快实现从"0"到"1"的突破，另一方面拓宽进口来源，降低锁定风险。对于可能出现"卡脖子"问题的薄弱环节，依托制造、配套、研发综合优势，尽快融入发达国家研发分工体系，广泛参与国际技术标准和技术路线制定工作。对于前瞻性的技术和未来产业，要发挥大国优势，加快建立国家未来产业技术研究院，在多个技术路线上同时布局研发能力和产能，并同步推进技术创新、产业化、业态创新。三是积极倡导共赢的对外合作关系。一方面，增强与发达国家在基础技术、前沿技术研发上的相互融合，积极参与发达国家科研项目，也吸引外国科研机构和跨国公司参与中国科研项目，形成你中有我、我中有你的技术体系和制造体系。另一方面，与发展中国家共同夯实产业发展基础，梳理和总结航天领域国际合作的模式和经验，与发展中国家建立相互借力的技术链、产业链和供应链。

（三）优化企业发展的政策环境，提升市场主体活力

破解中小微企业发展痛点。一方面推动各种惠企政策组合拳尤其是中小微企业纾困帮扶政策的有效落地，分类精准施策降低小微企业综合成本。增强税费优惠政策的精准性、针对性，严格落实支持中小企业政府采购政策，持续提高政府采购工程面向中小企业的预留份额。支持大型企业尤其是大型国有企业扩大向中小企业的采购规模。落实《保障中小企业款项支付条例》，加大拖欠中小企业账款清理力度，保护中小企业合法权益。另一方面稳定和提振中小微企业发展预期与信心，持续完善中小微企业服务体系，引导全社会摒弃规模歧视，着力保障中小微企业的要素供给，破解中小微企业在招投

标中的市场进入障碍。推动中小微企业全过程成本控制和精细化管理，通过管理水平提升、数字化转型、规范化运作增强自生能力。鼓励发展跨境电商、直播电商等新业态，为中小微企业提供更多市场拓展机会。支持中小微企业持续开展技术创新，加快向"专精特新"方向发展，增强市场竞争力、抗风险能力和成长耐力。加大金融对实体经济的支持力度。对钢铁、有色等高耗能行业实施"有保有压"的信贷政策，避免以"两高"名义对合规项目实施歧视性的信贷约束。对钢铁和有色等高耗能行业超低排放改造、低碳冶金技术应用、"卡脖子"材料研发、数字化智能化升级等项目给予金融支持。构建健康的工业产业生态。促进国有企业、私营企业和外资企业的协同发展，推动大中小企业融通发展，充分发挥大中小企业的互补优势。推动产业链上中下游企业协同发展，形成上中下游企业共同成长壮大、产业链韧性与竞争力整体提升的良好格局。

参考文献

中国社会科学院工业经济研究所课题组:《工业稳增长：国际经验、现实挑战与政策导向》,《中国工业经济》2022年第2期。

史丹:《现代化产业体系的建设重点与路径》,《经济日报》2023年3月5日。

张航燕:《统筹推进新型基础设施建设》,《中国社会科学报》2023年11月13日。

B.14
中国绿色发展形势分析、展望与政策建议

张永生 王沐丹[*]

摘　要： 2023年是党的二十大开局之年，我国生态文明建设开启新篇章，经济发展和环境保护之间的协同和相互促进关系正在形成。尤其是，2023年我国光伏、风电、新能源汽车等产业呈高速增长态势，成为稳经济、促外贸的重要驱动力。目前，我国新能源及其产业发展仍面临部分核心技术存在短板、产业链供应链稳定性尚待提升、新能源产业出海遭遇封锁围堵等问题和挑战。为培育绿色增长动能和实现高质量发展，我国新能源及其产业应加强科技创新和核心技术攻关，促进产业科技自主可控，强化全产业链协作，深化国际合作，提升产业链供应链韧性，加快多元化布局，参与国际标准及规则制定，积极应对复杂多变的国际贸易环境。

关键词： 新能源产业　绿色发展　全产业链　生态文明

党的二十大报告围绕实现"中国式现代化"这一"中心任务"，对生态文明建设进行了战略部署，开启了生态文明建设和绿色发展的新篇章。2023年是党的二十大开局之年，我国生态文明建设取得突出成就，经济发展与环境保护之间的关系正朝着相互协同、相互促进的方向转变。一方面，国内以

---

[*] 张永生，中国社会科学院生态文明研究所所长、研究员，主要研究方向为生态文明、发展经济学、绿色发展、资源与环境经济学等；王沐丹，中国社会科学院生态文明研究所助理研究员，主要研究方向为生态文明、环境规制、资源与环境经济政策等。

新能源及其产业为代表的绿色经济高速增长，为我国经济高质量发展注入新动能。尤其是新能源及其产业稳步向好与同期众多产业的不景气形成鲜明对比。另一方面，我国生态环境质量持续改善。在国际局势纷繁复杂、经济转型升级面临新阻力的背景下，需重视并持续培育绿色经济增长动能，推动实现高质量发展。

一 党的二十大全面开启绿色发展新篇章

（一）党的二十大对生态文明和绿色发展做了战略部署

党的二十大报告围绕实现"中国式现代化"这一"中心任务"，对生态文明建设进行了战略部署，开启了生态文明建设新篇章。生态文明建设在中国式现代化中的基础性和战略性地位，全方位体现在什么是中国式现代化、如何建设中国式现代化、中国式现代化目标等方面。[①] 在战略层面，"人与自然和谐共生"是中国式现代化的五个基本特征之一，全方位体现在中国经济社会发展战略和行动中。

在此基础上，党的二十大报告第十部分专门以"推动绿色发展，促进人与自然和谐共生"为题，进一步从绿色转型、污染治理、生态保护、气候变化等方面进行战略部署。尤其是，强调要协同推进"降碳、减污、扩绿、增长"。这实质就是要以"降碳"为战略抓手，形成环境与发展之间相互促进的关系。

（二）全国生态环境保护大会关于生态文明的决策部署

在2023年7月17~18日召开的全国生态环境保护大会上，习近平总书记全面总结了我国生态文明建设取得的巨大成就，特别是历史性、转折性、全

---

① 第一，体现在什么是中国式现代化中。"人与自然和谐共生"是中国式现代化的五个基本特征之一。第二，体现在如何建设中国式现代化中。党的二十大报告指出，"高质量发展是全面建设社会主义现代化国家的首要任务"，而实现高质量发展，就必须"完整、准确、全面贯彻新发展理念"。绿色发展，正是新发展理念的核心要义之一。第三，体现在中国式现代化目标中。"美丽中国"是建设现代化强国的五大目标之一。

局性变化，以及"四个重大转变"①，深入分析了当前生态文明建设面临的形势，深刻阐述了推进生态文明建设需要处理好的五大关系，从五大方面系统部署了全面推进美丽中国建设的战略任务和重大举措。

处理好"五大关系"：一是高质量发展和高水平保护的关系；二是重点攻坚和协同治理的关系；三是自然恢复和人工修复的关系；四是外部约束和内生动力的关系；五是"双碳"承诺和自主行动的关系。

"六项重大任务"：一是污染防治攻坚战；二是绿色低碳发展；三是生态系统保护；四是"双碳"工作；五是生态安全；六是健全美丽中国建设的保障体系。

（三）党的二十大开局之年，生态文明建设取得突破性进展

党的二十大关于生态文明建设的决策部署，在开局之年得到全面贯彻落实，开启了中国生态文明建设的崭新篇章。中国生态文明建设成就突出体现在经济发展与环境保护之间的关系出现突破性进展，正从过去的相互冲突关系转向相互协同和促进关系。一方面，绿色经济呈现爆发式增长；另一方面，环境质量持续改善。在经济下行压力大、国际局势复杂多变的条件下，生态文明建设取得这样的成就，尤其难能可贵。

总之，绿色发展是工业革命以来发展理念和发展方式全面而深刻的转变，中国式现代化则是对工业革命以来基于传统工业化模式的现代化重新定义。传统工业化模式是基于工业文明的发展模式，经济发展与环境保护是相互冲突的关系，而绿色发展则是基于生态文明的发展方式，环境与发展之间是一种相互协同和促进的关系。广义而言，这种深刻转变不仅包括生产方式、生活方式、消费模式的转变，还包括相应的体制机制和政策的转变。环境方面的内容主要包括污染治理、生态保护、气候变化等。本报告仅就与新能源相关的狭义绿色经济进行分析。

---

① "四个重大转变"包括：一是由重点整治转变到系统治理，二是由被动应对转变到主动作为，三是由全球环境治理参与者转变到引领者，四是由实践探索转变到科学理论指导。

二 新能源及其产业运行情况

（一）光伏行业高速增长，延续蓬勃发展态势

1. 全国多晶硅、硅片、晶硅电池、晶硅组件产量稳步提升

随着硅料产能释放投产，2023年1~2月、3~4月和上半年，国内多晶硅产量逐步提高，分别达17.6万吨、21万吨和60.6万吨，同比增长60.0%、72.1%和66.1%。得益于硅料供给恢复和价格回落，产业链中下游环节生产实现较快增长，2023年1~2月、3~4月和上半年，硅片产量分别达71.2GW、88.1GW和253.4GW，同比增长78.0%、79.8%和65.8%；同期晶硅电池产量分别达62.2GW、79.9GW和224.5GW，同比增长57.5%、81.6%和65.7%；上半年，晶硅组件产量达204GW，同比增长65%。2023年1~8月，国内多晶硅、硅片、晶硅电池、晶硅组件产量同比增长接近或超过70%。其中，多晶硅产量84.0万吨，同比增长72.9%，硅片、晶硅电池和晶硅组件产量分别为352.3GW、309.2GW和280.7GW，同比增长70.6%、68.9%和68.4%。

2. 光伏应用市场持续扩张

国内大型光伏基地建设全面展开，成为集中式光伏电站项目的重要增长点；同时，海上光伏、光储一体化等应用场景差异化、多元化发展，农村地区积极推进分布式光伏建设和电网巩固提升工程等，打开了光伏消费市场。从新增装机来看，2023年1~8月，全国新增光伏发电装机113.2GW，接近2022年全年新增光伏装机的1.3倍，同比增长154.5%，增速比2023年上半年加快0.5个百分点。2023年1~6月，光伏发电新增并网容量78.4GW，其中分布式光伏并网41.0GW，同比增长108.4%，户用光伏新增并网约为分布式光伏的52.5%，较上年同期上升7.2个百分点。从累计装机来看，截至2023年8月底，全国光伏累计装机505.4GW，占全国发电总装机的18.3%，同比增长44.4%，增速比上半年高4.7个百分点。2023年上半年，光伏发电累计并网470.0GW，其中集中式光伏电站和分布式光伏分别达271.8GW、198.2GW。从发电情况来看，截至8月底，全国规模以上电厂光伏发电量达

1894亿千瓦时，同比增长23.3%，占全国规模以上电厂发电量的3.2%，增速较上半年高0.5个百分点。

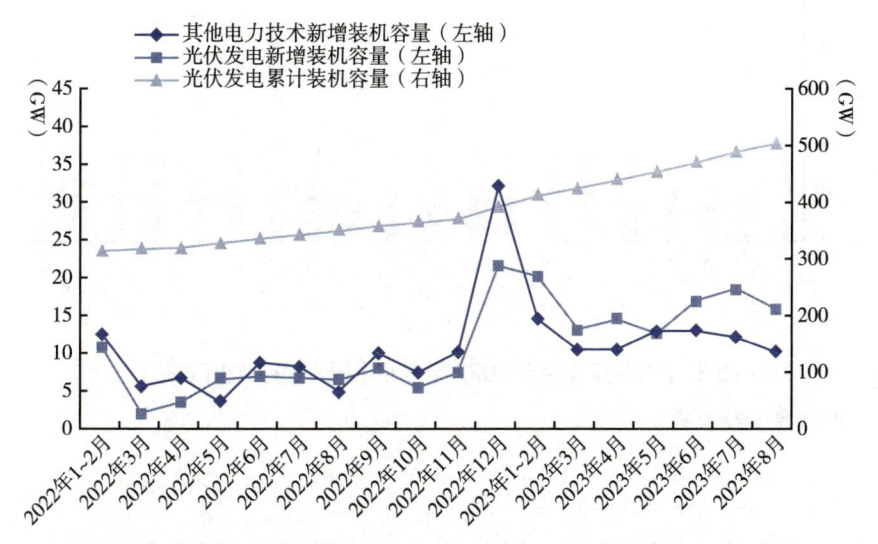

图1　2022年1月至2023年8月中国光伏发电装机容量增长趋势

资料来源：国家能源局。

3. 光伏产品出口成为外贸增长新动能

面对多重困难与挑战冲击，2023年1~8月，按美元计价的中国进出口额同比下降6.5%，其中出口降幅达5.6%。在外需疲软的背景下，我国光伏产品（硅片、光伏电池、光伏组件）出口强势增长。2023年第一、第二季度，全国光伏产品出口总额分别达145.1亿美元、147.0亿美元，同比增长15.6%、7.8%，但因受到欧美、印度等地加速产业链回流、欧洲库存积压、价格回落等因素影响，国内光伏产品出口额的季度同比增速呈下降趋势。1~8月，我国光伏产品出口365.8亿美元，同比增长1.1%。其中，硅片、光伏电池分别出口38.2亿美元、32.1亿美元，同比增长12.2%、27.9%，增速较前两个季度放缓；光伏组件出口295.5亿美元，同比小幅下降2.4%。国产光伏组件出口目的地主要是欧洲，如荷兰、西班牙、比利时、德国等国，对巴西、澳大利亚、巴基斯坦、日本、沙特等国也有较大的光伏组件出口。

247

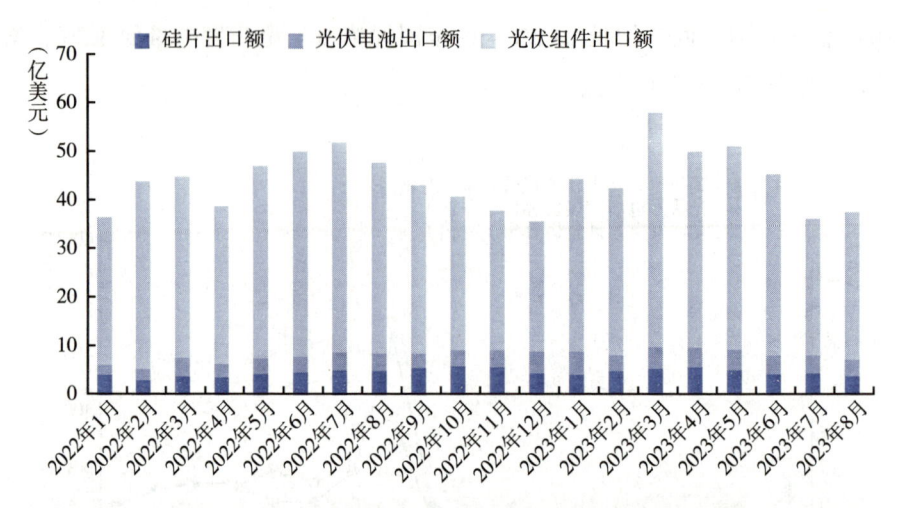

图 2 2022 年 1 月至 2023 年 8 月中国光伏行业出口情况

资料来源：海关总署。

4. 国内光伏投资规模扩大，快速增长

2023 年第一、第二季度，全国光伏发电工程投资完成额分别达 522 亿元、827 亿元，同比增长 177.7%、86.7%，均占同期电源工程投资完成总额的 40% 以上，2023 年上半年完成投资已超过 2022 年 1~9 月投资规模。1~8 月，国内光伏发电投资完成额 1873 亿元，同比增长 82.7%，增速远高于同期国内电源工程投资完成额增速。

（二）风电行业迎来发展机遇期

1. 风电装机高速增长，推动全国电力绿色化进程

在"双碳"目标及风电基地建设、"千乡万村驭风行动"等政策背景下，我国风电行业迎来发展机遇期，风电装机保持高速增长。从新增装机来看，2023 年第一、第二季度，全国新增风电装机分别为 10.4GW、12.6GW，同比增长 31.6%、149.8%，上半年新增装机已超过 2022 年 1~11 月新增规模。1~8 月，全国新增风电装机 28.9GW，同比增长 79.2%，增速比 1~6 月快 1.5 个百分点，约占同期全国新增电力装机的 14.6%。从累计装机来看，2023 年第一、第二季度，全国风电累计装机分别达 375.7GW、389.2GW，同比增长

11.7%、13.7%，截至 8 月底全国风电累计装机 395.4GW，同比增速较上半年快 1.1 个百分点，达 14.8%，约占同期全国电力累计装机的 14.3%。风力发电量持续攀升。2023 年第一、第二季度，国内风力发电量分别达 2080.1 亿千瓦时、2130.4 亿千瓦时，同比增长 27.8%、22.0%。1~8 月，全国累计风力发电 5308.4 亿千瓦时，同比增长 21.4%，远超过全国发电总量增幅（约为 4.8%），占全国发电总量的 9.1%，较上年同期扩大 1.2 个百分点，对推动全国电力绿色化发挥了重要作用。

图 3　2022 年 1 月至 2023 年 8 月中国风力发电装机容量增长趋势
资料来源：国家能源局。

2. 陆上风电基地和海上风电基地建设加速推进

《"十四五"可再生能源发展规划》强调，"大力推进风电和光伏发电基地化开发"，特别是要"推进陆上风电基地建设""有序推进海上风电基地建设"，这为我国推进风电建设指明了方向。

陆上风电规模大。我国风力资源储量丰富，特别是"三北"地区风能资源优渥，基于当地"沙戈荒"的广阔土地，探索多元化发展模式，成为打造大型风电基地的重要抓手。2023年第一、第二季度，全国新增风电并网容量分别为10.4GW、12.6GW，上半年约70.6%的新增并网容量布局在"三北"地区，其中新增陆上风电分别为9.9GW、12.0GW；截至上半年，全国陆上风电累计装机达358GW，同比增长13.3%。截至7月底，国内大型风光基地建设进展顺利，第一批基地项目共计9705万千瓦已全面开工，其中3000万千瓦实现并网，第二批项目陆续开建，第三批项目已启动前期工作。

海上风电增长快。国内海上风电虽体量较小，但随着深远海风电技术日益成熟、海洋使用等限制性因素影响逐渐减弱，海上风电项目建设逐渐加速，风电规模化成为东南沿海省市推进能源转型的重要着力点，如福建、广东、广西、山东、江苏等均明确要加快发展深远海海上风电，推动深海风电项目建设。截至2022年底，我国海上风电累计装机规模已连续两年保持世界第一，建成"三峡引领号"等示范性项目。2023年第一、第二季度，全国新增海上风电分别为0.5GW、0.6GW；截至2023年6月底，全国海上风电累计装机31.5GW，同比增长18.0%，快于陆上风电增速。

3. 风电设备出口波动较大，以出口风电机组零部件为主

中国是全球第一大风电设备制造国，风电产业体系较为完备，随着全球就能源绿色转型达成共识，国产风力设备走出国门，但出口规模波动较大。受风机价格下跌等因素影响，2023年第一、第二季度，全国风力发电机组及其零部件出口总额分别达8.0亿美元、7.5亿美元，同比下降10.2%、32.8%，1~8月风力发电机组及其零部件出口总额共计21.5亿美元，同比减少22.2%。出口以风力发电机组零部件为主，风力发电机组为辅。2023年，风力发电机组零部件月度出口额在2亿美元水平线上下震荡，月均出口占比保持在70%以上，第一、第二季度和1~8月出口额分别为6.3亿美元、6.0亿美元和16.7亿美元，同比下降6.7%、26.9%和18.9%，1~8月出口比重约为77.5%，较上半年下降1.5个百分点；第一、第二季度和1~8月风力发电机组出口额分别为1.7亿美元、1.5亿美元和4.8亿美元，同比下降21.1%、48.5%和31.7%。我国风力发电机组零部件主要出口至德国、美国、法国等欧美地区和印度、日本、乌兹别克斯坦等亚洲国家，风力发电机组整机主要销往南非、智利、阿根廷等拉美经济体和澳大利亚、加拿大、日本等国。

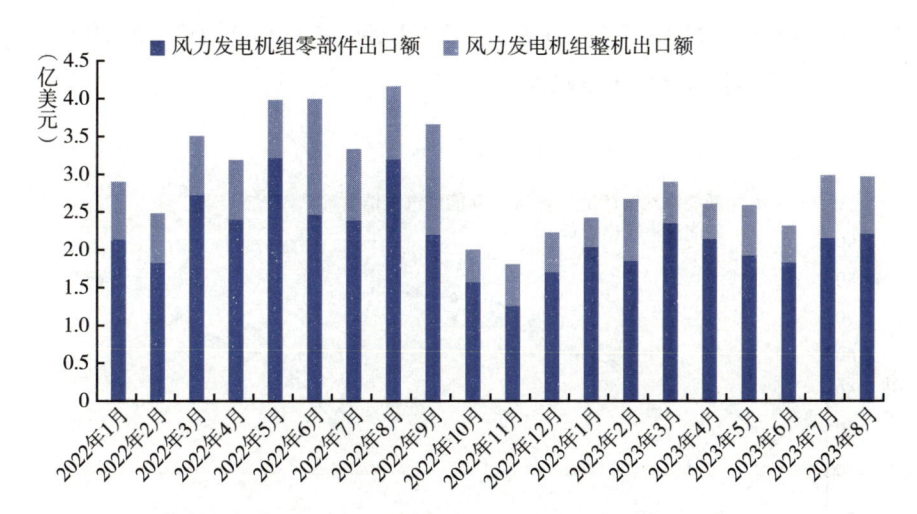

图4 2022年1月至2023年8月中国风电行业出口情况

资料来源：海关总署。

（三）新能源汽车行业平稳向好，增长活力足

1. 新能源汽车市场年初遇冷，一揽子政策助力产销稳步回升

2022年下半年，燃油车购置税减半政策退出对新能源汽车消费造成冲击，2023年新能源汽车国家财政补贴正式退出，叠加年初燃油车大幅降价和农历春节销售淡季等因素影响，新能源汽车市场低迷。2023年1月，新能源汽车产销环比降幅接近50%。2月起，地方政府陆续出台消费支持性政策，如浙江、山东、江苏等地发放新能源汽车购车消费券，上海给予新能源汽车置换补贴，第一季度新能源汽车产销强势回升，分别达165.0万辆、158.5万辆，同比增长28.4%、26.9%。第二季度，公共交通电动化先行区和农村能源革命试点县建设、新能源汽车下乡、充换电基础设施建设推进、新能源汽车购置税减免延续及优化等一揽子政策出台落地，促进新能源汽车市场回暖，新能源汽车

产销分别达213.7万辆、215.9万辆，同比增长56.2%、60.8%，增速较第一季度明显提升，其中6月产销量已接近2022年单月最高水平。在7~8月汽车消费淡季影响下，新能源汽车市场增长趋于平缓。2023年1~8月，新能源汽车产销持续向好，分别达543.4万辆和537.4万辆，占汽车产销总量的29.8%和29.5%，同比增长36.9%和39.2%。

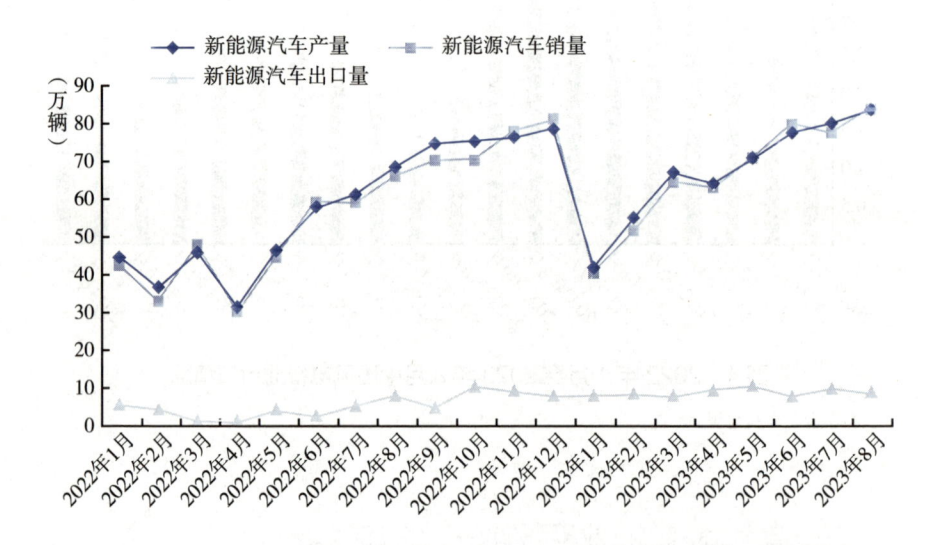

图5　2022年1月至2023年8月中国新能源汽车产销量和出口量情况

资料来源：中国汽车工业协会。

2. 纯电动汽车占据市场主流，市场份额呈下降趋势，插电式混合动力汽车增长势头强劲

2023年第一季度，纯电动汽车产销分别达119.8万辆、115.2万辆，同比增长16.5%、15.2%，第二季度产销增长提速，分别达154.8万辆、156.6万辆，同比增长44.3%、48.6%，前两个季度纯电动汽车约占据72%的新能源汽车市场份额，较2022年第一、第二季度水平（比重分别为80%、78.5%）略有下降。1~8月，国内纯电动汽车产销分别达389.0万辆和385.5万辆，同比增长25.1%、27.1%，市场份额降至71.6%左右。插电式混合动力汽车享有新能源汽车购置、行驶等方面的优势和便利，续航里程相对较长且近年来与燃油车的成本差距逐渐缩小，成为新能源汽车增长的重要引擎，2023年第一季度产销分别达45.1万辆、43.3万辆，同比增长76.1%、74.1%；第二季度产销持续增加，分别达58.7万辆、59.2万辆，同比增长99.3%、105.6%；1~8月产销分别为154.1万辆、151.3万辆，同比增长81.4%、85.4%，在新能源汽车市场中占比28%左右，同比提升约7个百分点。

3. 新能源汽车市场渗透率持续上升

在新能源汽车价格下降、油价维持高位、新能源车促消费政策等多重因素作用下，新能源汽车消费潜能进一步释放，市场渗透率持续提升。2023年第一、第二季度和1~8月，新能源乘用车销量分别为151.2万辆、206.5万辆和513.1万辆，同比增长25.9%、61.9%和39.4%，在乘用车领域的市场份额约为29.4%、33.7%、33%，较上年同期提升超7个百分点。2023年第一、第二季度和1~8月，新能源商用车销量分别为7.4万辆、9.4万辆、24.0万辆，同比增长52.6%、40.4%、41.5%，明显快于新能源乘用车增速，在商用车领域的市场份额约为7.9%、9.1%、9.4%，1~8月比重较2022年同期高1.6个百分点。

4. 新能源汽车出口保持高速增长

近年来，中国汽车的国际竞争力和品牌效应逐渐增强，新能源汽车出口步伐加快，占据了广阔的海外市场。2023年第一、第二季度，中国新能源汽车出口量分别达24.8万辆、28.6万辆，同比增长106.7%、248.8%，显著高于汽车出口增速（约为70.7%、80.4%）。1~8月，中国新能源汽车出口累计72.7万辆，同比增长113.9%，其中纯电动汽车和插电式混合动力汽车分别出口66.5万辆、6.2万辆，同比增长118.6%、73.5%。从贸易国来看，国产新能源汽车主要销往比利时、英国、西班牙等欧洲国家和泰国、菲律宾等东南亚国家，对澳大利亚、阿联酋、墨西哥、俄罗斯等国也有较大出口。

三 新能源及其相关产业发展面临的困难与挑战

（一）产业核心技术存在"卡脖子"风险

近年来，中国的新能源及其产业迅速成长，在产品设计、技术研发、生产制造、建设施工、运行管理、配套服务等产业链供应链环节积极探索，形成了较完整且成熟的新能源产业体系。目前，中国是世界第一大光伏产业大国、风电设备制造大国，截至2022年新能源汽车产销已连续八年居世界首位。2023年，光伏电池、锂电池、电动车成为出口快速增长的"新三样"。要注意到，我国新能源及其产业部分环节仍存在技术短板，面临核心技术"卡脖子"风险。

就光伏行业而言，我国光伏生产原料和设备的自给能力有待提升，如聚烯烃弹性体作为光伏胶膜的关键原材料，目前仍依赖进口；我国光伏厂商正加紧推进钙钛矿电池设备等新型电池技术研发应用。同时，应重视并加快核心技术更新迭代，特别是在电子级多晶硅、大尺寸薄片化硅片、钙钛矿电池、叠层电池、高效高功率电池及组件等方面加快推进核心技术攻关，进一步提升我国光伏产品的科技含量，增强光伏产业的综合实力。

就风电行业而言，我国风电设备国产化进程加快，但核心零部件的竞争力与国外厂商有一定差距，控制器、轴承等部件仍依赖进口，需要在高端轴承、碳纤维叶片等方面取得技术突破。轴承是风机的核心部件，特别是主轴轴承对风机发电起到重要的支撑作用，需具备可靠性、稳定性和长使用寿命，技术壁垒较高。2022年，我国风机变桨偏航轴承国产化率提升，但是主轴轴承、发电机轴承、齿轮箱轴承等传动系统轴承的国产化率较低，高端轴承市场主要被瑞典、德国、日本、美国等国厂商占据。叶片是风机发电的重要部件，随着大型风机的出现，叶片轻型化成为行业发展方向，目前国内风机叶片主要采用玻璃纤维技术进行生产，而国外广泛采用的碳纤维技术在国内存在产量少、成本高、技术不成熟等问题。此外因工艺限制，我国叶片芯材（如PVC泡沫芯材）、环氧树脂等原材料一定程度上对海外供应商有较大的依赖，国产品替代化率有待提升。

就新能源汽车行业而言，"缺芯"仍是制约中国新能源汽车发展的最重要因素之一，汽车芯片市场技术门槛较高，主要是美、德、日等国占据主导地位，中国在汽车芯片领域起步较晚，2022年国内芯片自给率低于10%，国产化率约5%，IGBT（绝缘栅双级晶体管）等高端芯片主要依赖进口。此外，新能源汽车对电池、电机和电控系统均有较高的要求，电控系统的整车控制器、电机控制器等核心技术主要被美、德、荷、日等国掌握，国内驱动电机技术、燃料电池性能指标与国际水平相比存在差距，高品质电机多采购自国外厂商，在高比能量电池、长寿命电池等技术方面需加强研发攻关。

（二）产业链供应链稳定性有待提升

我国新能源及其产业发展取得可喜成就的同时，资源和原材料争夺、地缘政治格局变化、突发性事件冲击等多重因素叠加导致的复合风险增多，国内新能源产业链供应链的稳定性有待提升。

资源和原料供给不足影响我国新能源及其产业发展安全。一方面，我国与新能源产业密切相关的铜、钛、锂、镍、钴、锰、石墨等矿产储量较少，国内储量占比不到全球总量的10%，自给能力有限，且存在品位低、开采难、矿产分散等问题。另一方面，矿产资源在海外有分布和生产较为集中的特征，如全球近70%的钴、近50%的锂矿分别分布于刚果民主共和国、澳大利亚，而部分国家已限制相关矿产出口，并企图通过资源联盟、资源协议等方式"去中国化"。随着我国新能源及其相关产业快速发展，未来对相关战略性矿产资源会产生更高的需求，供给短缺及价格波动等问题将使我国新能源及其相关产业发展面临"断链"风险。

气候变化冲击我国新能源产业链正常运行。极端天气事件及其相关自然灾害因其突发性强、破坏力较大、波及范围较广等特征，会严重冲击新能源及其产业，特别是对其生产、运输等环节造成巨大负面影响，如2011年日本大地震导致当地芯片厂商停产，严重阻碍全球汽车生产；2022年四川出现持续性极端高温天气，导致水力发电能力严重下降，出现夏季用电高峰"限电""缺电"局面，省内光伏企业被迫停产。2023年夏季，我国极端天气事件不断，如6月下旬7月上旬华北、西北等地出现区域性高温，7月末福建遭遇"杜苏芮"强台风袭击，7月29日至8月2日北京经历百年不遇的暴雨，对当地产业正常运行形成巨大的冲击。

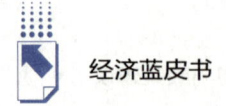

公共卫生事件突发和地缘政治格局变化影响新能源产业链稳定。新冠疫情持续时间长，对新能源产业链供应链造成了不可忽视的影响。如疫情期间，我国上海、长春等地的汽车企业被迫停产，新疆、内蒙古等地光伏生产停滞、物流运输受阻。近年来，地缘政治格局加速演进，能源"政治化"加剧国际能源博弈，妨害全球新能源产业链供应链稳定。如美国和欧盟加速制造业回流，为提升本土能源供给保障能力、重建本土新能源产业链供应链，出台了《通胀削减法案》《净零工业法案》《关键原材料法案》等一系列法案，中国新能源产业海外布局和产品出口受到制约，面临更加激烈的市场竞争。同时，地缘政治格局改变还可能引发原材料价格大幅波动、核心原材料和零配件断供、物流不畅等一系列外部风险。

（三）产业发展面临严峻的贸易封锁风险

当前，世界各国对新能源市场主导权展开争夺，个别国家和地区加大新能源商品进口管控力度，违反自由贸易规则，对全球新能源供应网络造成冲击，阻碍了全球气候变化合作进程，中国新能源及其产业发展遭受外部打压，面临严峻的贸易封锁风险。

就光伏产业而言，贸易调查主要是由发达经济体发起，被调查对象是中国光伏电池及组件，大多是得出肯定性裁定，惩罚措施以反倾销、反补贴等非关税壁垒为主，征税力度大、持续时间长。早在2010年和2014年美国就对中国光伏产品发起反倾销、反补贴（以下简称"双反"）调查，最终均认定涉案中国产品对美国相关产业造成实质性损害，我国涉案光伏企业被征收高昂惩罚性关税，随后2017年"201调查"、2018年中美贸易争端、2019年"337调查"均涉及光伏电池及其下游产品。2023年，美国贸易代表办公室启动了对特定光伏连接器及其组件的"337调查"。类似地，欧盟、加拿大、澳大利亚、印度、土耳其等经济体也主要针对中国光伏产品启动贸易制裁，如欧盟"双反"措施自2012年启动，于2018年9月正式终止，措施涉及最低进口限价和最高转运量协议、"双反"税等；2017年，印度决定对进口自中国和马来西亚的光伏电池及组件征收保障措施税，第一年税率为25%，2021年对华光伏电池及组件启动反倾销调查。

中国风电行业同样遭受了严重的贸易封锁。2012年，美国对中国应用级风电塔发起"双反"调查，2018年中美贸易争端征税名单包含风力发电机组等产品。2013年，澳大利亚对中国应用级风塔发起反倾销调查，截至2023年5月已多次对华启动新出口商复审并实施贸易制裁。2023年，加拿大和越南相继对我国风电塔、风电设备部件启动贸易调查。此外，欧盟或将在近期对我国风力涡轮机启动反补贴调查。新能源汽车行业作为新兴绿色产业，与之相关的传统贸易摩擦相对较少。2016年，美国对部分混动电动车及零部件启动"337调查"，2023年9月，欧盟正式启动对华9座以下纯电动汽车的反补贴调查。

除了要合理应对传统贸易壁垒外，我国新能源及其产业还需对其他形式的贸易封锁保持高度警惕并予以防范。一是气候因素正成为影响国际贸易秩序和经贸规则制定的重要因素，如欧盟推出的《碳边境调节机制》，法国、意大利等国的碳足迹认证要求及环境产品声明等，绿色贸易壁垒将导致我国新能源产品出海压力上升，贸易成本增加，国产品竞争力被削弱，在世界市场上处于不利竞争地位。二是部分国家和地区企图以所谓保护人权为名对中国企业形成打压围堵，我国新能源及其产业发展面临较大风险。

四 新能源及其相关产业发展形势展望

（一）绿色低碳转型为新能源及其产业壮大创造契机

面对严峻的气候形势和能源危机，重新审视和塑造环境与发展之间的关系，加速推进发展模式向绿色低碳转型成为全球共识。目前，已有超过130个国家明确了"碳中和"目标，世界正处于应对气候变化的关键窗口期，为中国新能源产业发展壮大创造了良好契机。

一方面，随着全球加快推进可再生能源开发和利用，光伏、风电和新能源汽车等新能源及其产业迎来应用需求的强劲增长，我国作为全球最大的光伏设备生产国、风电设备制造国以及新能源汽车供给国，新能源产业体系相对完善且趋于成熟，在生产制造能力、技术研发实力、产品成本等方面均具备明显优势，未来将在全球新能源市场上拥有广阔的发展空间。另一方面，中国长期以来围绕国际绿色合作、构建绿色伙伴关系、推进全球气候治理等积极贡献中国方案，如2021年中国与31个伙伴国共同发起的"一带一路"绿色发展伙伴关系协议，2023年第三届"一带一路"国际合作高峰论坛上习近平总书记强调要"深化绿色基建、绿色能源、绿色交通等领域合作"，同时我国积极参与上合组织、亚太经合组织等区域性能源转型合作，通过绿色技术援助等方式开展南南国家气候合作，为我国新能源企业"走出去"创造了良好的条件。

（二）国内多重优势保障新能源及其产业向好发展

我国长期以来高度重视新能源及其产业发展，在全球疫情结束和国内经济平稳复苏的背景下，国内政策体系、市场规模、应用场景等多重优势将保障我国新能源及其产业延续良好发展态势。

国内经济持续向好，带动新能源及其产业蓬勃发展。统计数据显示，2023年我国工业经济稳步回升，1~8月，规模以上工业实现同比增长3.9%，其中装备制造业增长较快，达5.4%，光伏、新能源汽车等绿色经济发展活力十足，太阳能电池、新能源汽车生产保持高速增长，分别同比增长68.9%、36.9%，对工业经济向好发展起到了重要的支撑作用。

政策"组合拳"发力，促进新能源及其产业快速发展。2023年以来，国家和地方政府出台了一系列政策措施，为壮大我国清洁能源产业保驾护航。4月，《2023年能源工作指导意见》明确"大力发展风电太阳能发电""积极推动能源消费侧转型"等重要任务。随后，新能源汽车下乡、延续和优化新能源汽车车辆购置税减免，以及《汽车行业稳增长工作方案（2023—2024年）》《电子信息制造业2023—2024年稳增长行动方案》《电力装备行业稳增长工作方案（2023—2024年）》等政策出台，旨在引导新能源相关产业优化升级。

国内市场广阔，新能源产业发展潜力巨大。中国的市场优势内涵丰富，超大的规模有助于本土新能源产业链供应链稳定发展，推动成本有效下降，多元化需求可激发产业研发创新内生活力、开发新能源技术应用潜能，智能化、数字化发展趋势驱动新能源及其产业与信息技术融合发展、不断拓展多元新型应用场景。目前，光伏、风电和新能源汽车等新能源产业深度融合，未来新能源产品及技术将广泛应用于农业、工业、服务业等行业和新型城镇化、乡村振兴、能源服务、养老服务等新领域。

五　政策建议

（一）加强科技创新和核心技术攻关，促进新能源及其产业科技自主可控

我国新能源产业发展面临"卡脖子"技术问题，其背后根本原因是专业技术人才储备不足、核心技术掌控能力不高，应全面加大对人才队伍建设、科研能力提升、核心技术攻关的支持力度，促进新能源及其产业科技自主可控。

一是科学分析研判国内外新能源领域科技发展现状和竞争形势，准确把握我国新能源相关产业面临的重大问题和突出挑战，坚持"四个面向"，完善优化国家顶层设计和产业发展规划，为加快国内新能源产业技术创新提供制度保障。

二是推进高水平科技人才队伍建设。人才是重要的国家战略资源，是科技创新的关键驱动力。以"人才强国"战略为指引，有效整合优化资源配置，加快培训基地、研究中心、研究院等平台建设，打造囊括企业、学校、政府、社会等多元主体的专业人才培养体系，提升对全球拔尖人才、领军人才等紧缺型人才的吸引力，做好引才育才用才留才工作，推进高水平专业技能人才队伍建设。

三是要对标国际一流技术，借鉴光伏、风电、新能源汽车等产业发展先进经验，以国家战略、发展规划、研发计划等为依托，针对国内新能源领域

"缺芯少核"、关键原料和零配件短缺等重点问题，构建以企业为核心、产业链各环节全覆盖、产学研密切合作的技术研发攻关体系和科技创新集群，加快前沿科技研发和迭代更新，提升国内核心技术自主可控水平，提高关键原料和零配件国产化率，促进中国新能源及其产业的技术实力和综合竞争力增强。

（二）强化全产业链协作，深化国际合作，提升新能源产业链供应链韧性

我国新能源产业面临资源、地缘政治、气候变化、公共卫生等多重因素波动带来的潜在风险，应统筹发展与安全，加强全产业链上中下游的协调联动和协同发展，完善并深化新能源领域国际合作，增强新能源产业链供应链韧性。

一是要以新能源及相关产业企业为最小单元，以龙头企业为引领，以产业链各环节为关键节点，以技术、设备、数据、信息、资本、人才等重要资源要素为纽带，借助物联网、大数据、云计算等数字化智能化技术，采取建立战略合作关系、签订长期订单等方式，促进产业链供应链上中下游的密切交流、强化本土产业链供应链关联协作、培育新能源产业发展的良好生态，构建灵活协调、稳定高效、安全可靠的新能源产业体系。

二是要积极推动并深化新能源领域国际合作。遵循开放包容、互利共赢原则，基于区域性、全球性能源合作机制，一方面要加强与欧美日韩等产业技术强国的对话合作，推动构建光伏、风电、新能源汽车等产业的国际人才交流平台、技术联合创新平台、战略合作平台，拓展新能源及其产业持续健康发展的全球性网络；另一方面，可依托"一带一路"、RCEP等合作伙伴关系，关注拉美、非洲、东南亚等矿产资源密集区，积极寻找资源互补型战略伙伴，通过参与国际矿产网络建设、订立关键矿产战略合作协议、提供低碳绿色技术援助等方式，构建畅通稳定的关键性战略性资源通道，降低资源和原材料短缺风险。

（三）加快多元化布局，参与国际标准规则制定，积极应对复杂多变的国际环境

长久以来，我国光伏、风电等新能源产业频繁遭受严重贸易封锁，国产新能源汽车近年来也受到欧盟反补贴调查冲击，应优化调整产业战略和规划布局，通过多元化布局合理规避外贸风险，要重视并参与国际标准规则制定，构建并提升中国在新能源领域的话语权，积极应对复杂多变的国际环境。

一是要根据新能源市场的最新国际形势，合理调整国内新能源产业出海战略和海外布局，可通过与东南亚、非洲等新能源产业发展潜力较大的地区建立密切、深入、稳定的贸易伙伴关系、气候变化合作关系等，为我国光伏、风电、新能源汽车"走出去"和本地化开辟新空间，通过多元化布局适度化解我国优势新能源产品出口风险。

二是要依托我国新能源产业优势地位，围绕环境产品清单、碳足迹认证、能效标签、边境调节税等议题，加强与区域性、全球性绿色贸易规则和标准相关组织机构的沟通合作，积极参与国际标准及规则制定，推动构建相关领域技术标准的互信互认机制，为全球绿色发展贡献"中国方案"，提升中国在新能源领域的话语权。

三是要积极应对国际贸易环境中的不确定性，针对个别国家和地区对我国新能源产品的封锁围堵，涉案企业应妥善寻求商务部、产业协会等组织的帮助，积极应诉维护自身合法权益，同时要加快产业升级步伐，以产业综合实力的提升增强抵御外贸风险的能力。

参考文献

International Renewable Energy Agency, "Geopolitics of the Energy Transition: Critical Materials," https://www.irena.org/Publications/2023/Jul/Geopolitics-of-the-Energy-Transition-Critical-Materials, 2023.

B.15
国际能源市场形势分析、展望及政策建议

王蕾 史丹[*]

摘　要： 2023年以来，国际能源市场出现了一些新的变化。全球原油天然气供需形势由紧张转向总体宽松，国际能源价格趋向稳定。经过剧烈的动荡调整后，传统能源市场进入短期平衡。全球能源市场中不稳定因素仍然存在，石油、天然气市场仍将出现短期波动，甚至频繁的剧烈震荡。以美国为代表的非欧佩克产油国与"欧佩克+"的产能联盟可能在短期内围绕俄罗斯能源撤退后留下的市场份额展开竞争。但是从趋势来看，新能源规模不断扩大，逐步替代传统化石能源。全球能源市场的博弈将从传统油气领域不断拓展到新能源以及与新能源密切相关的产业和矿产领域。全球能源格局也将随之发生重大调整。面对未来可能形成的全球能源新格局，我国不仅要防范传统能源市场的安全风险，发挥世界能源消费大国的作用，推动全球能源市场尽早形成新的平衡，维护国际能源市场的安全稳定，更要专注国内新能源高质量发展，加快能源转型步伐，形成有利于国家安全的新型能源体系。

---

[*] 王蕾，中国社会科学院工业经济研究所副研究员，主要研究方向为能源政策、能源效率和能源转型等；史丹，中国社会科学院工业经济研究所所长、研究员，主要研究方向为能源经济、低碳经济、产业发展与产业政策。

关键词： 国际能源市场　新能源产业　新型能源体系

近年来，国际政经格局动荡，全球能源市场供求关系、运输通道、技术变化和结构特征等进入深度调整期，正确研判未来世界能源格局变化对我国经济政治形势的影响，是维护国家经济安全的重要内容。本文在分析全球能源市场形势的基础上，提出全球格局变化对我国的影响与相应的对策建议。

一　国际能源市场形势特点

2023年以来，国际能源市场出现了一些新的变化。全球原油天然气供需形势总体宽松，国际能源价格趋向稳定。经过剧烈的动荡调整后，传统能源市场进入短期平衡。

（一）"欧佩克+"持续减产稳油价，美国原油的市场份额进一步提升

在全球经济复苏缓慢的环境下，国际原油市场仍然是"欧佩克+"与非欧佩克之间的市场博弈。2023年上半年，石油供给量上升，主要发达经济体需求放缓，原油供需形势宽松，基准价格持续回落。1~6月，WTI原油价格则从76.68美元/桶震荡下降至70美元/桶，是自2022年以来的最低点。为了维护自身利益，"欧佩克+"持续减产。2023年4月2日，"欧佩克+"生产国宣布，5~12月将在2022年11月减产协议基础上合计自愿减产166万桶/天。6月初，"欧佩克+"举行了第35次部长级会议，宣布了新的减产措施，将石油减产延期到2024年。其中，沙特决定7月开始额外减产100万桶/天。两次减产后，2023年9月沙特原油产量已减至900.6万桶/天，减幅达到9.8%。9月，俄罗斯对减产决定作了进一步补充，将对全球市场自愿削减30万桶/天石油出口量，直至2023年底。在"欧佩克+"的持续减

产和经济恢复双重影响下，7月国际石油需求量超过供给量，并且"缺口"扩大至9月的157万桶/天。

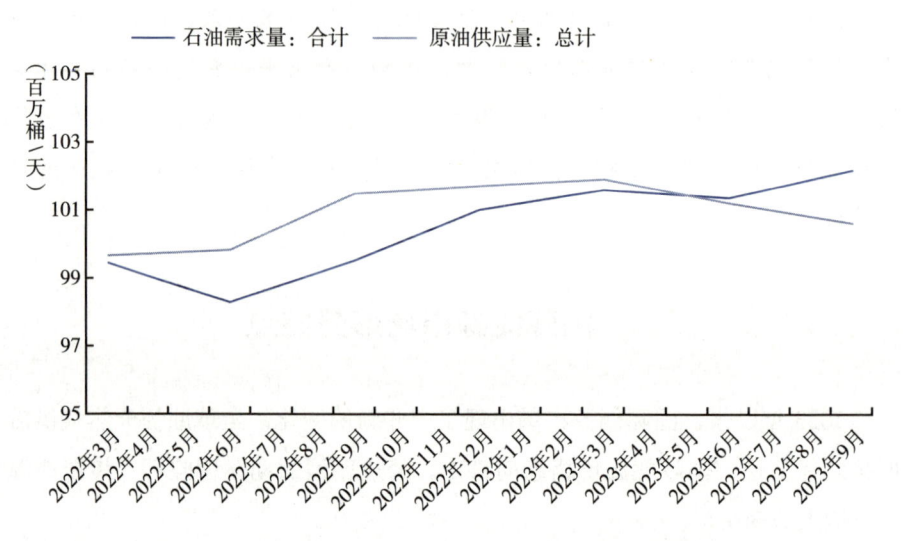

图1　2022年3月至2023年9月世界石油供需变化

资料来源：欧佩克。

2023年7月"欧佩克+"额外减产后，国际油价开始反弹至2023年9月的89.24美元/桶，减产起到了抬高油价的效果。同期，美国等非"欧佩克+"国家原油产量持续增加。2022年12月至2023年7月，美国从1213.8万桶/天增加至1299.1万桶/天，增长了7%。欧盟统计局数据显示，到2022年底，美国已经取代俄罗斯成为欧盟最大原油供应国。2022年全年，俄罗斯石油在欧盟市场的占有率从31%暴跌到4%，而美国石油的占有率则从13%大幅增加至18%。6月IEA发布的《2023年石油市场报告》预测，2022~2028年，非"欧佩克+"产油国增产较为强劲，主导中期产能扩张计划，供给增量为510万桶/天，其中以美国、巴西为主。因此从中长期来看，"欧佩克+"的产量协调机制作用将逐渐减弱。

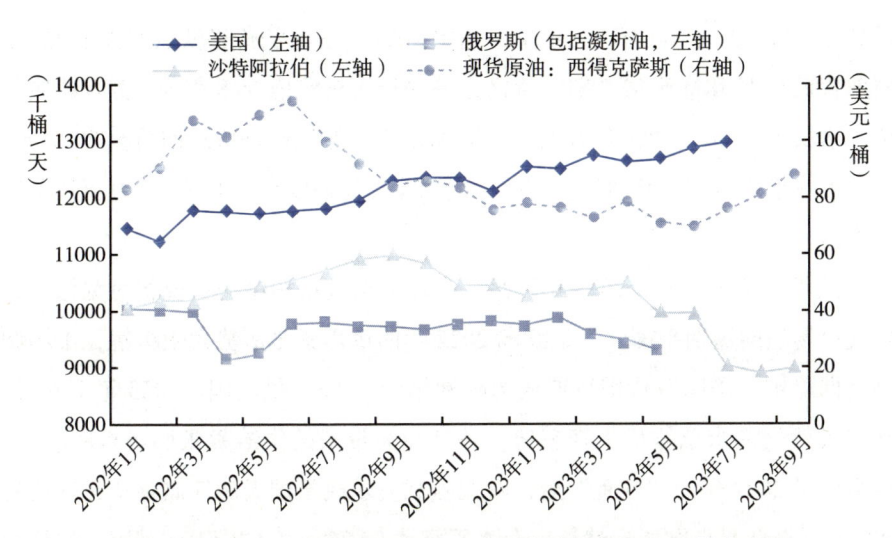

国际能源市场形势分析、展望及政策建议

图2 2022年1月至2023年9月主要产油国家和WTI价格走势

资料来源：油价数据来自IMF，产量数据来自欧佩克、EIA。

（二）天然气市场供需格局总体宽松，各区域市场趋向短期平衡

2021年以来，短短两年时间内欧洲和东亚天然气经历了4次大幅上涨（见图3），最大峰值为2022年8月26日荷兰TTF天然气期货价格达到历史

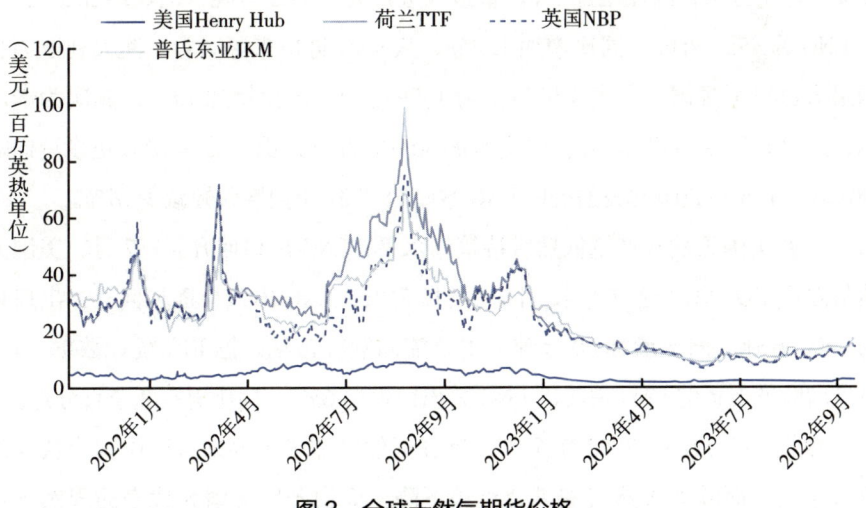

图3 全球天然气期货价格

资料来源：https://sc.macromicro.me/charts/39414/global-natural-gas-prices。

265

最高点 99.74 美元/百万英热单位，相比 2021 年 3 月的价格低点增长了 15 倍；同期普氏东亚 JKM 天然气期货价格亦暴涨至历史峰值 68.8 美元/百万英热单位，增长了 11 倍。2023 年开始，欧洲和东亚天然气价格持续回落至 20 美元/百万英热单位以下，其间虽有震荡，但总体震荡幅度在 5 美元/百万英热单位范围内。

从供需情况来看，2023 年以来，全球天然气市场供需状况相对宽松，天然气市场趋向短期平衡。一是欧洲 2022 年的供需紧张形势大幅缓解，市场调整趋向稳定，美国取代俄罗斯成为欧洲第一大 LNG 供应国。2023 年 1~6 月，欧盟天然气需求总体呈下降态势，俄乌冲突带来的供给紧张形势有所缓解。在经历了 2022 年的"气荒"后，欧盟强制要求成员国天然气储存率必须达到 90%。截至 9 月，欧盟天然气库存水平已达 94.3%。在"REPowerEU"的能源独立计划下，欧盟不惜溢价在全球购买 LNG 来弥补"俄气"撤出留下的市场缺口。1~6 月欧洲进口 LNG 数量为 5920 万吨，同比增长 1%。其中，从美国进口 LNG 达 2750 万吨，同比增加 8%，占进口总量的 47%，美国成为欧洲第一大 LNG 供应国。

二是中国天然气需求回升，LNG 进口增加。1~8 月，我国表观需求量 2562.3 亿立方米，同比增加 7%。管道气进口为 3219.3 万吨，同比增加 5%；进口 LNG 为 4551 万吨，同比增加 12.1%。从 LNG 进口来源国看，澳大利亚为我国最大进口来源国，上半年进口量为 1559 万吨，同比增加 1.6%；其次为卡塔尔，进口 LNG 为 1138 万吨，同比增加 8.1%。此外，由于美国 LNG 更多流向欧洲市场，1~6 月我国自美国进口 LNG 数量较 2021 年同期大幅减少 67%。

三是美国天然气产量依然维持较高水平，LNG 出口回升。1~7 月，美国天然气总产量为 6161 亿立方米，同比增长 5.7%。LNG 出口量逐步回升，出口量为 4406 万吨，同比增加 80 万吨，主要流向欧洲市场。据 EIA 统计数据，1~7 月流向欧洲市场的 LNG 占美国 LNG 总出口量的 65%，同比提高 3 个百分点。

根据 IEA 预测，2023 年全年，世界天然气需求主要来自以中国为代表的亚太市场，而欧洲天然气需求会小幅下降，而由于以美国为代表的天然气生产国供应量持续增长，如果不再出现突发国际冲突，全年供需形势将总体平稳，价格也将维持在窄幅内波动。2023年全球LNG贸易量有小幅提高，需求增量主要来自欧洲市场。

（三）全球煤炭消费短期出现反弹，但下降趋势不会改变

受外部因素影响，2021年世界煤炭消费出现了较大幅度的上涨。特别是，俄乌冲突导致化石能源供需严重失衡，不少国家开始重启燃煤电厂，推迟淘汰煤炭时间表。相比2020年，2022年世界煤炭消费增长6.9个百分点。禁俄煤导致欧盟煤炭短期出现了接近50%的缺口，2022年开始煤炭价格出现剧烈波动，一度上涨超过430美元/吨，达到历史最高水平（见图4）。虽然2023年全球能源和大宗商品市场趋向平稳，煤炭价格逐步恢复，但与俄乌冲突前相比，价格仍然在100~150美元/吨的高位区间波动，且幅度更大。

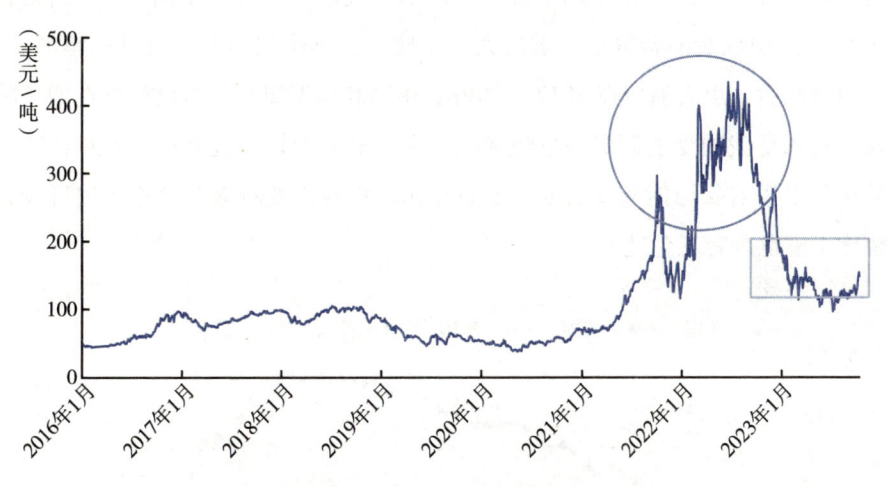

图4 欧洲三港6000大卡动力煤CIF价格

资料来源：根据Wind金融终端数据库数据整理。

从长期趋势来看，2008年开始世界煤炭消费总体上已经进入增长平台期（见图5）。虽然尚未出现拐点，但是由于主要国家激进的去煤政策和具体的淘汰煤电方案，世界煤炭消费下降已成为大趋势。

经济蓝皮书

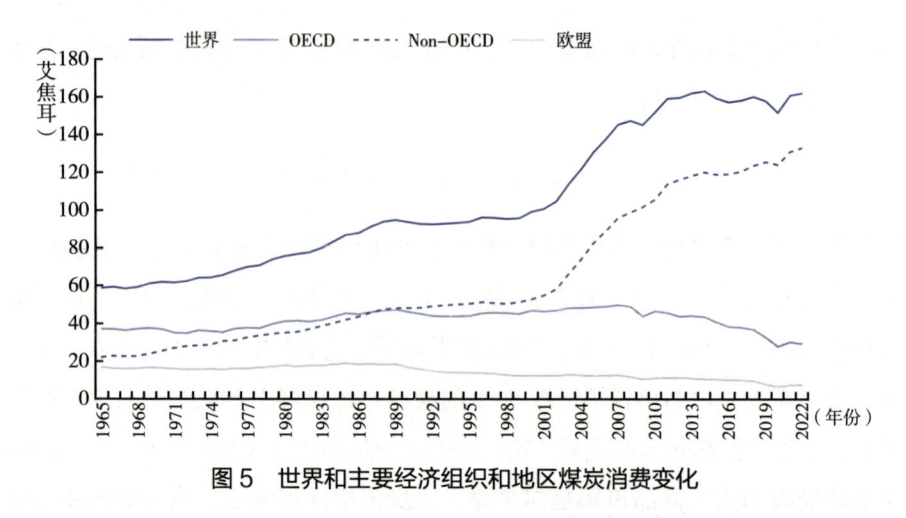

图5 世界和主要经济组织和地区煤炭消费变化

从世界主要国家来看，英国、德国、法国早在20世纪50年代煤炭消费就已达峰，此后开始急剧下降（英国）或波动式下降（德国）。美国则在2007年出现煤炭消费峰值，随后大幅下降。日本煤炭消费一直是小幅增长，重启核电后，煤炭消费在2017年达峰。中国和印度煤炭消费仍然处在增长阶段，特别是我国受能源资源禀赋影响，在当前能源转型过渡期，煤炭在特定阶段仍发挥着保障能源安全的压舱石作用，煤炭消费频繁波动甚至出现较大幅度上涨也是客观合理的。

图6 主要发达国家煤炭消费变化

268

图7 中国和印度煤炭消费变化

（四）新能源投资持续增加，向清洁能源转型节奏加快

2023年以来，全球清洁能源投资仍然保持较高的增长速度。可再生能源和电动汽车是最主要的投资领域。根据彭博新能源财经统计数据，2023年1~6月，全球对可再生能源的投资额达到3580亿美元，同比上涨22%。其中，对新建大型可再生能源项目的投资额达到2460亿美元，同比上涨14%。对大型和分布式光伏项目的投资增长至2390亿美元，占2023年上半年总投资额的2/3，预计全年投资将达到3800亿美元，超过石油上游投资；风电投资额达到940亿美元，同比下降8%。海上风电成为风电投资新领域，同比增长47%，而陆上风电投资已连续四个季度下降。2023年上半年，中国仍然是世界上最大的可再生能源投资市场，新增投资额达到1770亿美元，同比增长16%；美国新增投资350亿美元，而德国新增投资119亿美元。随着能源转型进程不断加快，清洁能源投资将持续增长，而传统化石能源投资规模将会进入平台期。根据《2023世界能源投资》报告预测，2023年全球能源领域投资额将达到2.8万亿美元。清洁能源与化石能源的投资比已扩大至1.7∶1。

根据研究公司Rho Motion的数据，2023年上半年电动汽车销量为580万辆，预计全年销量将创纪录，超过1400万辆，电动汽车、电池和充电供应链等领

269

域的投资规模将达到1300亿美元。

全球电池储能市场自2020年起，由中国和美国引领，保持迅速扩张、高速增长态势，短短几年投资额增加近3倍。2021年全球储能装机量209GWh，2022年，新增投运电力储能项目装机规模30.7GW，同比增长98%。2023年全球储能市场持续增长。2023年1~6月，全球储能市场总体仍然保持增长态势，储能电池出货量约为87GWh，全年有望达到230GWh，主要原因是工商业储能和电力储能增长远超预期。其中，美国在大储建设方面明显加快，1~7月美国大储装机量为3.3GW。德国户储装机规模继续保持高位，1~8月累计装机3GWh，同比增加30%。中国大储市场在政策支持下保持较高的增长速度，1~8月储能项目累计中标18GW。

全球核能稳步发展，中短期多数国家将提高核能比重。全球核能发展一度受到福岛事故的影响，特别是欧盟国家。2011年以后欧盟核电发电量持续下降，直到俄乌冲突加剧了全球能源供应危机，主要国家才不得不适当调整核能战略，重启部分核电站。在能源独立计划下，核能成为欧盟摆脱对俄罗斯能源依赖、应对能源供给短缺的不能被完全忽视的选项。在国际能源署的研究报告《核电和安全能源转型》中，未来三十年全球核电容量翻一番是实现净零排放和能源独立双重目标的非常重要的转型路径情景。不仅传统核能大国，东欧、中东、东南亚和南美洲的一些非传统核电国家和无核电国家也提出了核电计划。2022年1月，欧盟宣布将核电等清洁能源重新纳入欧盟的"可持续融资类别"。2022年2月，法国宣布将新建6座新型欧洲压水核反应堆。同时研究再修建8座核反应堆的可行性计划，不再关闭符合安全条件的现有核反应堆。不过，以德国为代表的部分欧盟国家在安全、清洁、经济的权衡下坚定去核化。

从全球规模来看，核能总体上保持了逐年增长态势，虽然因福岛事件曾出现短期下降，但很快就恢复了。在能源短缺和净零排放目标约束下，2021年开始，全球核能发展加快，主要集中在非OECD国家。[①]2022年，全球有6台核电机组实现首次并网，总装机容量为788.9万千瓦，分别是我国福清6号机组和红沿河

---

① 中核战略规划总院：《2022年世界核能发展回顾——产业发展篇》。

6号机组、巴基斯坦卡拉奇3号机组、芬兰奥尔基洛托3号机组、韩国新蔚珍1号机组和阿联酋巴拉卡3号机组。[①]2022年，全球有8台第三代核电机组正式开工建设，总装机容量863.7万千瓦，分别是我国田湾8号机组、徐大堡4号机组、三门3号机组、海阳3号机组和陆丰5号机组，土耳其阿库尤4号机组，埃及埃尔达巴1号和2号机组。截至2022年底，33个国家和地区共运行422台核电机组，总装机容量37831.4万千瓦。18个国家在建57台核电机组，总装机容量5885.8万千瓦。2022年全球核电发电量2.55万亿千瓦时，占比约为9.6%。

二 未来十年全球能源格局趋势研判

与过去十年国际能源市场总体宽松、局部紧张的格局不同，2022年爆发的乌克兰危机对国际能源市场的影响程度之深、破坏之大、持续时间之长、风险不确定性之大，超出市场预期。2023年全球能源市场虽然进入短期平衡，但是不稳定因素仍然存在。传统能源市场仍将出现短期波动，甚至频繁的剧烈震荡。以美国为代表的非欧佩克产油国与"欧佩克+"的产能联盟可能在短期内围绕俄罗斯能源撤退后留下的市场份额展开竞争。但是从趋势来看，新能源规模不断扩大，逐步替代传统化石能源。全球能源市场博弈将从传统油气领域不断拓展到新能源以及与新能源密切相关的产业和矿产领域。

（一）全球油气市场将形成新的供应格局

未来十年，从供给结构看，以欧佩克为代表的传统石油供给国将面临来自美国供给增加的挑战，美国或将与沙特、俄罗斯共同构成全球油气供应的"三角"。2022年，美国原油产量占世界总产量的比重为18.9%，相比2016年提高6.6个百分点，已经成为世界上最大的产油国和产气国之一，是世界石油天然气供应的重要一极，不断挤压欧佩克和俄罗斯市场份额。随着对非常规油气资源的开发，未来十年美国的油气产量或生产能力仍将不断提升。IEA预

[①] 中核战略规划总院：《2022年世界核能发展回顾——产业发展篇》。

测，到2040年，美国原油和天然气分别将占全球增量的近75%和40%。而未来十年俄罗斯原油产量将由2022年的1120万桶/天下降至500万~800万桶/天。

不仅如此，据EIA预计，2025年前美国也将成为全球最大的液化天然气出口国。未来十年，全球液化天然气供应增量的50%~60%来自美国，美国和中东（卡塔尔为主）合计占全球液化天然气供应的比重将由2022年的35%左右增加到50%左右。

在新的供应格局下，以沙特为代表的"欧佩克"或"欧佩克+"合作联盟通过减产协议来稳定国际油价的有效性将会大打折扣，传统能源市场的产量协调机制将面临挑战，有可能重构。从几大产油国的核心利益来看，石油是实现"欧佩克+"成员国收入的核心，在世界经济很难快速恢复的情况下，有共同的利益，因此，"欧佩克+"成员国虽各有诉求但核心利益一致更易达成减产或增产协议，从而影响国际油价向有利于"欧佩克+"的方向调整。而美国等北美产油国更注重石油企业收益最大化。提高产量占领市场是大型私有石油公司的常规策略。所以，未来十年，国际石油市场供需总体上趋向宽松平衡，但是短期内仍然会出现因供给波动造成价格波动的情形，主要原因是美国供给能力不断提高，及其与"欧佩克+"在核心利益上的不兼容。如果全球经济持续下滑，油价下降程度超出预期，"欧佩克+"与美国等非欧佩克产油国有可能组成新的机构或临时达成共识来共同协调全球原油生产以满足各自的利益。但由于根本利益的差异，这种协调机制可能是一种松散的合作机制，当市场向好后，竞争仍然是"欧佩克"与非欧佩克在原油供给端的常态。

（二）全球油气需求将实现达峰，亚太成为新的消费中心

从油气消费总量来看，随着能源转型进程加快，替代能源使用增加，全球石油需求将在未来十年内达到峰值，并保持稳定。特别是在交通领域，用油占比仍然达到50%，但需求增速逐步下滑。除航空、航海、货运等领域外，乘用车用油下降非常明显。2030年电动汽车销量将占汽车总销量的90%，存量汽车比重将由2022年的15%左右增加至30%左右，石油使用量下降成为必然趋势，与交通领域用油下降相对应。

从油气消费国家和区域来看，原油消费增量主要由发展中国家和新兴国家贡献，消费中心将持续东移，其中亚太地区将是天然气消费增长最快的地区。OECD国家石油消费从20世纪80年代开始进入平台期，2006年达到峰值22.85亿吨，与1983年17.76亿吨的最低点峰谷差只有5亿吨左右。OECD国家原油消费占世界总消费量比重持续下降，2013年被非OECD国家反超。

图8 OECD和非OECD国家原油消费变化趋势

资料来源：BP Statistics Review 2022。

图9 OECD和非OECD国家原油消费比重

资料来源：BP Statistics Review 2022。

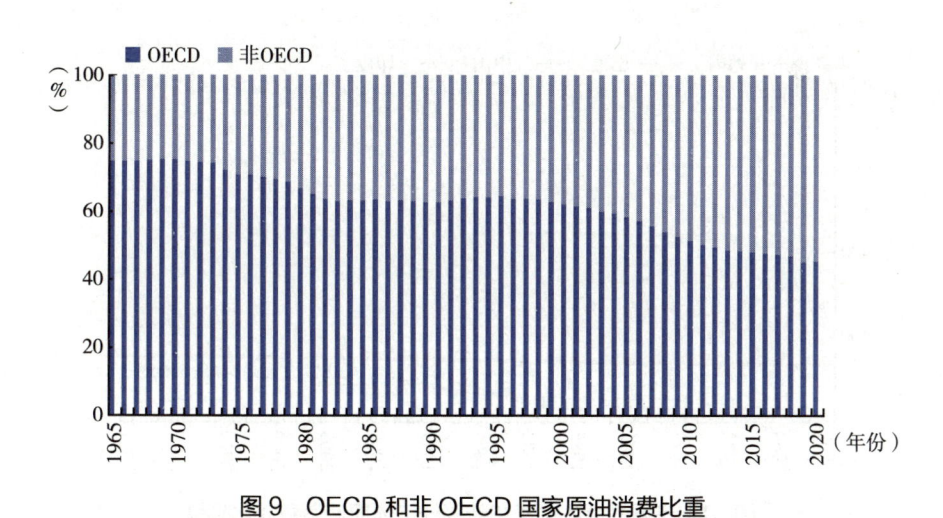

2022年北美和欧盟原油消费比重分别下降至22%、11%。美国、德国、英国和日本等主要发达国家原油消费将稳步下降。亚太地区原油消费比重已经增加至40%左右，中国和印度原油消费仍在上升阶段。世界原油消费和贸易中心继续东移。亚太地区以中国、印度为代表的发展中国家和新兴经济体石油消费支撑着新增的全球石油需求。

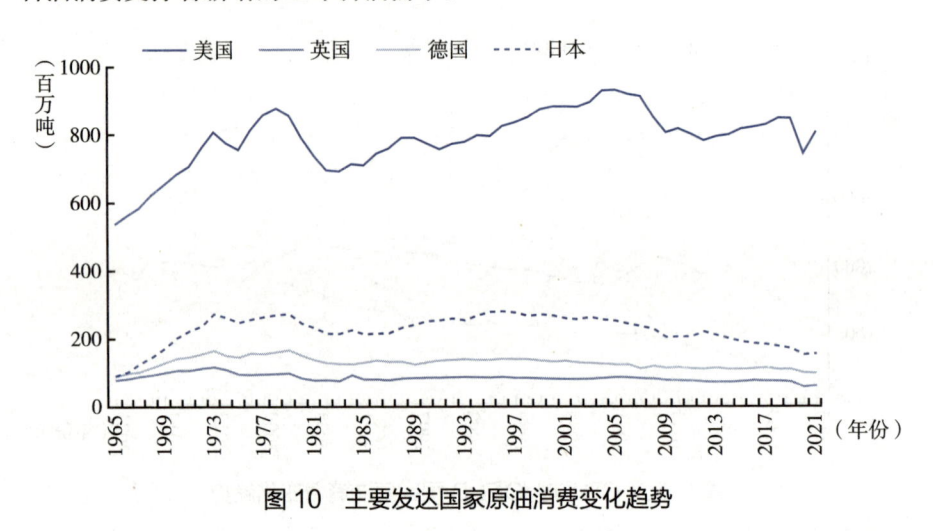

图10 主要发达国家原油消费变化趋势

资料来源：BP Statistics Review 2022。

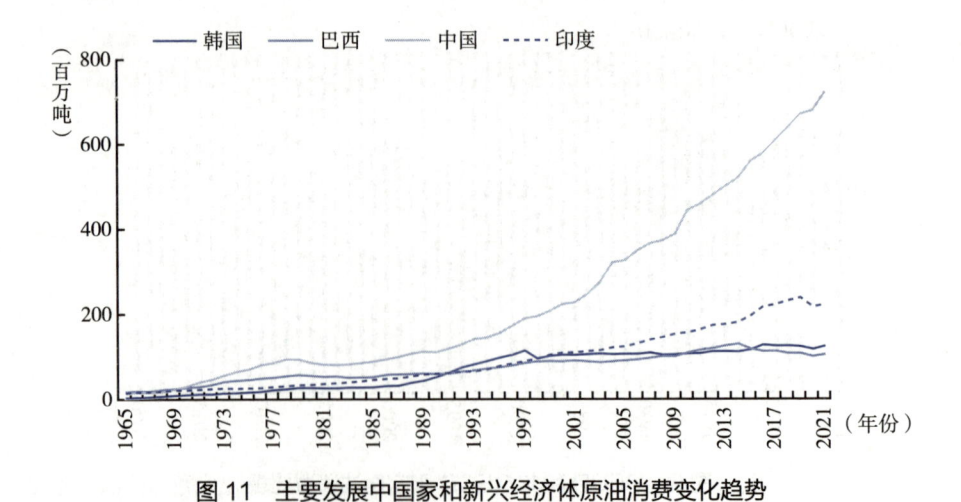

图11 主要发展中国家和新兴经济体原油消费变化趋势

资料来源：BP Statistics Review 2022。

从世界天然气消费国家和区域分布来看，除美国外，北美、欧洲天然气消费基本保持稳定。以中国、印度和其他亚洲新兴国家为主的亚太地区由于煤炭消费减少以及持续推进工业化，天然气消费将保持较高增速，预计未来十年天然气消费总量占世界消费总量的比重由2022年的23%增加至2030年的30%左右，成为仅次于北美的第二大消费地区。

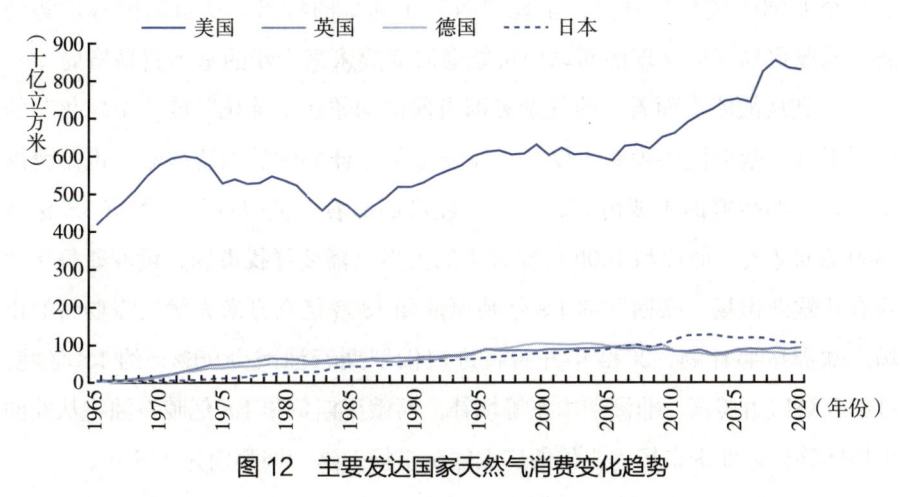

图12 主要发达国家天然气消费变化趋势

资料来源：BP Statistics Review 2022。

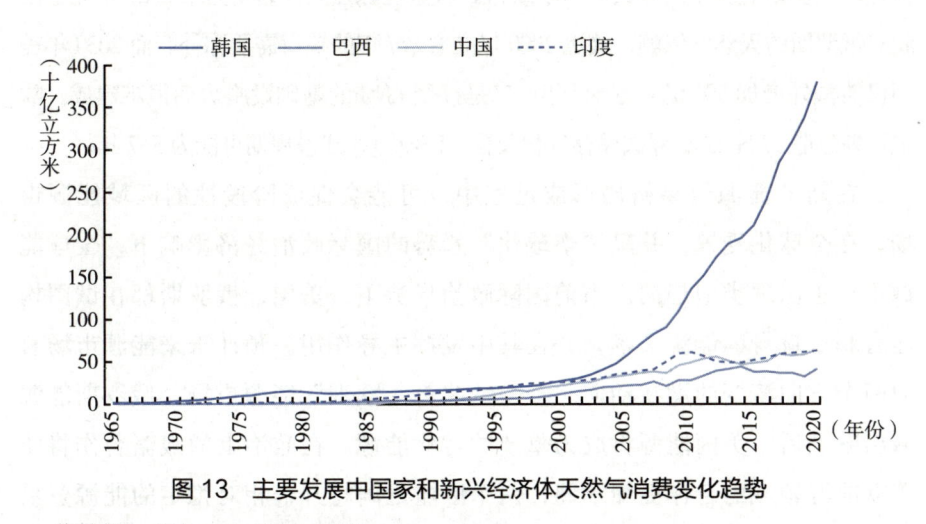

图13 主要发展中国家和新兴经济体天然气消费变化趋势

资料来源：BP Statistics Review 2022。

（三）受地缘政治因素影响，国际能源贸易流向将出现根本性变化

乌克兰危机爆发以来，长期主要由经济因素形成的一体化全球能源贸易格局发生了重要的变化。俄罗斯将增加对亚洲出口、减少对欧洲出口，即表现为"向东走"的态势。美国、中东和非洲出口至欧洲的原油数量均增加，出口至亚洲的数量均减少，呈现"西升东降"的特点。从当前国际形势判断，能源贸易流向呈现的新动向可能会演变成未来十年的基本贸易格局。

一是从战略层面看，油气是美国当前推动"逆全球化"或"半球化"的重要工具，欧俄能源脱钩不仅是欧盟能源独立计划中的重要战略，也是美国实现其远期战略的重要内容。二是从经济层面看，美国每年大约有1.5亿吨（360万桶/天）原油和1000亿立方米的天然气需要寻找市场。俄罗斯每年大约有从欧洲市场"撤回"的1.8亿吨原油和1800亿立方米天然气需要新的市场。欧洲按照计划，2022年开始将进口俄罗斯石油减少90%，约1.8亿吨，这部分缺口由美国、非洲和中东等填补。而俄罗斯每年1.8亿吨石油将从欧洲市场转移至以亚洲市场为主体的广大国际市场。这一调整期为3~5年。

但是在这一调整过程中面临的不确定性包括：一是新的油气来源短期内很难弥补因俄罗斯能源中断导致的需求缺口。欧盟能源独立计划，力求2027年完全摆脱对俄罗斯的天然气依赖，接近2000亿立方米/年的缺口需要弥补。而2030年美国仅能额外增加500亿立方米/年。二是接受LNG的基础设施短期很难建成。欧盟计划建造17座LNG浮式储存气化装置（FSRU），建设周期可能为5~7年。

在新的能源贸易格局形成过程中，可能会促成阶段性的区域能源市场。在全球化受挫，并呈"半球化"趋势的国际政治经济影响下，全球能源市场也出现类似趋向。当前国际政治形势下，美国、俄罗斯都在试图构建有利于自身的能源市场，并在其中发挥主导作用。预计未来能源市场有向两个方向演变的潜在动向。一是"北美+欧洲"能源市场。俄罗斯能源撤出欧洲后，美国能源将成为重要的替代能源。在政治上的战略合作将使美欧能源领域的合作更加牢固，两个区域之间将开辟相对稳定的能源贸易通道。二是"俄罗斯+亚洲"能源市场。俄罗斯能源东移，给中国、印度等亚洲市场带来利好。以俄罗斯为代表的产油国资源丰富、产能规模大，正好能够满足新的油气消费中心的市场需求。不过，以政治因素为主形成的区域能源市场的成熟度和持续性则取决于国际政治格局走向。

（四）碳中和目标下新能源发展将深度影响全球能源格局

为应对气候变化，全球已有139个国家和地区公布了碳中和目标。为了实现碳中和目标，各国制定了可再生能源发展目标和低碳转型政策。美国计划在2035年前实现零碳电力系统。德国拟将可再生能源发电占比从2020年的45%提升至2035年的100%。英国计划到2035年实现可再生能源发电占比达100%。欧盟进一步提速能源转型进程，加快可再生能源部署、强化能效提高、推动气源多样化等。日本提出《绿色增长战略》，旨在通过技术创新和绿色投资的方式加速向低碳社会转型。从主要国家政策目标和转型路径来看，大规模发展以可再生能源为主的低碳能源已经成为各国共识，而且以低碳能源为指向的能源转型进程稳步推进。如果简单以非化石能源比重来衡量各国能源转型进程，则法国和巴西由于核能和水能发展较快，能源转型进程明显领先于其他国家。从趋势来看，美国、德国、英国、中国以及日本（2012年以后）非化石能源消费占比增加较快，能源转型节奏明显快于其他国家。

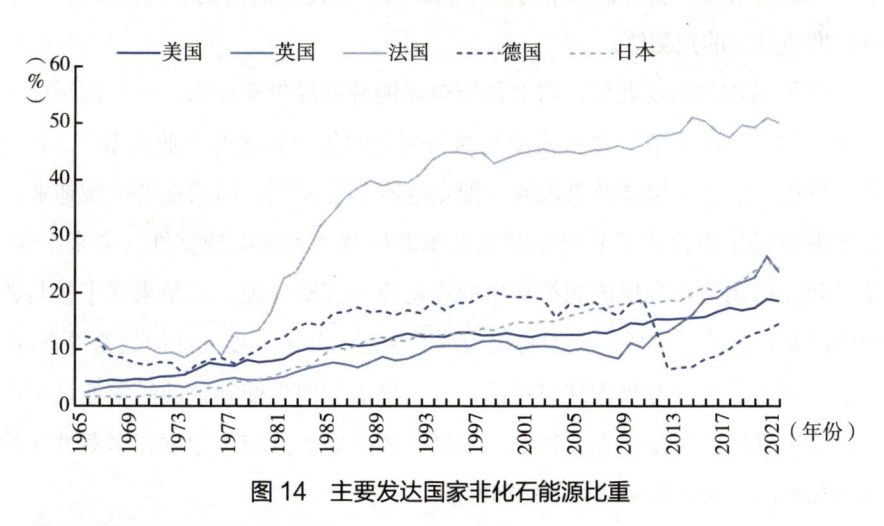

图14 主要发达国家非化石能源比重

资料来源：BP Statistics Review 2022。

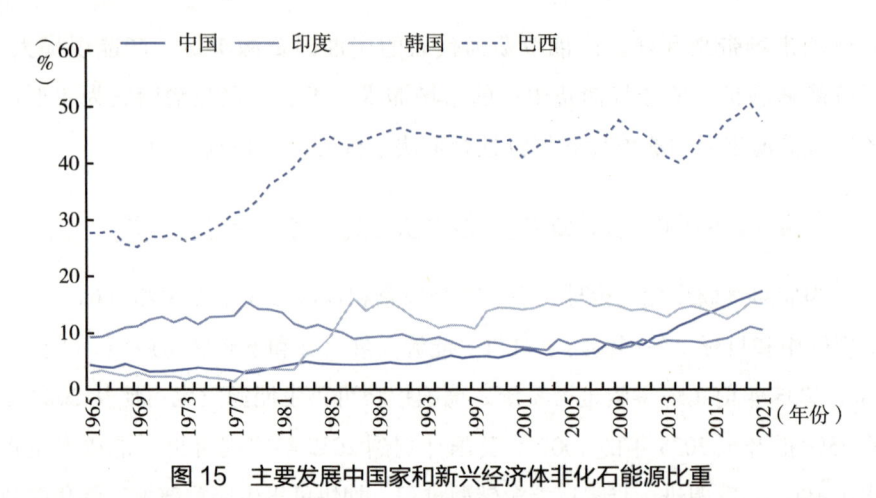

图15 主要发展中国家和新兴经济体非化石能源比重

资料来源：BP Statistics Review 2022。

随着成本竞争力不断提升，未来十年风能和太阳能发电规模仍将保持高速增长。按照国际可再生能源署1.5摄氏度情景，2030年全球风能和太阳能发电装机总计将达到5000GW，非水可再生能源占一次能源消费比重将由2022年的7%左右提高至15%左右。未来十年内，储能技术极有可能取得突破，储能安全性、经济性问题不再成为行业发展的障碍，风光等波动性能源将迎来高速增长。届时，非水可再生能源占一次能源消费比重大概率超过1.5摄氏度情景下的预测值。

能源结构的深度调整，将对传统全球能源格局带来冲击。一是国际能源市场上的"资源竞争"逐步演变为国与国之间的"新能源产业竞争"。在光伏、风电、氢能、储能及氢燃料、锂电池汽车等领域，国家在各个制造业链条上的基础实力代表了其对新时代能源的控制力和能源独立性。未来十年，技术和高端制造在全球能源格局中的作用将会逐渐显现。二是未来十年与新能源产业相关的关键矿产资源将成为继石油之后各国高度关注的战略性资源。由于全球的矿产资源供需缺口持续扩大，供需短期失衡导致的频繁波动可能是全球关键矿产资源的重要特点。关键金属矿石的分布集中度和垄断性比油气资源更高，面临的全球竞争更加剧烈。

表1 主要国家近期低碳新能源政策

国家和地区	目标	政策	主要政策要点
美国	2030年,美国温室气体排放量较2005年减少50%,到2050年实现碳中和	2021年《美国长期战略:2050年实现净零温室气体排放的路径》	通过加快布局太阳能、风电、地热、生物质等可再生能源,以及清洁的核电资源,推动电力系统完全脱碳
		2022年《通货膨胀削减法案》	将投入近一半的预算(约3690亿美元)至清洁能源和气候韧性方面。发展在岸绿色工业生产和保护本土制造业,刺激绿色消费,保持美国在全球市场中的竞争力,提升美国在全球气候治理体系中的话语权
欧盟	2030年前,温室气体排放量较1990年水平降低至少55%,2050年欧盟实现温室气体净零排放	2021年《欧盟适应气候变化战略》	主要通过技术创新、数智化发展、各部门碳减排、财政政策、增加新兴技术投资等方式来实现碳中和
		2021年《绿色协议》	提出能源、工业、交通、建筑、生物多样性等重点任务,包括构建清洁、经济、安全的能源供应体系 实施强有力的绿色外交,推动全球完善应对气候变化的政策工具,包括建立全球碳市场、推广欧盟绿色标准、健全全球可持续融资平台、特定行业的碳边界调节机制
		2021年"Fit for 55"计划	要求欧盟推进产业转型和碳定价、发展可再生能源、制定能源税
英国	到2035年,碳排放水平比1990年减少78%,2050年实现碳中和	2020年"绿色工业革命十点计划"	是未来数十年英国重振全球工业中心和经济绿色增长的纲领性规划,包括海上风电、先进核电、氢能、零排放车、绿色交通、"净零航空"和绿色航海、绿色建筑、碳捕集、使用和封存、绿色金融、自然环境保护等重点工作
		2021年"净零排放战略"	进一步明确电力、工业、交通、建筑和供暖等方面的净零排放路径,包括:在保证能源安全的前提下,到2035年使用100%的清洁电力;发展核电、太阳能、陆上风电以及海上风电,特别是浮动式海上风电;扩大氢和生物燃料等低碳燃料的生产供给;推动工业深度脱碳;提高建筑能效和清洁供暖比例;加快电动和氢能车辆及交通基础设施建设;农村地区减排、固碳,增强应对气候变化的能力等

续表

国家和地区	目标	政策	主要政策要点
德国	2030年实现能源供应的80%来自可再生能源	2020年《减少和终止煤炭发电法》	提出将不再批准新建燃煤电厂，并计划于2035年或最晚2038年退出煤电
		2020年"国家氢能战略"	到2030年拥有总功率高达500万千瓦的生产设备，其中包括必要的离岸和陆上发电设备，相当于140亿千瓦时的"绿氢"产能
日本	2030年前，温室气体排放量较2013年降低46%，到2050年前实现碳中和	2020年《绿色增长战略》	确定了"2050年日本实现净零排放"目标，提出了海上风能、电动汽车、氢燃料等14个重点领域的具体计划目标和年限设定，旨在通过技术创新和绿色投资的方式加速向低碳社会转型

资料来源：根据公开资料整理。

三 全球能源格局变化对我国可能的影响

（一）或将产生新的国家能源安全风险点

全球能源市场之争将由能源资源之争逐步拓展为能源资源之争、技术之争、关键矿产之争及新能源产业链之争。全球能源市场将出现新的风险点。一是技术风险。新能源产业是高技术密集型产业，掌握并控制了新能源技术，就能够在新的全球能源格局中占据主动地位。目前我国对新能源产业链的诸多核心技术并未实现自主可控。在核电领域部分核级泵、阀门以及相关材料技术尚未突破，尚未实现自主国产化。二是关键矿产资源风险。可再生能源、氢能、新能源汽车及储能等产业的快速发展增加了对锂、钴、镍等关键矿产的需求。不少关键矿石分布更集中、垄断性更强。比如，世界钴资源的分布极不平衡，刚果（金）、澳大利亚和古巴三国储量之和占世界总储量的68%。我国钴储量只占世界的1%左右，储量约8万吨，绝大部分钴原料进口自刚果（金）。目前，我国新能源产业所需15种核心矿产中，铝、铜、锂、钴、镍、锰的对外依存度超过70%，并且未来十年需求量仍保持快速增长态势。其中锂原料、钴原料分别超过80%、90%，需从国外进口。60%的锂原料进口自澳大利亚，超过60%的铜精矿进口自智利、秘鲁。

矿产资源的供需格局加剧了各国对资源的竞争。对于关键矿产，欧美早已做了战略布局。欧盟和美国先后发布了关键矿产目录，其中锂、钴、锑等9种决定未来全球科技走向的矿产与我国目录重合。不仅如此，我国部分紧缺矿产资源还受制于欧美。各国在战略性矿产领域的竞争不可避免，而且很容易被一些国家作为"武器"上升至地缘政治层面。

（二）能源合作的不确定性增加

乌克兰危机发生后，传统化石能源格局重构，表现为美国为了打压俄罗斯，积极推动能源领域"半球化"。近年来，美国频繁制造贸易摩擦和经济争端，在新能源领域、高科技领域不断打压和遏制中国，压缩中国的国际空间。不断制定各种方案来干扰"一带一路"倡议。2019年，美澳日三方联合推出"蓝点网络计划"（BDN），"在开放和包容的框架内，促进高质量、可信任的全球基础设施建设"。2021年6月，美国发起"重建更美好世界"计划。承诺投入数十亿美元，以满足发展中国家40多万亿美元的基建需求。2022年6月，七国集团共同宣布启动全球基础设施与投资伙伴关系计划，聚焦基建、气候变化和卫生健康等，宣称要在2027年前筹集6000亿美元支持发展中国家。2023年9月，美印与中东多国宣布合作建设印度—中东—欧洲经济走廊，加强亚洲、阿拉伯湾和欧洲的互联互通与经济一体化，企图制衡中国"一带一路"倡议的影响力，恶化中国对外合作环境。而当前我国正处在实现"双碳"目标的关键期，离不开应对气候变化和碳达峰碳中和的国际合作与交流。特别是在构建新型能源体系的基础产业链上，在氢能、核能、储能、芯片制造、集成电路产业等领域亟须加强对外合作，吸引和引导外资投向清洁低碳能源产业领域。

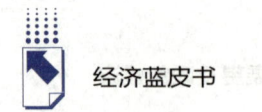

（三）新能源产业机遇和挑战并存

发展新能源已经成为各国应对气候变化的共识。要实现《巴黎协定》确定的将全球平均升温限制在1.5℃的目标，必须加快以可再生能源为主的新能源发展，推动世界能源转型。中国是可再生能源投资和建设规模最大、增长速度最快的国家，同时也是最大光伏产品出口国，可再生能源产业具有非常强的国际竞争力，是推动形成新的全球能源市场格局的重要力量。目前我国风机设备及多晶硅、硅片、光伏电池生产规模均居世界第一，产品出口持续增加，国内风、光、储等新能源企业也加大了到欧美投资设厂的力度，进行全球化产业布局。从能源转型视角展望未来全球能源市场，全球可再生能源产能以及装机规模将进入快速增长阶段。根据一些知名机构的研究，要实现《巴黎协定》的目标，2030年全球可再生能源产能需要翻三倍来推动能源转型。2035年之前，风能、太阳能装机容量年均增长450~600吉瓦，增长率超过历史最高增长率1.9~2.5倍。即使这些研究假定场景乐观于现实，但是巨大的全球新能源市场规模对于我国来说，既是新能源产业发展的有利条件，也是深度参与全球市场格局重构、维护全球能源市场稳定的重要机遇。

不可避免的是，中国与欧美在碳减排、新能源产业领域的竞争博弈必然加剧。根据欧盟海关统计，2023年1~7月中国电动汽车出口量增长112%；欧盟委员会数据显示，中国电动汽车在欧洲的市场份额已上升至8%，到2025年可能增至15%。面对中国新能源汽车整车出口形势，欧盟甚至启动了针对我国的电动车反补贴调查。此外，未来欧盟碳边境调节税行业和产品范围逐步扩大，如果缺乏完善的国内碳市场和碳价形成体系，我国新能源产品可能因全产业链碳足迹而面临新型贸易壁垒。此外，中美新能源产业也存在竞争。本届美国政府将清洁能源开发与推广作为经济的新增长点，确保在全球新能源领域中的竞争力是美国能源政策的主要目标。一是以所谓国家安全名义，对中国实行科技脱钩政策。对其认为涉及国家安全的关键能源技术进行管制，阻止出口。限制中国从其盟友国家获得能源技术。2022年美国新版《关键和新兴技术清单》中新增的五个新技术领域有定向能源、可再生能源发电和储存、核能等与新能源相关的关键技术。这些将是美国长期对中国进行技术屏蔽的重点。二是加大新能源领域研发投资力度，打造世界领先的能源工业基础。2022年美国能源部发布《保护供应链以实现清洁能源转型战略》，要确立美国在新能源领域的全球主导地位。三是直接打压我国新能源企业。比如，美国对我国核电"走出去"实施"长臂管辖"，联合第三国开展核能出口计划，推动中东能源"马歇尔计划"，遏制我国核电项目落地中东。近几年，美国在发布一系列核能新政后，采取固守并拓展盟国市场、加大对核电新兴市场的支持力度等策略，对我国多个目标市场尤其是东欧和非洲市场进行挤压。2023年7月，美国政府对宁德时代进行制裁，以"威胁供应链安全"为由，叫停了宁德时代与美国福特汽车公司的合作，并肆意对宁德时代进行多达337项调查和所谓侵犯专利权的指控。

四　政策建议

面对未来可能形成的全球能源新格局，我国不仅要防范传统能源市场的安全风险，发挥世界能源消费大国的作用，推动全球能源市场尽早形成新的平衡，维护国际能源市场的安全稳定，更要专注国内新能源高质量发展，加快能源转型步伐，形成有利于国家安全的新型能源体系。

（一）坚持高水平对外开放，深化国际能源合作

一是加强与发达国家在新能源领域的交流，寻求"双赢"的合作方式。在当前动荡的国际能源市场调整过程中，中国要积极参与国际油气市场治理，推动国际市场秩序恢复，在新能源领域与美欧的共同利益点较多，应探索与美欧的合作空间和方式，尽快推动形成长期稳定的贸易格局。坚持产品"走出去"，支持企业的光伏等产品出口。鼓励欧美新能源、高科技企业"走进来"，支持中国企业在储能、电动汽车、氢能与燃料电池汽车、核电、氢能等领域与欧美方在装备、标准、技术和市场方面开展合作。二是加强与亚非

拉国家更加务实的政策沟通与协调，形成和平稳定的合作预期，降低美国主导之外的其他地缘政治风险。积极依托上合组织、金砖机制、中阿合作论坛、中非合作论坛、中国—东盟经贸合作机制等，强化共识，制定务实合作规划，形成更长远紧密的合作关系。三是在传统油气领域，立足全球资源，"不站队"，坚持油气进口多元化战略，实现更高水平对外开放条件下的能源安全。稳固中东、非洲、澳洲、南美油气进口渠道多元化，与有潜在合作空间的国家在能源领域进行对话交流。与美国、澳大利亚等国家在LNG领域共同探索符合共同利益的合作形式，优化海路LNG进口结构。

（二）积极推动国际能源市场回归长期平衡

当前全球能源市场有朝着区域市场发展的潜在动向，即由美国主导的"北美＋欧洲"能源市场，以及俄罗斯试图构建的亚洲市场。我国是全球第一大能源进口国和最大能源消费国，不论是从安全角度还是经济角度，这种趋向都会增加我国能源安全的成本、风险和不确定性。同样，贸易逆流、价格波动、区域短缺，也不符合大多数国家利益。除了少数国家试图从"逆全球化"中获利，大多数国家都希望全球能源市场能够在全球范围内恢复平衡。当下，我国作为世界经济大国和能源消费大国，仍然坚持从国际政治层面主张和平与稳定，推动国际冲突缓和，从根本上推动全球能源格局向一体化方向回归。从经济层面反对打压遏制的"逆全球化"无理制裁，并予以坚决反制。淡化能源政治化、武器化，积极推动国际能源市场回归平衡，尽快形成保护大多数国家利益、公平正义、互惠共赢的国际能源市场。

（三）加强国内油气增储上产，保障油气基础性消费

一是加大对非常规油气、海洋资源的勘探开发力度，推动非常规资源和海洋油气逐步对中浅层油气资源的战略接续。随着中浅层油气资源开采难度加大，深层油气资源、海洋油气仍处于储量增长高峰前期，未来开发潜力较大。鼓励大型油气企业加大海洋油气开发投入，进一步加大陆上页岩气、煤

层气、致密油（气）等非常规油气资源的规模化开发力度。二是加强与国际先进油气企业的技术合作，对复杂底层、深层和超深层油气领域进行勘探开采，对已探明资源高效利用，提高采收率，对资源品位下降的成熟油田进行深度挖潜，集中精力"增储上产"。三是扩大油气储备规模，完善储备体系。"十五五"期间规划一批战略储备库，提高应急石油储备能力。按 100 天净进口量，建成 1.6 亿吨的原油储备规模。建立国家和企业多级储备机制，提升储备效率。建设成品油储备基地，扩大地下储气库的规模和提高接气站的接气能力。逐步形成国家、资源企业、城市燃气企业三级储备主体，以及战略储备和商业储备相结合的天然气储备体系。

（四）加快布局清洁能源技术研发攻关

构建完整的新能源产业体系，做强新能源产业，不仅能够保证能源相对独立，降低对外依赖度，更重要的是能够带动本国工业体系在全面转型升级过程中获得强大的国际竞争力。当前我国新能源产业从整体实力上看已经世界领先，具备很强的国际竞争力，但是在产业链的关键环节还存在技术短板，离引领世界新能源产业发展、在全球范围内整合新能源产业、保障国家能源安全还存在差距。因此，在未来国际能源市场仍然存在不确定性的环境下，加强清洁能源技术研发，加快能源转型节奏，有利于规避传统能源安全风险，保障国家能源安全。一是要紧跟能源技术前沿，加强新能源领域关键技术的基础性研究。二是重点关注能源领域的"卡脖子"技术和核心元器件、高端原材料、基础工艺等制造业关键环节，坚持能源技术的产业目标导向，加强创新性技术应用。三是支持符合能源转型逻辑的清洁能源产业发展，打造技术自主可控的具有全球竞争力的清洁能源产业链。以能源先进装备制造为重点，提高产业配套能力，保障产业安全稳定。四是通过体制机制改革，构建有利于新能源产业发展的制度环境。鼓励发展符合可再生能源特点的产业业态和商业模式，通过商业模式创新和广泛推广，让市场发现更可靠、更可行的技术路线，自下而上地推动能源革命。

（五）以体制革命加快新型能源体系建设

要实现"双碳"目标，必须"加快规划建设新型能源体系"。新型能源体系的核心是以可再生能源为主体的新型电力系统。当前我国正处在传统能源体系向新型能源体系转型的关键期，制约新能源大规模利用的体制性障碍愈发凸显，只有通过进一步的全面深化改革，关键环节的体制改革才能打破新能源发展的制度瓶颈，实现电力系统的低碳转型。

一是加快构建适应新能源特点的体制机制。进一步优化电力市场设计，以充分反映分布式能源的灵活性与价值。加快建设电力现货市场与辅助服务市场，提升电力系统的制度灵活性，使不同电力市场主体能够根据市场价格变化调整自身行为。

二是推进关键环节的改革。首先，进一步推进增量配电网改革。新型电力系统下配电网将成为整合分布式能源和产消者的系统平台。加快配电网开放转型是电力体制改革、新型电力系统建设的重要战场。其次，转变中间环节监管模式，推动基于资产的模式向基于服务的模式转变；通过调整激励机制，推动中间环节的公用事业公司盈利模式转变。

三是遵循公平、中立的原则，要制定能够反映能源成本（包括外部成本）和实现资源价值（包括外部性、灵活性）的监管规则。新能源发展已经由规模扩张阶段转向规模消纳阶段，以风光为主的可再生能源发电成本已经接近煤电发电成本，即使算上系统成本，也具备一定的市场竞争力。消纳大规模可再生能源发电是构建新型电力系统的核心。世界主要国家能源转型的经验表明符合可再生能源特点的利用方式、商业模式以及体制机制是规模消纳可再生能源电力的关键。首先，能源监管要坚持公平原则，创造公平的市场环境。在当前能源制度下，分布式能源和小规模产消者在市场上处于不利地位，甚至没有获得进入市场的资格。而恰恰是不起眼的分布式商业模式会产生撬动能源转型的颠覆式力量，无数个看似"微不足道"的小规模产消者也是推动能源转型的重要微观主体。改革重点就是使这些电力市场的新资源和新市场主体获得市场准入资格，并能够与传统电力资源平等竞争。其次，要遵循监管中立原则，推动监管变革，避免扭曲创新和过度激励，并使转型中的能源市场保持相对平衡的利益格局。

（六）提高我国战略性矿产资源的全球配置能力

一是制定矿产资源国家安全战略。将关键性矿产资源纳入国家安全战略。构建包括上游勘探、开采，中游冶炼加工，下游回收利用的全产业链现代化矿产资源产业体系，进一步完善关键性矿产资源国家政策支撑体系。

二是完善矿产资源战略储备。着重扩大新能源产业所必需、对外依存度高且缺口大、分布集中的锂、钴、镍、锰等核心矿产的产品储备规模；针对稀土、钛、天然石墨优势矿种建立产能产地储备制度。进一步完善矿产资源战略储备管理体制机制。设立专项资金，用于勘查、收储、维护、管理等支出；明确战略储备主体，负责研究矿产资源储备制度和政策措施，制订全国资源储备计划及其动态调整方案，研究制定战略性矿产安全应急预案，定期开展安全风险评估。

三是加强矿产资源贸易合作，提升我国战略性矿产资源的全球治理话语权。积极构建战略性矿产资源全球治理体系，坚持矿产资源不应成为国际政治和外交工具的主张，维护矿产资源公平贸易秩序，共同推进世界矿产资源开发、科技创新和产业发展，在全球矿产资源贸易规则制定上发挥更大作用。倡导矿产资源输出国与进口国加强合作，推动形成合理的国际供需格局和价格水平。支持国内矿产企业充分利用国际创新资源，提升自主研发和创新能力；支持国内企业构建技术联盟，开展国际化经营，联合开发海外矿产资源，提升国际竞争力和市场影响力；支持国内矿产企业在国际矿产行业组织中发挥更大作用。鼓励境外企业和科研机构在我国设立研发机构，鼓励外商投资企业投资矿产资源高端应用领域。

参考文献

刘贵洲、黄浩凯、胡红民：《"两个半球化"和"两个能源圈"：乌克兰危机背

景下全球能源格局的重塑》,《俄罗斯东欧中亚研究》2023年第1期。

史丹、王蕾:《全球能源市场格局新变化与中国能源的安全应对》,《中国能源》2022年第11期。

王永中:《全球能源格局发展趋势与中国能源安全》,《人民论坛·学术前沿》2022年第13期。

吴文盛、梁富:《"双碳"背景下矿产资源战略安全研究》,《中国矿业》2022年第3期。

俞敏、李佐军、高世楫:《欧盟实施〈欧洲绿色政纲〉对中国的影响与应对》,《中国经济报告》2020年第3期。

余国、姜学峰、戴家权等:《"双碳"目标下中国能源发展与能源安全若干问题思考》,《国际石油经济》2021年第11期。

朱跃中:《全球能源格局新变化对我国能源安全的影响及应对》,《经济导刊》2019年第10期。

B.16
中国服务业发展形势分析、展望及政策建议

刘玉红[*]

摘　要： 随着疫情防控政策优化，我国经济逐步驶向快车道，其中受疫情影响较大的服务业在经济恢复中脱颖而出，成为拉动经济增长的主要动力。但是从结构看，当前我国服务业增长属于恢复期，仍然存在消费倾向降低、商品消费恢复弱于服务消费、生产性服务增长动力减弱等难点，必须抓住短期内服务业修复势头良好的时机，从居民消费端和服务供给端两侧同时发力，推动服务业发展从恢复性转向内生性。

关键词： 服务业　消费　生产性服务

一　当前我国服务业恢复较好，短期内仍将保持强劲恢复态势

服务业发展在 2023 年经济增长中是很重要的亮点。随着疫情防控政策优化，在居民出行、娱乐等服务消费的带动下，接触型、聚集型服务业保持了较快增长，叠加服务业结构持续优化升级，共同支撑服务业保持较快增长。

---

[*] 刘玉红，国家信息中心经济预测部副研究员，主要研究方向为宏观经济预测、计量经济模型开发及应用、经济景气监测预警等。

（一）服务业增长明显回升，有力支撑经济复苏

服务业经济恢复向好。2023年前三季度，服务业增加值502993亿元，同比增长6.0%。服务业增加值占国内生产总值的比重为55.1%，比上年同期上升1.4个百分点，对国民经济增长的贡献率为63.0%，拉动国内生产总值增长3.3个百分点。其中，第三季度，服务业增加值171056亿元，同比增长5.2%；服务业增加值占国内生产总值的比重为53.5%，对国民经济增长的贡献率为56.7%，拉动国内生产总值增长2.8个百分点。

企业生产经营状况明显好转。随着稳增长政策不断落地显效，2023年以来服务业生产指数保持高位，前三季度同比增长7.9%。企业生产经营收入增速加快，1~8月，全国规模以上服务业企业营业收入同比增长7.2%，其中文化、体育和娱乐业，租赁和商务服务业，信息传输、软件和信息技术服务业等行业均保持两位数增长；30个省区市营业收入均实现增长，10个行业门类均实现盈利。

服务业景气扩张步伐加快。2023年以来，服务业商务活动指数持续位于景气区间。9月，服务业商务活动指数为50.9%，服务业扩张有所加快。从行业看，水上运输、邮政、电信广播电视及卫星传输服务、互联网软件及信息技术服务、货币金融服务等行业商务活动指数均位于55.0%以上的较高景气区间，业务总量增长较快。从市场预期看，商务活动预期指数为58.1%，比8月上升0.3个百分点，表明服务业企业对市场恢复发展预期向好。

表1 2023年2~9月服务业生产经营相关统计指标

单位：%

时间	增加值	固定资产投资	规上企业营业收入	生产指数	商务活动指数
2月		3.8	3.4	5.5	54.0
3月	5.4	3.6	5.0	9.2	55.6
4月		3.1	6.9	13.5	56.9
5月		2.0	8.5	11.7	55.1

续表

时间	增加值	固定资产投资	规上企业营业收入	生产指数	商务活动指数
6月	6.4	1.6	7.5	6.8	53.8
7月		1.2	7.2	5.7	52.8
8月		0.9	7.2	6.8	51.5
9月	6.0	0.7		6.9	50.9

注：服务业增加值、固定资产投资和规上企业营业收入增速为累计增速。
资料来源：根据国家统计局数据整理，部分数据尚未公布。

（二）新动能引领作用凸显，消费需求加快释放

服务业支撑经济增长作用明显。随着服务业发展动能快速释放，服务业对经济的支撑作用愈加明显。2023年上半年，全国个体工商户复苏趋势明显、总体发展平稳，新增1136.5万户，同比增长11.3%。分产业看，第三产业占比近九成。截至2023年6月底，全国登记在册个体工商户三次产业占比分别为5.1%、5.9%、89%。分行业看，新兴服务业新设个体工商户增速强劲。信息传输、软件和信息技术服务业，文化、体育和娱乐业，科学研究和技术服务业增幅均位居前列。假日市场恢复明显，中秋节、国庆节假期，国内旅游出行人数8.26亿人次，按可比口径同比增长71.3%，按可比口径较2019年增长4.1%；实现国内旅游收入7534.3亿元，按可比口径同比增长129.5%，按可比口径较2019年增长1.5%。

现代服务业继续保持平稳增长。2023年以来，现代服务业在前期高增长的基础上，仍然保持较快增长态势。前三季度，信息传输、软件和信息技术服务业，租赁和商务服务业，金融业增加值分别同比增长12.1%、9.5%、7.0%，共拉动服务业增加值增长2.6个百分点。第三季度，信息传输、软件和信息技术服务业，租赁和商务服务业，金融业增加值分别同比增长10.3%、8.5%、6.4%，共拉动服务业增加值增长2.2个百分点。9月，信息传输、软件和信息技术服务业，租赁和商务服务业，金融业生产指数分别同比增长11.3%、8.1%

和6.7%。

居民消费需求加快释放。前三季度,住宿和餐饮业、批发和零售业增加值分别同比增长14.4%和6.1%,服务零售额同比增长18.9%;全国居民人均服务性消费支出同比增长14.2%,比上半年加快1.5个百分点。9月,住宿和餐饮业、批发和零售业生产指数分别同比增长17.7%和7.8%。消费新场景为节日市场注入新活力。中秋、国庆假期,36个大中城市重点商圈日均客流量同比增长1.6倍;243个国家级夜间文化和旅游消费集聚区夜间客流量1.12亿人次,平均每个集聚区每夜5.76万人次,较2022年国庆节假期增长68.7%;全国营业性演出44237场,比2019年同期增长49.0%,演出票房收入20.1亿元,比2019年同期增长82.6%。

新兴领域增势良好。第三季度,实物商品网上零售额同比增长8.9%,占社会消费品零售总额的比重为26.4%,比上年同期提升0.7个百分点。移动互联网流量快速增长。1~8月,全国移动互联网累计流量达1932亿GB,同比增长14.7%。快递市场规模继续扩大。前三季度,我国邮政行业寄递业务量突破千亿件,其中快递业务量突破900亿件。

(三)服务业投资稳步增长,投资结构转型升级加快

高技术服务业投资增势良好。受到房地产市场拖累,2023年服务业投资增速有所放缓,但也实现了0.7%的正增长。2023年以来高技术服务业固定资产投资增势较好,前三季度,高技术服务业固定资产投资同比增长11.8%,高出全部服务业固定资产投资11.1个百分点,其中,科技成果转化服务业投资增长38.8%,电子商务服务业投资增长25.3%。1~8月,规模以上高技术服务业、科技服务业、战略性新兴服务业企业营业收入分别同比增长10.6%、11.1%和8.8%,高出全部规上服务业企业增速3.4个、3.9个和1.6个百分点。

表2　2023年2~9月服务业投资相关数据

单位：%

时间	服务业	高技术服务业	电子商务服务业	科技成果转化服务业
2月	3.8	12.3	59.2	65.1
3月	3.6	17.8	51.5	51.3
4月	3.1	13.4	32.7	42.1
5月	2.0	13	21.9	47.4
6月	1.6	13.9	22.2	46.3
7月	1.2	11.6	22.4	44.9
8月	0.9	11.5	24.9	42.1
9月	0.7	11.8	25.3	38.8

注：所有指标增速均为累计增速。
资料来源：国家统计局和商务部网站相关数据整理。

（四）服务贸易持续恢复，贸易结构继续优化

我国服务贸易继续保持增长态势。1~8月，服务进出口总额42533.7亿元，同比增长8%。其中出口17673.1亿元，下降7.4%；进口24860.6亿元，增长22.5%；服务贸易逆差7187.5亿元。

表3　2023年2~8月我国服务贸易相关情况

单位：亿元，%

时间	服务进出口		服务出口		服务进口	
	总额	增速	总额	增速	总额	增速
2月	9695.8	1.7	4123.3	−11.8	5572.5	14.7
3月	15840.1	8.7	6805.1	−4.7	9035.0	21.6
4月	20816.5	9.1	8871.3	−4.9	11945.2	22.6
5月	26055.4	10.2	10982.2	−4.7	15073.2	24.2
6月	31358.4	8.5	13232.2	−5.9	18126.2	22.1
7月	36669.1	8.1	15385	−6.3	21284.1	21.6
8月	42533.7	8.0	17673.1	−7.4	24860.6	22.5

注：所有数据均为累计指标。
资料来源：商务部相关数据整理。

知识密集型服务贸易占比提升。2023年1~8月，知识密集型服务进出口18139.4亿元，同比增长10.4%，占服务进出口总额的比重达42.6%，较上年同期提升0.9个百分点。其中，知识密集型服务出口10513.6亿元，增长13.1%，知识密集型服务进口7625.8亿元，增长6.9%。

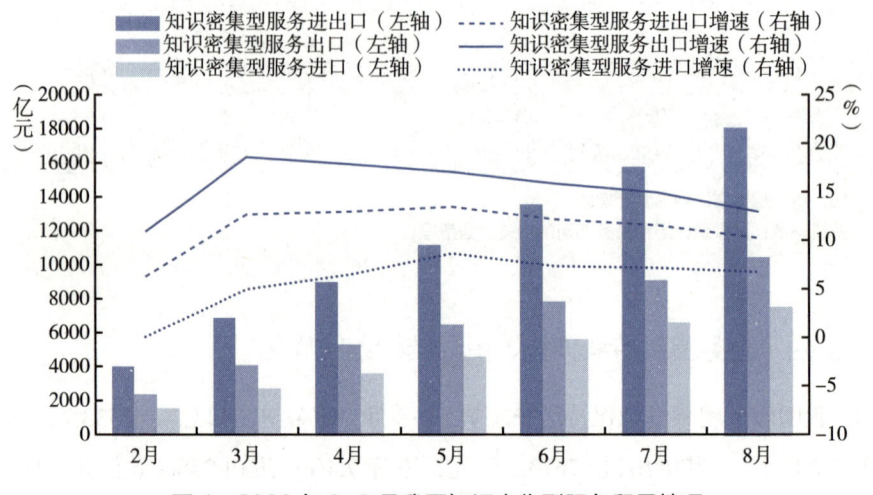

图1　2023年2~8月我国知识密集型服务贸易情况

注：所有数据均为累计指标。
资料来源：根据商务部相关数据整理。

旅行服务进出口加速恢复。2023年以来，受疫情防控政策优化以及基数影响，我国旅行服务进出口呈现快速回暖态势。1~8月，旅行服务进出口9199.9亿元，同比增长69.5%，成为增长最快的服务贸易领域。其中，出口增长54.9%，进口增长70.7%。

服务外包产业快速增长。1~8月，我国企业承接服务外包合同额14607亿元，执行额9552亿元，分别同比增长18.9%和14.9%。从业务结构看，1~8月，我国企业承接离岸信息技术外包（ITO）、业务流程外包（BPO）和知识流程外包（KPO）执行额分别为2236亿元、927亿元和2169亿元，同比增长6.9%、13.8%和15.0%。其中，管理咨询服务、信息技术解决方案服务、互联网营销推广服务等离岸服务外包业务增速较快，分别同比增长78.4%、63.7%和44.8%。

二 服务业重点行业运行情况分析

（一）信息通信业整体运行良好，新一代技术赋能实体经济取得积极成效

信息通信业发展平稳。第一季度、上半年和前三季度，我国信息传输、软件和信息技术服务业增加值增速分别为11.2%、12.9%和12.1%，前三季度增加值增速高于同期服务业增速6.1个百分点。2023年以来信息传输、软件和信息技术服务业生产指数保持了两位数增长，1~9月增长13.3%。电信业务收入增速小幅回升，前三季度，电信业务收入累计完成12813亿元，同比增长6.8%，增速较上半年提升0.6个百分点，按照上年不变价计算的电信业务总量同比增长16.5%。2023年以来信息传输、软件和信息技术服务业固定资产投资增速较快，前三季度实现13.3%的增长速度，高于同期服务业增速6.1个百分点。

新兴业务收入持续较快增长。固定互联网宽带业务收入稳中有升，前三季度，三家基础电信企业完成互联网宽带业务收入1962亿元，同比增长8%，在电信业务收入中占比为15.3%，较上半年提升0.3个百分点，拉动电信业务收入增长1.2个百分点。电信业务收入增速小幅回升，前三季度电信业务收入完成12813亿元，同比增长6.8%，较上半年提升0.6个百分点，按照上年不变价计算的电信业务总量同比增长16.5%。新兴业务收入持续较快增长，三家基础电信企业积极发展IPTV、互联网数据中心、大数据、云计算、物联网等新兴业务，前三季度完成新兴业务收入2702亿元，同比增长19.8%，在电信业务收入中占比为21.1%，拉动电信业务收入增长3.7个百分点。其中云计算、大数据收入同比增速分别达35%和37.1%，物联网业务收入同比增长24.1%。

信息通信能力显著增强。光缆线路总长度稳步增长，截至9月末，全国

光缆线路总长度达到 6310 万公里，比上年末净增 351.7 万公里，其中接入网光缆、本地网中继光缆和长途光缆线路所占比重分别为 62.3%、35.9% 和 1.8%。千兆网络服务能力不断提升，截至 9 月末，全国互联网宽带接入端口数量达 11.22 亿个，比上年末净增 5098 万个。其中，光纤接入（FTTH/O）端口达到 10.8 亿个，比上年末净增 5487 万个，占互联网宽带接入端口的 96.3%，截至 9 月末，具备千兆网络服务能力的 10G PON 端口数达 2185 万个，比上年末净增 661.9 万个。5G 网络建设持续推进，截至 9 月末，我国移动电话基站总数达 1143 万个，比上年末净增 59.8 万个，其中，5G 基站总数达 318.9 万个，占移动基站总数的 27.9%。

表4 2023年2~9月信息传输、软件和信息技术服务业相关情况

单位：%

时间	增加值	生产指数	固定资产投资	电信业务收入	新兴业务收入
2月			15.7		25.7
3月	11.2	12.0	20.0	7.7	24.5
4月		13.2	25.9	7.2	22.3
5月		12.9	16.2	6.8	20.2
6月	12.9	15.4	14.2	6.2	19.2
7月		11.2	11.2	6.2	19
8月		11.5	12.1	6.2	18.9
9月	12.1	11.3	13.3	6.8	19.8

注：信息传输、软件和信息技术服务业生产指数为当月增速，其他指标均为累计增速。
资料来源：根据国家统计局、工信部各月月报整理，部分指标有缺失。

（二）金融业服务实体经济质效不断增强，为经济回升向好营造良好的金融环境

金融业发展势头良好。2023年第一季度、上半年和前三季度，我国金融业增加值增速分别为6.9%、7.3%和7.0%，前三季度增速高于同期服务业增加值增速1.0个百分点。第三季度末，银行业金融机构总资产409.8万亿元，

同比增长9.5%。前三季度，人民币贷款新增19.75万亿元，同比多增1.58万亿元。银行保险新增债券投资9.6万亿元。保险公司原保险保费收入4.3万亿元，同比增长11%，赔款与给付支出1.4万亿元，同比增长20.1%。

重点领域和薄弱环节金融服务不断加强。前三季度，普惠型小微企业贷款新增4.8万亿元，同比多增9754亿元。民营企业贷款新增6.7万亿元，同比多增6836亿元。第三季度末，企业类中长期贷款同比增长17%，企业类信用贷款同比增长21.8%，循环贷款余额同比增长24.3%，均高于各项贷款平均增速。普惠型小微企业贷款平均利率同比下降0.47个百分点，民营企业贷款平均利率同比下降0.32个百分点。

金融支持科技创新和绿色发展力度不断加大。第三季度末高技术制造业贷款同比增长22.5%，数字经济核心产业贷款同比增长22.8%。积极支持推动经济社会发展绿色化、低碳化，目前银行业金融机构绿色融资余额增速超过30%。合理满足刚性群体信贷需求，个人住房贷款中92.5%用于支持购买首套房。住房租赁贷款同比增长77.7%。保障性安居工程贷款持续增长。积极支持就业创业，创业担保贷款同比增长10.2%。引导信贷资金持续投入教育、医疗等社会领域，教育行业贷款同比增长16.9%，助学贷款同比增长24.1%，卫生和社会工作贷款同比增长12%。

风险抵御能力整体充足。第三季度末，银行业金融机构不良贷款余额4万亿元，较年初增加1832亿元。不良贷款率为1.65%。商业银行逾期90天以上贷款与不良贷款比例为87.5%，保持在较低水平。银行保险机构的流动性总体保持平稳，商业银行流动性覆盖率为143.5%。保险公司经营活动现金流同比持续增长。第三季度末，商业银行累计实现净利润1.9万亿元，按照可比口径计算，同比增长1.6%。商业银行贷款损失准备余额增加5632亿元，拨备覆盖率为207.9%，持续保持较高水平。目前，商业银行资本充足率为14.66%，保险业综合偿付能力充足率为188%，保持在合理区间。

（三）交通运输经济持续稳定恢复，向好势头明显

交通固定资产投资规模保持高位。前三季度，完成交通固定资产投资

28775亿元，同比增长5.6%，其中第三季度规模与上年同期基本持平。分方式看，前三季度铁路完成投资5089亿元、同比增长7.1%，公路完成投资21447亿元、同比增长4.3%，水路完成投资1441亿元、同比增长28.2%，民航完成投资798亿元、同比基本持平。

货运量实现较快增长。前三季度，完成营业性货运量403.1亿吨，同比增长7.1%，其中第三季度增长7.6%、与上半年相比加快0.8个百分点。分方式看，前三季度铁路货运量完成37.4亿吨、同比增长0.3%，公路货运量完成297.4亿吨、同比增长7.7%，水路货运量完成68.3亿吨、同比增长8.5%，民航货运量完成522万吨、同比增长12.5%。

人员流动大幅增加。前三季度，全国完成客运量69.7亿人次，累计增长56.1%。分方式看，前三季度铁路客运量完成29.3亿人次、同比增长112.4%，公路人员客运量完成33.7亿人次、同比增长20.9%，水路客运量完成2亿人次、同比增长120.9%，民航客运量完成4.6亿人次、同比增长126.7%。

港口货物吞吐量增速保持较高水平。前三季度，完成港口货物吞吐量125.4亿吨，同比增长8.5%，其中第三季度增长9.5%，与上半年相比加快1.5个百分点。集装箱吞吐量完成2.3亿标箱，同比增长5.2%，其中第三季度增长5.9%、增速较上半年加快1个百分点，第三季度呈加快趋势。

物流需求企稳回升。1~8月，全国社会物流总额216.4万亿元，按可比价格计算，同比增长4.8%，比1~7月提高0.1个百分点；8月，增长5.2%，比7月提高0.7个百分点。分类别看，工业品物流总额同比增长3.9%，制造业物流总额同比增长5.4%，其中，电子工业专用设备制造、电子器件制造物流总额分别增长15.7%和13%，从实物量来看集成电路、光电子器件等高技术产品物流量增长超过20%。民生物流增势较好，1~8月单位与居民物品物流总额同比增长9.0%，8月，餐饮相关物流需求增速超过10%，中国电商物流总业务量指数为121.4。1~8月，物流业总收入8.7万亿元，同比增长4.7%，增速比1~7月提高0.1个百分点。

表5　2023年1~9月交通运输业相关情况

单位：%

时间	交通固定资产投资	客运量	货运量	港口货物吞吐量	物流总额
1月		5.0	-19.4		
2月	11.7	10.8	1.2	2.6	2.9
3月	9.8	26.3	5.0	6.2	3.9
4月	5.7	46.3	7.5	7.6	4.4
5月	4.4	57.0	7.4	7.9	4.5
6月	8.2	56.3	6.8	8.0	4.8
7月	5.9	54.6	6.9	7.8	4.7
8月		55.1	7.1	8.4	4.8
9月	5.6	56.1	7.1	8.5	

注：所有增速为累计增速。
资料来源：根据国家统计局、发改委月报整理，部分数据有缺失。

三　短期内，服务业强劲恢复态势有望继续保持

（一）生产端恢复态势持续显现，服务业仍处于快速修复的过程

随着疫情防控政策优化，服务业潜能加速释放，景气快速扩张，服务业商务活动指数的年内高点出现在4月，达到了56.9%，是仅次于2012年3月的历史次新高。居民出行消费及企业生产相关服务均较为活跃。一方面，交通运输、住宿、文化体育娱乐等行业商务活动指数超过60%，显示居民出行相关服务继续向上修复；另一方面，与企业生产相关性比较高的电信广播电视及卫星传输服务、互联网软件及信息技术服务、货币金融服务、租赁及商务服务等行业商务活动指数保持在57.0%以上，预计未来几个月我国服务业仍将保持较快增长。

（二）国际市场上，在中美服务业共振扩张的背景下，服务业有望持续恢复

从海外经验来看，美欧疫情后服务业恢复持续时间较长，预示我国服务

业有望保持较长时间的快速增长。9月美国非制造业PMI从8月的54.5小幅回落至53.6，主要由于新订单指数从57.5下降至51.8；商业活动指数从57.3升至9月的58.8，显示服务业活动依然强劲；就业指数从54.7小幅下降至53.4，依旧保持在近7个月的高位，表明服务业就业市场依然紧俏。美国9月零售同比上行0.9个百分点至3.8%，为7月以来连续3个月回升，也进一步强化了4月阶段性增速低位之后的商品消费需求连续超预期上行趋势。美国服务业进一步回升，将带动我国服务贸易相关数据快速增长，实现服务业持续恢复。

四 长期来看，服务业平稳增长仍面临诸多难题，内生增长动力有待增强

（一）受疫情影响，居民资产负债表受损，边际消费倾向降低，居民消费有待进一步提振

居民消费尚未恢复到疫情前水平，消费增速逐步放缓。前三季度社会消费品零售总额同比增长6.8%，距疫情前8.0%~9.0%的常态增长水平还有距离。按月增速看，2023年以来我国社会消费品零售总额增速持续放缓，5月达到年内高点9.3%后逐步回落，前三季度回落至6.8%。

从居民消费构成看，服务消费好于商品消费，可选消费表现欠佳。2023年以来，随着生活性服务业快速复苏，服务消费市场实现较快增长，前三季度，服务零售额同比增长18.9%，相比之下，居民的商品消费表现不尽如人意，商品零售额前三季度仅增长5.5%，比同期服务零售增速低13.4个百分点。受消费谨慎预期影响，我国居民部分可选消费复苏态势不明显，1~8月，国内市场手机总体出货量1.67亿部，同比下降4.5%，其中，5G手机出货量1.33亿部，同比下降3.8%；第一季度和第二季度中国大陆个人电脑（台式机、笔记本和工作站）出货量分别下降24%和19%。前三季度，建筑及装潢材料类、文化办公用品类、家用电器和音像器材类消费同比增速仍为负，分别为-8.2%、-2.3%、-13.6%。

旅游热度创近五年新高，但是人均消费支出尚未恢复至疫情前水平。随着疫情防控平稳转段，2023年我国文化和旅游市场强劲复苏，"五一"期间国内旅游出游人数和旅游收入按可比口径计算分别比2019年增长19.09%和0.66%；中秋节、国庆节期间国内旅游出游人数和旅游收入按可比口径计算分别比2019年增长4.1%和1.5%。但从人均旅游消费支出看，2023年和2019年"五一"期间国内游客人均旅游消费支出分别为510元和603元，中秋节、国庆节期间国内游客人均旅游消费支出分别为937元和912元，"五一"和中秋节、国庆节期间我国人均旅游消费支出分别下降15.4%和2.7%。

（二）内需修复缓慢、外需不振、产业外迁和利润收缩等因素抑制工业生产，生产性服务业恢复受阻

内需和外需双双走弱。生产性服务业依附于制造业企业，贯穿于企业生产的上游、中游和下游诸环节，工业生产持续恢复存疑，将拖累生产性服务业的恢复进程。一方面，外需收缩造成我国工业经济"外循环"拉力不足。受全球经济增长乏力、中美经贸摩擦持续等因素综合影响，我国企业出口面临较大阻力，海外订单量明显下降，外需不足成为影响当前我国工业稳增长的主要因素。制造业采购经理指数显示，自2023年4月以来，PMI新出口订单指数持续低于荣枯线以下，9月新出口订单指数为46.7，较2月下降4.4个百分点。另外，前三季度，我国工业企业出口交货值同比下降4.8%，仍处于负增长区间，工业企业产销率同比下降0.5%。另一方面，内需不振阻滞我国工业经济"内循环"顺畅。目前，我国经济仍处在恢复阶段，结构性、周期性问题相互交织带来的内需不足压力仍然很大，特别是房地产行业持续低迷，对上下游产业链扩需求造成很大掣肘。前三季度，我国商品房销售面积和销售额分别为84806万平方米、89070亿元，同比下降7.5%、34.6%，降幅较1~8月进一步扩大，销售面积和销售额仅分别为2019年同期的84%和90%，呈低位下探趋势，导致钢铁、建材、水泥、家电家具等上下游行业需求明显走弱。

工业企业盈利能力偏弱和制造业投资外迁现象明显。2023年以来，我国工业企业利润呈现逐渐好转走势，但是从绝对增速看，仍处于负增长区间，1~8月规上工业企业利润同比下滑11.7%，而制造业利润下降13.7%，下降幅度高于全部规上企业2个百分点。比较近6年同期数据，工业及制造业营收利润率仅高于2020年同期，反映当前企业盈利能力仍偏弱。同时，全球经济格局调整推动国内部分产能外迁。当前，全球产业链体系正在发生深度调整，受大国博弈、成本驱动、市场需求、资源拓展等因素影响，国内不少企业纷纷赴海外投资，导致国内制造业投资增速逐步放缓，制造业发展面临一定压力。1~8月，我国非金融类对外直接投资额为837.3亿美元，较上年同期增长11.5%。其中，对"一带一路"沿线国家的非金融类对外直接投资额同比增长14.9%。

五 当前服务业发展难题的深层次原因

（一）居民资产负债表受损，不仅影响居民消费能力，也在一定程度上影响消费偏好，导致部分购买需求缩减或推迟

凯恩斯消费理论指出，决定消费的因素为收入和边际消费倾向，疫情影响的不只是我国居民收入，还有居民消费习惯，而这些因素的恢复将是一个长期而艰苦的过程。

一是制造业、服务业和建筑业三大行业从业人员指数均处于收缩区间，就业形势依旧严峻。尽管从3月开始，我国城镇调查失业率处于年初提出的5.5%的控制目标水平内，但是我国三大行业从业人员指数呈现收缩走势，9月制造业和非制造业从业人员指数分别为48.1%和46.8%，分别低于年内高点2.1个和3.4个百分点，非制造业中建筑业和服务业从业人员指数分别为46.3%和46.9%，分别低于年内高点12.3个和1.9个百分点。

二是居民收入增长虽略快于经济增长，但是居民收入信心再次回落。前三季度，全国居民人均可支配收入实际增长5.9%，快于GDP增速0.7个百分点，但从构成看，城镇居民人均可支配收入实际仅增长4.7%，低于GDP增速

0.5个百分点，作为消费市场的主力，城镇居民收入增长慢于经济增长会拉低收入增长预期，进而抑制未来消费。中国人民银行城镇储户问卷调查报告显示，第三季度收入感受指数为49.7%，比上季度下降1.0个百分点；未来收入信心指数为48.5%，比上季度下降1.4个百分点。

三是居民消费谨慎性预期犹存，第三季度人民币住户新增存款创历史新高。第三季度金融统计数据报告显示，前三季度人民币存款增加22.48万亿元，其中，住户存款增加14.42万亿元，同比多增1.2万亿元，而1月人民币住户存款增加6.2万亿元，更是创下了历史新高。居民存款增加主要来自购房、投资股市等活动减少。中国人民银行城镇储户问卷调查报告显示，2023年第二季度居民储蓄倾向再次回升，倾向于"更多储蓄"的居民占58.0%，比上季度增加0.1个百分点；倾向于"更多投资"的居民占17.5%，比上季度减少1.3个百分点。

四是成本约束下消费习惯改变，导致边际消费倾向下降。疫情后，在收入降低预期和成本约束下，我国居民追求消费性价比的心理明显增强。财报披露显示，2023年第二季度，作为高端消费代表的京东、阿里巴巴淘天集团国内零售商业板块营业收入同比分别增长5%和13%，而代表低端消费需求的拼多多营业收入则增加了66%。"五一"和中秋节、国庆节期间，以快节奏打卡为特征的"特种兵式旅游"更加受到年轻人的追捧，"特种兵式旅游"也反映出当代年轻人旅游希望以最小成本、最短时间追求消费性价比的心理。2023年的踏青游中，短途游明显热度高于长途游，携程数据显示，春季两日游订单占比超70%，一日游订单占比14%；本地游、周边游、短途游主导国庆假期旅游市场，国庆节期间，本地、周边旅游订单占比达65%，本地周边人均消费同比增长近30%。

（二）疫情导致服务业供给和需求模式改变，服务业正处于市场出清后的重塑期，供给和需求错配抑制居民需求释放

后疫情时代这一特殊阶段，也是疫情期间受到重创的服务业市场的重要重塑阶段，疫情影响的不只是居民的消费模式和需求，还改变了服务业的供

给方式，在市场"过度出清"后的恢复初期，服务业的供需错配是我国服务业恢复进程中面临的主要难题。

疫情导致的线下服务需求漏出尚未由有效服务供给补齐，消费不振无可避免。疫情期间，以数字化生存需求为牵引的新业态新模式层出不穷，据《2022中国数字经济主题报告》，2022年中国数字经济规模已经达到了45.5万亿元，同比增长16.2%，位居世界第二，成为经济增长新引擎。但是线上数字的服务需求有相当大的一部分是居民线下需求的转移，如网上购物、在线教育、远程医疗等"非接触经济"，这类需求具有典型的不可重复性，并且由于便利性、碎片时间再利用等优势，在疫情防控政策优化后仍然具有线上黏性，势必会造成线下需求漏出。另外，数字经济飞速发展提高了居民的消费升级速度，而与之匹配的有效服务供给尚未形成。例如2023年以来我国商品消费弱于服务消费，一个很大的原因就是商业地产的数字化转型尚不成熟，数智化、智慧化的购物中心供给不足，导致居民线下回归受阻。

服务业创新要素支撑不足、创新环境有待优化、服务高质量供给不足是服务需求和供给错配的深层次原因。扩大内需绝对不是指居民需求在线上线下的转移，仅靠消费的自我修复很难实现需求的大幅扩张，必须通过增加与居民需求匹配的有效供给才能实现总需求的扩张，而这离不开服务业创新以及高质量服务供给。当前服务业创新支撑要素不足现象明显，由于服务业轻资产特征明显，潜在风险较大，融资难、融资贵问题也比较突出；对服务业创新的政策、监管等还不够完善，制约了服务业创新发展。技术创新滞后导致服务业高质量供给严重不足，生活性服务业方面，部分行业发展相对滞后，一些领域结构性过剩与结构性不足并存，低端化、同质化的服务供给过剩，但高品质、特色化服务供给则相对短缺，与居民需求不适应；而生产性服务业发展较为缓慢，对工业生产的价值链提升效果不明显，在经营出现问题时，最先剥离的业务就是生产性服务业相关领域。

六 夯实服务业发展基础，激活服务业创新动力，推动服务业发展从恢复性向内生性转换

2023年4月中共中央政治局会议提出，当前经济运行的好转主要是恢复性的，内生动力不强、需求仍然不足，要继续促进消费恢复和投资扩大。与制造业不同，服务业更多的是与本地活动相关，属于利率敏感度较低的行业，受央行货币紧缩的影响也没有制造业和房地产那么明显。因此消费需求提振不能简单依靠刺激政策，而是要供给端和需求端同时发力，才能从根本上解决消费不振问题。

（一）消费端：增加居民收入、改善消费环境、提高居民福利水平以消除后顾之忧

提高居民收入，增强消费潜力。落实落细就业优先政策，支持发展吸纳就业能力强的产业。加大国家财政对居民部门的支持力度，提高居民整体收入水平，尤其是中低收入群体的收入水平，稳步提高居民部门可支配收入占GDP的比重。多渠道增加居民的财产性收入，为居民部门提供新的增加财产性收入的渠道，推动资本市场规范健康发展，创新更多适应家庭财富管理需求的金融产品，增加居民投资收益。积极倡导第三次分配，改善居民部门内部的收入结构，通过税制改革使高收入群体的收入能够部分转移至中低收入群体，提高中低收入群体的收入占比。

继续优化消费环境。合理增加公共消费，扩大普惠性非基本公共服务供给，健全常住地提供基本公共服务制度，加强商贸流通体系等基础设施建设，合理确定保障标准。切实加强市场监管，加大市场秩序的整顿和规范力度，努力为城乡居民创造健康安全的消费环境，保护消费者合法权益。进一步强化食品安全保障措施，严厉打击制售假冒伪劣食品等违法行为。支持批发市场和农贸市场升级改造。强化质量管理的规范化和制度化建设，全面提升产品质量，引导企业以品牌、标准、服务和效益为重点，健全质量管理

体系。进一步强化食品安全保障措施，严厉打击制售假冒伪劣食品等违法行为。

（二）供给端：加快服务业供给侧结构性改革，围绕服务业深化改革和扩大开放，加强服务业领域制度创新，满足居民消费升级需求

加大服务业投资支持力度。一是紧抓疫情防控政策优化后的服务业改善机遇，阶段性地加大服务业纾困扶持政策力度，缩窄制造业与服务业支撑政策的差异，提高宏观支持政策的普惠性，增加服务业企业设备更新、技术改造和研发投入。二是扩大生活性服务业供给，提升供给质量，加大生活性服务业基础设施投入，加强对新模式、新业态、新场景的扩充，提供高质量服务供给，加快提升便民生活圈的覆盖率，加快生活服务业升级，加大对服务业的数字化投入，提升生活性服务供给质量。三是发挥服务业在吸收外商直接投资方面的重要作用，继续加大吸引服务业的外商直接投资，增强国内大循环的内生动力，加大知识产权保护力度，鼓励外资参与政府采购，增强外资在我国投资的信心和动力，优化外资存量、扩大外资增量，提高内外循环的水平和质量。

加快服务业科技创新和高质量有效供给。净化服务业创新发展的市场环境，缩小服务企业研发费用加计扣除比例与制造业的差距；规范高技术服务业企业认定标准，增加高技术服务业企业认定数量；加强知识产权保护，探索完善服务业创新和商业模式可行有效的方式方法。加快服务贸易创新试点区域经验推广，在服务贸易发展迅速的地区，逐渐加大对服务外包和高技术服务业的财税、融资支持力度，推动高附加值、高技术含量的服务业企业加快发展。积极支持企业围绕"新技术、新产业、新模式、新业态"开展技术引进，通过消化、吸收、创新，培育形成具有自主知识产权的技术出口竞争新优势。认定一批技术先进型服务企业。完善技术贸易促进政策体系，形成有利于技术贸易和知识产权保护的营商环境。完善各类技术交流合作平台，探索建设技术贸易市场。

参考文献

《李锁强：服务业持续恢复向好 新兴服务业增势良好》，http://www.stats.gov.cn/sj/sjjd/202310/t20231019_1943740.html，2023年10月。

《赵同录：前三季度我国经济运行持续恢复向好》，http://www.stats.gov.cn/sj/sjjd/202310/t20231019_1943736.html，2023年10月。

《2023年前三季度通信业经济运行情况》，https://www.cnii.com.cn/ssgx/202310/t20231024_515674.html，2023年10月。

《2023年前三季度金融统计数据报告》，https://www.gov.cn/govweb/lianbo/bumen/202310/content_6908999.htm，2023年10月。

需求分析与就业收入

B.17 中国投资形势分析、展望与建议

张长春 杜月[*]

摘 要： 2023年前三季度，全国投资增速较2022年有所放缓。投资结构分化明显，民间投资同比下降，基础设施和制造业投资保持较快增长，东部地区投资增长较快。2024年，外部环境复杂严峻将对企业投资预期造成一定负面影响，但随着促进民营经济发展、调整优化房地产市场、发行特别国债等政策的落地见效和经济恢复向好态势的巩固，企业和政府投资能力将有所提升。要着力提升政府投资效益，通过政府投资和政策激励持续激发民间投资活力，稳定房地产投资预期，持续拓展投资空间，优化投融资模式，完善消费和投资良性互促机制，以推动投资更好地发挥对优化供给结构的关键作用。

---

[*] 张长春，中国宏观经济研究院投资研究所研究员，主要研究方向为投融资政策、宏观经济政策、经济增长等；杜月，中国宏观经济研究院投资研究所副主任，主要研究方向为政府投融资、宏观经济政策、创业投资等。

关键词： 民间投资 制造业投资 房地产投资

一 2023 年固定资产投资形势

2023 年，受房地产投资低迷等因素拖累，我国固定资产投资增速较上年有所放缓，民间投资同比下降。同时，基础设施和制造业投资增长保持较强韧性。

（一）投资增速持续放缓，低于2022年同期2.8个百分点

2023 年前三季度，全国固定资产投资（不含农户）375035 亿元，同比增长 3.1%，低于 2022 年同期增速 2.8 个百分点[①]。从全年趋势看，1~2 月投资增速为 5.5%，之后呈逐步下降趋势，第一季度、上半年、前三季度增速分别为 5.1%、3.8% 和 3.1%。

从投资构成看，前三季度建安工程、设备工器具购置、其他费用分别增长 2.4%、6.8%、3.1%，较 2022 年同期下降 4.1 个百分点、上升 3.1 个百分点、下降 2.2 个百分点。建安工程投资增速明显低于设备工器具购置投资增速，说明房屋、建筑物和设备装置安装等投资的活跃程度有所下降，体现技术水平的设备工器具的投入增长加快。预计 2023 年建安工程投资全年增速为 2.0%~4.1%，低于近 5 年各年全年增速；设备工器具购置投资全年增速为 4.2%~6.9%，明显高于近 5 年各年全年增速，一定程度上反映了投资活动更加重视内涵式发展。

从投资类型看，前三季度新建、扩建、改建投资累计增速分别为 7.9%、9.0%、2.0%，较 2022 年同期下降 5.7 个百分点、上升 4.0 个百分点、下降 10.8 个百分点，反映了随市场需求变化，企事业单位在原有生产能力基础上增建车间、分厂、生产线或扩建业务型用房等方面的投资增长较快，而新建和改建投资活动明显下降。

---

① 扣除价格因素影响，2023 年前三季度同比增长 6%，增速比上年同期加快 2.5 个百分点。

（二）基础设施和制造业投资双引擎发力，房地产投资相对低迷

基础设施投资保持较快增长。2023年前三季度，在中央预算内资金和地方政府专项债等资金的引导带动下，基础设施（不含电力、热力、燃气及水生产和供应业）投资增长6.2%，高于全部投资增速3.1个百分点，高于2019年同期3.4个百分点，投资动力进一步增强。基础设施投资中，水上运输业投资增长23.3%，铁路运输业投资增长22.1%，水利管理业投资增长7.5%，信息传输业投资增长6.8%，增速领先于整体基础设施投资增速。广义基础设施投资同比增长8.6%，电力、热力、燃气及水生产和供应业投资同比增长25%，其中，电力、热力生产和供应业投资同比增长29.2%，燃气生产和供应业投资增长22.9%，重点领域补短板投资实现较快增长。

制造业投资增长动力较强。前三季度，受国内消费持续恢复和基础设施等领域投资增长带动，制造业投资同比增长6.2%，高于全部投资增速3.1个百分点，高于2019年同期3.2个百分点。同时，制造业投资增速连续两个月加快，分别高于1~8月和1~7月0.3个和0.5个百分点，投资动力有所增强。其中，前三季度，电气机械和器材制造业投资增长38.1%，仪器仪表制造业投资增长24.3%，汽车制造业投资增长20.4%，先进制造相关产业引领制造业投资保持较快增长。技术改造投资前三季度同比增长3.7%，占全部制造业投资的比重为38.6%，表明制造业升级改造投资仍有较大空间。

高技术产业投资持续发挥引领作用。前三季度，高技术产业投资增长11.4%，增速较1~8月加快0.1个百分点，高于全部投资8.3个百分点。同时，高技术制造业投资和高技术服务业投资增速分别为11.3%和11.8%，分别高于制造业和服务业投资5.1个和11.1个百分点，增速均较1~8月加快。其中，医疗仪器设备及仪器仪表制造业、电子及通信设备制造业投资增长10%以上，科技成果转化服务业、电子商务服务业投资增长20%以上，表明高技术产业领域的投资持续活跃。

与此同时，房地产开发投资呈负增长，且降幅持续扩大。前三季度，房地产开发投资同比下降9.1%，低于2022年同期1.1个百分点。同时，商品房销售面积和销售额分别同比下降7.5%和4.6%，房屋新开工面积和施工面积分别同比下降23.4%和7.1%。房地产市场仍处于深度调整中，市场需求低迷、预期不稳，房地产领域陆续出台的调整优化政策措施的效果有待进一步显现。

（三）民间投资增速同比下降，行业分化明显

2023年前三季度，民间投资增速下降0.6%，低于2022年同期2.6个百分点，低于全部投资增速3.7个百分点。2023年以来，民间投资增速显著低于全部投资增速，从5月起开始出现负增长，6~8月降幅持续扩大至0.7%，表明民间投资增长乏力。同时，民间投资占比9月下降至51.6%，降至2012年有民间投资统计数据以来的最低值，说明民间投资动力不足，促进民营经济发展、促进民间投资的相关政策效应仍待释放。

民间投资内部分化态势明显，前三季度，扣除房地产开发投资后的民间投资增长9.1%。从大类行业看，制造业和基础设施民间投资增长较快，且均较上半年增速有所回升，制造业民间投资增长9%，部分制造业增长30%以上。基础设施民间投资增长14.5%以上，部分行业增长10%以上。民间投资中房地产业投资占比30%左右，房地产业投资降幅较大下拉整体民间投资约9.6个百分点。此外，房地产业涉及行业多、产业链条长，对其他行业的民间投资也形成拖累。

从细分行业看，民间投资增长受市场需求、盈利水平、投融资环境等因素影响较大。电气机械及器材制造、道路运输、汽车制造、建筑等行业投资增速较快，大部分行业利润保持正增长或较快增长，如1~9月电气机械及器材制造业、汽车制造业、电力/热力生产和供应业、有色金属矿采选业民间投资分别同比增长34.6%、21.8%、18.9%、9.5%，1~8月企业利润分别同比增长33.0%、2.4%、53.4%、4.0%。而教育、公共设施管理、公共管理等行业民间投资的信心仍待恢复，投资增长较慢。

（四）东部地区投资增长较快，17个省份投资增速跑赢全国平均水平

2023年前三季度，东部、中部、西部和东北地区投资分别同比增长5.4%、-0.9%、-0.4%、-2.7%。除东部地区投资保持较快增长外，其他地区投资均有不同程度的下降。前三季度，31个省份中17个省份投资增速高于全国平均水平，其中，西藏、内蒙古、上海、新疆、浙江、宁夏6个省份，因投资恢复动力较强或上年同期基数效应等，投资增速超过7%。天津、黑龙江、广西等11个省份，因上年基数较大、恢复动力较弱等，投资出现负增长。6个经济大省投资增速分别为江苏5.7%、浙江8.5%、山东5.5%、河南1.8%、广东3.1%、四川3.2%，大部分投资增速高于全国平均水平。

二 2024年投资形势研判与展望

外部环境复杂严峻对企业投资预期造成一定负面影响，但随着促进民营经济发展、调整优化房地产市场、发行特别国债等政策的落地见效和经济恢复向好态势的巩固，预计企业投资信心将进一步增强，企业和政府投资能力将有所提升。

（一）发行特别国债将提升地方政府投融资能力

2023年10月，十四届全国人大常委会第六次会议审议通过了国务院关于增加发行国债支持灾后恢复重建和提升防灾减灾救灾能力的议案，决定在第四季度增加发行2023年国债1万亿元，作为特别国债管理。全国财政赤字将由3.88万亿元增加到4.88万亿元，赤字率由3%提高到3.8%左右。1万亿元特别国债将在2023年和2024年分别安排5000亿元，全部通过转移支付方式安排给地方，集中力量支持灾后恢复重建、重点防洪治理工程、自然灾害应急能力提升工程、其他重点防洪工程、灌区建设改造和重点水土流失治理工程、城市排水防涝能力提升行动、重点自然灾害综合防治体系建设工程、东北地区和京津冀受灾地区等高标准农田建设八个领域。

地方政府面临较大的财政收支和债务压力，投融资能力不足成为基础设施等领域投资增长乏力的重要制约因素。从地方财政收支看，2023年前三季度，尽管受2022年实施留抵退税政策基数较低影响，全国和地方本级一般公共预算收入分别同比增长8.9%和9.1%，但地方财政压力持续存在，全国仅有上海为财政盈余省份，其余省份均为财政赤字。广义财政方面，2023年前三季度，全国和地方本级政府性基金收入分别同比下降15.7%和16.3%，在上年同期分别下降24.8%和26.4%的基础上继续负增长。同时，地方政府债务规模持续累积，截至2023年8月底，我国地方政府债务余额38.75万亿元，还本付息压力持续加大。地方财力下降和偿债压力增加对地方政府投资能力形成较大制约。

本次特别国债的发行会明显缓解地方债务压力，增强地方投融资能力。由中央政府承担偿还责任，全部通过转移支付方式安排给地方，并一次性适当提高相关领域中央财政补助标准或补助比例，预计将显著减轻地方政府财政压力，对防灾减灾等基础设施投资建设形成较强的财力支撑。同时，中央政府增发特别国债并将募得资金转移给地方政府，与正在进行的新一轮隐性债务化解政策协调配合，有助于遏制地方隐性债务继续膨胀，助力地方政府化债工作。

（二）企业投资内生动力有待进一步增强

受美元加息、外部环境复杂严峻等因素影响，企业扩大投资意愿较弱，内生动力仍待提升。第一，全球需求收缩趋势明显，影响制造业企业扩大投资意愿。近期全球面临通货膨胀、利率上升、经济增长缓慢等问题，我国外贸出现下滑。1~9月，出口总值累计同比下降5.7%（美元值），低于2022年同期增速约19.5个百分点。出口当月增速在第二、第三季度呈"V"形，由4月的7.3%下降至7月-14.5%的低点，9月回升至-6.2%。同时，全球贸易量均有所下降。世贸组织数据显示，2023年上半年全球出口额下降4.6%，其中第一季度下降1.3%，第二季度下降7.8%。基于对增长困境和挑战的担忧，世贸组织近期将2023年全球货物贸易量的增速从此前预测的1.7%下调至0.8%。美国、欧盟、日本、韩国、越南等主要贸易伙伴的PMI位于景气线以下。市场前景不明将降低制造业企业,尤其是外贸企业的生产投资意愿。企业可能优先选择维持现有产能,放缓扩大投资步伐。

第二,外部环境不确定性增加,产业外迁或对国内制造业投资形成分流。当前,全球产业链供应链分工模式加快重构,呈现区域化、短链化、备份化趋势。我国产业安全稳定面临挑战。美国、欧洲、日本等发达经济体大力实施"再工业化"战略,并积极推动关键产业链区域化本土化,吸引汽车、电子信息等制造业回流。同时,越南、孟加拉国、印度、印尼、柬埔寨等南亚和东南亚国家则借助劳动力成本优势和关税优势积极承接我国劳动密集型产业转移,部分产业外迁趋势加剧。这可能导致部分制造业企业加强海外布局,影响国内产能扩大。

第三,市场预期和企业生产经营情况有所改善,恢复形势仍待继续巩固。从采购经理指数看,4~10月制造业PMI,除9月外,其他月份均处于景气线以下,后续景气情况仍待观察,中型和小型企业PMI、制造业新出口订单指数、在手订单指数等均在50以下;非制造业商务活动指数尽管2023年以来始终处于景气线以上,但第三季度指数位于51~52,10月跌至50.6,较上半年均值有所下降,后续仍待进一步提升巩固,非制造业新订单指数、在手订单指数等也在50以下。从工业企业经营效益看,工业企业利润降幅明显收窄,利润总额累计增速由2月的-22.9%回升至9月的-9.0%;亏损企业数量和金额增速明显回落,分别由2月的13.1%、28%下降至9月的9.2%、2.7%,低于2022年同期水平;企业应收账款总额增速有所放缓,由2月的10.9%下降至9月的9.7%,低于2022年同期4.3个百分点。总的来看,企业效益呈逐步改善态势,但信心预期和投融资能力仍待进一步恢复。

(三)房地产市场预期和信心仍待恢复

2023年房地产开发投资增速在2022年下降10%的基础上延续下降态势,成为拖累投资快速增长的主要因素。第三季度,房地产市场仍处于深度调整中,投资增速降幅进一步扩大。需求方面,前三季度商品房销售面积和销售额分别同比下降7.5%和4.6%,降幅较1~8月继续扩大,房地产市场需求持续低迷。供给方面，前三季度房地产企业房屋新开工面积同比减少23.4%，第二季度以来降幅始终在20%以上，房屋施工面积同比减少7.1%，降幅与1~8月持平，在建工程对投资增长的支撑作用不足。先行指标方面，房地产库存去化压力较大，房企拿地意愿不强，到位资金增速降幅扩大。前三季度全国国有土地使用权出让收入30875亿元，同比下降19.8%；房地产开发企业到位资金98067亿元，同比下降13.5%，降幅连续4个月扩大。

2024年，预计房地产市场投资信心将有所恢复。2023年7月的中共中央政治局会议上中央对房地产形势作出重大判断，认为房地产供求关系发生重大变化，提出要适时调整优化房地产政策，因城施策用好政策工具箱，更好满足居民刚性和改善性住房需求，促进房地产市场平稳健康发展。2023年下半年，多个城市出台政策优化房地产调控，政策效应将逐步释放。9月，商品房销售面积、房地产新开工面积降幅收窄，新房和二手房合计网签数环比增长。如这一趋势持续下去，2024年形势向好的可能性较大，市场信心恢复将带动房地产投资回暖。同时，房地产开发投资经过2年多深度调整，2024~2025年在低基数效应下也有望止跌企稳。

中长期看，房地产投资的结构性需求潜力仍然存在。当前，我国常住人口城镇化率为65.2%，与美国、英国、德国、法国、日本等发达国家相比仍有15个百分点以上的差距。同时，我国户籍人口城镇化率为47.7%，与常住人口城镇化率还相差17.5个百分点。未来随着城镇化水平提高、城镇公共服务水平提升，人口将进一步向经济和产业集聚区流动，这些地区住房的刚性需求还将进一步释放。同时，我国的中小户型住房偏多，随着人均收入水平的提升，人民对改善型住房的需求仍然较大。

（四）创新、产业、民生、消费等领域仍有较大投资增长空间

抢抓科技革命机遇，实现创新驱动发展，科技创新投资潜力较大。国际经验显示，在经济发展水平从中高收入阶段迈向高收入阶段时，投资增长动力从依赖要素投入型转向创新驱动型。当前全球新一轮科技革命方兴未艾，大国科技竞争愈演愈烈，美西方对我国科技创新关键技术进行封锁围堵，我

国亟须加强原创性引领性科技攻关，加强基础研究，建设重大科技平台，提升企业技术创新能力，尽快实现科技自立自强。同时，提升全要素生产率是我国经济持续发展的关键动力。实现全要素生产率的持续快速提升对我国实现愿景目标而言至关重要。当前，我国全要素生产率、人均研发经费、产业研发投入等与发达国家相比差距较大，仍有较大增长空间。投资是提升劳动生产率和全要素生产率的有效手段。从新古典经济学和各国经济增长实践看，只有加大投资，尤其是加大研发投入和创新投资，才能促进技术进步，实现持续创新突破。

应对全球产业链重构，建设现代化产业体系，补链强链和产业升级投资空间较大。当前全球供应链呈现收缩趋势，全球产业链供应链分工模式加快重构，各国产业链供应链布局从以成本、效率、科技为侧重转向以安全、稳定和政治为侧重。目前，我国产业链整体处于中低端，大而不强、宽而不深，面临外部打压遏制可能出现受制于人的突出问题，只有加快建设现代化产业体系，打造完整而有韧性的产业链供应链，才能抢占未来产业竞争制高点，在大国竞争中立于不败之地。推动制造业升级需要资本投入，用以建设厂房、购买设备，产业发展需要投资形成供给能力。因此，我国下一步产业投资将适应全球产业发展和供应链重塑趋势，优化产业链布局，提升产业竞争力。

着力解决发展不平衡不充分问题，提高人民生活品质，民生和公共领域投资需求较大。坚持以人民为中心，维护人民根本利益、增进民生福祉是全面建设现代化国家的基本原则。从人口变动结构来看，人口老龄化程度加深，医疗和养老需求将持续增加。第七次全国人口普查数据显示，我国60岁以上人口占比为18.7%，其中65岁以上人口占比达13.5%，与第六次全国人口普查相比该占比显著上升。同时，群众在就业、教育、医疗、托育、住房等方面仍存在不少困难，说明在这些领域投资仍存在较多短板弱项，发展不平衡不充分问题突出。此外，从释放"人口红利"的角度来讲，在劳动力供给下降的情况下，应大力提高劳动力质量来实现，即提高劳动力素质，提升劳动力技能水平从而提升劳动生产率。加大教育、医疗、养老等民生领域投资是提升公共服务能力的基础，加大民生投资仍有巨大需求。

加快构建新发展格局，培育完善的内需体系，增强消费关联领域投资增长动力。构建新发展格局，促进国内大循环更为顺畅，必须坚定实施扩大内需战略，打通经济循环堵点。实施扩大内需战略，需要协同发挥好消费和投资的积极作用，实现投资与消费"1+1>2"的良好互动。投资和消费并不是对立的，投资可为直接消费提供产品、场景和条件，也可以形成生产能力从而增加收入和促进就业，提高人民消费能力。2015年以来，我国社会消费品零售总额增速超过固定资产投资增速，大部分年份最终消费支出对国内生产总值增长的贡献率超过50%。当前，我国居民消费率还明显低于高收入国家水平，消费潜力较大。未来随着我国人均收入水平的持续稳步提升、居民消费能力和信心的修复，消费将迎来快速增长和结构转型，也将成为下一步引领投资方向优化和快速增长的动力。

（五）预计2024年投资增速略高于2023年

随着稳投资政策措施的逐步落地见效，2023年第四季度可能逐渐扭转前三季度投资增速持续下行的趋势。2024年，如果不出现较大外部冲击，预计投资增速在4%左右，略高于2023年。一是随着经济持续恢复、国内消费不断回暖、政策效应逐步释放，民间投资预期和信心有望进一步提振，物价水平也将有所回升。二是发行长期国债等政策将对地方投融资能力和社会信心提振发挥积极作用。三是"十四五"时期投资正常增速应在4%~4.5%，在不出现较大外部冲击情况下，2024年投资增速应向正常投资增速趋近。

三 政策建议

实施扩大内需战略，尤其是着力扩大有合理回报的投资。完善扩大投资机制，拓展有效投资空间，通过政府投资和政策激励持续激发民间投资活力，发挥好投资对优化供给结构的关键作用。

（一）持续提高政府投资效益

完善政府投资决策和资金使用机制。加强预算内资金统筹使用，减少支出重叠交叉，集中资金投向关键领域。鼓励各地区各部门加强重大项目谋划和储备，优化政府投资决策机制，明确投资的优先顺序，满足最紧迫公共投资需求。针对更多保障民生支出的需要，采取有取有舍、有保有压措施，让有限资金发挥最大效益。适度增加赤字率和中央负债规模，增加一般债发行规模，优化地方政府专项债发行使用机制。完善特别国债发行使用管理机制，优先支持建设需求迫切、投资效果明显、前期工作比较成熟的项目，推动尽快形成实物工作量。顺应人口流动规律，建立健全财政资金和建设用地增加与吸纳农业转移人口落户数量、城镇人口流入流出数量挂钩机制。

（二）充分释放民间投资活力

促进民营经济发展和民间投资等相关政策进一步落地见效。一是更好发挥政府投资对民间投资的带动作用。放宽民间投资限制，加大政策补贴和支持力度，清理重大项目招标中针对民营企业的隐性壁垒，为民营企业参与重大科技创新项目、重大补短板项目、重大示范项目等提供有效路径，放大政府投资的"挤入效应"。二是继续减轻民营企业负担。通过结构性减税降费、贴息贷款等方式减轻民营企业负担，鼓励金融机构加大对民营企业投融资的支持力度。通过经营奖励、资金补助、贷款支持等方式支持民营企业设备改造升级。着力解决应收账款清欠问题，加快解决拖欠民营企业、中小企业采购款和工程款问题。三是继续优化营商环境。依法保护民营企业产权和企业家权益。防止和纠正利用行政或刑事手段干预经济纠纷行为，进一步规范涉产权强制性措施。持续完善知识产权保护体系，加大对民营中小微企业原始创新保护力度。创造民企与国企公平竞争的市场环境。发挥价格机制的引领作用，持续优化资源配置。

（三）着力稳定房地产市场投资预期

促进房地产市场企稳回升，减少对整体投资的拖累。进一步调整优化房地产市场政策，实质性降低购房成本。优化二手房交易增值税、个人所得税等税收优惠政策，取消行政性限制，释放购房需求。继续提高房企投融资能力。支持开发商正常合规的融资需求，做好个别房企项目风险处置，破解资产处置瓶颈，加快房屋建设交付，尽快恢复市场信心。优化房地产开发环节税收设计，通过降成本稳定房企投资预期。加大保障性住房建设和整合力度，在超大特大城市积极稳步推进城中村改造，优化城镇住房保障体系。

（四）积极拓展产业和创新投资空间

顺应科技革命和产业链重构趋势，引导社会资本投向产业链关键环节和创新领域。找准突破口，加强在核心基础零部件、关键基础材料、先进基础工艺、产业技术基础以及工业软件等方面的基础能力建设，补强产业链供应链薄弱环节。加大对新一代信息技术、人工智能、生物技术、新能源、新材料、高端装备、绿色环保、物联网、数字经济等新兴领域的投资力度，支持天使投资、创业投资、私募股权投资市场发展，扩大养老金、社保基金试点创投基金范围。加大对传统产业转型升级的支持力度，强化对转型退出的工业用地规划整合，支持因地制宜开展"工业上楼"，盘活现有工业用地资产。加大对技术改造的资金支持力度。发挥政策性担保的融资作用，创新"政银担"合作模式，降低技改贷款融资担保费率。

（五）不断优化投融资模式

创新投融资模式，拓展融资渠道，提升投融资能力，为投资持续增长提供机制化保障。一是进一步完善投融资机制。运用债、贷、股组合融资解决方案，完善基础设施融资机制，鼓励商业银行为重点项目建设增加中长期贷款投放。发挥融资担保机构的担保增信作用，健全风险补偿机制。鼓励支持保险资金等长期资本通过股权或债权方式投资收益稳定、回收期长的基础设施和产业项目。支持重点领域项目及企业通过各类金融市场和境外市场扩大直接融资规模。二是积极盘活存量资产。推动存量规模大、资产收益好、投资需求强的地区围绕重点领域加强项目储备、梳理和谋划。积极根据项目类型和特点，做好资金回收和使用管理，加强对回收资金新投入项目的配套资金支持。三是健全社会资本投融资合作对接机制。强化政银企社对重大项目融资需求的对接，通过投融资政策解读、项目信息共享、重点项目推介、"投贷联动"试点等方式加强各方投融资合作对接，推动项目尽快开工建设。

（六）完善消费和投资良性互促机制

完善消费投资互促机制，充分释放国内需求。一是增强消费对投资的拉动作用。大力促进重点领域消费，落实好促进汽车消费、电子产品消费、家电消费等重点领域相关政策，促进消费市场加速回暖，通过国内超大规模市场需求的释放增强企业投资内生动力。选取投资回报机制明确、投资收益水平好的项目向民间资本推介，加大政府采购支持中小企业力度，加强政府投资和政府消费对民间投资的引导拉动作用。二是增强投资对促进消费增长的积极作用。加大对新消费模式、新消费场景的投资力度，加强对传统商业设施的改造，推动线上线下消费融合发展，提升消费的便捷性。加大消费物流投资，发展农产品冷链物流，加大农产品分拣、加工、包装、预冷等一体化集配设施建设支持力度，改造提升农村流通基础设施。加大与消费相关基础设施投入，加强新能源汽车充电桩和城市停车场建设，推动重点商贸街巷改造升级。

参考文献

丛书编写组编著《合理扩大有效投资》，中国计划出版社，2020。

吴亚平：《基础设施投融资：理论、实践与创新》，经济管理出版社，2022。

应晓妮等：《投资优化供给结构：做什么？怎么做？》，社会科学文献出版社，

2021。

盛磊:《投资重点变动的机理与政策研究》，中国宏观经济研究院专项课题，2022。

杜月:《固定资产投资形势分析、跟踪和预测》，中国宏观经济研究院常规课题，2022、2023。

邹晓梅:《适度超前开展基础设施投资研究》，中国宏观经济研究院重点课题，2022。

吴有红、赵惠:《提高投资转化效率研究》，中国宏观经济研究院重点课题，2023。

B.18
2023年中国消费市场形势分析与2024年展望

王微 王念 *

摘 要： 2023年以来，疫情防控平稳转段带动消费稳步复苏，消费拉动经济增长的主动力地位进一步凸显，在市场供大于求的格局下消费价格稳中有降，促消费扩内需政策组合拳有力有效，带动我国消费市场稳健复苏。消费活力和创新升级动能依旧强劲，服务消费发挥引领消费复苏的"龙头"作用，线上消费和数字消费创新保持活跃，绿色化、品牌化带动商品消费加快升级，国际消费进入全面复苏通道，消费复苏带动中小微市场主体经营加快恢复。同时也要看到，消费反弹幅度不大，居民消费能力不稳、意愿不强，接触性消费等场景全面修复仍需时日，消费外流压力增加，消费持续较快恢复仍面临诸多问题。展望2024年，消费市场运行的宏观环境总体乐观，预计消费增长势头加快向疫情前趋势性水平收敛，社会消费品零售总额同比增长有望实现6%左右，消费拉动经济增长的主动力作用进一步增强。建议顺应消费结构升级长期趋势，确定短期增长目标和消费领域重要改革的交集，着力推动"消费—就业—收入—信心"加快形成正向循环。

关键词： 消费服务 扩大内需 服务消费

---

* 王微，国务院发展研究中心市场经济研究所所长、研究员，主要研究方向为消费、商贸流通；王念，国务院发展研究中心市场经济研究所副研究员，主要研究方向为消费、商贸流通。

一 2023年以来我国消费复苏步伐稳健

（一）疫情防控平稳转段带动消费稳步复苏

疫情防控平稳转段后居民消费大力反弹，带动2023年第一季度社会消费品零售总额同比增速大幅提升，消费市场持续回升向好。进入第二季度，叠加上年低基数影响，4月消费同比增速一度达到18.4%的年内高点，之后随基数效应减弱，消费增速逐步放缓。进入第三季度，消费增速逐月提高，7月、8月、9月社会消费零售总额同比增速分别为2.5%、4.6%和5.5%。从月环比增速来看，消费增速基本保持逐月回升的势头（见图1）。考虑到2022年低基数的影响，按2021~2023年年均复合增速测算，2023年前三季度社会消费品零售总额月增速总体上也呈现出"U"形走势，表明受疫情影响抑制的消费已经得到较充分的释放。但是也要看到，无论是两年平均增速还是四年平均增速，社会消费品零售总额的增速与疫情前水平相比仍存在一定差距。

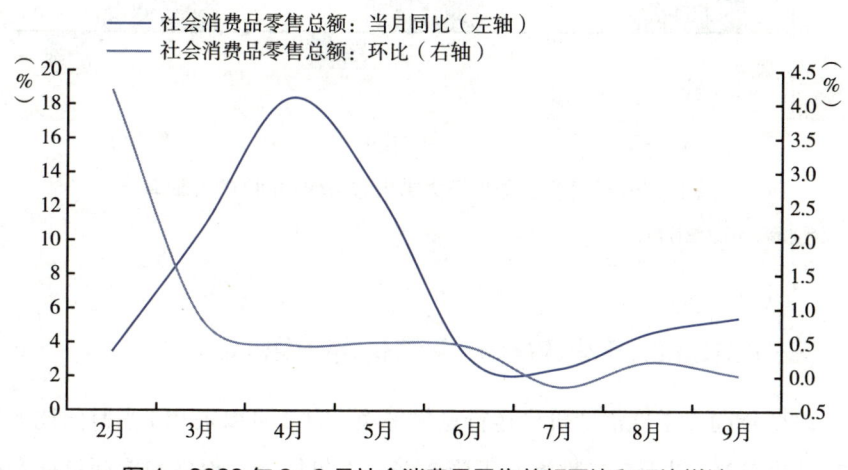

图1 2023年2~9月社会消费品零售总额同比和环比增速

资料来源：国家统计局。

（二）消费拉动经济增长的主动力地位进一步凸显

随着稳增长、扩内需等一系列政策落地实施，居民就业及收入稳步恢复，对消费持续恢复向好提供重要支撑。2023年前三季度，消费分别拉动当季GDP增长3个、5.3个和4.7个百分点，拉动作用远高于投资和出口，主动力地位进一步凸显。上半年，最终消费支出对GDP增长的累计同比贡献率为77.2%，远超疫情以来同期水平，第三季度进一步提升至94.8%，前三季度累计贡献率为83.2%，分别高于投资和进出口53.4个和96.2个百分点（见图2）。

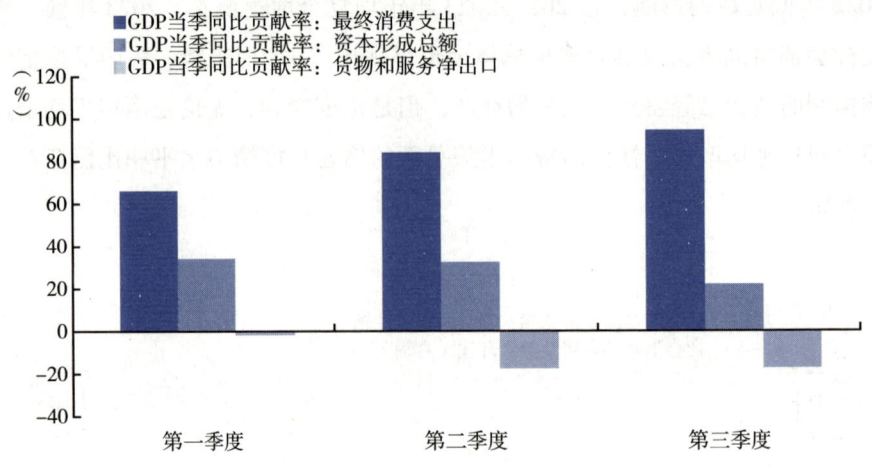

图2 2023年前三季度三大需求对当季GDP的贡献率

资料来源：国家统计局。

（三）市场供大于求的格局下消费价格稳中有降

2023年前三季度消费价格运行总体平稳，自2月以来CPI当月同比增速基本保持在1%以下，呈现逐月下降态势。不包括食品价格和能源价格在内的核心CPI运行相对稳定，月均增速高于CPI月均增速0.3个百分点，保持在

0.8%左右的合理水平，表明消费市场总体稳定，不存在"通缩"的基础。服务消费价格是带动前三季度居民消费价格上行的主要原因，自3月以来服务消费价格当月同比增速始终高于CPI同比增速，1~9月服务消费价格月平均增速高于CPI月平均增速0.1个百分点（见图3）。油价自3月以来、猪肉价格自5月以来保持同比下降。人员流动加快复苏，前三季度营业性客运量、旅客周转量同比分别增长56.1%和106.9%，交通物流畅通，为供需高效匹配创造了良好条件。

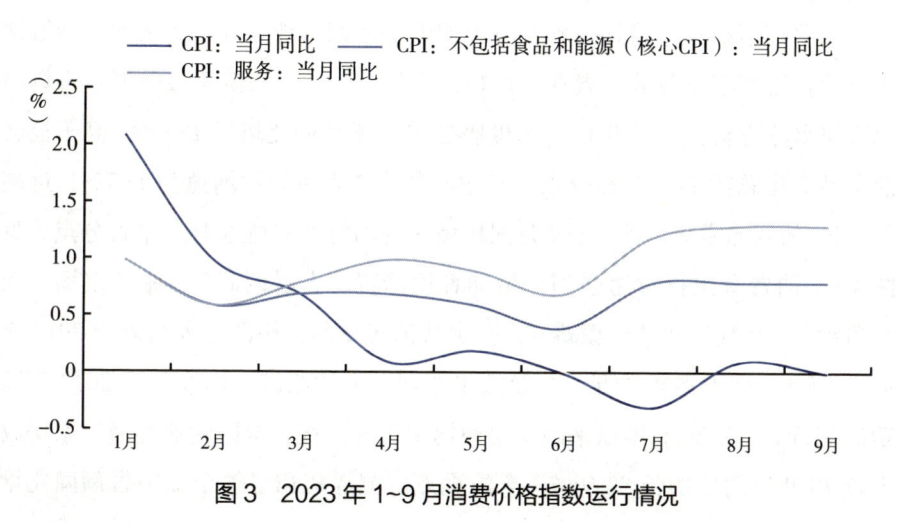

图3 2023年1~9月消费价格指数运行情况

资料来源：国家统计局。

（四）促消费扩内需政策组合拳有力有效

2023年以来，国家从战略全局出发，高度重视在稳增长中着力扩大国内需求，把恢复和扩大消费摆在优先位置，打出了一系列促消费的政策组合拳，包括国办转发的发改委《关于恢复和扩大消费的措施》（20条），商务部等13部门发布的《关于促进家居消费若干措施的通知》（11条），财政部等出台的《关于延续和优化新能源汽车车辆购置税减免政策的公告》以及下调存量房贷利率、个税优惠等政策，国家发改委等发布的《关于促进汽车消费的若干措施》等，也包括各省区市出台的消费券等消费补贴和各类促消费活动。上述政策措施通过多渠道增加居民收入、改善消费环境，提振汽车、家居等大宗消费和促进服务消费，有力地促进了2023年消费持续恢复向好，为稳增长发挥了压舱石的作用。

二 消费活力和创新升级动能依旧强劲

（一）服务消费发挥引领消费复苏的龙头作用

随着疫情防控平稳转段和各方面促消费政策落地显效，集聚性、接触性服务消费得到较快释放，餐饮、住宿、文化、体育及旅游等服务消费市场呈现较快复苏态势。2023年前三季度服务零售额[①]同比增长18.9%，高于社会消费品零售总额12.1个百分点。其中，餐饮收入月同比增速为18.7%，远高于5.5%的商品零售增速，1~9月同比增速的均值之差高达15.4个百分点（见图4）。消费者出行意愿强烈，带动餐饮消费"人财两旺"、旅游市场"人头攒动"、文娱消费"一票难求"。中秋国庆期间，旅游收入恢复到2019年的101.5%，高于本年"五一"及端午假期；人均旅游支出恢复至2019年同期的97.5%，在2020年以来的主要假期中表现最优；全国营业性演出票房收入较2019年同期增长82.60%；全国重点监测零售和餐饮企业销售额同比增长9%。[②]

[①] 服务零售额是国家统计局首次对外发布直接体现服务消费情况的月度统计指标，也是推动消费市场统计制度方法改革的重要成果，主要是指企业（产业活动单位、个体户）以交易形式直接提供给个人和其他单位非生产、非经营用的服务价值的总和，旨在反映服务提供方以货币形式销售的属于消费的服务价值，包括交通、住宿、餐饮、教育、卫生、体育、娱乐等领域服务活动的零售额。http://www.stats.gov.cn/xxgk/jd/sjjd2020/202308/t20230815_1942021.html。

[②] 数据来源于文旅部、中国演出行业协会、商务部。

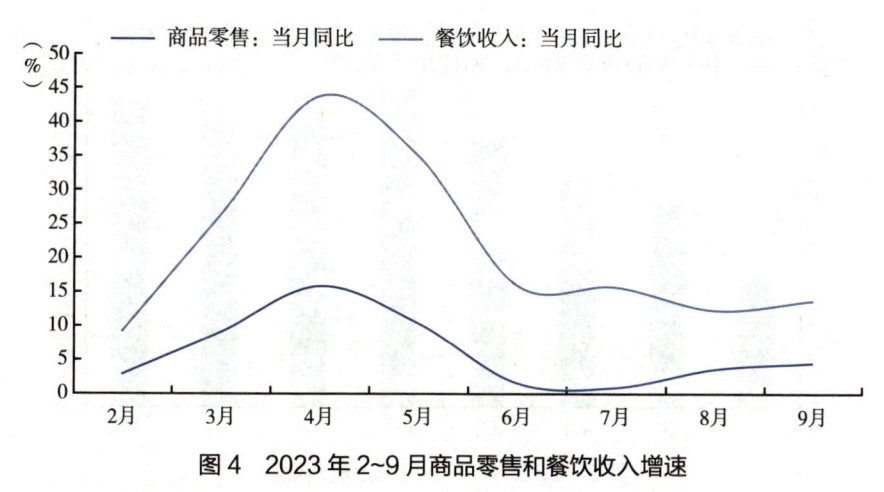

图 4　2023 年 2~9 月商品零售和餐饮收入增速

资料来源：国家统计局。

（二）线上消费和数字消费创新继续保持活跃

线上消费增速快于线下消费，网上零售额占比有所提升。2023 年前三季度，全国网上零售额 10.8 万亿元，同比增长 11.6%，高于社会消费品零售总额 4.8 个百分点，其中实物商品网上零售额占社会消费品零售总额的比重达到 26.4%（见图 5）。直播带货等新消费模式更加成熟，兴趣电商、即时零售、闪购等新模式加快发展。兴趣电商保持高速发展，2023 年第二季度，22.9% 的城镇家庭通过抖音平台购买快速消费品；26% 的城镇家庭通过社区团购购买快消品，即时零售渗透率比上年同期提升 0.4 个百分点。第三季度，零售商自营 App 和小程序销售额同比增长 38.6%，实现购买频次和客单价的"双增长"。①

---

① 《中国快速消费品市场第二季度延续温和复苏，各渠道分化态势显著》，2023 年 7 月 25 日；《快速消费品市场三季度微跌，零售渠道表现持续分化》，2023 年 10 月 20 日。

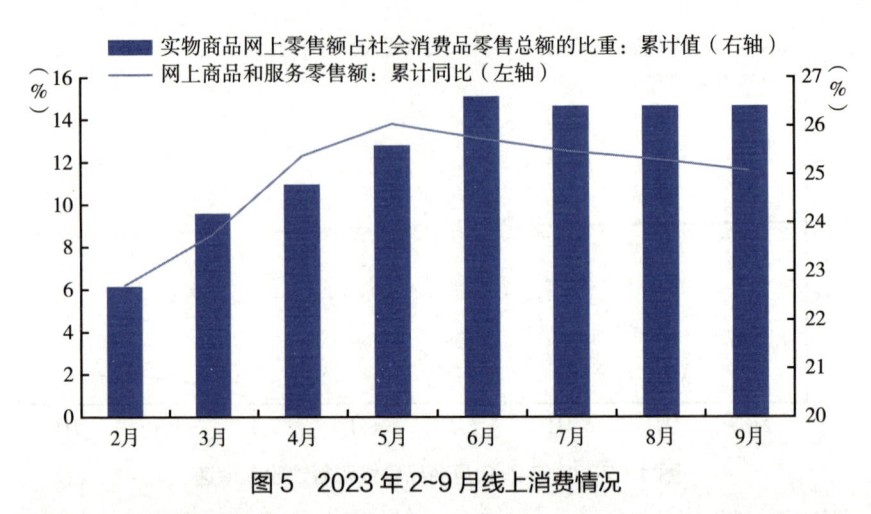

图5　2023年2~9月线上消费情况

资料来源：国家统计局。

（三）绿色化、品牌化带动商品消费加快升级

大宗消费在保持总量稳定增长的同时加快向绿色化、品牌化升级。2023年前三季度，汽车消费同比增长4.6%，其中新能源汽车销售继续保持快速增长势头，前三季度新能源乘用车零售超过500万辆，同比增长33.8%。① 在全球手机销量连续多月下行的背景下，我国通信器材消费同比增长3.9%。国产手机品牌认可度提升，8月华为Mate 60 Pro "未发先售"引发消费者广泛关注，带动华为手机市场份额提升近十个百分点。② 品牌创新依然受到消费者欢迎，特别是对于年轻高收入消费群体，数据显示近一半的快速消费品的尝试者都来自年轻单身和年轻夫妻家庭。③ 居住类消费在稳定增长中持续升级。前三季度家具消费实现3.1%的稳定增长，家装消费呈现持续升级趋势。调研数据显示，头部城市家装消费预算水平呈上升态势，2023年第三季度一线、新一线城市消费者装修预算在15万元以上的占比较2022年第四季度提升3.3个百分

---

① 资料来源：中国汽车流通协会。
② https://k.caixin.com/web/detail_6e9bc1f1ecf44d2f99bfe00feda6e694?originReferrer=caixinsearch_pc。
③ 资料来源：凯度消费者指数。

点。①此外，传统升级类商品消费也保持较高增速。金银珠宝类、体育娱乐用品类、化妆品等升级类商品消费实现较快增长，增速分别达到12.2%、8.3%、6.8%，均高于社会消费品零售总额增速。

（四）国际消费进入全面复苏通道

2023年国际旅游加快恢复，带动我国的国际消费呈现供需两旺、加速回暖的态势。截至2023年8月底，我国国际航班运力已恢复至疫情前的65%，比上半年44%的恢复率提高21个百分点。与此同时，2023年上半年，我国出入境人员达到1.68亿人次，按年增长169%，是2019年同期的48.8%；其中，港澳台居民7469万人次、外国人843.8万人次。与此同时，国际消费中心城市培育建设步伐提速，引领作用持续增强。2023年上半年，上海人均消费支出达到26155元，同比增长24.4%；北京商业市场日均客流25587人次，与上年同期相比增长49.7%。前三季度，广州社会消费品零售总额同比增长6.4%，新能源汽车零售额增长33.4%；重庆、天津等城市消费市场活力涌现。②海南离岛免税购物保持较高景气度。前三季度，海口海关共监管离岛免税购物金额349.4亿元，比上年同期增长28.6%；购物人次525万人次，同比增长56.3%。

（五）消费复苏带动中小微市场主体经营加快恢复

2023年4月以来，居民消费复苏带动中小微市场主体销售加快恢复，月同比增速持续好于限额以上企业，3~9月限额以下企业消费品零售总额月同比增速均值高于限额以上企业1.2个百分点（见图6）。居民消费和中小微市场主体供需互促推动市场"烟火气"加快聚拢，带动服务业企业对近期市场恢复发展的信心增强，9月服务业业务活动预期指数为58.1%，比上月提升0.3

---

① 贝壳研究院：《家装消费降级了吗？贝壳家装消费者调查2023年三季度报告》，2023年10月8日。

② https://gzdaily.dayoo.com/pc/html/2023-10/29/content_867_840279.htm. https://fdifudan.blog.caixin.com/archives/269442?originReferrer=caixinsearch_pc. https://baijiahao.baidu.com/s?id=1772760004182539758&wfr=spider&for=pc.

个百分点。调研发现，前三季度美团、蚂蚁等互联网平台上的新注册商户数量较上年均出现较大幅度的增长。

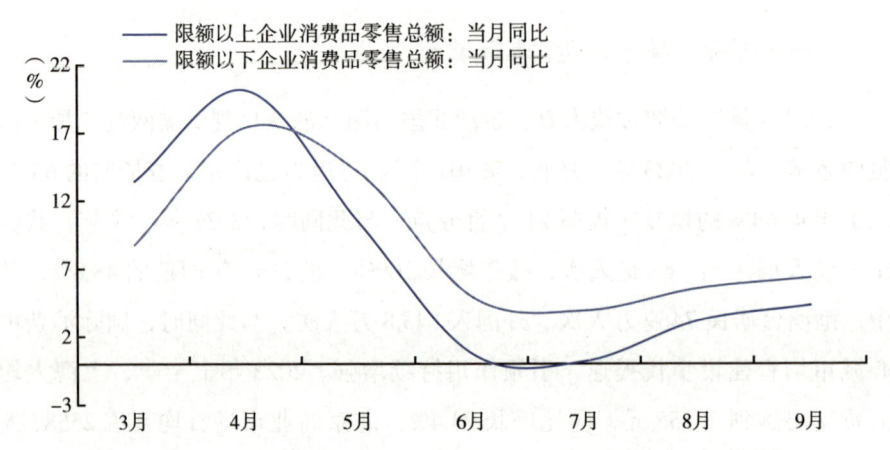

图6　2023年3~9月限额以上和限额以下企业消费品零售总额情况

资料来源：国家统计局。

三　消费持续较快恢复仍面临诸多问题

（一）疫情后消费反弹幅度不大

与全球主要经济体疫情防控政策放开[①]后半年内的月均消费增速相比，我国2022年12月至2023年5月社会消费品零售总额月均增速为8.7%，低于越南（39.5%）和美国（26.5%），但高于法国（8.5%）、德国（5.0%）、意大利（5.9%）、日本（0.8%）、韩国（1.8%）等。与疫情前同期月均消费增速相比，我国虽已实现0.51个百分点的提升，但提升增幅仍低于越南（27.2）、美国（23.4）、法国（5.9）、意大利（5.5）、德国（1.4）等。

---

① 需要说明的是，各国疫情防控措施放开节点为"强制居家"政策的解除时间。日本因未实施强制居家政策，故将"关闭工作场所"政策放开时间作为节点。

2023年中国消费市场形势分析与2024年展望

表1 全球主要经济体疫情防控政策放开后半年内月均消费增速

单位：%，个百分点

国 别	疫情防控措施放开时间	放开后6个月零售额平均增速	疫情前同期零售额平均增速	差值
美 国	2021年3月	26.45	3.03	23.42
法 国	2021年6月	8.47	2.58	5.89
德 国	2021年8月	5.03	3.60	1.43
意大利	2022年1月	5.90	0.40	5.50
日 本	2021年9月	0.82	1.42	-0.60
韩 国	2020年4月	1.76	1.59	0.17
中 国	2022年12月	8.68	8.17	0.51

资料来源：https://ourworldindata.org。

（二）居民消费能力不稳且分化加剧

2023年前三季度，全国居民人均可支配收入逐季提升，累计实际增长5.9%，但仍低于过去两年平均值1.6个百分点，也比疫情前同期水平低0.6个百分点。与此同时，前三季度居民人均可支配收入中位数的累计增速低于整体水平0.9个百分点，表明居民收入差距持续拉大，低收入居民收入增长放缓更为明显。调查数据显示，第二季度居民可支配现金流指数、工资收入指数分别为95.5和94.2，分别连续四个、五个季度位于低于100的消极区间；财富减少的速度比可支配收入减少的速度更快，以房地产为主的财富缩水可能是造成消费能力下降的主要原因；工商业盈利对居民收入的支撑强于工资，工薪阶层消费能力下降的问题比较突出（见图7）。就业和收入预期转弱，企业裁员降薪，导致出现"有钱不愿花""钱少不敢花"等情况。2023年以来，16~24岁青年失业率由1月的17.3%升至6月的21.3%。招聘岗位和薪酬也出现"双下降"。2023年第二季度，全国38个城市企业招聘薪酬同比下降0.7%，其中互联网、电子商务行业同比下降4%；吸纳就业最大的服务业持续收缩。居民存量房贷负担仍然较重，部分地区居民提前还款，也在很大程度上挤占了消费能力。

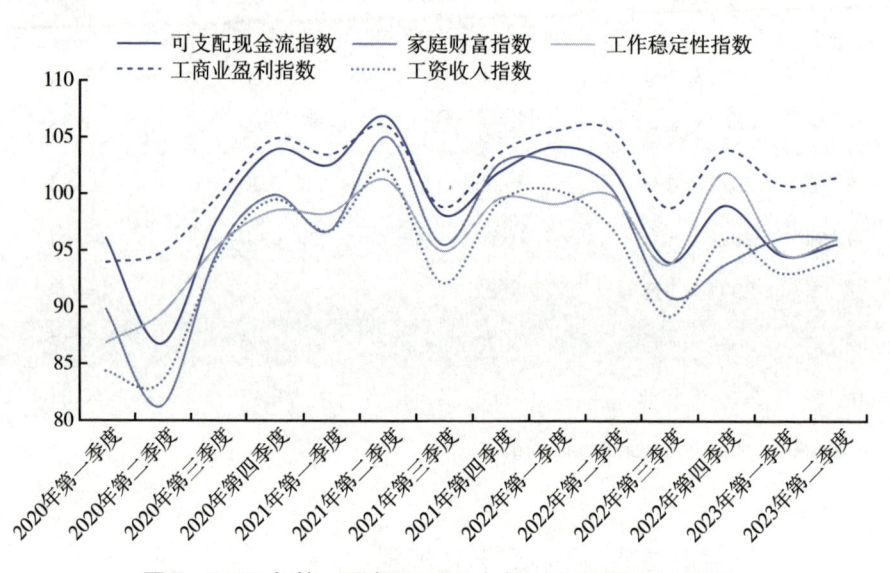

图7　2020年第一季度至2023年第二季度居民收入指数

资料来源：西南财经大学中国家庭金融调查与研究中心。

（三）居民消费信心与意愿不强

收入和就业预期不稳，持续抑制居民消费意愿回升。2023年前三季度居民消费倾向为64.8%，其中第三季度较第二季度实现较大幅度提升，但仍低于2019年同期水平1.2个百分点，总体来看也未恢复到疫情前水平。居民消费信心仍然在历史低位，8月消费者信心指数只有86.5，连续16个月低于100，远未恢复至疫情前水平（见图8）。居民预防性储蓄心理仍然普遍存在，上半年居民户新增人民币存款在上年的高基数基础上再增加1.6万亿元至11.9万亿元，第三季度再新增2.5万亿元。调查数据显示，自2020年第三季度以来，消费倾向总体下降，同时预期收入下降的速度更快，将在较长时期内对消费倾向回升持续产生抑制作用（见图9）。

图8　2019年1月至2023年10月消费者信心指数

资料来源：国家统计局。

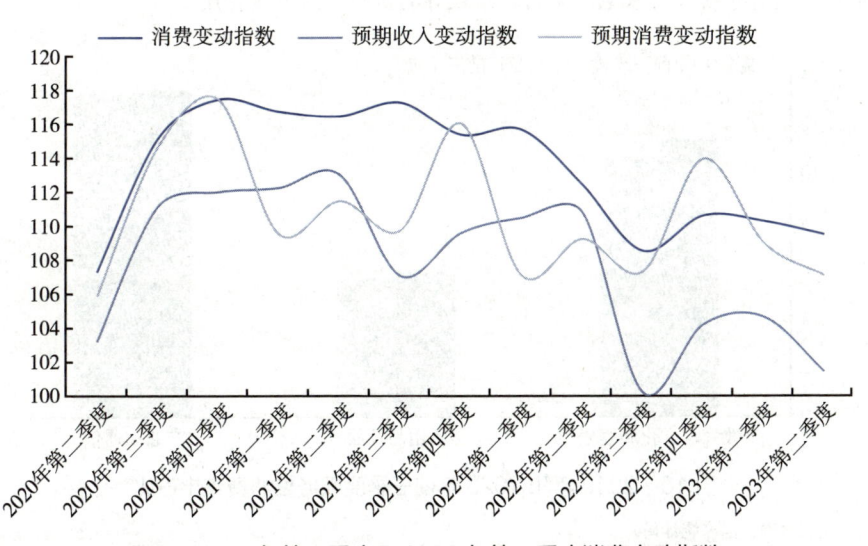

图9　2020年第二季度至2023年第二季度消费变动指数

资料来源：西南财经大学中国家庭金融调查与研究中心。

（四）接触性消费等场景全面修复仍需时日

购物中心、大超市等传统场景消费增长动能不足。小型超市在第三季度依然保持两位数的销售额增长，便利店渠道的销售额同比增长3.3%，但大型超市销售仍处于下跌通道。中秋国庆期间，全国重点购物中心的平均客流指数较上年同期减少2.43%，表现弱于春节以来的主要假期。[①] 虽然2023年服务消费增速快，但从居民消费支出结构来看，服务消费未恢复至疫情前水平，仍有较大回补和拓展空间。2023年上半年居民服务性消费支出在总消费中的占比为44.5%，比2019年同期低1.5个百分点。2023年前三季度，教育、文化和娱乐，生活用品及服务，交通和通信消费支出在总支出中的占比仍分别低于2019年同期0.7个、0.3个和0.1个百分点（见图10）。部分消费场景仍然面临诸多供给侧的限制和制约，如居民文化娱乐消费热情虽高，但供给侧数量和质量均不能充分满足需求，演出、赛事、表演经常出现"一票难求"现象，也间接导致"黄牛"等不规范销售行为影响市场秩序。公共交通、停车场、旅游厕所、旅游营地等旅游基础设施不健全，很多旅游消费需求无法及时满足。此外，受新房销售和二手房交易不振影响，住房消费复苏相对滞后，对家电、家居、家装等消费有较大抑制作用。

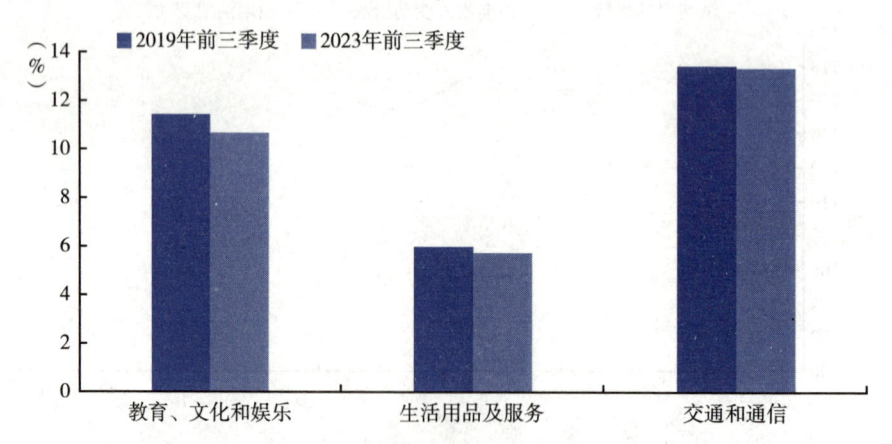

图10 2019年和2023年前三季度服务性消费支出占比

资料来源：国家统计局。

---

① 资料来源：百度大数据平台。

（五）消费外流压力增加

自2023年2月出境团队游重启以来，我国出境游市场逐步恢复，临近中秋国庆假期出境游订单火爆，平台出境游订单同比增长20倍[①]。9月18~24日国际航班量恢复至疫情前同期超五成[②]。相较之下，入境游复苏明显偏慢。上半年全国旅行社接待人数仅为2019年同期的5.6%。[③] 从国际经验看，入境旅游收入占GDP比重一般为1%~3%。2019年，我国入境旅游收入占GDP比重约0.5%。疫情对我国入境旅游的冲击较大，市场供给恢复速度不及需求恢复速度，同时还受到出入境航班数量、旅游接待能力、海外游客意愿及签证办理能力等因素影响，外来消费回补仍面临一定难度。加之市内免税店等高端消费场景供给不足，也在一定程度上影响国人消费回流，进一步影响消费中心城市和旅游中心城市辐射带动作用的发挥。1~8月，排全国前十的大型消费城市中，社会消费品零售总额同比增速低于全国平均增速的城市有6个。消费外流的规模和增速若持续大于外来消费流入，既不利于扩大国内消费，也不利于稳定消费信心。

四 消费形势展望

（一）2024年消费市场运行的宏观环境总体稳定

从国际来看，三大国际组织对我国2024年经济增长前景保持乐观，国际货币基金组织（IMF）、世界银行（World Bank）、经济合作与发展组织（OECD）预计我国2024年经济增速分别为4.2%、4.6%和5.1%，高于全球平均水平1.2个、2.2个和2.2个百分点。也要看到，目前全球总体通胀虽有所下降，但物价和利率仍维持在较高水平，对消费复苏形成持续压力。从国内来看，消费预期全面改善和信心全面修复仍需时间，但积极因素也在加快

---

① 资料来源：携程和飞猪，均为20倍。
② 资料来源：航班管家。
③ 资料来源：文化和旅游部。

显现。一是居民就业改善带动收入稳步提升，住房等需求侧政策落地带动居民房贷压力有所缓解，居民部门杠杆率保持在合理区间。二是消费市场供给总体充裕，市场创新活力和结构升级动能持续释放。三是居民外出意愿仍在增强，带动市场"人气"聚拢和"烟火气"回归，入境消费环境有望进一步改善。

按照2023年7月24日中共中央政治局会议要求，第四季度还要促进经济稳中向好，积极扩大内需，发挥消费拉动经济增长的基础性作用。在一系列政策和改革长短结合、供求双侧协同发力的支持下，中央和地方政府将以更大的力度打出促消费"组合拳"，在前期释放大宗消费潜力的政策基础上，重点通过增加居民收入扩大消费，推动服务消费、创新消费，释放高端消费，将进一步提振市场信心，改善消费预期，促进消费潜力持续释放。

（二）预计2024年消费增速将向疫情前趋势值进一步靠拢

综合判断，2023年第四季度和2024年，我国经济仍将保持持续向好的稳定增长态势，经济循环更加通畅，应对各类风险挑战的能力不断增强。预计2023年第四季度社会消费品零售总额将实现8.5%左右的增长，全年社会消费品零售总额同比增长在7%以上。2024年，社会消费品零售总额同比增长有望实现6%左右，增速加快向疫情前趋势性水平收敛，消费拉动经济增长的主动力作用进一步加强。

表2　社会消费品零售总额增速预测

单位：%

时间	2021~2023年年均	2019~2023年年均
2023年2月	5.1	3.9
2023年3月	3.3	4.5
2023年4月	2.6	3.4
2023年5月	2.6	3.5
2023年6月	3.1	4.2
2023年7月	2.6	2.7

续表

时间	2021~2023年年均	2019~2023年年均
2023年8月	5.0	2.9
2023年9月	4.0	3.7
1~9月月均值	3.5	3.6
预计第四季度增速	7.9~9.1	
预计2023年全年增速	7.3~7.7	
预计2024年全年增速	6左右	

资料来源：笔者测算。

五 政策建议

促进消费持续恢复和扩大，宜做到短期需要和中长期发展相结合，顺应消费结构升级长期趋势，确定短期增长目标和消费领域重要改革的交集，做到长短结合、供需双侧发力，改革创新同步，继续打好促消费的政策"组合拳"，着力推动"消费—就业—收入—信心"加快形成正向循环。

短期来看，积极扩大消费的主要抓手包括：适当调整营业性演出、赛事等审批管理标准，增加文化娱乐消费供给；把文旅基础设施建设纳入扩大投资重点，合理规划景点景区交通路网和旅游线路设计，完善旅游景点停车位等配套设施；在汽车限购城市，对纯电动二手车交易允许带牌过户，并保留卖方新能源牌照指标3个月；出台完善充电基础设施补贴政策，加大对县城、农村等区域充电基础设施建设运营的支持力度；通过机关事业单位带头落实、加大劳动监察执法力度等方式落实带薪休假制度，鼓励有条件的地方和单位实行2.5天休假以延长周末假期。

中长期来看，消费是国民经济总需求的重要组成部分，是现代化国家建设、实现高质量发展最根本的内生动力。加快推进消费恢复，以创新推动消费扩大和结构升级，推动各产业有序连接、高效畅通，更好发挥超大规模市场优势，推动经济持续健康发展，更为重要且十分迫切。因此，要进一步加强战略谋划和推动供给侧结构性改革，加快释放消费驱动发展的新动能。为此，2024年经济工作要着力在以下五个方面加快推动消费领域的改革创新。

一是以创新升级为引领，培育强劲的消费增长新动能。以改善人民生活品质为重点，支持各类经营主体加强技术、管理和商业模式创新。以品种丰富、品质提升、品牌培育为目标，增加优质中高端商品和服务有效供给，促进与消费相关的产业优化结构、转型升级。结合国际消费中心城市、自由贸易试验区、自由贸易港等开放平台建设，加快探索扩大开放，大力发展免税零售等新兴消费业态。以绿色智能电子产品、家电、家具、家装为主要支持对象，发放新一轮消费券或消费补贴。

二是以畅通循环为重点，加快形成城乡一体的流通新体系。加快培育国际消费中心城市，增强对全球消费的集聚辐射力和资源配置力。拓展夜间消费，调整商业、餐饮、休闲娱乐营业时间规定，鼓励文娱体等场所和场馆延时开放，适当调整商场路演、营业性演出审批管理标准，以夜间消费带动餐饮、休闲等服务消费增长。发展壮大城市群和都市圈，推进流通基础设施建设互联互通，增强中心城市和城市群市场活力和人口承载能力。扩大新型流通基础设施在农村的覆盖面，充分挖掘县乡消费潜力。

三是以数实融合为路径，形成供给与需求更高水平动态平衡。加快新型消费、升级型消费发展，构建线上线下融合协同的消费生态。提升平台等行业吸纳就业的能力。消除平台企业对政策的担忧，进一步清晰常态化监管的框架，明确平台监管的政策红线、底线。加快推进数字化从消费端向供给端延伸，从单点突破向全链条扩散覆盖，用好数据新生产要素，建立产能灵活转换和快速响应机制。加强直播带货、快递物流等行业的前沿应用技能培训。

四是以扩容和增收为导向，培育壮大有收入支撑的新消费群体。促进居民收入持续增长，优化就业服务，提高低收入群体人力资本，推动更多技术工人、进城农民工等进入中等收入群体行列。合理增加公共消费，加快推进基本公共服务均等化，提高教育、医疗、养老、育幼等方面的公共服务支出效率。针对城市失业群体和低收入青年群体，探索央地合作发放住房消费券。健全工资合理增长机制、推动个人所得税向以家庭为单位征收，进一步提升消费能力。

五是以体制机制改革为保障，创造敢消费能消费的良好环境。要建立和完善扩大居民消费长效机制，使居民有稳定收入、能消费，没有后顾之忧、敢消费，消费环境优、获得感强、愿消费。要完善消费促进政策，有序取消限制消费的行政性规定，加大对假冒伪劣、侵犯知识产权产品的打击力度，进一步强化消费者权益保护。要有序扩大服务业制度型开放，特别是针对消费升级的服务领域，可考虑放宽投资准入限制，引进国外优质服务资源，发展国内高端服务，更好满足国内市场需求。要加快补齐基础设施短板，促进内需潜力加快释放。完善绿色消费制度，推动形成绿色健康消费风尚。探索建立适应内需发展要求的统计体系。

参考文献

王微、王念:《消费大盘企稳　恢复向好可期》,《中国国情国力》2023年第3期。

王微、王念:《消费是恢复和扩大需求关键所在》,《经济日报理论版》2023年7月13日。

王微、王念:《消费为稳增长和高质量发展注入强大内生动力》,《中国信息报》2023年10月20日。

国务院发展研究中心市场经济研究所课题组:《电商新模式为新供给新消费注入新活力》,《经济参考报》2023年2月21日。

B.19
2023年中国外贸形势分析与2024年展望

高凌云　臧成伟 *

摘　要： 2023年，面对复杂严峻的外部环境和国内多重困难挑战，我国货物贸易进出口平稳运行，在主要出口国均显著降速的背景下，体现出较强的出口韧性，同时呈现出口产品加速升级、贸易伙伴更加多元、主体动力更加充盈等特点，但也存在外需疲软、地缘冲突加剧、美西方对华出口限制、劳动密集型产品显著下降、贸易顺差增幅放缓等问题。未来一段时期，为有效应对我国对外贸易发展面临的新挑战，更好抓住新机遇，增强贸易韧性，建议：立足扩大内需，加快构建新发展格局；保持产业体系的完备，提升出口多元化程度；更加注重与东盟、"一带一路"沿线国家的贸易，恰当处理对俄、对欧贸易，争取对美贸易的稳定；持续推动产业升级，突破技术限制，寻找出口增长新动能；积极发展转口贸易，布局全球生产。

关键词： 对外贸易　出口　进口

2023年，受美联储加息导致外需不足，金融动荡、地区冲突等突发性事件，逆全球化思潮，全球产业链供应链重组等多重不利因素影响，各贸易大国均遭受严重冲击；不仅如此，国内经济正处于生产恢复期，在消费、就业、

---

* 高凌云，中国社会科学院世界经济与政治研究所研究员，主要研究方向为国际贸易与投资；臧成伟，中国社会科学院世界经济与政治研究所助理研究员，主要研究方向为国际贸易。

房地产等诸多领域面临不少困难。但是，在以习近平同志为核心的党中央坚强领导下，坚持稳中求进工作总基调，着力扩大内需，推动高质量发展，全力做好稳增长、稳就业、防风险工作，我国经济运行呈现持续恢复向好态势。前三季度我国经济恢复良好，外贸也展现出较强韧性。整体来看，2023年全年我国以人民币计价的外贸规模，有望与上年持平或有所增长；同时，产品、国别等层面的贸易结构持续优化。本文从2023年前三季度我国对外贸易的基本情况、特点、面临的主要问题、2024年的展望与政策建议等方面展开分析。

一 2023年前三季度我国对外贸易基本情况

2023年以来，我国进出口贸易呈现"N"形走势（见图1），全年波动性较大。2023年第一季度，在以习近平同志为核心的党中央坚强领导下，我国坚持稳中求进的工作总基调，全力实现"三个更好统筹"，经济态势恢复向好，外贸进出口逐渐向好，出口、进口增速分别于3月、2月达到峰值。4~5月之后，进出口增速开始下降，7月降至谷底，出口、进口增速分别降至-9%和-6.7%，而后进出口增速开始回升。整体来看，2023年1~9月累计进出口贸易总额308012亿元人民币，比上年同期下降0.2%；其中，出口176025亿元人民币，同比上升0.6%；进口131987亿元人民币，同比下降1.2%。第四季度有望由负转正，实现全年进出口正增长。

（一）出口方面

从贸易方式上看，一般贸易实现正增长，但增速放缓；加工贸易呈负增长。1~9月，一般贸易出口114266.5亿元人民币，同比上升2.3%，占出口总额的64.9%，份额比上年同期增加1.1个百分点；加工贸易出口36176.8亿元人民币，同比下降9.3%，占出口总额的20.6%，份额比上年同期减少2.2个百分点。

从市场分布上看，对除东盟外的主要贸易伙伴出口均为负增长。1~9月

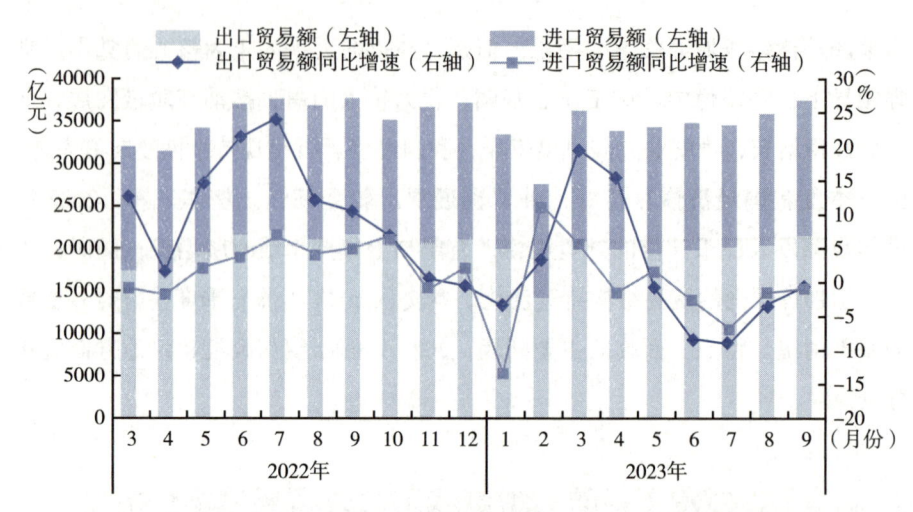

图1 2022年3月至2023年9月我国进口、出口贸易额与增速变化

资料来源：海关总署。

份，东盟、欧盟、美国、中国香港、日本、韩国列中国内地出口市场前六位，出口额分别为27099.7亿元、26681.5亿元、26007.1亿元、13647.3亿元、8268.1亿元、7805.1亿元；除对东盟的出口同比增速为1.4%外，中国内地对欧盟、美国、中国香港、日本、韩国的出口同比增速分别为-4.6%、-10.7%、-2.6%、-2.2%、-1.4%。

从商品结构上看，除与出行相关的箱包外，传统劳动密集型产品出口下降，高新技术产品出口也有所下降。但是，机电产品出口依然保持增长；其中，汽车出口是最大亮点。1~9月，我国传统劳动密集型产品，如纺织品、服装、鞋靴、家具和玩具出口同比分别下降4.2%、2.8%、5.7%、2.7%、7.2%，只有箱包增长13.2%；农产品出口增长7.1%，高新技术产品出口下降7.9%，机电产品出口增长3.3%，汽车出口同比增长高达96.0%。

（二）进口方面

从贸易方式上看，与出口类似，一般贸易实现正增长，加工贸易为负增长。1~9月，一般贸易进口为86354.3亿元，同比上升0.6%，占进口总额的

65.4%，份额比上年同期增加了1.2个百分点；加工贸易进口为19624.2亿元，同比下降14.0%，占进口总额的14.9%，份额比上年同期减少了2.2个百分点。

从市场分布上看，对美、欧等发达经济体进口增加，对东盟、日本、韩国等周边贸易伙伴进口下降。1~9月，东盟、欧盟、中国台湾、美国、韩国、日本分列中国大陆进口市场前六位，进口额分别为19667.4亿元、14829.1亿元、10111.5亿元、8613.1亿元、8274.3亿元、8271.5亿元；其中，对欧盟和美国进口实现正增长，同比增速分别为4.6%、0.2%；对东盟、中国台湾、韩国、日本的进口为负增长，同比增速分别为-0.2%、-14.5%、-17.8%、-10.5%。

从商品结构上看，大宗能源、原材料商品总体进口分化，机电产品和高新技术产品进口下降。1~9月，大宗能源、原材料商品中肥料、大豆、成品油、天然气等进口额同比分别增长20.8%、10.6%、52.6%、0.4%，原油同比下降3.4%；铁矿石和铜矿石分别同比上升4.5%、13.1%，而钢材、未锻轧铜及铜材分别同比下降22.4%、11.4%。农产品进口同比上升8.6%，机电产品和高新技术产品进口分别同比下降9%和9%，其中自动数据处理设备及其零部件同比下降16.3%，集成电路同比下降14.4%。

二　2022年我国对外贸易的特点

2023年以来，面对复杂严峻的外部环境和国内多重困难挑战，我国货物贸易进出口平稳运行，在主要出口国均显著降速的背景下，体现出较强的出口韧性，同时呈现了出口产品加速升级、贸易伙伴更加多元、主体动力更加充盈等特点。

首先，出口仍然表现出较强韧性，出口份额维持高位。2023年以来，出口下降是全球很多国家面临的问题。除中国外，韩国、东盟等的出口也显著下降，截至2023年9月，韩国出口连续12个月下跌，按美元计算1~9月同比下降11.5%；东盟国家中，菲律宾、越南、新加坡、印度尼西亚、马来西亚1~5月出口同比下降12.4%~6.6%，均显著高于中国（以美元计算下降5.7%）。印度、墨西哥也被视为产业自我国移出的重要目的国，但印度1~9月出口同比下降6.5%，只有墨西哥因地缘政治影响而出口同比增长2.7%，但2~4月出口增速均低于中国。我国出口产品在国际市场上保持着较强竞争力，出口份额依然维持在高位。1~8月，我国出口在国际市场的份额为23.6%，高于上年23.1%的水平，略小于2021年23.7%的水平，仍然维持在疫情以来的高位。①

其次，出口产品加速升级，"新三样"接力传统出口产品。在传统机电产品、劳动密集型产品出口乏力时，新能源汽车、锂电池、太阳能电池成为拉动出口的"新三样"。1~9月，电动载人汽车出口额延续2020年以来100%以上的增长率，出口额同比增长119%，出口量同比增长87.6%；锂离子蓄电池同比增长48%，太阳能电池出口量同比增长45.6%。电动汽车出口暴增直接带动我国汽车出口量增长64.4%，出口额增长96%，第一季度出口量已经超过上年出口排名全球第一的日本。此外，船舶出口额同比增长26.8%，集装箱船出口增速高达116.2%，已经远超同为造船业巨头的韩国。

再次，贸易伙伴更加多元化，为保持贸易韧性提供了腾挪空间。2023年以来，欧、美等传统进口目的地需求疲软，俄罗斯、欧盟、"一带一路"沿线发展中国家成为拉动出口增长的关键。1~9月，拉动出口最大的经济体分别为俄罗斯、新加坡、哈萨克斯坦、沙特阿拉伯、墨西哥、土耳其，增速分别为67.3%、13.4%、62.6%、25.1%、11.6%、26.4%，拉动出口增长1.312个、0.271个、0.269个、0.255个、0.254个、0.251个百分点。拖累出口最大的经济体分别为美国、欧盟、中国台湾、荷兰、德国、中国香港，分别下降10.7%、4.6%、15%、7.9%、7.5%、2.6%，拖累出口增长1.78个、1.02个、0.73个、0.35个、0.26个、0.25个百分点，作为主要出口目的地的传统发达经济体已经成为我国出口增长的拖累方，而俄罗斯、东盟、沙特等新兴经济体成为新的拉动引擎。

最后，贸易主体动力更加充盈，民营经济发挥着重要作用。优化营商环境、培育市场活力，是外贸发展的重要保障。我国坚持营造各类市场主体竞

---

① 由于全球出口贸易总额数据的发布时间较为滞后，采用中国大陆、阿根廷、澳大利亚、巴西、加拿大、法国、德国、印度、印尼、日本、墨西哥、南非、韩国、土耳其、英国、美国、越南、菲律宾、新加坡、马来西亚以及中国台湾、中国香港（不含转口）等22个主要经济体的出口额加总数据来代表出口贸易总额，因部分国家（地区）11月上旬才发布9月数据，数据更新至2023年8月。

相发展的良好营商环境，加大对企业特别是中小微企业的支持力度。近年来，党中央、国务院出台了一系列关于促进民营经济发展壮大的政策措施，尤其在民营经济参与国际贸易方面，从促进物流畅通、贸易便利、助企减负增效、支持创新发展等方面，持续为企业赋能。1~9月，具有经营灵活度高、市场适应性强等优势的私营企业进出口15.98万亿元，增长2.3%，占我国外贸总值的51.9%，比上年提升了2.2个百分点（见图2）。另外，跨境电商、海外仓、市场采购贸易、高附加值保税物流等外贸新业态也发展迅速。

图2 2015年至2023年9月不同贸易主体进出口情况

资料来源：海关总署。

三 2022年我国对外贸易面临的主要问题

2023年以来，外需疲软、全球产业链重组叠加国内经济困境，我国外贸面临着不少问题和风险挑战。9月中国制造业采购经理指数（PMI）中的新出口订单指数从8月的46.7回升至47.8，但处于收缩区间，进口指数从8月的48.9下降至47.6，反映出当前对我国外贸面临来自国内外多重不利因素冲击的担忧在上升。

345

第一，全球经济低迷，外需疲软。2023年以来，受高通胀、货币政策收紧、地区冲突等因素影响，全球经济持续低迷，各国际组织对2023年GDP增速的预期均低于上年。国际货币基金组织（IMF）预测2023年全球经济增速将由上年的3.4%下降到2.8%，发达经济体将由上年的2.7%下降至1.3%，虽然10月的最新预测上调0.2个百分点至3.0%，但仍然低于上年的预测值及上年的实际增速。其他国际组织方面，世界银行（WB）预测2023年全球经济增长2.1%，联合国贸发会议（UNCTAD）预测2023年全球经济增长2.4%，经合组织（OECD）预测2023年全球经济增长2.7%，均显著低于上年的增速，也低于全球经济2000~2021年平均水平3.6%，为2001年以来除全球金融危机和新冠疫情期间的最低水平。自2022年8月以来，摩根大通全球制造业PMI指数持续位于收缩区间，2023年7月以来有所回升，9月上升至49.1，但仍处于荣枯线以下。作为我国主要出口目的地的发达经济体外需更加疲软，美国、欧元区制造业PMI全年处于荣枯线以下，进口也纷纷进入下降空间，美国进口额2月之后一直呈同比下降趋势，月度降幅在4.4%~8.6%；欧盟进口额2~8月也为同比下降，6月以来降幅高达20%以上。

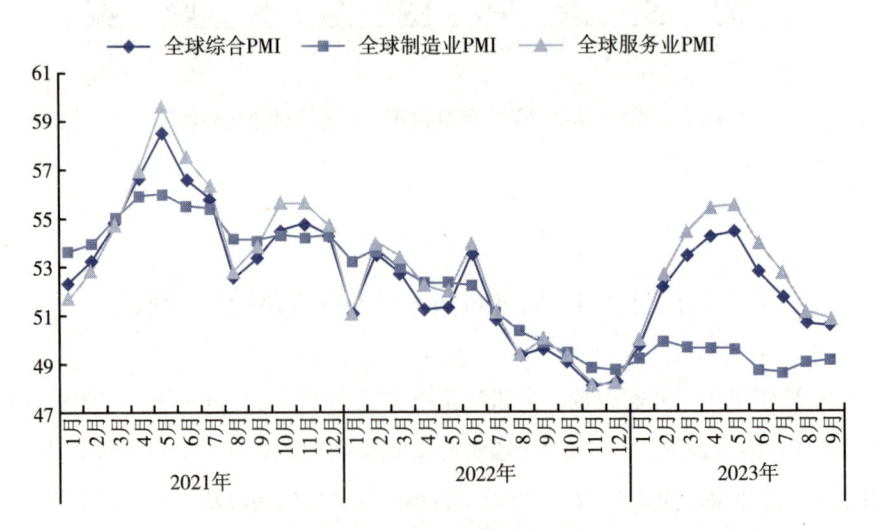

图3　2021年1月至2023年9月摩根大通全球PMI指数变动

资料来源：Wind数据库。

第二，乌克兰危机叠加巴以冲突，全球地缘政治风险再次抬升。2023年，乌克兰危机仍未平息，巴以冲突风波又起，加剧了全球地缘政治风险的紧张性。图4显示，从2021年到乌克兰危机爆发的2022年2月24日，地缘政治风险指数[①]平均值为90.4，2月24日之后急速提升，峰值高达542.7，2月24日至4月30日平均值达267.1，随后持续维持在116.6的高位，2023年10月7日起，巴以冲突再次将地缘政治风险指数提升到262.17以上。乌克兰危机使全球能源及粮食等大宗商品价格大幅波动，欧美对俄罗斯各项制裁的实施带来欧洲的高通胀，中国与美西方立场差异导致中欧关系受影响，种种因素已经反映到2023年以来的进出口贸易形式之中；巴以冲突则导致我国贸易的外部环境更加复杂。中东地区是中国最重要的能源进口来源地之一，也是我国机电产品、纺织品等劳动密集型产品的重要出口目的地，巴以冲突可能会导致国际能源价格再次飙升，也可能波及霍尔木兹海峡等全球重要的石油运输通道，对我国能源进口及经济安全产生影响。巴以冲突还可能加剧我国与美西方在外交领域的冲突，增加中美、中欧关系修复的变数。

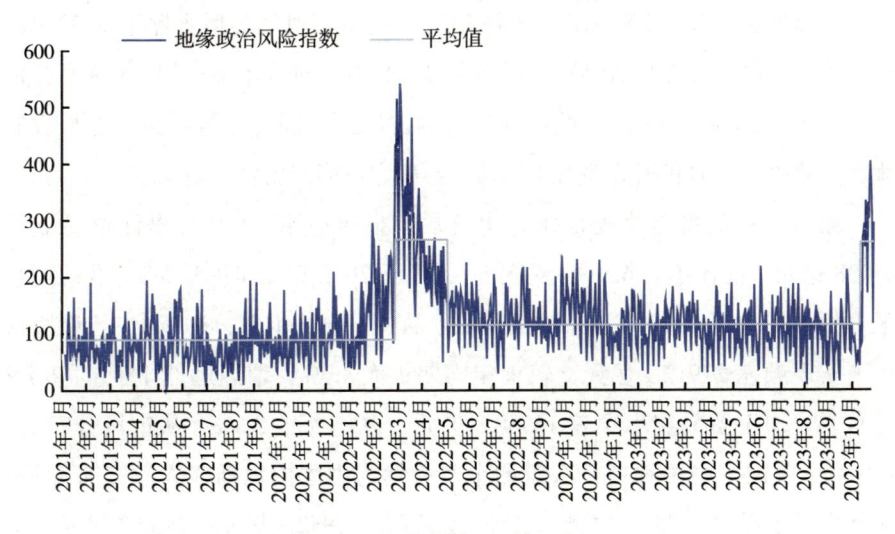

图4 地缘政治风险指数变动

---

① 地缘政治风险指数（GPR）由美联储经济学家Dario Caldara和Matteo Iacoviello所编制，统计了1900年以来国际报章杂志上讨论负面地缘政治事件或威胁的比例。

第三,美西方通过"小院高墙",限制对华高技术产品贸易。拜登担任总统以来,采取"小院高墙"战略,出台和升级"芯片禁令"等一系列出口管制措施,并联合盟友一起限制对中国出口高技术产品。2023年起,美国、日本、荷兰联合发布"芯片禁令",限制中国先进芯片生产能力。这一系列限制性措施已经对我国进口高技术产品产生负面影响,1~9月,高新技术产品进口量下降9%,远高于所有进口品的平均降幅,其中计算机与通信技术产品进口下降11.1%,电子技术产品进口下降14%,集成电路下降14.4%,自动数据处理设备及其零部件进口量也下降16.3%。

第四,"宅经济""疫经济"进入下降空间,劳动密集型产品出口下降明显。前三年由于国内产业链稳定,为满足全球防疫、居家需求而表现抢眼的劳动密集型产品、"宅经济"和"疫经济"产品,如今纷纷进入下降空间。1~9月,"宅经济"产品中的电子产品大幅下降,计算机与通信技术产品下降10.5%,自动数据处理设备及其零部件下降217.6%,手机下降6.5%;"疫经济"产品中,医药材及药品下降36.1%;劳动密集型产品也大幅下降,纺织纱线、织物及其制品下降4.2%,家具下降2.7%,皮革箱包及类似容器下降32.5%,第一季度订单回补红利消退后,玩具和鞋靴也开始进入下降空间,1~9月分别同比下降7.2%和5.7%。这些产品出口额占出口总额的比重不高,但承载的就业份额较高,对我国劳动力市场及社会稳定可能产生较大影响。

第五,贸易顺差增速回落,中美顺差显著收窄。1~9月累计贸易顺差44038亿元,同比扩大6.5%(见图5),低于2022年全年(37.6%)及同期水平(49.9%),是2019年以来的最低值。从贸易方式上看,1~9月,一般贸易项下实现顺差27912.1亿元,较上年同期扩大4.0%,增速远低于上年86.7%的水平;加工贸易实现顺差16560.8亿元,总比缩小2.6%。从市场分布看,1~9月,美国、中国香港、欧盟和东盟依然为中国内地前四大顺差来源地,贸易顺差分别为17394.0亿元、12881.4亿元、11852.4亿元、7432.2亿元,除了来自东盟的顺差扩大5.9%外,对美国、欧盟和中国香港的顺差同比收窄15.3%、5.6%、14.1%。对美国顺差是2017年以来的最低水平,也是除2019年以外唯一一次下降。

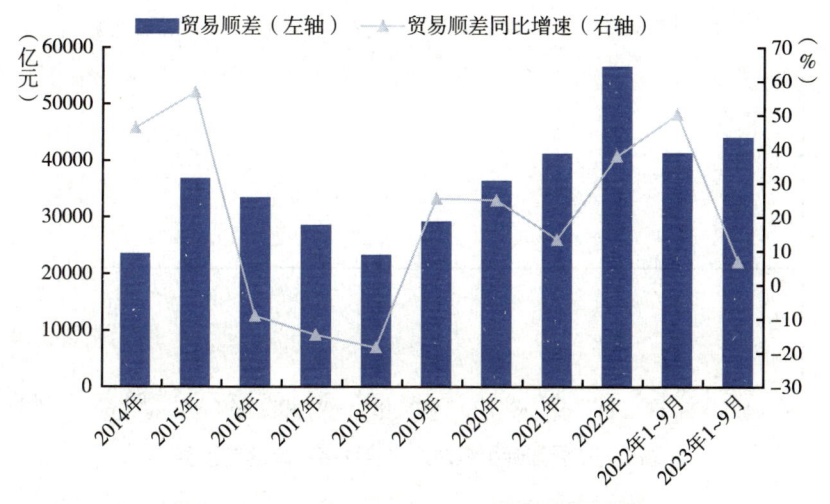

图5 2014年至2023年9月我国贸易顺差变动

资料来源：海关总署。

四 2024年我国对外贸易展望

世界百年未有之大变局加速演进，全球经济增长前景面临挑战，我国对外贸易发展需要应对新的挑战，也面临新的战略机遇。

（一）挑战

全球经济修复持续放缓，外需仍然疲软。近年来我国经济在逆全球化、疫情等多重冲击之下，表现出强大的韧性。2023年以来，生产端并不构成我国外贸发展的桎梏，外需不足才是主要制约因素。根据主要国际组织的预测，未来全球经济增速可能依然维持在低位。IMF预测2024年全球经济增速为2.9%，世界银行预测2024年全球经济增速为2.4%，OECD预测2024年全球经济增速为2.9%，均显著低于2022年的实际增速，预计全球经济将在2025年之后才能迎来复苏，未来一年我国外贸仍然面临外需不足的挑战。

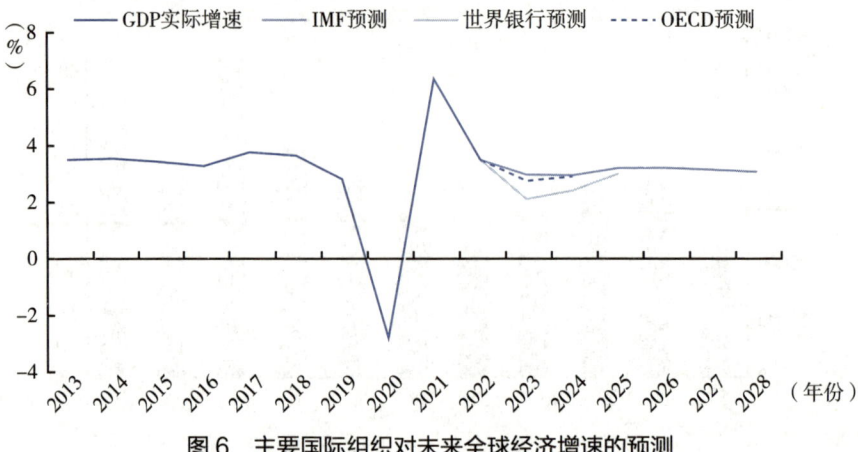

图6 主要国际组织对未来全球经济增速的预测

地缘政治冲突风险加剧。目前,乌克兰危机、巴以冲突还在延续,2023年以来,小范围的地缘冲突此起彼伏,缅北、印巴等地也发生武装交火,百年未有之大变局下全球秩序加速重构,未来产生新冲突、新动荡的风险加剧,我国外贸环境更加复杂。目前乌克兰危机、巴以冲突主要影响石油等大宗商品贸易,从长期看,可能会使全球形成更加明确的对立阵营,给我国维持全球供应链稳定带来更大压力。

逆全球化趋势仍然强劲,单边主义、保护主义态势不会发生实质性扭转。美西方对我国高技术产品的出口管制依然会维持,且针对中国产品的新的限制性措施层出不穷,以我国出口表现瞩目的汽车行业为例,2023年3月16日,欧盟发布《净零工业法案》和《关键原材料法案》提案,计划到2030年将光伏和电池等关键绿色工业的本土产能提高到40%;2023年10月25日,欧盟委员会宣布启动对三家中国车企的反补贴调查。逆全球化趋势下全球产业链正加速调整,中美直接贸易往来大幅减少,但通过二者共同的贸易伙伴而产生的间接联系仍然较强。但随着产业链进一步调整,这种间接联系也逐步走弱,对我国出口企业产生较大负面冲击。

新科技革命为我国贸易竞争力带来一定变数。疫情以来,欧美国家的贸易逐步向服务化、数字化方向发展,而我国传统的比较优势在货物贸易领域。

近年来，在大数据、VR、人工智能等领域频现科技变革的端倪，这些领域也正是西方国家"卡脖子"的发力点，如何把握科技革命的窗口实现跨越式发展、培育新的出口竞争力，对我国出口企业而言是一个充满挑战的课题。

（二）机遇

国内经济加速恢复。2023年仍然是疫情冲击之后的经济修复期，稳定经济的宏观调控政策频繁出台，6月以来的降息、央行支农支小再贷款、发改委扩大民间投资、地产政策延期，另外在稳定预期方面国务院召开经济形势座谈会、平台经济企业座谈会，工信部、发改委、市监局分别召开企业圆桌座谈会，政策叠加助力制造业企稳向好。经过3个季度的发展，我国经济总体向好的趋势更加明显，9月PMI提高到50.2%，回升至景气区间，就业水平逐月向好，需求端的消费数据也在改善。预计2024年经济恢复能够为进出口贸易提供有力支持。

RCEP、"一带一路"国际合作高峰论坛等的政策效果逐步显露。6月2日，RCEP对菲律宾生效，标志着RCEP对15个签署国全部生效。全球规模最大的自贸区由此进入全面实施新阶段，RCEP中的关税削减等措施通常有一定过渡期，从实施到产生政策效果存在一定的时滞，未来RCEP对我国与东盟经贸关系的支撑作用将更加显著；2023年是共建"一带一路"倡议提出的十周年，"一带一路"国际合作高峰论坛在北京成功举办，中国与"一带一路"沿线国家在交通、房建等多个基建领域签约重大项目，必将带来钢铁、建材等领域的贸易增长；此外，"一带一路"新实施的项目，可以成长为推动我国与"一带一路"沿线国家贸易的新增长点。

以新能源产品为代表的出口"新三样"的国际竞争力持续提升。一方面中国核心技术的国际竞争力大幅提升，以汽车为例，截至2022年底，中国在电动汽车领域共提交41011项专利申请，位居世界第一。在全球多家车企遭遇不同程度的芯片短缺、电池涨价等供应链危机的背景下，中国电动车企销量依旧保持高增长。2023年1~9月汽车出口中，国产车占绝大多数。1~9月汽车出口额提升幅度远大于出口量，证明我国汽车出口已经从以性价比取胜向以质量取胜转变。另一方面全球绿色转型稳步推进，新能源出口在全球范围内都处于政策窗口期。

根据国际货币基金组织2023年《世界经济展望》的预测，2024年全球经济增长放缓至2.9%，中国国内生产总值增长4.2%，结合2023年前三季度我国国内生产总值同比实际增长5.2%，以及经合组织、世界银行等国际机构近期对2023年我国经济增长的预期，基于贸易引力模型，我们估计2024年我国以人民币计价的进出口总额同比上升1.6%，仍将保持正增长。

五 结语

当前，我国外贸运行处在企稳向好的恢复发展阶段，面临的国内外形势依然严峻，接下来应该以进一步提升发展韧性为主，具体建议如下。

第一，以扩大内需应对国际贸易低迷，加速推动内外贸一体化。目前全球贸易已经进入收缩期，外需不振现象在短时间内仍会持续。疫情暴发以来，全球产业链混乱与发达国家刺激消费政策，为全球贸易增长，尤其是我国产品的出口创造了机遇，全球出口额2021年增速高达26.6%，2022年也达到11.5%，高于2017~2019年的水平。目前上述对出口增长的拉动作用逐步消退，脱钩断链的负面影响逐步显露，全球贸易处于收缩期，外需对我国经济的刺激作用逐渐消退，需要以国内需求代替国外需求，保证生产端供应链稳定；同时需要推动内外贸一体化，促进内外贸在标准认证、监管规则等领域的一体化，保证企业在内贸和外贸上的顺畅转移。

第二，发挥超大规模市场优势，保持产业体系完备，提升出口多元化程度。超大规模市场孕育出丰富多样的产品需求，完备的产业体系提供了多样化产品的生产能力，进而决定了我国出口产品的多样性。应继续发挥超大规模市场和完备产业体系的大国优势，进一步提升出口品的多样性，不断孕育新的出口增长点。对于逐渐丧失比较优势的产业，也要通过国内区域分工优化，保持一定的国内布局；布局到海外的产能，需要加强与其的联系，使其融入国内主导的产业链分工之中。

第三，坚定不移地实行全方位对外开放，推动区域贸易网络建设，更加注重与东盟、"一带一路"发展中国家的贸易，恰当处理对俄、欧盟贸易，争取对美贸易的稳定。1~9月出口拉动的国别结构发生根本性变化，美、欧、日、韩等由主要拉动方变为拖累方，俄罗斯、东盟国家及沙特阿拉伯、哈萨克斯坦等成为主要拉动方，预计发达经济体的拉动作用会持续低迷，需要进一步发挥东盟、"一带一路"国家的贸易潜力；俄罗斯和欧盟对我国出口的拉动作用如同跷跷板的两边，受俄乌局势变化的影响或许会呈此消彼长的变化趋势，需要根据国际形势适当应对；对美国出口的减少是2022年以来的长期趋势，目前美国已经将大量出口转移至本土、墨西哥或东南亚，这一趋势无法扭转，但美国仍然是中国最大的单一贸易伙伴国家，需要保持对美贸易的稳定，防止进一步恶化。

第四，持续推动产业升级，突破技术限制，寻找出口增长新动能；重点培育新能源领域的全球竞争优势，积极参与绿色贸易规则的全球制定。产业升级在国内劳动力成本上升、东盟等出口国竞争加剧、欧美对我国进行限制与封锁的背景之下，对维护贸易韧性而言尤其重要，产业升级的重点包括：一是在发达国家对我国技术限制的领域，力求突破封锁；二是顺应经济社会发展的趋势，持续培育新的贸易增长点。目前绿色转型是不可逆转的全球趋势，我国在可预见的未来在新能源领域仍然具有国际竞争力，需要继续支持以电动汽车为代表的绿色产业发展，抢占欧盟等重要国际市场；同时需要指出的是，欧盟开始启动对华电动车企的反补贴调查，需持续关注相关国家对中国绿色产业的管制动向，及时预警，及早布局当地生产以规避贸易风险，通过积极参与绿色贸易的全球治理，建立以新能源为代表的绿色贸易国际规则，消除逆全球化思潮等的干扰，保证新能源贸易的稳定性和便利化。

第五，积极发展间接贸易，布局全球生产。对欧美传统市场的出口下降，除经济下行导致需求不振之外，地缘政治因素也起到较大作用，2023年美国进口商品中我国产品占比显著下降，值得警觉。目前欧美产业链分散化、"去中国化"趋势明显，需要更加积极发挥东南亚、墨西哥等地在间接贸易上的作用，依托跨国公司积极布局全球产业链。

参考文献

包振山、韩剑、翁梅等:《数字经济如何促进对外贸易高质量发展》,《国际经贸探索》2023年第2期。

蔡燕、谭荧莹、王雅静:《"双碳"视角下我国对外贸易发展面临的挑战及对策分析》,《对外经贸实务》2023年第4期。

高凌云:《推动贸易投资合作提质升级》,《经济日报》(理论版)2023年4月13日。

李婧婧、郝悦、朱祎等:《全球新冠肺炎疫情下中国对外贸易和出口替代效应研究》,《调研世界》2023年第3期。

吕建兴等:《全球贸易摩擦对我国进出口的影响研究——来自GTA国家—产品层面的证据》,《统计研究》2022年第7期。

B.20
中国劳动力市场分析、展望与建议

都 阳[*]

摘　要： 2023年劳动力市场呈恢复状态，城镇调查失业率等核心调控指标总体上在调控目标范围内运行，且呈现改善趋势。农民工就业恢复更为明显，体现出劳动力市场的调整机制已经发挥了作用。也应当看到，劳动力市场运行的基础还不稳固，青年就业难的问题依然突出，就业总规模面临缩小风险，并可能成为未来居民收入持续增长的制约因素。在新的一年里，劳动力市场运行仍将面临诸多不确定因素，既要根据当前失业的主要群体出台具有针对性的就业促进政策，也要着力于深化劳动力市场制度改革，让市场在人力资源配置中发挥决定性作用，更好地实现高质量充分就业的目标。

关键词： 青年就业　农民工就业　大城市劳动力市场　劳动力年龄人口

一　2023年劳动力市场运行情况分析

经历疫情冲击，2023年中国经济实现恢复性增长，劳动力市场运行状况也得到了改善。在发展环境仍然具有很强不确定性的情况下，通过加大稳定经济增长的政策力度，实施更加积极、更加有针对性的就业政策持续稳定和扩大就业、提高就业质量，对促进经济发展、稳定和改善民生、维护社会稳

---

[*] 都阳，中国社会科学院人口与劳动经济研究所所长、研究员，主要研究方向为人口与劳动经济、劳动力市场理论与政策等。

定起到了积极的作用，也体现了"稳就业"的各项政策举措取得了积极的成效。总体上看，2023年劳动力市场运行主要有以下几个方面的特点。

（一）劳动力市场主要指标在调控目标范围内运行

随着疫情对经济发展和劳动力市场运行的影响逐步消退，2023年就业总体上处于恢复之中。疫情对劳动力市场的冲击非常明显，不仅抬高了城镇失业率，也加剧了劳动力市场波动。自国家统计局公布城镇调查失业率指标以来，大致可以分为三个阶段来观察和比较疫情对劳动力市场的冲击：2020年1月前、2020年1月至2022年12月、2023年。图1所示为上述三个阶段月度城镇调查失业率的描述性统计情况，疫情不仅使失业率的平均水平上升了8%，也使失业率的月度波动明显增加，标准差由2020年1月前的0.14%增长到2020年1月至2022年12月的0.35%。2023年上述两项指标虽都有回落，但尚未恢复至疫情前的平均水平。这也意味着，在恢复期面临着既要着力降低失业率平均水平，还要尽量避免就业出现较大幅波动的双重任务。

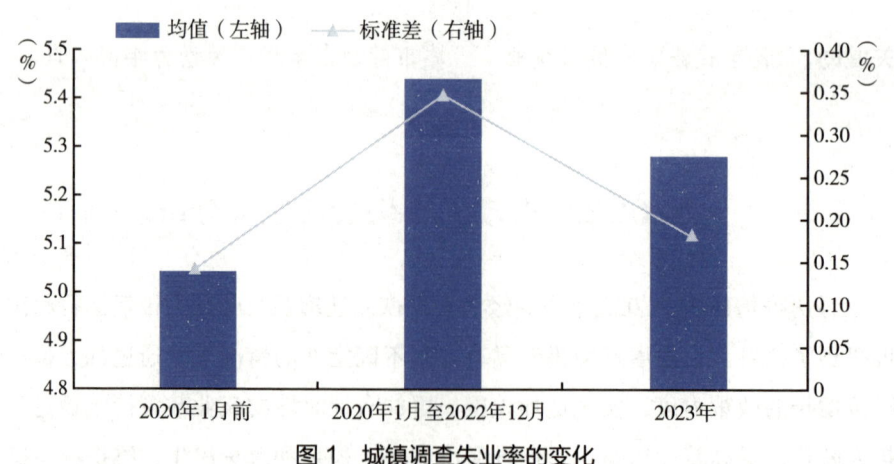

图1 城镇调查失业率的变化

资料来源：根据国家统计局资料计算。

2023年以来主要的就业调控指标均在预期范围之内。2023年1~9月，城镇调查失业率月度平均值为5.28%，除了年初的个别月份受到疫情影响，对就业产生较为严重的负面冲击，失业率高于调控目标以外，2023年3~9月均保持在5.5%的调控目标以内。展望2023年第四季度，失业率完全有可能控制在5.5%以下。因此，城镇调查失业率全年的月度平均值也可以保持在调控目标以内。表1展示了2018~2023年城镇调查失业率分年度的描述性统计，与图1表现的特征大致相似，城镇调查失业率尚未恢复至疫情前水平。对于大城市而言，疫情的"伤痕效应"消退可能需要更长的时间，下文将作进一步分析。

表1 2018~2023年月度城镇调查失业率的变化情况

年份	城镇调查失业率			31个大城市调查失业率		
	均值（%）	标准差（%）	变异系数	均值（%）	标准差（%）	变异系数
2018	4.93	0.107	0.022	4.78	0.108	0.023
2019	5.15	0.100	0.019	5.08	0.122	0.024
2020	5.62	0.338	0.060	5.56	0.284	0.051
2021	5.12	0.190	0.037	5.22	0.140	0.027
2022	5.58	0.244	0.044	5.98	0.532	0.089
2023	5.28	0.155	0.034	5.50	0.183	0.033

注：2023年为1~9月数据。
资料来源：笔者根据国家统计局公布的数据计算。

劳动力市场的恢复还体现在主要就业群体的就业状况改善上。根据中国社会科学院人口与劳动经济研究所的人口预测数据，2023年25~59岁人口占16~59岁劳动年龄人口的比重为84.5%，是就业的主要群体。据国家统计局公布的数据，25~59岁人口的失业率继续保持低位并有所下降。2023年初，25~59岁人口的失业率就已经恢复到疫情前水平，该年龄组2023年上半年的平均失业率为4.38%，是公布城镇调查失业率以来的较低水平。主要群体就业稳定确保了劳动力市场总体稳定。

（二）农民工就业较快恢复

农民工就业的市场化程度最高，对周期性因素最为敏感。疫情对农民工就业造成了很大的负面冲击，疫情期间大量农民工返乡，疫情反复又给农民工返回工作岗位带来了很多障碍。因此，在疫情期间农民工就业不稳定程度更高，农民工失业率也处于历史高位。根据国家统计局城镇调查失业率数据，由于农民工就业意愿强烈，在正常年份失业率水平低于城镇本地居民，但2022年仅有5个月低于城镇本地居民的失业率。

2023年农民工就业形势明显好转，自2023年3月开始，农民工失业率持续低于城镇本地居民的失业率，且二者差距呈扩大趋势。从外出农民工流动规模看，根据国家统计局的农民工监测数据，2023年第二季度末外出农民工数量达到18705万人，已经恢复到历史上的高位水平，较上年同期增长3.2%。2019年第二季度外出农民工总量为18248万人，2023年第二季度与2019年同期相比，外出农民工增长了2.5%。2023年第三季度末，外出务工农村劳动力总量为18774万人，同比增长2.8%，与2019年同期相比增长2.3%，继续保持恢复势头。疫情以来，农民工一度返岗不充分，缩小了城市劳动力市场总体的劳动供给规模，并导致失业率难以准确反映当时的就业形势。2023年农民工就业规模的大幅增加不仅直接体现了农民工群体就业形势改善，也意味着城镇调查失业率可以更准确地反映城镇劳动力市场上就业形势的变化。

（三）需要重新发挥大城市的就业吸纳作用

大城市历来是我国就业创造的主要场所。根据表1的数据，疫情前31个大城市的月度调查失业率平均水平明显低于城镇调查失业率。大城市的调查失业率上升是疫情以来的新现象。如图2所示，疫情以来的大部分时间里，31个大城市的调查失业率高于城镇调查失业率。2023年9月城镇调查失业率为5.0%，而31个大城市的调查失业率为5.2%，仍然高于总体失业率0.2个百分点。在经济正常运行情况下，大城市具有更强的就业创造能力是国际上普遍存在的现象，在经济发展水平达到一定程度后，大城市的就业吸纳作用更加突出，主要有以下几个方面的原因。

图2　31个大城市调查失业率和城镇调查失业率

资料来源：国家统计局。

第一，大城市实现了人口更大规模的聚集，而人口集聚是第三产业发展的基础。在人均GDP超过1万美元的发展阶段，第三产业的发展对于就业创造具有重要的意义，是就业增长的最主要来源。这是大城市在疫情前就业增长较快的主要原因。

第二，大城市可以在更大程度上推动劳动力市场专业化。由于人口规模大，有足够大的市场范围，也可以进行更广泛的分工，并通过延长就业的链条创造更多的就业岗位。而且，大城市具有交通、通信和信息等基础设施的规模效应，而这些基础设施可以产生就业互补效应。

第三，大城市劳动力市场的厚度可以有效减少摩擦性和结构性失业。由于劳动力市场规模大，就业机会更密集，失业者寻找新就业机会的搜寻成本低，可以有效降低自然失业率。

但是疫情对大城市的劳动力市场产生了严重的冲击，服务业部门受到

的影响更为明显，制约了大城市在稳定就业中发挥更积极的作用。从目前情况看，大城市就业创造能力的恢复尚不及预期，2023年9月调查失业率仍然高出总体失业率0.2个百分点，自2022年3月开始，已经连续19个月高于总体失业率。需要推出更有力的政策举措和改革方案，尤其是户籍制度改革，需要推出实质性的改革举措，使其就业创造能力重回正常轨道。

（四）就业对居民收入影响更加明显

根据国家统计局的数据，从居民人均名义可支配收入增速的变化趋势看，表2展示了2014年1月至2019年12月和2020年1月至2023年6月居民人均可支配收入平均增速的变化情况，不难发现疫情对居民收入的负面冲击较为明显，而且，尚没有从近期的数据看到回归正常增速的迹象。2023年第一季度居民人均可支配收入同比增长5.1%，第二季度同比增长8.4%，考虑到2022年第二季度同比增速仅为2.6%，以两年平均增速计算，2023年第二季度同比增速为5.6%左右，不仅大幅低于疫情前的平均水平，也低于疫情后的平均水平。需要注意的是，从季度时间序列观察，疫情后居民收入变化呈下行趋势，应尽快出台切实有效的措施遏制居民收入增速持续下滑，使居民收入增长维持在可接受的水平。

表2　名义居民收入季度同比增速

单位：%，个百分点

项目	2014年1月至2019年12月（1）	2020年1月至2023年6月（2）	（2）-（1）
人均可支配收入	9.0	6.4	-2.6
工资性收入	8.7	6.1	-2.6
经营净收入	7.4	5.9	-1.5
财产净收入	10.8	6.9	-3.9
转移净收入	11.0	6.6	-4.4

资料来源：国家统计局。

消费是收入的函数。居民收入如果没有实现有效、持续增长，消费只能短期反弹，难以真正复苏。消费需求已经成为我国经济增长的主要动力，2022年最终消费占GDP的比重超过53%，而居民消费又是最终消费的主体。遏制居民收入增速下滑趋势是推动经济循环回归正常的关键环节，而实现更加充分的就业是居民收入实现增长的最有力保障。因此，从宏观经济调控目标出发，高质量充分就业既是宏观经济政策所应该保持的重要目标，也是推动经济恢复正常增长轨迹的重要手段。

（五）青年就业问题仍然突出

青年群体的就业困难受到了社会各界的广泛关注。由于16~24岁青年失业率数据定格于2023年6月，难以对此后该群体的就业状况进行量化评估，但青年群体，尤其是大学毕业生的就业问题仍然是就业工作中需要着力解决的。

青年就业和农民工就业虽然都对周期性因素高度敏感，[①]但疫情后接触性服务业的恢复，使得农民工就业、青年就业已经恢复至疫情前的水平，而大学生等群体的就业恢复显然更加困难，需要采取更具针对性的政策举措予以解决。

二 2024年劳动力市场运行展望

劳动力市场运行已经在2023年展现出明显的恢复态势，在总体稳定的同时，农民工就业改善尤为明显。2024年要在确保就业工作完成预期目标的同时，力争使主要就业指标恢复至疫情前水平。通过增强积极就业政策的针对性、提高短期调控政策的灵活性、加大体制改革力度等措施，切实治理周期性失业并降低自然失业率水平。下文对影响劳动力市场运行的几个关键性因素进行展望。

---

① 都阳：《中国劳动力市场分析、展望与政策建议》，载谢伏瞻主编《2023年中国经济形势分析与预测》，社会科学文献出版社，2022。

（一）劳动年龄人口形势的变化

我国 16~59 岁劳动年龄人口在 2012 年已经达峰，并由此形成转折性趋势。今后，劳动年龄人口将继续保持下降趋势，对劳动力市场持续产生影响。根据中国社会科学院人口与劳动经济研究所的最新人口预测结果[①]，如果仍然沿用 16~59 岁定义劳动年龄人口，则到 2030 年我国劳动年龄人口数量将下降至 8.18 亿人，到 2040 年下降至 7.45 亿人，到 2050 年下降至 6.23 亿人。

一方面，考虑到随着经济社会发展，人们的受教育年限普遍延长，16~19 岁组的人口在校学习比例很高，根据第七次全国人口普查数据，该年龄组的就业率仅为 12.4%，因此，以 16 岁作为劳动年龄人口的下限，已经明显不符合当前我国经济社会发展现状。另一方面，随着 1962 年开始的"婴儿潮"一代逐渐进入退休年龄，养老金申领人数大幅增加，使得养老金体系可持续性压力陡然增加，延长法定退休年龄、改革养老金申领制度已经势在必行，未来继续以 60 岁作为劳动年龄人口的上限既不符合国际普遍标准，也与中国经济发展实际需求脱节。综合考虑这两方面因素，今后以 20~64 岁组作为劳动年龄人口的基本定义可能更符合我国未来的劳动力市场实际情况。

如果以 20~64 岁定义劳动年龄人口，则我国的劳动年龄人口在 2016 年达到峰值 9.16 亿人，到 2030 年，该年龄组的人口将由 2023 年的 8.80 亿人下降至 8.59 亿人，到 2040 年下降至 7.90 亿人，到 2050 年下降至 7.01 亿人。虽然使用不同的定义，劳动年龄人口总量变化趋势没有根本性改变，但着眼于我国经济未来发展，依据更符合劳动力市场实际运行的劳动年龄人口规模，可以更准确地反映我国人力资源的总规模变化。

从年度形势的变化情况看，以不同的年龄组定义劳动年龄人口，则劳动年龄人口的总量变化情况有较大的差别。根据人口与劳动经济研究所的人口

---

① 以下人口预测结果皆来自同一来源。

预测数据，以 2024 年较之 2023 年 16~59 岁组人口将减少 646 万人，20~59 岁组人口将减少 858 万人；由于人口快速老龄化，16~64 岁组人口将增加 318 万人，20~64 岁组人口将增加 106 万人。

需要注意的是，2024 年 16~24 岁青年将增加 337 万人，而且在今后一段时期将呈不断增长趋势，直到 2033 年前后该年龄组人口才会达到峰值。因此，仅仅从人口结构变化引致的劳动供给因素看，解决青年失业问题是一个长期性、战略性的任务，需要有更加长远的谋划。

（二）以稳定的经济增长促进充分就业

从过去十几年的情况看，就业和经济增长之间保持了稳定的关系，在疫情前，城镇就业的经济增长弹性一直保持在 0.3 以上，意味着我国既往的经济增长有着明显的就业创造能力。经济增长对就业的促进作用既体现为就业结构转换等长期效应，即经济规模不断扩大创造越来越多的非农就业机会，使得农业劳动力在非农部门就业，又在短期的劳动力市场平衡上有所体现，即需求缺口对周期性失业产生了影响。[①] 从实际情况看，随着劳动年龄人口持续减少，尤其是"婴儿潮"一代相继进入退休年龄，结构转换效应逐步减弱，经济增长和就业的周期性关系更加明显。表 3 显示了近些年需求缺口和城镇就业增长的变化情况。可以看到需求缺口对城镇就业的影响日益显著，2022 年实际经济增长率低于潜在经济增长率 3 个百分点左右，城镇就业总量也自改革开放以来首次出现下降。2023 年如果达不到潜在经济增长率，仍然会产生一部分由需求不足而导致的周期性失业。

[①] 都阳、张翕：《中国自然失业率及其在调控政策中的应用》，《数量经济技术经济研究》2022 年第 12 期。

表3　2016~2024年潜在经济增长率、实际经济增长率与城镇就业增长

单位：%，个百分点

年份	潜在经济增长率（a）	实际经济增长率（b）	需求缺口（b-a）	城镇就业增长
2016	6.74	6.8	0.06	2.77
2017	6.51	6.9	0.39	2.75
2018	6.34	6.7	0.36	2.51
2019	6.20	6.0	-0.20	2.16
2020	6.04	2.2	-3.84	2.26
2021	5.87	8.1	2.23	1.08
2022	5.62	2.6	-3.02	-1.80
2023	5.46	5.2*	-0.26	—
2024	5.37	—	—	—

注："*"为中国社会科学院宏观经济研究中心预测值。
资料来源："潜在经济增长率"，2016~2020年数据来自陆旸、蔡昉《从人口红利到改革红利：基于中国潜在增长率的模拟》，《世界经济》2016年第1期；2021~2024年数据来自中国社会科学院宏观经济研究中心课题组《未来15年中国经济增长潜力与"十四五"时期经济社会发展主要目标及指标研究》，《中国工业经济》2020年第4期。

展望2024年，促进实际经济增长率恢复到潜在经济增长率对于稳定就业而言是关键的环节，尤其是对于解决青年就业困难而言至关重要。从2023年的情况看，经济恢复性增长已经使农民工就业得到了明显的恢复。生活性服务业及低技能岗位农民工就业相对集中，这些行业的较快恢复助力农民工就业。相形之下，大学毕业生就业比较集中的行业，如互联网、教育培训、房地产等的恢复难度较大，这些行业对经济增长幅度的依赖性也更强，需要采取更具针对性的政策举措促进这些行业的恢复和发展。

（三）推动就业带动强的行业更快发展

除了通过经济的恢复性增长，弥补尚且存在的需求缺口，提供足够实现劳动力市场平衡的就业岗位以外，2024年还需要根据目前劳动力市场遇到的困难，有针对性地推动一些就业弹性高的行业发展。一般而言，服务业的就业创造能力较之第二产业更富弹性，但服务业内部存在较大的差异，各个行业有着各自的特点，所覆盖的就业群体也有所不同。

首先，要拓展一些传统服务业领域的就业空间，如批发零售、住宿餐饮等行业。在这些行业里，低技能劳动力的就业比重较大，对于提高居民收入、保障和稳定民生有着非常重要的作用。同时，需要加快体育休闲、文化旅游等在疫情期间受到冲击较大的行业的发展，使其成为低端服务业的延伸，有助于提高低技能劳动者的就业质量。此外，可以通过挖掘养老、托育、家政等行业的岗位潜力，扩大服务业就业规模。尤其是针对"一老一小"的服务业体系建设，既可以解决当前制约民生发展的关键问题，也与人口形势发展产生的长期需求相契合，具有广阔的发展前景。

其次，要针对性地发展高技能劳动力就业密集的行业。当前大学生就业困难的最根本原因是适合高技能劳动力的行业发展明显不足，难以形成针对这一群体的足够的就业需求。应当看到，高技能劳动力供给充分，压低了技能价格，是资本、技术和知识密集型产业发展的良好机遇，应该加快推进产业转型升级，促进这些产业发展与就业相互协调，利用好高等教育扩张所形成的工程师红利。

最后，2024年要更加注重实施就业导向的产业政策。2023年7月的中央政治局会议提出"把稳就业提高到战略高度通盘考虑"，因此，产业政策的就业导向应该是题中之义。针对劳动密集型产业，如轻工、纺织、建筑等行业的发展，应予以相应的财税、金融支持，对于吸纳大学生就业多的行业应予以支持和保护。

三　主要政策建议

以高质量充分就业为政策目标，就需要兼顾周期性因素和结构性因素对劳动力市场的影响，统筹发挥市场在人力资源配置中的决定性作用和积极就业政策的引导作用，从战略高度统筹解决就业与经济发展中的一系列问题。

（一）推动经济循环回归正常轨道

疫情后居民收入增速平均值低于疫情前2.6个百分点，有一部分原因来源于周期性因素。对主要行业增加值变化趋势的分析表明，疫情冲击所形成的需求缺口仍然存在，导致实际经济增长水平低于潜在经济增长水平。2023年前三季度GDP增速为5.2%，但由于2022年的经济增长速度较低，目前的实际经济增长速度较之潜在经济增速尚有一定的差距。经济运行的其他指标也表明当前的宏观经济存在明显的需求缺口，例如，劳动力市场尚没有恢复至疫情前，价格水平面临通缩风险等。

在经济运行正常的情况下，实际经济增长率在潜在增长率附近，可以保证充分就业，并使尽可能多的劳动者通过初次分配分享经济增长成果，实现收入增长；居民收入的正常增长，一方面使得居民有消费能力，另一方面使居民有稳定的收入增长预期，而消费增长又成为需求增长的主要来源。

然而，在当前的情况下，包括居民收入增长在内的宏观经济正常运行过程难以顺利完成，导致增长、收入、消费、就业的正常经济循环存在脱节现象。亟须将积极的干预政策作为外生的推动力，使经济增长重回正常轨道，恢复上述循环。

（二）加强就业政策与宏观经济调控政策的协同

要实现中共中央政治局会议提出的"把稳就业提高到战略高度通盘考虑"的目标，就需要统筹谋划就业相关政策、宏观调控政策，并充分发挥市场机制的作用。

首先，要加大改革力度，更好地发挥市场机制在人力资源配置中的决定性作用。当前面临的就业困难，有短期因素冲击、总需求缺口等原因，但也有很大一部分原因来自对市场机制的干扰。要进一步清除劳动力区域间、行业间、企业间流动的体制障碍，减少对市场配置资源的干预和规制，赋予企业更多的用人自主权，明确就业政策与企业用人决策的行为边界，全面激发企业用人和劳动者就业创业积极性。

其次，统筹好积极就业政策与宏观经济政策之间的关系，把就业优先原则落实到宏观调控目标中来。要落实好中共中央政治局会议提出的目标要求，将促进高质量充分就业作为经济社会发展的优先目标。从疫情冲击发生以来，宏观经济政策和劳动力市场政策的实际运行情况看，存在的一个突出问题是宏观调控措施没有对周期性失业的骤然增加产生有效反应。因此，一方面，要在中长期的经济社会发展规划制定、财政资金使用、公共资源配置等方面落实好就业优先原则，更好统筹深化改革、促进发展、调整结构与扩大就业的关系，形成经济高质量发展和高质量充分就业的良性循环；另一方面，在短期的需求管理上，也要紧盯劳动力市场主要指标变化，及时做好失业水平和性质的研判，尤其是要强化财政、货币政策与就业协同，将二者的瞄准目标直接与就业挂钩。

最后，形成可瞄准的劳动力市场指标体系。短期的需求管理政策与就业目标挂钩不力的一个重要原因是就业指标体系不健全，政策调整缺乏可靠的依据。因此，要在以下两个方面大力改进就业统计工作。一方面，需要丰富劳动力市场指标的监测体系，改变仅仅依靠城镇调查失业率等少数指标判断就业形势的局面。可以增加非农就业总量、就业需求指数、分行业劳动生产率指数、分行业工作时间、分行业工资指数等指标，方便宏观经济决策者判断劳动力市场形势变化。另一方面，要提高上述主要指标的数据采集、公布的频率，争取做到月度发布，增强形势研判的及时性。

（三）多措并举促进重点群体就业

青年就业和农民工就业虽然都对周期性因素高度敏感，但青年就业的恢复显然更加困难，从2022年的情况看，农民工就业得到了恢复，但以大学毕业生为主的青年群体就业仍然面临着较为严峻的挑战，要针对这一群体就业的主要特点施策。

紧抓重点行业发展，创造更多适合大学毕业生的就业岗位。如前所述，大学毕业生和农民工都受到周期性因素影响，造成就业困难，但是，目前农民工就业的主要行业是低端服务业，疫情后这些行业恢复迅速也推动了2023年农民工就业全面改善。相形之下，大学生就业集中的行业的全面恢复更加缓慢，叠加供给方因素，大学生就业更加困难。

从2023年第三季度的情况看，消费已经有了明显的恢复，带动服务业部门更快增长，第三产业增加值同比增长6%。需要注意的是，低端服务业较易从疫情中恢复，而解决大学毕业生就业的生产性服务业、高端服务业恢复难度更大。在大学生就业集中的房地产、互联网等行业恢复不力的情况下，一方面，要加大稳定这些行业的政策力度；另一方面，也要着力推动软件业、医药、高端制造业、高端服务业等的发展，提升高技能岗位的就业需求。

需要注意的是，造成青年失业的原因中周期性因素与结构性因素相交织。大学毕业生个人、家庭和社会的人力资本投资大，保留工资水平高，是造成这一群体失业率更高的原因。要树立正确的就业观，在就业形势严峻、劳动力市场上就业需求增长相对缓慢的时期，适当降低保留工资，增加就业的可能性。同时，要积极利用宏观经济调控工具，应对青年失业中的周期性因素。

（四）推动大城市就业需求更快恢复

大城市的发展不仅能够吸引新的产业、创造更多的就业岗位，人口规模增加本身就会产生岗位创造效应。而且，一旦出现就业损失，大城市的劳动者也更易发现新的就业岗位，大城市由于具有更高的劳动力市场厚度，抵御失业风险能力也更强。然而，从现实情况看，疫情对大城市劳动力市场形成的伤害也更难恢复，需要采取更具针对性的措施促进大城市劳动力市场的稳定恢复。

提升大城市就业创造能力的一个重要条件是通过鼓励劳动力自由流动，使大城市吸纳人口能力不断得到提升。疫情的冲击使得不少大城市的流入人口数量下降，有的城市甚至出现负增长。在经济增长面临的不确定性增加、外部冲击对劳动力市场的影响加大的情况下，要特别注意大城市的城市管理政策与劳动力市场政策的协调，切实使积极就业政策落地，谨防一些城市限制人口流动、分割劳动力市场的措施对就业造成伤害。与此同时，要加大户籍制度改革力度，增强社会保障制度包容性改革，使人口与劳动力流动重新回到正常的轨道。

(五)把行业发展与促进就业更好地结合起来

行业发展是就业的依托,也是就业工作的重要抓手,通过行业发展促进就业要注意以下几个方面。

首先,对行业的支持政策要充分认识和尊重结构变化的客观规律。我国当前正处于经济结构与就业结构迅速变化的时期,发展就业带动强的行业从方向上看是正确的,但在方案制订和实施之前,首先要搞清楚特定行业在经济发展新阶段中的地位与可能演化的趋势。应该综合考虑行业本身的发展趋势、就业带动能力(就业弹性)、劳动生产率等指标,避免产业政策可能造成的劳动力市场扭曲。

其次,要关注就业比重大的行业的发展与变化,通过完善社会化保护体系,保护好劳动者。就业比重大的行业一旦遭遇发展障碍,对劳动力市场的冲击比较大,支持行业的发展是一个方面,但从以往的发展过程看,我国政策体系的短板是对劳动者个体社会化的保护不足。尤其是非正规部门的劳动者,就业数量大、脆弱性强、受保护程度低,更需要关注对其的社会化保护体系。

最后,防范各类冲击对就业产生负面影响。从我国劳动力市场发展情况看,经济平稳发展时就业问题基本无虞。要突出防范的是偶然和突发性因素("黑天鹅")对劳动力市场造成的冲击性影响,而且,这种影响明显具有行业特殊性。从近几年的情况看,主要有三类:其一,外部环境突发性变化对特定行业的影响;其二,周期性因素对行业就业产生的影响;其三,政策性因素对就业产生的干扰。就业主管部门可以根据上述三类冲击的特点,制订相应的预案。

参考文献

陆旸、蔡昉:《从人口红利到改革红利:基于中国潜在增长率的模拟》,《世界

经济》2016年第1期。

中国社会科学院宏观经济研究中心课题组:《未来15年中国经济增长潜力与"十四五"时期经济社会发展主要目标及指标研究》,《中国工业经济》2020年第4期。

B.21 中国收入分配形势分析、展望及政策建议

邓曲恒　王琼[*]

摘　要： 分配是经济循环的重要环节。分配不仅直接关系到切好分好"蛋糕",而且通过影响消费和投资,进而影响到做大做好"蛋糕"。我国居民收入分配格局近年来发生了深刻的变化,收入差距呈现出先拉大再波动缩小进而趋于稳定的态势,但当前的收入差距依然较大。适度的收入差距能够发挥激励作用,但过大的收入差距会抑制消费和投资,不利于经济增长。一般而言,高收入者的边际消费倾向要低于低收入者的边际消费倾向,因此,收入差距过大将会导致社会总需求不足,从而阻碍经济增长。本文根据国家统计局以及各省份统计局发布的人均可支配收入、消费支出等数据,对收入分配格局近期的变动进行简要分析和展望,聚焦收入分配领域的若干重要问题,分析调节收入分配格局的着力点,并提出相关政策建议。

关键词： 收入差距　边际消费倾向　社会总需求　再分配政策

一　收入分配形势分析

2023年第三季度,全国居民人均可支配收入累计值为29398元,同比

---

[*] 邓曲恒,中国社会科学院经济研究所研究员,主要研究方向为劳动经济学、发展经济学、中国经济、应用微观计量经济学等；王琼,中国社会科学院经济研究所副研究员,主要研究方向为发展经济学、劳动经济学等。

名义增长6.32%，扣除价格因素实际增长5.9%。从内部结构看，农村居民收入增速持续快于城镇居民，城乡居民收入差距缩小；工资性收入和经营净收入增长较快，转移净收入稳定增长，财产净收入的增长速度较同期略微下降。城乡收入的相对差距缩小，省份和区域之间的收入差距并未呈现缩小态势。

（一）居民收入的增长与收入结构

1. 居民收入持续增长

长期来看，居民人均可支配收入呈现持续增长趋势，2015年以前居民人均可支配收入名义增速长期保持两位数增长，2015年开始降至9%左右。农村居民人均可支配收入增速自2008年开始超过城镇居民，城乡相对收入差距不断缩小。疫情对城乡居民收入产生较大影响，2020~2022年居民人均可支配收入名义增速降至5%以下。随着经济全面恢复，2023年城乡居民收入增速大幅回升，但仍未恢复至疫情前水平。

图1 2000~2022年居民人均可支配收入增长趋势

2023年第三季度全国居民人均可支配收入累计值为29398元，2022年同期为27650元，同比名义增速达到6.32%，增速较2022年同期增加1.05个百分点。即便扣除价格因素的影响，2023年第三季度居民人均可支配收入实际增速仍然达到5.9%，而2022年第三季度居民人均可支配收入的实际增速只有3.2%。

2. 居民收入结构

从可支配收入各分项来看，2000年以来，工资性收入一直是居民人均可支配收入的最主要来源，2014年以前名义增速超过10%，不过2014年以来增速有所下滑，已降至个位数，但仍超过8%。受疫情影响，2020年工资性收入增速急剧下滑至4.25%，由于基数较低以及疫情防控形势向好，2021年增速恢复至9.56%，2022年疫情反复后又降至4.9%。经营净收入尽管也呈快速增长趋势，但增速波动幅度较大，2000~2012年经营净收入名义增速最高达到21.68%，最低只有1.86%，但这个时间段内大多数年份增速超过两位数。2013年以来经营净收入增速已基本降至个位数，受疫情影响，2020年增速为2000年以来的最低点，只有1.13%，2021年有所恢复，但2022年又降至4.78%。转移净收入的持续高速增长使其从2016年开始超过经营净收入，成为第二大收入来源。2004~2017年，转移净收入名义增速均超过10%，尽管2018年以来增速有所下降，但在2021年之前均超过8%，只是2021~2022年名义增速降至5%。转移净收入的快速增长可能与人口老龄化有关。在所有收入分项中，财产净收入的持续高速增长是最明显的。2003~2011年，财产净收入名义增速维持在21%~42%，这与房地产市场化改革和房价快速上涨有直接关系。2012年以来财产净收入名义增速有所下降，但基本维持在两位数，只是2020年和2022年增速分别下滑至6.58%和4.91%，这可能与疫情、房地产市场改革导致的房价下降以及资本市场波动有关。

图 2 2000~2022 年居民人均可支配收入各分项增长趋势

2023年第三季度末工资性收入、经营净收入、转移净收入同比增速均较2022年第三季度末有所提高，其中工资性收入名义增速提高幅度最大，由2022年第三季度末的5.10%提高至2023年第三季度末的6.82%。但财产净收入的名义增速有所下滑，从2022年第三季度末的5.75%降至2023年第三季度末的3.69%。

总体来看，与2022年同期相比，2023年第三季度末全国居民人均可支配收入有较大幅度增长，这无疑反映了2023年以来经济运行整体回升向好，居民收入平稳增长。财产净收入增速下滑则可能受到资本市场以及房地产市场的影响。

从人均可支配收入的结构看，近三年居民的收入结构基本稳定，其中工资性收入、经营净收入、财产净收入、转移净收入占居民人均可支配收入的比例分别保持在57%、15%、9%、18%。各收入分项占比变动幅度很小，其中2023年第三季度工资性收入占比增长0.26个百分点，经营净收入占比上升0.05个百分点，财产净收入占比降低0.22个百分点，转移净收入占比下降0.10个百分点。

3. 城乡收入差距

2008年以来，城乡居民相对收入差距持续缩小。城乡居民人均可支配收入比值从 2008 年的 3.11 持续降至 2022 年的 2.45，城乡相对收入差距缩小趋势并未受到疫情的影响。然而，城乡居民人均可支配收入的绝对差距呈持续扩大趋势，2008 年二者的绝对差额为 10551 元，2022 年已提高至 29150 元。

图 3　2000~2022 年城乡居民人均可支配收入比值

2023 年第三季度末城镇居民人均可支配收入为农村居民人均可支配收入的 2.51 倍，而 2022 年同期和 2021 年同期城乡收入倍数分别为 2.57 和 2.62。从绝对差距来看，2021 年、2022 年第三季度末城乡居民绝对收入差距分别为 22220 元和 22882 元，2023 年第三季度末则提高至 23723 元。

（二）省际差距

地区差距取决于各地区的自然禀赋、发展机会、工业化传统、市场发育等历史和现实的原因，是收入差距的重要组成部分，本文使用分省份人均可支配收入和人均消费支出计算的变异系数来衡量地区之间的不平衡程度。

图4 居民人均可支配收入省际变异系数

图5 居民人均消费支出省际变异系数

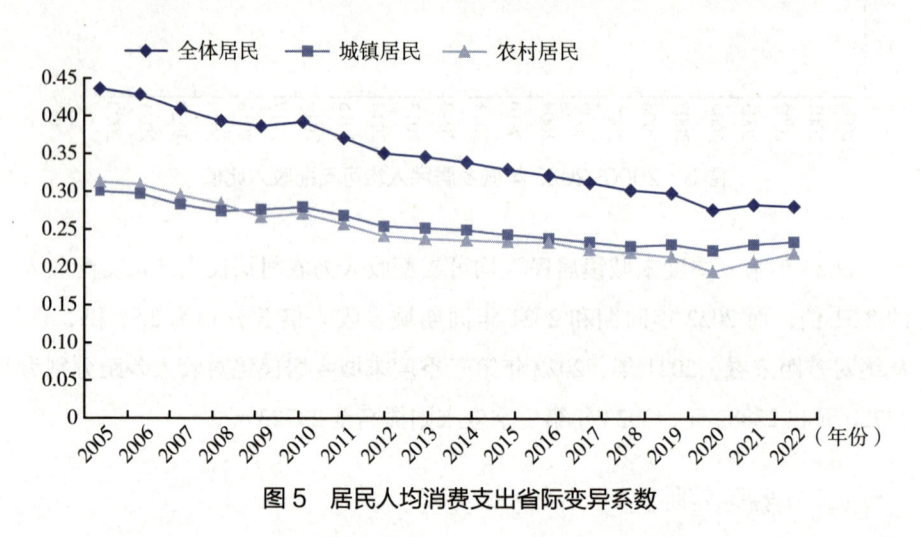

2005年以来，全国和农村居民人均可支配收入省际变异系数均高于人均消费支出省际变异系数，城镇居民则呈现相反的趋势，人均可支配收入省际变异系数较人均消费支出省际变异系数更低，只是这种差异2021年开始出现了逆转，城镇居民人均可支配收入省际变异系数超过了人均消费支出省际变异系数。通常而言，由于高收入群体的边际消费倾向较低，而低收入群体的边际消费倾向较高，人均消费支出变异系数会比人均可支配收入变异系数小。

此外，理论上，消费更多受到永久性收入而非当期收入影响，消费信贷在其中发挥了重要的作用，可能促使当期收入变异系数低于人均消费支出变异系数。农村居民人均可支配收入变异系数超过人均消费支出变异系数，可能与其存在较强的消费信贷约束以及平滑消费的能力较弱有关。而城镇居民人均可支配收入变异系数低于人均消费支出变异系数，则可能与城镇居民消费借贷能力以及平滑消费的能力更强有关。然而，2021年以来城镇居民人均消费支出变异系数低于人均可支配收入变异系数，可能预示着城镇中高收入群体的消费较之前受到了更多的约束，需要密切关注城镇中高收入群体消费倾向下降的问题。与此同时，增加低收入群体的收入，是扩大消费以及进一步缩小人均消费支出差距的重要途径。

分城乡来看，城镇居民人均可支配收入省际变异系数低于农村居民，说明农村居民收入省际差距比城镇居民收入省际差距更大。对于消费支出而言，从数值来看，农村居民人均消费支出省际差距与城镇居民人均消费支出省际差距很接近。只是2005~2008年，城镇居民人均消费支出省际变异系数略小于农村居民，2009年以来城镇居民人均消费支出省际差距略大于农村居民。较接近的城乡居民省际消费差距可能意味着低收入省份的农村居民面临较大的消费借贷需求。

总体人均可支配收入省际变异系数高于城镇和农村居民人均可支配收入省际变异系数，且与农村居民人均可支配收入省际变异系数较为接近。这说明农村居民人均可支配收入省际差距是总体人均可支配收入省际差距的最主要来源。总体人均消费支出省际变异系数高于城镇和农村居民人均消费支出省际变异系数，且城乡居民人均消费支出省际变异系数较为接近，说明居民人均消费支出的省际差距可能主要来自省内居民消费的城乡差距。

从变异系数的变化来看，近年来总体的居民人均可支配收入省际变异系数呈小幅下降趋势，农村居民人均可支配收入省际变异系数有微弱的波动，但总的来看呈小幅下降趋势，城镇居民人均可支配收入省际变异系数则在2015年以来上升趋势较为明显。短期来看，2023年第二季度末居民人均可支配收入省际变异系数同比小幅上升，但环比呈下降趋势。排除疫情扰动的影响，与2021年同期相比，2023年第二季度末人均可支配收入省际变异系数有所下降，说明省际居民收入差距较2021年呈缩小趋势。城镇和农村居民收入省际差距均有相同的变化趋势。

从消费来看，2023年第二季度末居民人均消费支出省际变异系数同比和环比均有小幅上升，但与2021年同期相比，人均消费支出省际变异系数呈下降趋势。城乡居民人均消费支出省际差异存在不同的变化趋势，其中2023年第二季度末农村居民人均消费支出省际差异同比有所上升，但环比则有小幅下降，与2021年同期相比也呈下降趋势。对于城镇居民而言，无论是与2022年还是与2021年同期相比，2023年第二季度末城镇居民人均消费支出省际差异均有所上升，环比也呈上升趋势。如果在较长的时间窗口进行考察，可以发现2020年以来人均消费支出省际变异系数下降趋势被逆转，呈现较为明显的上升趋势。

（三）地区差距

将31个省份分为东部、中部、西部和东北四个地区，计算人均可支配收入以及人均消费支出的泰尔指数，并对泰尔指数进行分解，以考察四大地区内部和地区之间的收入差距及其对总体收入差距的影响。①

从泰尔指数的变化来看地区收入差距变化，结果显示，2013年以来，居民收入总体泰尔指数呈明显的下降趋势，这是由地区间和地区内泰尔指数的共同下降趋势导致的。短期来看，2023年第二季度末居民收入总体泰尔指数同比和环比均有所下降，其中地区间和地区内部泰尔指数环比均呈下降趋势，而同比下降主要是由地区间泰尔指数下降导致，地区内部泰尔指数同比则有小幅上升，说明居民收入差距同比和环比均在缩小，其中四大地区内部和地区之间居民收入差距环比均有所缩小，而2023年第二季度末居民收入差距较2022年同期缩小的主要原因是地区间居民收入差距缩小。

分城乡来看，2015年以来，城镇居民人均可支配收入地区差距呈上升趋势，且地区内和地区间差距扩大趋势均较为明显，不过2022年城镇居民人均

---

① 需要指出的是，由于本文没有使用微观住户数据，对区域内部收入差距会有所低估。

表 1　2013～2022 年四大地区居民人均可支配收入和人均消费支出泰尔指数

居民人均可支配收入泰尔指数

年份	全部居民			城镇居民			农村居民		
	地区内差距	地区间差距	总体差距	地区内差距	地区间差距	总体差距	地区内差距	地区间差距	总体差距
2013	0.0226	0.0279	0.0505	0.0115	0.0126	0.0241	0.0121	0.0183	0.0303
2014	0.0223	0.0272	0.0495	0.0115	0.0125	0.0239	0.012	0.0178	0.0297
2015	0.0221	0.0265	0.0485	0.0115	0.0123	0.0237	0.0121	0.0174	0.0295
2016	0.0219	0.0264	0.0484	0.0116	0.0125	0.0241	0.0122	0.0171	0.0294
2017	0.0217	0.0263	0.0481	0.0116	0.0127	0.0244	0.0126	0.0169	0.0295
2018	0.0217	0.0262	0.0479	0.0119	0.013	0.0249	0.0128	0.0167	0.0295
2019	0.0214	0.0257	0.0472	0.0121	0.0132	0.0252	0.0127	0.0162	0.0289
2020	0.0207	0.0253	0.046	0.012	0.0135	0.0255	0.0127	0.0154	0.0281
2021	0.0207	0.0252	0.0459	0.0122	0.0138	0.026	0.0127	0.0157	0.0284
2022	0.0198	0.0244	0.0443	0.012	0.0136	0.0255	0.0126	0.0155	0.0281

居民人均消费支出泰尔指数

年份	全部居民			城镇居民			农村居民		
	地区内差距	地区间差距	总体差距	地区内差距	地区间差距	总体差距	地区内差距	地区间差距	总体差距
2013	0.0258	0.0244	0.0502	0.0145	0.0134	0.0279	0.0147	0.0101	0.0248
2014	0.0245	0.0239	0.0484	0.014	0.0134	0.0274	0.0139	0.0105	0.0244
2015	0.023	0.0228	0.0458	0.013	0.0131	0.026	0.0136	0.0103	0.0239
2016	0.0221	0.0221	0.0442	0.0129	0.0124	0.0253	0.0138	0.0102	0.024
2017	0.0207	0.0209	0.0416	0.0121	0.012	0.0241	0.0133	0.009	0.0224
2018	0.0198	0.0191	0.0389	0.0117	0.0111	0.0228	0.0134	0.0083	0.0217
2019	0.0192	0.019	0.0382	0.0116	0.0119	0.0235	0.0134	0.0075	0.0208
2020	0.0156	0.0177	0.0333	0.0095	0.013	0.0224	0.0117	0.0055	0.0173
2021	0.0171	0.0179	0.035	0.0114	0.0126	0.024	0.0122	0.0073	0.0196
2022	0.0168	0.0183	0.0351	0.0115	0.0135	0.025	0.0135	0.0083	0.0218

可支配收入差距扩大趋势有小幅逆转。2013年以来农村居民人均可支配收入的地区差距呈小幅下降趋势，其中四大地区间农村居民人均可支配收入持续下降，但地区内部差距则在2014~2018年呈上升趋势，2019年较2018年有小幅下降，此后基本维持在相同的水平。短期来看，2023年第二季度末城镇居民收入差距同比有所扩大，但环比呈缩小趋势。其中，四大地区间和地区内部城镇居民收入差距同比均有所扩大，环比均有所缩小。农村居民收入差距同比没有变化，环比则呈缩小趋势，农村居民收入差距环比缩小的主要原因是四大地区内部收入差距缩小，地区间收入差距环比则有所扩大。

从居民人均消费支出的泰尔指数及其分解结果来看，四大地区间和地区内部居民人均消费支出的泰尔指数差距很小，说明地区间和地区内部居民人均消费支出差距对总体居民人均消费支出差距的贡献较均衡，2020年以来地区间人均消费支出差距对总体居民人均消费支出差距的影响略大。城乡居民人均消费支出差距的来源又略有差异。地区内农村居民人均消费支出的泰尔指数大于地区间农村居民人均消费支出的泰尔指数，说明农村居民人均消费支出差距更多来源于地区内部差距。对于城镇居民而言，2019年以来，四大地区间城镇居民人均消费支出差距略大于地区内部城镇居民人均消费支出差距。

从泰尔指数的短期变化来看，2023年第二季度末居民人均消费支出差距环比和同比均有微弱的扩大趋势，其原因均为地区内部人均消费支出差距扩大，地区间人均消费支出差距均有所缩小。分城乡来看，城镇居民人均消费支出差距环比和同比均呈扩大趋势，其中地区间和地区内部城镇居民人均消费支出差距同比均呈扩大趋势，而环比城镇居民人均消费支出差距扩大的主要原因则是地区内部人均消费支出差距扩大，地区间城镇居民人均消费支出差距环比反而有所缩小。农村居民人均消费支出差距同比未发生变化，环比则有所缩小。其中，地区内农村居民人均消费支出差距同比扩大，地区间农村居民人均消费支出差距同比缩小，二者抵消了对农村居民人均消费支出差距同比变化的影响。从环比来看，地区内农村居民人均消费支出差距环比有小幅增加，但地区间农村居民人均消费支出差距环比下降幅度较大，最终使农村居民人均消费支出差距环比有所缩小。

（四）财富差距快速扩大的趋势得到扭转

改革开放以来，我国居民的财富积累渠道不断拓宽，居民财富呈现出不断增长的态势。由于财富具有累积效应，财富增长速度通常要快于收入增长速度。李实等的研究表明，1995~2002年居民人均总财产净值实际增加了1.14倍，年均实际增长率为11.5%，快于这一期间GDP实际年均增长率（8.2%）和居民人均收入实际增长率（5.4%）。① 2002~2013年居民人均总财产净值则实际增长了4.41倍，年均实际增长率达到了16.6%。② 得益于我国经济的迅速增长，从国际比较的角度看，我国居民的财富增长速度也要远高于同一发展阶段的欧美国家。

在我国居民财富迅速增长的同时，财富差距也在快速拉大。根据Knight等的研究，2002~2013年，收入的基尼系数从0.424上升到了0.444，仅上升了0.02个点，而财产净值的基尼系数则从0.494上升到了0.596，迅速上升了0.102个点。③ 相比欧美国家而言，我国居民财产差距的绝对水平不高，而且也没有出现财富分配两极分化，但居民财富差距的扩大速度很快。④

我国居民财富差距快速扩大的趋势在近期得到扭转。Wan和Knight的研究表明，2018年财富净值的基尼系数为0.625，仅比2013年提高了0.029个点。⑤ 房产净值是居民财富的主要组成部分，2013年和2018年分别占居民财富的70.4%和72.8%。房产的增值幅度与分布状况，对居民财富差距有着十分重要的影响。从房产净值自身的分布状况看，房产的分布状况在2013~2018年基本

---

① 李实、魏众、丁赛：《中国居民财产分布不均等及其原因的经验分析》，《经济研究》2005年第6期。
② Knight John, Li Shi, Wan Haiyuan, "Why has China's Inequality of Household Wealth Risen Rapidly in the Twenty-First Century?" *Review of Income and Wealth*, Vol. 68(1), 2022.
③ Knight John, Li Shi, Wan Haiyuan, "Why has China's Inequality of Household Wealth Risen Rapidly in the Twenty-First Century?" *Review of Income and Wealth*, Vol. 68(1), 2022.
④ 美国1962~2019年居民财富的基尼系数在0.799~0.877变动，参见Wolff Edward N., "Household Wealth Trends in the United States, 1962 to 2019: Median Wealth Rebounds... But Not Enough," NBER Working Paper No. 28383, 2021.
⑤ Wan Haiyuan, Knight John, 2023, "China's Growing but Slowing Inequality of Household Wealth, 2013-2018: A Challenge to 'Common Prosperity'?" *China Economic Review*, 79, 101947.

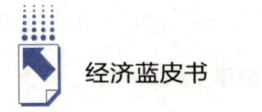

没有变化。房产净值 2013 年和 2018 年的基尼系数分别为 0.691 和 0.709，集中率 2013 年和 2018 年分别为 0.955 和 0.958，从增值幅度看，2002~2013 年，房产的年均增值幅度为 15.2%，而 2013~2018 年，房产的年均增值幅度仅为 8.9%。因此，财富差距在这一时期涨幅的缩小主要源自房产增值幅度的缩小。

二 调整收入分配格局的着力点

提高居民收入水平、改善收入分配格局是扩大内需和实现高质量发展的必然要求。随着经济全面恢复，居民收入增速有所回升，但仍未恢复到疫情前水平。地区收入差距较大的问题仍然较为突出。疫情经历使居民深切感受到不确定性，对经济发展的预期和信心也有待恢复。全方位、多渠道提高居民尤其是低收入居民收入，是改善预期、缩小收入差距、扩大内需的关键。工资性收入占居民人均可支配收入的比重超过一半，稳就业是增加工资性收入尤其是低收入群体收入的重点。财产净收入的增长与金融需求密不可分，扩大有本金和债务约束的金融需求会通过资本市场作用于财产净收入的增长。此外，农村土地等要素市场的建设，能够有力促进农村居民财产净收入的增长。

（一）缩小南北差距

当前，我国不同地区的经济发展差距还较大，在东西发展差距得到一定程度缩小的同时，南北发展差距呈现出拉大态势，成为地区差距的新维度。数据表明，2013~2022 年，东部地区的人均可支配收入从 23728 元增加到 47250 元。但是 2022 年中部和东北地区的人均可支配收入还不到 32000 元，西部地区的人均可支配收入仅为 29192 元，地区差距依然较大。从时间维度看，2013~2022 年，东部地区人均可支配收入名义增长率为 99.13%，中部地区和西部地区人均可支配收入名义增长率分别为 105.77% 和 110.28%，而东北地区人均可支配收入名义增长率仅为 76.36%。

从南北差距看，2013~2022 年，南方省份的人均可支配收入从 19202 元增长到 39696 元，名义增长率为 106.73%；北方省份的人均可支配收入从 17248

元增长到33449元，名义增长率为93.93%，南北差距进一步拉大。从横向比较看，南方省份的人均可支配收入2013年是北方省份人均可支配收入的1.11倍，2022年增长到1.19倍。

图6 南北方省份人均可支配收入变化趋势

（二）提高青年群体和农民工群体的收入水平

劳动收入是大多数人尤其是中低收入者的主要收入来源，但部分群体的工资性收入增长乏力，甚至缺乏获取工资性收入的机会与渠道，这一问题突出反映在青年群体和农民工中的中老年群体之上。

青年群体是劳动力队伍中的新生代群体。促进青年人的稳定就业、提高青年人的就业质量，不仅有助于提高青年就业者的福利水平，而且有利于劳动力队伍在长期意义上的稳定与提升。然而，青年人往往缺乏工作经验，从而在劳动力市场的竞争中处于不利地位，而劳动力市场的不完善更是加剧了青年人就业困境。因此，青年群体的失业率通常要高于其他年龄组，青年就业成为世界各国面临的共同挑战。2023年以来，我国16~24岁人口城镇调查失业率逐月上升，从1月的17.3%逐渐上升为2月的18.1%、3月的19.6%、4月的20.4%、5月的20.8%、6月的21.3%。尽管青年人与原生家庭有着较为

紧密的联系，未及时就业的青年人能够借助家庭网络的支持，应对较短期的劳动力市场冲击。然而，研究表明，失业具有"伤疤效应"，即在某个时点上失业的人员，更有可能在随后再次陷入失业状态。此外，在宏观经济欠佳的年份进入劳动力市场的人员，在其一生中都会遭受负面影响。因此，青年失业问题不仅在短期内影响青年群体的收入，还会影响青年人在劳动力市场上的长期表现，导致增收困难将在相当长时期对其形成持续性困扰。

进城务工收入是农村居民收入的重要来源。受新冠疫情影响，不断扩大的外出农民工规模在2020年缩小到16959万人，2022年外出农民工达17190万人，基本与2018年持平。2023年第二季度末，外出务工农村劳动力总量为18705万人，同比增长3.2%。尽管农民工就业人口恢复了增长势头，但外出农民工平均工资增长基本同步于城镇工资性收入增长，同时要远低于农村居民的工资性收入增长。从结构上看，部分农民工群体近年来遭受了就业方面的冲击。例如，建筑业对农民工年龄上限的严格规定，尽管其初衷是保障60岁以上的男性农民工以及50岁以上的女性农民工的劳动权益，但对这部分大龄农民工的就业不可避免地造成了负面影响。根据国家统计局的农民工监测报告，50岁以上农民工占全部农民工的份额，2018年为22.4%，2022年已提高至29.2%。而建筑业又是农民工就业的主要部门，2018~2021年在建筑业就业的农民工占全部农民工的19%。受建筑业年龄上限影响，2022年在建筑业就业的农民工比重下降至17.7%。

（三）促进财产性收入增长

党的二十大报告指出，"完善按要素分配政策制度，探索多种渠道增加中低收入群众要素收入，多渠道增加城乡居民财产性收入"。从可支配收入的构成来看，财产净收入在发达国家一般是仅低于工资性收入的第二大收入来源。但财产净收入在我国居民可支配收入中的占比都是最低的，对农村居民尤其如此。财产净收入份额过低这一现象在近年来没有得到扭转，成为影响居民增收的一大障碍。2018年我国城镇居民和农村居民的财产净收入在可支配收入中的比重分别为10.26%和2.34%；2022年城镇居民和农村居民财产净收入的份额分别为 10.63% 和 2.53%。2018~2022 年，不论是城镇居民还是农村居民，财产净收入的份额基本保持不变。2023 年第二季度财产净收入的增长速度较同期略微有所下降。

农村居民财产净收入占比长期偏低，不仅制约了农民收入增长，同时也不利于城乡收入差距缩小。改革开放以来，尽管我国农村居民财产净收入不断增长，但占人均可支配收入的比重一直不高，对农民增收的贡献相对较小，成为农民增收的最大短板。从城乡比较的角度看，2022 年，农村居民人均财产净收入为 509 元，城镇居民人均财产净收入达到 5238 元，约是农村居民的 10 倍。农村居民人均财产净收入只占其人均可支配收入的 2.53%，而城镇居民财产净收入在其人均可支配收入中的份额为 10.63%。

从财产性收入构成来看，我国农村居民的财产性收入来源也比较单一。农村居民的人均可支配收入在改革开放以来持续增长，由于收入累积以及财产升值，农村居民的财产总额不断增大，财产种类也越来越丰富。中国家庭财富调查数据显示，房产净值、金融资产、动产与耐用消费品是农村居民最为重要的三大财产组成部分，但房产净值相当大一部分是不能直接转化为收入的自有住房估算租金。因此，农村居民的财产性收入主要来自金融资产所产生的利息等收入，土地这一重要资产的价值没有充分发挥出来。

资本市场低迷是我国财产性收入不高的一个重要原因。根据中国家庭财富调查数据，金融资产在中国家庭人均财富中的份额约为 16%，我国居民资产更多地体现为房产，房产一直是我国居民财富的主体，但房产租价和售价比例并不合理。由于存款利率在近年来逐渐下行，存款利息已不是金融资产获取财产性收入的主要渠道，资本市场转而成为增加财产性收入的重要平台。然而，以股市为主要代表的资本市场在 2023 年出现反复震荡，尽管我国的资本市场在相当程度上受到资金面和短期投机因素的影响，因而不能被视为经济运行的晴雨表，但资本市场的低迷，不仅直接影响着城乡居民财产性收入的提升，而且影响着市场的信心和投资热情，进而通过生产经营、就业等渠道阻碍工资性收入、经营净收入等其他收入的提升。

（四）优化再分配政策

再分配是缩小收入和财富差距的重要工具。OECD国家利用再分配政策，成功地大幅缩小了收入差距。而我国再分配政策对收入差距的调节效果相对有限，需要对再分配政策进行优化。例如，2011年中国居民的初次分配收入的基尼系数为0.548，经过税收和转移支付的再分配调节之后，可支配收入的基尼系数降到0.514，再分配使得中国居民收入的基尼系数降低6.20%。相比之下，爱尔兰居民初次分配收入的基尼系数为0.567，再分配前的收入差距要大于中国。但爱尔兰的再分配政策发挥了调节收入差距的巨大作用，经过再分配调节之后，爱尔兰居民可支配收入的基尼系数降到0.307，下降幅度达到45.86%。这也使得爱尔兰在再分配后的居民收入差距要远小于中国。[1]

优化再分配政策，需要更加合理地使用税收、社会保障、转移支付等多种再分配调节工具。研究表明，尽管我国个人所得税的累进性较高，但平均有效税率很低，由此导致个人所得税仅能微弱地发挥缩小收入差距的再分配效应。[2]除了提高个人所得税的平均有效税率之外，还需优化税制结构，逐步提高直接税的比重，以更好地发挥税收的再分配效应。

在社会保障和转移支付方面，我国的社会保障支出和转移支付所发挥的再分配作用也极为有限。Cai和Yue考察了养老金、低保、医保等社会保障支出与公共转移支付的收入再分配效应，发现2013年社会保障支出和转移支付能够使得收入差距的基尼系数从0.4604降低到0.4364，降低幅度仅为5.21%。Cai和Yue的研究也表明，我国的社会保障支出和转移支付并未呈现出随着居民的收入降低而增加的单调特征。因此，如果不提高社会保障支出和转移支付的瞄准效率和累退性，单是加大社会保障支出和转移支付的力度，非但不能缩小收入差距，反而会扩大收入差距。[3]

---

[1] https://stats.oecd.org/BrandedView.aspx?oecd_bv_id=socwel-data-en&doi=data-00654-en.
[2] 2013年个人所得税仅能使得居民收入的基尼系数降低0.87%。参见张玄、岳希明、邵桂根《个人所得税收入再分配效应的国际比较》，《国际税收》2020年第7期。
[3] Cai Meng, Yue Ximing, "The Redistributive Role of Government Social Security Transfers on Inequality in China," *China Economic Review*, Volume 62, August 2020.

三　展望与政策建议

2016年以来，居民可支配收入的基尼系数在0.465~0.468变动，居民收入差距基本稳定。房产价格快速上涨势头在近期得到遏制，财富差距不再呈现出急剧拉大的特征，而是呈现缓慢扩大这一新的态势。在总体的收入差距趋于稳定和财富差距缓慢缩小的态势下，需要更为关注收入分配领域的若干重点问题。当前，收入分配领域仍存在部分群体劳动收入增长乏力、财产净收入增长缓慢、地区差距依然较大、再分配力度有待加大等问题，亟须通过相关政策的实施，改善收入和财富分配格局，进而畅通经济循环。

第一，通过经济活动的合理集聚，引导生产要素跨地区合理配置，形成更加合理的区域分工格局。一是加快建设全国统一大市场，根据效率原则配置各种资源和要素，鼓励资源和要素在不同区域之间自由流动，不仅能够促进效率提高，而且能够缩小收入差距。二是充分发挥各地区的比较优势，形成地区间经济发展的分工和互补关系。三是构建更加完善的地区间收入转移支付机制和互助机制。建立健全区域发展统筹机制、区域合作互助机制、区际利益补偿机制等，提升区域间的合作层次和水平。建立区域合作与利益调节机制，完善财政转移支付体系。

第二，多措并举解决青年、农民工等群体就业问题，以稳定和改善预期。一是提升青年群体的人力资本。提高青年群体受教育年限，有助于提升效率，支撑经济高质量发展。二是加强职业教育与技能培训。职业教育与技能培训是提升青年人力资本的有效途径，但职业教育与技能培训在传授具体技能的同时，也应培养分析与解决问题的能力，以延长所学技能的半衰期。需要深入开展职业技能教育和培训，重视职业教育发展，建立新型职业技能培训、激励和评价机制。三是增强劳动力市场的灵活性。进一步放松户籍制度，根据效率原则配置劳动力资源，有助于提高青年群体和农民工群体在劳动力市场上的匹配效率，促进青年群体和农民工群体的就业。四是实行就业帮扶政

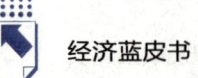

策。借鉴欧美和日本等的经验,大力发展面向青年以及大龄劳动者、残疾人等弱势就业群体的精准帮扶,推动数字服务领域灵活就业走向正规就业(享受同等的养老保险公共服务),降低自然失业率。

第三,努力增加居民财产性收入,让人民群众共享发展成果。一是深化土地要素市场化改革。通过改革农村土地制度和农村集体产权制度,打通资源变资本、变财富的渠道,从而拓宽农民财产性收入来源,大幅度提高财产性收入所占比重及其对农民增收的贡献,并起到缩小城乡收入差距的作用。二是促进资本市场健康发展。全面深化资本市场改革和扩大开放,推动资本市场平稳健康发展,加大机构投资者配置力度,吸引资金持续入市,引导价值投资,激发市场活力,维护市场稳定,使广大投资者能够共享经济发展成果。此外,需要鼓励金融机构创新,根据居民差异化的金融资产偏好,提供多元化的金融产品,使不同家庭可以根据其财富水平和风险偏好进行投资产品的最优配置,获得相应的投资收益。另外,政府部门还需建立保护家庭理财投资者合法权益的法律和监管框架,提高居民从金融资产获取财产性收入的信心。

第四,完善以税收、社会保障等为主要手段的再分配调节政策。一是优化税制结构。目前,间接税在我国税制结构中依然占主体地位,但间接税基本是累退性质的,导致我国税制在整体上具有累退性。需要逐步提高直接税的比重,探索以家庭为单位征收个人所得税,更好地发挥个人所得税调节收入分配的功能。二是进一步完善社会保障制度。当前,我国已经基本建成以社会保险为主体,包括社会救助、社会福利、社会优抚等制度在内的功能完备的社会保障体系,为调节收入分配提供了坚强支撑。但社会保障制度在制度整合和制度转移衔接上还需加强,部分农民工、灵活就业人员、新业态就业人员等没有被纳入社会保障体系,社会保障统筹层次有待提高,城乡、区域、群体之间待遇差异不尽合理,需要完善社会保障制度,更好地发挥社会保障制度的再分配功能。

参考文献

李实、魏众、丁赛:《中国居民财产分布不均等及其原因的经验分析》,《经济研究》2005 年第 6 期。

张玄、岳希明、邵桂根:《个人所得税收入再分配效应的国际比较》,《国际税收》2020 年第 7 期。

Knight John, Li Shi, Wan Haiyuan, "Why has China's Inequality of Household Wealth Risen Rapidly in the Twenty-First Century?" *Review of Income and Wealth*, Vol. 68(1), 2022.

Wolff Edward N., "Household Wealth Trends in the United States, 1962 to 2019: Median Wealth Rebounds... But Not Enough," NBER Working Paper No. 28383, 2021.

Abstract

The performance of China's economy showed an overall improvement amidst the complex and ever-changing external environment in 2023. Looking ahead to 2024, the evolution of global landscape has been accelerated due to interweaving of factors on "changes, turbulence and difficulties". The global economy is lasting in the situation "three highs and one low." China's economy is overlying "new three periods", namely a critical stage of post-pandemic economic recovery, a crucial stage of transition from old to new driving forces, and a period of profound external environmental adjustments. Macroeconomic regulations are required to strengthen efforts, adopt new approaches, and enhance efficiency. Specifically, active fiscal policies should be intensified, optimizing structure; prudent monetary policies should be resolute and efficient, keeping channels smooth; industry policies should be consolidated and innovated, focusing on inclusivity and prudence; technology policies should focus on high-level self-reliance and institutional innovation; Social policies should firmly adhere to safeguarding people's livelihoods and prioritize employment. Economic policy efforts should be directed towards expanding domestic demand, strengthening industries, promoting reforms, preventing risks, and benefiting people's livelihoods to consolidate economic stability and facilitate the transition between old and new driving forces. It is expected that China's economy will grow by about 5% in 2024. The key tasks include: implementing strategies for expanding domestic demand and boosting

Abstract

the domestic economic cycle; accelerating the development of new driving forces and building a modern industrial system; continuing to promote reform and opening up to stimulate high-quality development; effectively preventing and resolving risks in key areas to establish a solid safety net; and comprehensively promoting high-quality and full employment to provide better safeguarding and people's livelihoods improvement.

Keywords: "New Three Periods" Overlap; Expanding Domestic Demand; Strengthening Industries; Promoting Reforms; Preventing Risks; Benefiting People's Livelihood

Contents

I General Report

B.1 Analysis, Forecast, and Policy Suggestions on China's Economic Situation in 2024

Research Group of Council on Macro Economic Studies of CASS / 001

Abstract: The performance of China's economy showed an overall improvement amidst the complex and ever-changing external environment in 2023. Looking ahead to 2024, the evolution of global landscape has been accelerated due to interweaving of factors on "changes, turbulence and difficulties". The global economy is lasting in the situation "three highs and one low." China's economy is overlying "new three periods", namely a critical stage of post-pandemic economic recovery, a crucial stage of transition from old to new driving forces, and a period of profound external environmental adjustments. Macroeconomic regulations are required to strengthen efforts, adopt new approaches, and enhance efficiency. Specifically, active fiscal policies should be intensified, optimizing structure; prudent monetary policies should be resolute and efficient, keeping channels smooth; industry policies should be consolidated and innovated, focusing on inclusivity and prudence; technology policies should focus on high-level self-reliance and institutional innovation; Social policies should firmly adhere to safeguarding people's livelihoods and prioritize employment.

Economic policy efforts should be directed towards expanding domestic demand, strengthening industries, promoting reforms, preventing risks, and benefiting people's livelihoods to consolidate economic stability and facilitate the transition between old and new driving forces. It is expected that China's economy will grow by about 5% in 2024. The key tasks include: implementing strategies for expanding domestic demand and boosting the domestic economic cycle; accelerating the development of new driving forces and building a modern industrial system; continuing to promote reform and opening up to stimulate high-quality development; effectively preventing and resolving risks in key areas to establish a solid safety net; and comprehensively promoting high-quality and full employment to provide better safeguarding and people's livelihoods improvement.

Keywords: "New Three Periods" Overlap; Expanding Domestic Demand; Strengthening Industries; Promoting Reforms; Preventing Risks; Benefiting People's Livelihood

II Macroeconomic Trend and Policy Outlook

B.2 The Evolution of International Economic Situation and Its Impact on China's Economy

Zhang Bin (IWEP of CASS), Xiao Lisheng and Yang Zirong / 017

Abstract: In 2023, global economic is anticipated to experience a slowdown in growth, while inflationary pressures persist, and the risks associated with economic hard landing and financial market will decline. Global economic growth is expected to slow down slightly further in 2024, with a modest resurgence in global trade, further intensification of regional differentiation, and overall risks that tilted towards the downside. The primary challenge confronting China's foreign economic activities include the tepid recovery of export growth, geopolitical tensions, the restructuring of industrial chains, and new international financial market risks. To address the challenges of the external environment in the future, China needs to focus on four aspects: first, maintaining the strategy of expanding domestic demand; second, ensuring a flexible exchange rate regime for the RMB; third, further opening up to foreign markets; and fourth, mitigating geopolitical conflicts.

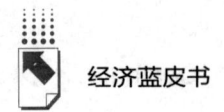

Keywords: Economic Growth; Inflation; Monetary Policy; Financial Risk

B.3 China's Economic Situation in 2024 and Policy Suggestion

Zhu Baoliang / 030

Abstract: In 2023, China's economy entered a phase of normalized operation following the post-pandemic period. The service industry witnessed continuous growth in production, and market demand gradually recovered, while employment remained relatively stable. Benefiting from the low base effect in 2023, the economic performance showed a pattern of "initially low, moderately high, and subsequently stable," with the annual economic growth slightly exceeding 5%. However, the two-year average growth rate from 2022 to 2023 was only around 4%, indicating a significant gap compared to the potential growth rate of about 5.3%. Looking ahead to 2024, the scarring effect of the pandemic and changes in the international economic environment will continue to affect economic recovery. Market entities are experiencing unstable expectations and a lack of confidence. Additionally, there is weak domestic demand and enterprises are facing excess production capacity, and financial and fiscal risks are on the rise. To address these challenges, it is imperative to persist in prioritizing economic development, adhere to the work principle of seeking progress while maintaining stability, emphasize the importance of stabilizing growth, continue implementing proactive fiscal policies and prudent monetary policies, deepen reforms, expand openness, focus on expanding domestic demand, enhance the vitality of microeconomic entities, stabilize market confidence, and maintain economic operations within a reasonable range.

Keywords: Effective Demand; Market Expectations; GDP Gap

B.4 Analysis of the Economic Situation in 2023 and Outlook for 2024

Sun Xuegong / 044

Abstract: China's economy has been steadily recovering since 2023. Service industry and consumption are serving as the crucial driving forces on both the supply and demand sides, besides Inflation remaining low and stable, unemployment rates steadily declining, and the international balance of payments maintaining in surplus. New progress has been achieved in high-quality development, with positive changes observed in supply structure, investment structure, demand structure, energy structure, and distribution structure. However, due to various domestic and international factors, the economic recovery is characterized by undulating progress sometimes with twists and turns. Key challenges include the current output level bellowing potential output, prominent insufficiency in demand, significant operational difficulties for microeconomic entities, continued accumulation of risks in certain areas, and considerable volatility in economic operations. Various cyclical, structural, and institutional problems continuously affect the economic recovery process, such as the scarring effects of the COVID-19 pandemic, global economic slowdown affecting external demand, prolonged market downturn in some important industries and commodities, deterioration of the international economic and technological cooperation environment impacting expectations, and the persistence of institutional constraints affecting the realization of growth potential. Nevertheless, the overall trend of China's economic recovery and longer-term prospects remain positive, with an expected 5.3% economic growth in 2023 and around 5% growth in 2024. Factors such as demographic changes, productivity, and debt risk increase the uncertainty of China's medium-to-long-term economic growth; however, China has the foundation and conditions to address these issues and challenges, and the long-term growth prospects for the Chinese economy remain promising. At present, China is at a critical stage in its post-pandemic economic recovery and laying the foundation for medium-to-long-term growth. It is essential to emphasize on the synergy and coordination between short-term regulation, structural adjustments, and institutional reforms. Moreover, policy efforts should be made to enhance market expectations, strengthen the endogenous driving forces of economic recovery, solidify development foundations, optimize and upgrade structures, and focus on resolving hidden risks.

Keywords: Economic Structure; Service Industry; Consumption

Ⅲ Fiscal Situation and Tax Revenue

B.5   China's Fiscal Situation: Analysis, Outlook and Policy Suggestion

Yang Zhiyong / 058

Abstract: In 2023, fiscal revenue experienced a recovery-oriented growth, but the overall balance of revenue and expenditure remained tight. After April of 2023, the growth rate of general public budget revenue gradually declined, and by August, the revenue scale had fallen below the same period of the previous year. The decline in government fund revenue slowed down, yet considerable revenue pressure persisted. Influenced by multiple factors, fiscal revenue in 2024 is projected to maintain a low-level growth, necessitating the maintenance of a necessary level of fiscal expenditure to ensure stability in investment and meet the functional requirements of key areas. The trend of tight fiscal balance is becoming increasingly prominent. In 2024, the focuses will be on further improving and implementing proactive fiscal policies, emphasizing the role of growth-oriented fiscal policies, further increasing the fiscal deficit ratio, expanding the scale of general bond issuance, and moderately reducing the scale of special bond issuance. The fiscal policy will emphasize the promotion of structural optimization through balanced expenditure. Simultaneously, an effectively utilizing special bond funds will support the construction of livelihood projects and major strategic projects, while improving the management and supervision system for special bonds and implementing strategies will smoothly absorb regional debt risks. Additionally, it is necessary to appropriately handle the relationship between the central and local governments.

Keywords: Fiscal Situation; Fiscal Policy; Fiscal Deficit; Local Government Debt

B.6 Analysis of China's Tax Revenue Situation in 2023 and Outlook for 2024

Zhang Bin (NAES of CASS), Yuan Yijie / 080

Abstract: In 2023, due to the intensive implementation of the large-scale tax credit refund policy as the main measure of the combined tax and fee support policy from April to July last year, the cumulative tax revenue in the first three quarters increased by 11.9% from a year earlier. In the third quarter, factors such as the increase in the tax revenue base and a substantial reduction in resource prices led to a significant decline of the growth rate of tax revenue. If the overall economy continues to improve in the future, and taking into account factors such as the phased expiration of tax and fee reduction policies, the issuance of 1 trillion special national bonds, and local special refinancing bonds, it is expected that tax revenue will show a recovery growth trend in the fourth quarter and throughout the year 2023.

Keywords: Tax Revenue; Tax Credit Refund; Tax Base

B.7　Analysis of China's Tax Operation in 2023 and Prospects for 2024

Fu Guangjun / 099

Abstract: In 2023, the cumulative growth rate of tax revenue in the first quarter was 0.2%, which was 4.1 percentage points lower than the economic growth rate. The cumulative growth rate in the second quarter was 13.9%, which was significantly higher than the growth rate in the first quarter, 8.4 percentage points higher than the economic growth rate. The cumulative growth rate in the third quarter was 10.6%, 5.4 percentage points higher than the economic growth rate. The growth rate of value-added tax revenue in major tax categories is relatively high compared to the previous year, and the growth rate of tax revenue in major coastal tax source provinces is showing a positive growth trend, with some provinces and regions experiencing higher growth rates. The macroeconomic situation in China in 2023 is also in a low-speed growth trend. With the recovery of economic development, tax revenue in the fourth quarter will continue to maintain a positive growth state. It is expected that the annual tax revenue growth rate will still be higher than the economic growth rate, and the tax revenue growth rate in 2024 is expected to be slightly higher than the economic growth rate.

Keywords: Tax Situation; Tax Revenue; Categories of Taxes

Ⅳ　Monetary & Financial and Asset Market

B.8　China's Monetary and Financial Situation: Analysis and Risk Prevention

Zhang Xiaojing, Cao Jing / 117

Abstract: After the stable transition of epidemic control in 2023, the recovery of China's economy faced challenges such as insufficient domestic effective demand, weakened confidence of market entities, and numerous hidden risks in key areas.

Timely macroeconomic and financial policies have been implemented to increase countercyclical adjustment efforts, with reasonable growth in monetary credit and social financing scale, to overall facilitate the improvement of the economic operation. However, constrained by factors such as the ineffective transmission mechanism of monetary policy and the weak willingness of market entities to leverage, the expansion of real economy debt is limited. The macro leverage ratio has passively increased due to the nominal economic growth slowdown, and the slowing momentum of economic recovery has led to the temporary pressure on the RMB exchange rate and the stock market. More focuses ought to be on the hidden risks in areas of real estate, finance, and implicit debt of local governments, such as the intertwining risks of real estate enterprise debt defaults and non-performing loans of commercial banks, as well as the spillover of fiscal and financial risks caused by the pressure of implicit debt repayment. Looking ahead to 2024, in order to further consolidate the foundation of economic recovery, it is necessary to continue the expansion-oriented macro-financial control policies, expand domestic effective demand, and stimulate the vitality of private investment. It is also important to increase efforts to help real estate enterprises, thereby stabilizing and warming up the real estate market, as well as to leverage the synergy of fiscal and financial measures to resolve the risks of implicit debt of local governments.

Keywords: Monetary; Financial Situation; Financial Risk Prevention

B.9 The Economic Recovery of China and the Transformation of Asset Valuation Cycles

Zhang Ping, Yang Yaowu / 135

Abstract: In 2023, China's economy emerged from the shadow of the pandemic, with consumption rebounding and sustained policy in the second half of the year,

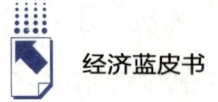

resulting in a recovery of the GDP year-on-year growth rate to 5.2% in the first three quarters, laying a solid foundation for achieving the annual economic growth target. In 2023, China's external environment remained severe, as continuous interest rate hikes in the United States led to global monetary tightening and a slowdown in global economic recovery. Geopolitical conflicts also continued, causing sustained disturbance to the global economy. China's economy embarked on a path of self-prioritized recovery, primarily manifested in the following aspects: first, a boost in domestic demand, with the service sector and consumption accelerating their recovery after being suppressed by the pandemic. The service sector has become the primary driver of economic growth, accounting for 55% of GDP, exceeding the 2019 level, leading to a rebound in consumer spending; second, an independent and autonomous macroeconomic policy can be identified. In contrast to the continuous interest rate hikes in the United States aimed at curbing inflation, China has consistently reduced interest rates and reserve requirements, implemented proactive fiscal policies, issued special treasury bonds, and maintained an independent macroeconomic policy, effectively stabilizing domestic growth; third, the maintenance of China's global position in export-oriented manufacturing, with Chinese manufacturing demonstrating resilience in the face of global shifts and ongoing U.S. interest rate hikes, maintaining a trade surplus in goods, and a month-on-month rise in exports in September, demonstrate China's competitive advantage in manufacturing. China's economy has also shown some signs of weak recovery, with an average quarter-on-quarter growth rate of 0.9% in the second and third quarters of 2023, lower than 1%; the October PMI was 49.5%, returning to the contraction zone, and it is expected that the quarter-on-quarter economic growth will remain below 1% in the fourth quarter; in September, the year-on-year growth of the CPI remained at zero, indicating that the economic cycle is still not smooth, and the basis of the recovery is relatively fragile. In 2024, in the environment of sustained high interest rates in the United States, the International Monetary Fund (IMF) once again reduced the global economic growth forecast for 2024 in October. The IMF predicts that next year's global economic growth will be lower than this year and also lowered its forecast for China's economic growth. Sustained efforts in policy are required for the continued recovery of China's economy. The Central Economic Working Conference on July 24, 2023 proposed to "energize the capital market", "promote the stable and healthy development of the real estate market", and "accelerate the formulation of a comprehensive plan for the securitization of local government debt". The government has introduced a series of policies aimed at promoting the real estate and capital markets. In response to local debt issues, special refinancing bonds are being issued at the local level. Furthermore, in October, the nation issued special government bonds to stimulate the economy. Despite the proactive policies, the recovery of the capital market and real estate market has not been entirely satisfactory, reflecting a shift in China's asset valuation cycle from a "growth premium period" to a "cash return period". It is crucial to pay attention to the "asset-cash flow-liability" cycle brought about by the changes in asset pricing cycles after the deceleration of China's economic growth, and its effects on short-term consumption, investment, monetary circulation, and financial stability. We should grasp the changes in asset valuation cycles, strengthen macroeconomic governance, and promote the stable, healthy, and high-quality development of China's economy.

Keywords: Economic Recovery; Asset Valuation Cycle; Macroeconomic Governance; High-Quality Development

B.10 Analysis, Outlook, and Policy Recommendations on China's Real Estate Situation

He Dexu, Zou Linhua, Yan Yan, Yan Jinqiang and Jiang Xuemei / 153

Abstract: In 2023, the size of the new housing market showed a "rise and then decline" trend, with overall decrease in new home sales prices and a widening decline in real estate development investment. Second-hand housing prices generally fell, and cities with relatively high housing prices experienced larger declines, except for first-tier cities. The number of newly listed second-hand houses slightly decreased, and there was no "selling frenzy" as anticipated. Housing rentals were slightly lower than the same period last year. Issues in the real estate market include oversupply in certain periods, continuous downward pressure on housing prices, financial difficulties for real estate enterprises, widespread expectation of declining housing prices, and insignificant effectiveness of regulation. Therefore, the following recommendations are proposed: Relax restrictions on price reductions for new homes in accordance with local conditions; further optimize policies to promote stable release of demand for improved housing; accelerate the construction of new development models to comprehensively boost long-term market confidence.

Keywords: Real Estate; Rental Market; Housing Policies

B.11 Review of China's Stock Market and Outlook for 2024

Li Shiqi, Zhu Pingfang / 183

Abstract: In 2023, registration-based IPO regime of China's stock market has been fully implemented, high-level reform and opening up has continued to advance, financial regulators have taken multiple measures to invigorate the capital market, boost investor confidence, and prevent and defuse risks in key areas. Valuation system with Chinese characteristics has become the main line of the market, and the digital economy has performed brilliantly. Developed economies around the world have slowed down the pace of interest rate hikes, striving for a soft landing of the economy. The central government has focused on expanding domestic demand, promoting continuous improvement of social expectations, implementing a prudent monetary policy with precision and force, and making good counter-cyclical and cross-cyclical adjustments. In 2024, the A-share market still has structural opportunities, and it is necessary to seize the strategic opportunities of the digital economy, embrace the wave of the green and low-carbon era, establish the mission of biomedical development, and firmly establish the concept of long-term investment and value investment. The long-term trend of the modern capital market with Chinese characteristics has not changed.

Keywords: China's Stock Market; Macroeconomics; Capital Market; Scientific and Technological Innovation

V Industrial Economy and High-Quality Development

B.12 Analysis of China's Agricultural Economic Situation in 2023 and Outlook for 2024

Zhang Haipeng, Quan Shiwen, Yang Xin and Zhu Wenbo / 205

Abstract: In 2023, despite facing adverse factors such as extreme weather disasters and international geopolitical conflicts, the agricultural economy in China has shown a steady and positive development pattern. The production and supply of grain and important agricultural products have maintained stable growth, food market prices have remained within a reasonable range, the agricultural service industry has experienced recovery and growth, and food retail methods have gradually diversified. Rural residents' incomes have steadily increased, consumption has been upgraded, and the urban-rural income gap has narrowed, effectively playing a stabilizing role. In 2024, the agricultural economy in China will continue to maintain a stable and progressive development trend, with abundant supply of major agricultural products, basically stable food market prices, comprehensive recovery and growth of the agricultural industry, and a more solid foundation for high-quality agricultural development.

Keywords: Agricultural Economy; Agricultural Product; Agricultural Industry; Rural Residents

B.13　Analysis, Prospects, and Policy Suggestions for China's Industrial Economic Situation in 2024

Shi Dan, Zhang Hangyan / 224

Abstract: In the first three quarters of this year, China's industrial economy faced both long-standing and new issues. Overall, industrial operations fell below expectations. The development of the equipment manufacturing and high-tech industries has continued to perform well, and the industrial development in western regions has been comparatively impressive, indicating that new momentum is being incubated in China's industrial structure, and structural optimization is accelerating. However, industrial profits and exports have seen a significant decline, reaching historic lows. Issues such as insufficient demand, high incidence of industrial enterprise losses, and overcapacity have become prominent. Looking ahead to 2024, with overall market demand showing signs of recovery and the sustained release of macroeconomic policy effects, China's industrial economy is expected to exhibit a rebound in its operations. However, further stabilized incentive policies are needed to boost market confidence.

Keywords: Industrial Economy; Structural Optimization; Long-Term Mechanism; Emerging Industries

B.14 Analysis, Prospects, and Policy Suggestions for the Situation of Green Development in China

Zhang Yongsheng, Wang Mudan / 243

Abstract: 2023 marks the beginning of the 20th National Congress of the Communist Party of China and heralds a new chapter in the construction of ecological civilization in our country, as the coordinated and mutually reinforcing relationship between economic development and environmental protection is taking shape. In particular, in 2023, industries such as photovoltaics, wind power, and new energy vehicles in China are experiencing rapid growth, becoming important drivers for stabilizing the economy and promoting foreign trade. Currently, the development of new energy and its associated industries in China still face challenges such as deficiencies in core technologies, the need to improve the stability of the industrial chain and supply chain, as well as encountering blockades and containment in the international market for new energy industries. In order to cultivate the momentum of green growth and achieve high-quality development, China's new energy and its industries should strengthen technological innovation and research in core technologies, promote independent and controllable industrial and technological advancements, enhance collaboration across the entire industry chain, deepen international cooperation, improve the resilience of the industrial chain and supply chain, accelerate diversification, participate in the formulation of international standards and rules, and actively respond to the complex and ever-changing international trade environment.

Keywords: New Energy Industry; Green Development; Full Industry Chain Collaboration; Ecological Civilization

B.15　Analysis, Prospects, and Policy Suggestions for the International Energy Market Situation

Wang Lei, Shi Dan / 262

Abstract: Since 2023, there have been some new developments in the international energy market. The global supply and demand situation for crude oil and natural gas has shifted from tight to generally loose, and international energy prices are tending towards stability. After intense and tumultuous adjustments, the traditional energy market has reached a short-term balance. However, instability continues to exist in the global energy market, with the oil and natural gas markets expected to experience short-term fluctuations and even frequent sharp swings. Non-OPEC oil-producing countries represented by the United States and the production capacity alliance of "OPEC+" may compete in the short term over the market share left behind by Russia's withdrawal from the energy market. Nonetheless, the trend indicates that the scale of new energy is constantly expanding, gradually replacing traditional fossil fuels. The global energy market competition will continue to expand from the traditional oil and gas fields to new energy, as well as industries and mineral fields closely related to new energy. Consequently, there will be a significant adjustment in the global energy landscape. Facing the potential formation of a new global energy landscape, China not only needs to guard against security risks in the traditional energy market, but also play its role as a major consumer of global energy, promote the early formation of a new balance in the global energy market, maintain the security and stability of the international energy market, and focus on the high-quality development of domestic new energy. It is imperative to accelerate the pace of energy transition and establish a new energy system conducive to national security.

Keywords: International Energy Market; New Energy Industry; New Energy System

B.16　Analysis, Prospect and Policy Suggestions on the Development of China's Service Industry

Liu Yuhong / 289

Abstract: With the optimization of epidemic prevention and control policies, China's economy is gradually moving towards a fast lane, with the service industry, which has been greatly affected by the epidemic, standing out in the economic recovery and becoming the main driving force for economic growth. However, from a structural perspective, the current growth of China's service industry belongs to a recovery period, and there are still difficulties such as reduced consumption tendencies, weaker recovery of commodity consumption compared to consumer services, and weakened growth momentum of productive services. It is necessary to seize the opportunity to restore the good momentum of the service industry in the short term, and work together from both the consumer side and the service supply side to promote the transformation of service industry development from recovery to endogeneity.

Keywords: Service Industry; Consumption; Productive Services

Ⅵ Demand Analysis and Employment & Income

B.17　Analysis, Prospect and Suggestions on China's Investment Situation

Zhang Changchun, Du Yue / 308

Abstract: In the first three quarters of 2023, the national investment growth rate slowed down compared with 2022. The investment structure is significantly differentiated: private investment declining year on year, investment in infrastructure and manufacturing maintaining rapid growth, and investment in the eastern region growing rapidly. In 2024, the complex and severe external environment will have a negative impact on corporate investment expectations. However, with the implementation of policies to promote the development of the private economy and to adjust the real estate market, the issuance of special Treasury bonds, and the consolidation of the economic recovery, the enterprises and the government's investment capacity will be improved. To encourage investment to better play its key role in optimizing the supply structure, we should work hard to improve the efficiency of government investment, continue to stimulate the vitality of private investment through government investment and policy incentives, stabilize expectations for real estate investment, expand investment space, optimize the mode of investment and financing, and improve the mechanism for sound mutual promotion between consumption and investment.

Keywords: Private Investment; Manufacturing Investment; Real Estate Investment

B.18　Analysis of the Consumption Situation in 2023 and Outlook for 2024

Wang Wei, Wang Nian / 322

Abstract: Since the beginning of this year, the steady turn of the epidemic prevention and control policy has led to a steady recovery of consumption, and the position of consumption as the main driving force of economic growth has been further highlighted. Under the pattern of market oversupply, consumer prices have stabilized and decreased, and the combination of policies to promote consumption and expand domestic demand has been powerful and effective, leading to a steady recovery of China's consumer market. Consumption vitality and the driving force for innovation and upgrading remain strong. At the same time, we must also see that the sustained and rapid recovery of consumption still faces many problems. Looking forward to 2024, the macro environment for the consumer market is generally optimistic, and it is expected that the momentum of consumption growth will accelerate to converge to the pre-epidemic trend level, and the year-on-year growth of the total retail sales of social consumer goods is expected to achieve about 6%. It is suggested to follow the long-term trend of upgrading the consumption structure, determine the intersection of short-term growth targets and important reforms in the consumption field, and strive to accelerate the formation of a positive cycle of "consumption - employment - income - confidence".

Keywords: Consumer Services; Expanding Domestic Demand; Service Consumption

B.19 Analysis and Outlook of China's Foreign Trade Situation

Gao Lingyun, Zang Chengwei / 340

Abstract: In 2023, in the face of a complex and severe external environment and multiple domestic difficulties and challenges, China's foreign trade has been operating smoothly. Compared with significant slowdowns in major exporting countries around the world, it has demonstrated strong export resilience and also presents the characteristics of upgrading of commodity structure, more diversified trading partners, and more abundant driving force. However, there are also problems such as weak foreign demand, intensified geopolitical conflicts, export restrictions, a significant decline in labor-intensive products, and a slowdown in trade surplus growth. For a period in the future, in order to effectively respond to new challenges and better seize new opportunities, this report recommends: expend domestic demand in respond to the downturn in the international trade market; maintain the integrity of the industrial system and improve export diversification; pay more attention to trade with ASEAN and "Belt and Road" developing countries, properly handle trade with Russia and the EU, and strive for the stability of trade with the United States; continue to promote industrial upgrading, break through technological restrictions to seek for new drivers of export growth; more actively develop indirect trade to cope with the negative impact of geopolitics.

Keywords: Foreign Trade; Export; Import

B.20 Analysis, Prospects, and Suggestions for China's Labor Market

Du Yang / 355

Abstract: In 2023, the labor market has shown signs of recovery, with core regulatory indicators such as urban surveyed unemployment rate generally operating within the target range and showing a gradual improvement trend. The recovery of employment among rural migrant workers is particularly evident, reflecting the effectiveness of the labor market adjustment mechanism. However, it should be noted that the foundation of labor market operation is still not stable. The issue of youth employment difficulties remains prominent, and there is a risk of a decrease in overall employment scale, which could potentially become a constraining factor for sustained growth in residents' income in the future. In the new year, the operation of the labor market will continue to face various challenges of uncertainty. It is necessary to enact targeted employment promotion policies based on the main groups currently experiencing unemployment and to focus on deepening reform of the labor market system, allowing the market to play a decisive role in human resource allocation and better achieve the goal of high-quality full employment.

Keywords: Youth Employment; Migrant Worker Employment; Urban Labor Market; Working Age Population

B.21 Analysis, Prospect, and Policy Suggestions for China's Income Distribution Situation

Deng Quheng, Wang Qiong / 371

Abstract: Distribution is an important link in the economic cycle. It not only directly relates to the fair allocation of resources, but also affects consumption and investment, thereby influencing the overall economic development. In recent years, there have been profound changes in the income distribution pattern among Chinese residents. Income disparity has exhibited a trend of initial expansion, followed by downward fluctuation and subsequent stabilization, although the current income gap remains significant. While a moderate income gap can provide economic incentives, an excessively large income disparity can lead to decreased consumption and investment, which is detrimental to economic growth. Generally, high-income earners have a lower marginal propensity to consume than low-income earners, therefore, a large income gap can result in insufficient overall social demand, hindering economic expansion. This article provides a brief analysis and outlook on recent changes in income distribution patterns, focusing on several important issues in the income distribution field based on information from the National Bureau of Statistics and provincial statistical bureaus, and offers insights into the focal points for adjusting income distribution patterns, along with relevant policy recommendations.

Keywords: Income Gap; Marginal Propensity to Consume; Total Social Demand; Redistribution Policy

社会科学文献出版社

皮书

智库成果出版与传播平台

❖ 皮书定义 ❖

皮书是对中国与世界发展状况和热点问题进行年度监测,以专业的角度、专家的视野和实证研究方法,针对某一领域或区域现状与发展态势展开分析和预测,具备前沿性、原创性、实证性、连续性、时效性等特点的公开出版物,由一系列权威研究报告组成。

❖ 皮书作者 ❖

皮书系列报告作者以国内外一流研究机构、知名高校等重点智库的研究人员为主,多为相关领域一流专家学者,他们的观点代表了当下学界对中国与世界的现实和未来最高水平的解读与分析。

❖ 皮书荣誉 ❖

皮书作为中国社会科学院基础理论研究与应用对策研究融合发展的代表性成果,不仅是哲学社会科学工作者服务中国特色社会主义现代化建设的重要成果,更是助力中国特色新型智库建设、构建中国特色哲学社会科学"三大体系"的重要平台。皮书系列先后被列入"十二五""十三五""十四五"时期国家重点出版物出版专项规划项目;自2013年起,重点皮书被列入中国社会科学院国家哲学社会科学创新工程项目。

皮书网

（网址：www.pishu.cn）

发布皮书研创资讯，传播皮书精彩内容
引领皮书出版潮流，打造皮书服务平台

栏目设置

◆ **关于皮书**
何谓皮书、皮书分类、皮书大事记、
皮书荣誉、皮书出版第一人、皮书编辑部

◆ **最新资讯**
通知公告、新闻动态、媒体聚焦、
网站专题、视频直播、下载专区

◆ **皮书研创**
皮书规范、皮书出版、
皮书研究、研创团队

◆ **皮书评奖评价**
指标体系、皮书评价、皮书评奖

所获荣誉

◆ 2008年、2011年、2014年，皮书网均在全国新闻出版业网站荣誉评选中获得"最具商业价值网站"称号；

◆ 2012年，获得"出版业网站百强"称号。

网库合一

2014年，皮书网与皮书数据库端口合一，实现资源共享，搭建智库成果融合创新平台。

皮书网　　"皮书说"微信公众号

权威报告·连续出版·独家资源

皮书数据库
ANNUAL REPORT(YEARBOOK) DATABASE

分析解读当下中国发展变迁的高端智库平台

所获荣誉

- 2022年，入选技术赋能"新闻+"推荐案例
- 2020年，入选全国新闻出版深度融合发展创新案例
- 2019年，入选国家新闻出版署数字出版精品遴选推荐计划
- 2016年，入选"十三五"国家重点电子出版物出版规划骨干工程
- 2013年，荣获"中国出版政府奖·网络出版物奖"提名奖

皮书数据库

"社科数托邦"微信公众号

成为用户

登录网址www.pishu.com.cn访问皮书数据库网站或下载皮书数据库APP，通过手机号码验证或邮箱验证即可成为皮书数据库用户。

用户福利

- 已注册用户购书后可免费获赠100元皮书数据库充值卡。刮开充值卡涂层获取充值密码，登录并进入"会员中心"—"在线充值"—"充值卡充值"，充值成功即可购买和查看数据库内容。
- 用户福利最终解释权归社会科学文献出版社所有。

社会科学文献出版社 皮书系列
SOCIAL SCIENCES ACADEMIC PRESS (CHINA)

卡号：167525259835
密码：

数据库服务热线：010-59367265
数据库服务QQ：2475522410
数据库服务邮箱：database@ssap.cn
图书销售热线：010-59367070/7028
图书服务QQ：1265056568
图书服务邮箱：duzhe@ssap.cn

S 基本子库
SUB DATABASE

中国社会发展数据库（下设12个专题子库）

紧扣人口、政治、外交、法律、教育、医疗卫生、资源环境等12个社会发展领域的前沿和热点，全面整合专业著作、智库报告、学术资讯、调研数据等类型资源，帮助用户追踪中国社会发展动态、研究社会发展战略与政策、了解社会热点问题、分析社会发展趋势。

中国经济发展数据库（下设12专题子库）

内容涵盖宏观经济、产业经济、工业经济、农业经济、财政金融、房地产经济、城市经济、商业贸易等12个重点经济领域，为把握经济运行态势、洞察经济发展规律、研判经济发展趋势、进行经济调控决策提供参考和依据。

中国行业发展数据库（下设17个专题子库）

以中国国民经济行业分类为依据，覆盖金融业、旅游业、交通运输业、能源矿产业、制造业等100多个行业，跟踪分析国民经济相关行业市场运行状况和政策导向，汇集行业发展前沿资讯，为投资、从业及各种经济决策提供理论支撑和实践指导。

中国区域发展数据库（下设4个专题子库）

对中国特定区域内的经济、社会、文化等领域现状与发展情况进行深度分析和预测，涉及省级行政区、城市群、城市、农村等不同维度，研究层级至县及县以下行政区，为学者研究地方经济社会宏观态势、经验模式、发展案例提供支撑，为地方政府决策提供参考。

中国文化传媒数据库（下设18个专题子库）

内容覆盖文化产业、新闻传播、电影娱乐、文学艺术、群众文化、图书情报等18个重点研究领域，聚焦文化传媒领域发展前沿、热点话题、行业实践，服务用户的教学科研、文化投资、企业规划等需要。

世界经济与国际关系数据库（下设6个专题子库）

整合世界经济、国际政治、世界文化与科技、全球性问题、国际组织与国际法、区域研究6大领域研究成果，对世界经济形势、国际形势进行连续性深度分析，对年度热点问题进行专题解读，为研判全球发展趋势提供事实和数据支持。

法律声明

"皮书系列"（含蓝皮书、绿皮书、黄皮书）之品牌由社会科学文献出版社最早使用并持续至今，现已被中国图书行业所熟知。"皮书系列"的相关商标已在国家商标管理部门商标局注册，包括但不限于LOGO（ ）、皮书、Pishu、经济蓝皮书、社会蓝皮书等。"皮书系列"图书的注册商标专用权及封面设计、版式设计的著作权均为社会科学文献出版社所有。未经社会科学文献出版社书面授权许可，任何使用与"皮书系列"图书注册商标、封面设计、版式设计相同或者近似的文字、图形或其组合的行为均系侵权行为。

经作者授权，本书的专有出版权及信息网络传播权等为社会科学文献出版社享有。未经社会科学文献出版社书面授权许可，任何就本书内容的复制、发行或以数字形式进行网络传播的行为均系侵权行为。

社会科学文献出版社将通过法律途径追究上述侵权行为的法律责任，维护自身合法权益。

欢迎社会各界人士对侵犯社会科学文献出版社上述权利的侵权行为进行举报。电话：010-59367121，电子邮箱：fawubu@ssap.cn。

社会科学文献出版社